中国社会科学院创新工程学术出版资助项目

中国社会科学院马克思主义理论
学科建设与理论研究系列丛书

马克思 恩格斯 列宁 斯大林 论历史人物评价问题

LUN LISHI RENWU PINGJIA WENTI

本卷主编：黎 澍
副 主 编：蒋大椿 王也扬

中国社会科学出版社

图书在版编目(CIP)数据

马克思、恩格斯、列宁、斯大林论历史人物评价问题 / 黎澍主编.
北京:中国社会科学出版社,2012.12
ISBN 978 – 7 – 5161 – 2045 – 3

Ⅰ.①马…　Ⅱ.①黎…　Ⅲ.①马列著作 – 历史人物 – 人物评论
Ⅳ.①A569.2

中国版本图书馆 CIP 数据核字(2013)第 002346 号

出 版 人	赵剑英	
责任编辑	田　　文	
特约编辑	郭　　鹏	
责任校对	韩天炜	
责任印制	李　　建	

出　　版	中国社会科学出版社	
社　　址	北京鼓楼西大街甲 158 号　(邮编 100720)	
网　　址	http://www.csspw.cn	
	中文域名:中国社科网　　010 – 64070619	
发 行 部	010 – 84083685	
门 市 部	010 – 84029450	
经　　销	新华书店及其他书店	

印　　刷	北京奥隆印刷厂	
装　　订	北京市兴怀印刷厂	
版　　次	2012 年 12 月第 1 版	
印　　次	2012 年 12 月第 1 次印刷	

开　　本	710 × 1000　1/16	
印　　张	22.75	
插　　页	2	
字　　数	367 千字	
定　　价	59.00 元	

前　言

以毛泽东、邓小平、江泽民为核心的党的三代领导集体和以胡锦涛同志为总书记的党中央始终高度重视党的理论工作，重视全党对马克思主义经典著作的学习和研究工作。

2004年1月，《中共中央关于进一步繁荣发展哲学社会科学的意见》下发，并决定实施马克思主义理论研究和建设工程。

为贯彻落实党中央关于把中国社会科学院努力建设成为马克思主义坚强阵地、党和国家的思想库智囊团、哲学社会科学的最高殿堂的要求，中国社会科学院党组采取了一系列重要措施。2009年初又决定把加强马克思主义理论学科建设与理论研究作为一项重要工作来抓，并成立中国社会科学院马克思主义理论学科建设与理论研究工作领导小组。小组成立后，一方面注重抓好马克思主义理论学科组织机构的建设，设立马克思主义理论类别的研究室和中心等；同时又注重马克思主义基础理论研究，安排了马克思主义经典作家在28个相关领域的"专题摘编"及基础理论专题研究。

中国社会科学院推出的"马克思主义经典作家专题摘编"丛书的出版，对我国学术界马克思主义理论学科建设本身，对深化我国学术界相关科研工作，对相关部门的工作人员和广大干部群众的学习也将提供便利并会产生一定的促进作用。

中国社会科学院
"马克思主义经典作家专题摘编"编委会
二〇一〇年十二月

说　明

　　本书出版已经整整半个世纪了。1961年出版时的书名为《马克思主义经典作家论历史人物评价问题》，1981年修订再版时的书名是《马克思恩格斯列宁斯大林论历史人物评价问题》。

　　本书前两版的主编为黎澍，参加编辑工作的主要有丁守和、蒋大椿。此次再版，黎澍、丁守和先生已经离世，蒋大椿、王也扬负责修订工作，列为副主编，参加编辑工作的有董雪等。

　　评价历史人物是一个很复杂的问题，为了便于读者了解马克思主义关于这个问题的一些基本观点，以及对若干重要历史人物的评价，本书选录了马克思、恩格斯、列宁、斯大林著作中有关的论述，供研究参考。已经出版中文本的马恩列斯著作篇帙浩繁，本书收录的有关论述难免会有缺漏。所作大小分题的编排，也可能有不恰当之处，只是想为读者研究查考提供一些方便。欢迎读者提出意见，以便改进。

2011年9月

目　　录

第一部分　评价历史人物的原则

第二部分　对若干历史人物的评论

第一部分

评价历史人物的原则

一　马克思主义承认个人在历史上的作用

（一）历史必然性的思想丝毫不损害个人在历史上的作用

原来，关于决定论和道德观念之间的冲突、历史必然性和个人作用之间的冲突的思想，正是主观哲学家喜爱的话题之一。关于这个问题，他①写了那么一大堆纸张，说了无数的小市民感伤的荒唐话，想把这个冲突解决得使道德观念和个人作用占上风。其实，这里并没有什么冲突，冲突完全是米海洛夫斯基先生因担心（而且是不无根据的）决定论会推翻他所如此酷爱的小市民道德而捏造出来的。决定论思想确认人的行为的必然性，摒弃所谓意志自由的荒唐的神话，但丝毫不消灭人的理性、人的良心以及对人的行动的评价。恰巧相反，只有根据决定论的观点，才能做出严格正确的评价，而不致把什么都推到自由意志上去。同样，历史必然性的思想也**丝毫不损害**个人在历史上的作用：全部历史正是由那些无疑是活动家的个人的行动构成的。在评价个人的社会活动时会发生的真正问题是：在什么条件下可以保证这种活动得到成功？有什么保证能使这种活动不致成为孤立的行动而沉没在相反行动的汪洋大海里？

> 列宁：《什么是"人民之友"以及他们如何攻击社会民主党人?》（1894 年春夏），摘自《列宁专题文集·论辩证唯物主义和历史唯物主义》，人民出版社 2009 年版，第 179—180 页。

根据唯物史观，历史过程中的决定性因素**归根到底**是现实生活的生产和再生产。无论马克思或我都从来没有肯定过比这更多的东西。如果有人在这里加以歪曲，说经济因素是**唯一**决定性的因素，那么他就是把这个命题变成毫无内容的、抽象的、荒诞无稽的空话。经济状况是基础，但是对历史斗争的进程发生影响并且在许多情况下主要是决定着这一斗争的**形式**的，还有上层建筑的各种因素：阶级斗争的各种政治形式及其成果——由胜利了的阶级在获胜以后确立的宪法等等，各种法的形式以及所有这些实际斗争在参加者头脑中的反映，政治的、法律的和哲学的理论，宗教的观

---

① 指米海洛夫斯基。——编者注

点以及它们向教义体系的进一步发展。这里表现出这一切因素间的相互作用，而在这种相互作用中归根到底是经济运动作为必然的东西通过无穷无尽的偶然事件（即这样一些事物和事变，它们的内部联系是如此疏远或者是如此难于确定，以致我们可以认为这种联系并不存在，忘掉这种联系）向前发展。否则把理论应用于任何历史时期，就会比解一个简单的一次方程式更容易了。

> 恩格斯：《恩格斯致约瑟夫·布洛赫》（1890 年 9 月 21 ［—22］日），
> 摘自《马克思恩格斯文集》第 10 卷，人民出版社 2009 年版，第
> 591—592 页。

但是，社会发展史却有一点是和自然发展史根本不相同的。在自然界中（如果我们把人对自然界的反作用撇开不谈）全是没有意识的、盲目的动力，这些动力彼此发生作用，而一般规律就表现在这些动力的相互作用中。在所发生的任何事情中，无论在外表上看得出的无数表面的偶然性中，或者在可以证实这些偶然性内部的规律性的最终结果中，都没有任何事情是作为预期的自觉的目的发生的。相反，在社会历史领域内进行活动的，是具有意识的、经过思虑或凭激情行动的、追求某种目的的人；任何事情的发生都不是没有自觉的意图，没有预期的目的的。但是，不管这个差别对历史研究，尤其是对各个时代和各个事变的历史研究如何重要，它丝毫不能改变这样一个事实：历史进程是受内在的一般规律支配的。因为在这一领域内，尽管各个人都有自觉预期的目的，总的说来在表面上好像也是偶然性在支配着。人们所预期的东西很少如愿以偿，许多预期的目的在大多数场合都互相干扰，彼此冲突，或者是这些目的本身一开始就是实现不了的，或者是缺乏实现的手段的。这样，无数的单个愿望和单个行动的冲突，在历史领域内造成了一种同没有意识的自然界中占统治地位的状况完全相似的状况。行动的目的是预期的，但是行动实际产生的结果并不是预期的，或者这种结果起初似乎还和预期的目的相符合，而到了最后却完全不是预期的结果。这样，历史事件似乎总的说来同样是由偶然性支配着的。但是，在表面上是偶然性在起作用的地方，这种偶然性始终是受内部的隐蔽着的规律支配的，而问题只是在于发现这些规律。

无论历史的结局如何，人们总是通过每一个人追求他自己的、自觉预期的目的来创造他们的历史，而这许多按不同方向活动的愿望及其对外部

世界的各种各样作用的合力，就是历史。因此，问题也在于，这许多单个的人所预期的是什么。愿望是由激情或思虑来决定的。而直接决定激情或思虑的杠杆是各式各样的。有的可能是外界的事物，有的可能是精神方面的动机，如功名心、"对真理和正义的热忱"、个人的憎恶，或者甚至是各种纯粹个人的怪想。但是，一方面，我们已经看到，在历史上活动的许多单个愿望在大多数场合下所得到的完全不是预期的结果，往往是恰恰相反的结果，因而它们的动机对全部结果来说同样地只有从属的意义。另一方面，又产生了一个新的问题：在这些动机背后隐藏着的又是什么样的动力？在行动者的头脑中以这些动机的形式出现的历史原因又是什么？

旧唯物主义从来没有给自己提出过这样的问题。因此，它的历史观——如果它有某种历史观的话——本质上也是实用主义的，它按照行动的动机来判断一切，把历史人物分为君子和小人，并且照例认为君子是受骗者，而小人是得胜者。旧唯物主义由此得出结论是，在历史的研究中不能得到很多有教益的东西；而我们由此得出的结论是，旧唯物主义在历史领域内自己背叛了自己，因为它认为在历史领域中起作用的精神的动力是最终原因，而不去研究隐藏在这些动力后面的是什么，这些动力的动力是什么。不彻底的地方并不在于承认**精神的**动力，而在于不从这些动力进一步追溯到它的动因。相反，历史哲学，特别是黑格尔所代表的历史哲学，认为历史人物的表面动机和真实动机都决不是历史事变的最终原因，认为这些动机后面还有应当加以探究的别的动力；但是它不在历史本身中寻找这种动力，反而从外面，从哲学的意识形态把这种动力输入历史。例如黑格尔，他不从古希腊历史本身的内在联系去说明古希腊的历史，而只是简单地断言，古希腊的历史无非是"美好的个性形式"的制定，是"艺术作品"本身的实现。[①] 在这里，黑格尔关于古希腊人作了许多精彩而深刻的论述，但是这并不妨碍我们今天对那些纯属空谈的说明表示不满。

因此，如果要去探究那些隐藏在——自觉地或不自觉地，而且往往是不自觉地——历史人物的动机背后并且构成历史的真正的最后动力的动力，那么问题涉及的，与其说是个别人物，即使是非常杰出的人物的动机，不如说是使广大群众、使整个整个的民族，并且在每一民族中间又是使整个

---

① 参看黑格尔《历史哲学讲演录》第 2 部第 2 篇。——编者注

整个阶级行动起来的动机；而且也不是短暂的爆发和转瞬即逝的火光，而是持久的、引起重大历史变迁的行动。探讨那些作为自觉的动机明显地或不明显地，直接地或以意识形态的形式，甚至以被神圣化的形式反映在行动着的群众及其领袖即所谓伟大人物的头脑中的动因——这是能够引导我们去探索那些在整个历史中以及个别时期和个别国家的历史中起支配作用的规律的唯一途径。使人们行动起来的一切，都必然要经过他们的头脑；但是这一切在人们的头脑中采取什么形式，这在很大程度上是由各种情况决定的。现在工人不再像 1848 年在莱茵地区那样简单地捣毁机器，但是，这决不是说，他们已经容忍按照资本主义方式应用机器。

> 恩格斯：《路德维希·费尔巴哈和德国古典哲学的终结》（1886 年初），摘自《马克思恩格斯文集》第 4 卷，人民出版社 2009 年版，第 301—304 页。

并不是"历史"把人当做手段来达到**自己**——仿佛历史是一个独具魅力的人——的目的。历史**不过是**追求着自己目的的人的活动而已。

> 马克思、恩格斯：《神圣家族，或对批判的批判所做的批判》（1844 年 9—11 月），摘自《马克思恩格斯文集》第 1 卷，人民出版社 2009 年版，第 295 页。

我们自己创造着我们的历史，但是第一，我们是在十分确定的前提和条件下创造的。其中经济的前提和条件归根到底是决定性的。但是政治等等的前提和条件，甚至那些萦回于人们头脑中的传统，也起着一定的作用，虽然不是决定性的作用。普鲁士国家也是由于历史的、归根到底是经济的原因而产生出来和发展起来的。但是，恐怕只有书呆子才会断定，在北德意志的许多小邦中，勃兰登堡成为一个体现了北部和南部之间的经济差异、语言差异，而自宗教改革以来也体现了宗教差异的强国，这只是由经济的必然性决定的，而不是也由其他因素所决定的（在这里首先起作用的是这样一个情况：勃兰登堡由于掌握了普鲁士而卷入了波兰事件，并因而卷入了国际政治关系，这种关系在奥地利王室权力的形成过程中也起过决定性的作用）。要从经济上说明每一个德意志小邦的过去和现在的存在，或者要从经济上说明那种把苏台德山脉至陶努斯山所形成的地理划分扩大成为贯穿全德意志的真正裂痕的高地德语音变的起源，那么，很难不闹出笑话来。

但是第二，历史是这样创造的：最终的结果总是从许多单个的意志的相互冲突中产生出来的，而其中每一个意志，又是由于许多特殊的生活条件，才成为它所成为的那样。这样就有无数互相交错的力量，有无数个力的平行四边形，由此就产生出一个合力，即历史结果，而这个结果又可以看做一个作为整体的、**不自觉地**和不自主地起着作用的力量的产物。因为任何一个人的愿望都会受到任何另一个人的妨碍，而最后出现的结果就是谁都没有希望过的事物。所以到目前为止的历史总是像一种自然过程一样地进行，而且实质上也是服从于同一运动规律的。但是，各个人的意志——其中的每一个都希望得到他的体质和外部的、归根到底是经济的情况（或是他个人的，或是一般社会性的）使他向往的东西——虽然都达不到自己的愿望，而是融合为一个总的平均数，一个总的合力，然而从这一事实中决不应作出结论说，这些意志等于零。相反，每个意志都对合力有所贡献，因而是包括在这个合力里面的。

恩格斯：《恩格斯致约瑟夫·布洛赫》（1890 年 9 月 21 ［—22］ 日），
摘自《马克思恩格斯文集》第 10 卷，人民出版社 2009 年版，第
592—593 页。

当我说在保存资本主义经济基础之下不可能实现计划经济原则时，我丝毫不想以此贬低罗斯福的卓越的个人品质——他的主动、勇敢和坚决。毫无疑问，在现代资本主义世界的一切首领中间，罗斯福是一个最有才能的人物。所以，我想再一次着重地说，我相信在资本主义条件下不可能实行计划经济，但这个信念绝不意味着怀疑罗斯福总统个人的能力、才干和勇敢精神。

斯大林：《和英国作家赫·乔·威尔斯的谈话》（1934 年 7 月 23 日），
摘自《斯大林文选》，人民出版社 1962 年版，第 3 页。

（二）唯物史观认为历史首先是劳动群众的历史，同时也承认个人的历史作用

1. 历史首先是劳动群众的历史。唯物史观在承认群众创造历史的同时，也承认个人的历史创造作用

常常有人问：社会上不同的阶级，在什么程度上是有用的或者甚至是必要的呢？回答自然因每个不同的历史时期而不同。无疑，曾经有过一个时期，土地贵族是社会的一个不可避免的和必要的成分。不过，那是很久

很久以前的事了。然后又有一个时期，资本主义中等阶级（法国人把它叫做**资产阶级**）以同样不可避免的必要性产生了，它们与土地贵族进行斗争，摧毁他们的政权，自己在经济上和政治上取得了统治。但是，自从阶级产生以来，从来没有过一个时期社会上可以没有劳动阶级而存在的。这个阶级的名称、社会地位改变了，农奴代替了奴隶，而他自己又被自由工人所代替，所谓自由，是摆脱了奴隶地位的自由，但也是除了他自己的劳动力以外一无所有的自由。但是有一件事是很明显的，无论不从事生产的社会上层发生什么变化，没有一个生产者阶级，社会就不能生存。因此，这个阶级在任何情况下都是必要的，虽然会有一天它将不再是一个阶级，而是包括整个社会。

> 恩格斯：《必要的和多余的社会阶级》（1881 年 8 月 1—2 日），摘自
> 《马克思恩格斯全集》第 19 卷，人民出版社 1963 年版，第 315 页。

社会发展史首先是生产的发展史，是许多世纪以来依次更迭的生产方式的发展史，是生产力和生产关系的发展史。

社会发展史同时也是物质资料生产者本身的历史，即作为生产过程的基本力量、生产社会生存所必需的物质资料的劳动群众的历史。

历史科学要想成为真正的科学，就不能再把社会发展史归结为帝王将相的行动，归结为国家"侵略者"和"征服者"的行动，而首先应当研究物质资料生产者的历史，劳动群众的历史，各国人民的历史。

> 斯大林：《论辩证唯物主义和历史唯物主义》（1938 年 9 月），摘自
> 《列宁主义问题》，人民出版社 1964 年版，第 647 页。

至今的全部历史都是在阶级对立和阶级斗争中发展的；统治阶级和被统治阶级，剥削阶级和被剥削阶级是一直存在的；大多数人总是注定要从事艰苦的劳动而很少能得到享受。为什么会这样呢？这只是因为在人类发展的以前一切阶段上，生产还很不发达，以致历史的发展只能在这种对立形式中进行，历史的进步整个说来只是成了极少数特权者的事，广大群众则注定要终生从事劳动，为自己生产微薄的必要生活资料，同时还要为特权者生产日益丰富的生活资料。对历史的这种考察方法通过上述方式对至今的阶级统治作了自然而合理的解释，不然这种阶级统治就只能用人的恶意来解释；可是这同一种历史考察方法还使我们认识到：由于现时生产力如此巨大的发展，就连把人分成统治者和被统治者、剥削者和被剥削者的

最后一个借口，至少在最先进的国家里也已经消失了；居于统治地位的大资产阶级已经完成了它的历史使命，它不但不能再领导社会，甚至变成了生产发展的障碍，如各国的商业危机，尤其是最近的一次大崩溃以及工业不振的状态就是证明；历史的领导权已经转到无产阶级手中，而无产阶级由于自己的整个社会地位，只有完全消灭一切阶级统治、一切奴役和一切剥削，才能解放自己；社会生产力已经发展到资产阶级不能控制的程度，只等待联合起来的无产阶级去掌握它，以便建立这样一种制度，使社会的每一成员不仅有可能参加社会财富的生产，而且有可能参加社会财富的分配和管理，并通过有计划地经营全部生产，使社会生产力及其成果不断增长，足以保证每个人的一切合理的需要在越来越大的程度上得到满足。

恩格斯：《卡尔·马克思》（1877 年 6 月中），摘自《马克思恩格斯文集》第 3 卷，人民出版社 2009 年版，第 459—460 页。

当时，在一百多年以前，创造历史的是一小撮贵族和资产阶级知识分子，工农群众则尚在沉眠不醒的状态中。因此，当时历史的进展也是缓慢得可怕的。

现在资本主义大大提高了一般文化，其中也有群众的文化。战争震动了群众，以空前未有的惨祸和痛苦唤醒了他们。战争推动了历史，于是历史在现时就以火车头般的速度飞快前进。现在，历史是由千百万人独立创造的。资本主义现在已经发展到社会主义的门前了。

列宁：《当前的主要任务》（1918 年 3 月 11 日），摘自《列宁选集》第 3 卷，人民出版社 1972 年版，第 491 页。

马克思主义和其他一切社会主义理论的不同之处在于，它出色地把以下两方面结合起来：既以完全科学的冷静态度去分析客观形势和演进的客观进程，又非常坚决地承认群众（当然，还有善于摸索到并建立起同某些阶级的联系的个人、团体、组织、政党）的革命毅力、革命创造性、革命首创精神的意义。

列宁：《反对抵制》（1907 年 6 月 26 日〔7 月 9 日〕），摘自《列宁专题文集·论马克思主义》，人民出版社 2009 年版，第 140 页。

路德维希：马克思主义否认个人在历史上的卓越作用。而你毕竟还承认历史人物的卓越作用。你不认为在唯物主义历史观和你的见解之间是有矛盾的吗？

斯大林：不，这里没有矛盾。马克思主义一点也不否认卓越人物的作用，或者说，一点也不否认人们创造历史。在马克思的《哲学的贫困》和其他著作中，你可以找到正是人们创造历史的话。可是，人们当然不是凭什么幻想，不是随心所欲地来创造历史的。凡是新的一代都要遇到在他们诞生的时候就已经具备的一定的现成条件。伟大人物只有善于正确地认识这些条件，懂得怎样改变这些条件，才有一些价值。如果他们不认识这些条件而想凭自己的幻想去改变这些条件，那末他们这些人就会陷于唐·吉诃德的境地。因此，正是根据马克思的看法，决不应该把人和条件对立起来。正是人们创造历史，但是只有当他们正确地认识他们所碰到的现成条件的时候，只有当他们懂得怎样改变这些条件的时候，他们才能创造历史。至少我们俄国布尔什维克是这样了解马克思的。而我们研究马克思已经不止十年了。

路德维希：大约在三十年前，当我在大学读书的时候，许多自认为是唯物主义历史观信徒的德国教授向我们宣传，说马克思主义否认英雄的作用，否认英雄人物在历史上的作用。

斯大林：这是些把马克思主义庸俗化了的人。马克思主义从来没有否认过英雄的作用。恰恰相反，马克思主义认为这种作用是相当大的，但是要有我刚才所讲的那些附带条件。

斯大林：《和德国作家艾米尔·路德维希的谈话》（1931 年 12 月 13 日），摘自《斯大林全集》第 13 卷，人民出版社 1953 年版，第 94—95 页。

普列汉诺夫做得十分正确，他不仅指出了这个革命阶级，不仅证明了它的自发觉醒的必然性，并且向"工人小组"提出了崇高伟大的政治任务。而你们却想借口从那时起发生的群众运动来**降低**这个任务，来**缩小**"工人小组"活动的毅力和规模。这岂不正是表明手工业者迷恋于自己的手工业方式吗？你们爱以实际精神自夸，却没有看见俄国每个实际工作者都知道的事实，即在革命事业中不仅小组的努力，甚至个人的努力也能创造出多么大的奇迹。

列宁：《怎么办？》（1901 年秋—1902 年 2 月），摘自《列宁选集》第 1 卷，人民出版社 1972 年版，第 318 页。

2. 历史上任何一个阶级都需要推举出自己的领袖，才能取得统治地位

历史上，任何一个阶级，如果不推举出自己善于组织运动和领导运动的政治领袖和先进代表，就不可能取得统治地位。

> 列宁：《我们运动的迫切任务》（1900 年 11 月上半月），摘自《列宁选集》第 1 卷，人民出版社 1972 年版，第 210 页。

无可争辩的历史经验说明：在革命运动史上，个人独裁成为革命阶级独裁的表现者、体现者和贯彻者，是屡见不鲜的。个人独裁同资产阶级民主制，无疑是彼此相容的。

> 列宁：《苏维埃政权的当前任务》（1918 年 4 月），摘自《列宁专题文集·论社会主义》，人民出版社 2009 年版，第 106 页。

总而言之，整个贵族阶级都同意，政府应该使资产阶级得到好处，实行有利于它的政策，但同时他们又决定不让资产阶级直接领导这方面的事务。为了这个目的，旧的寡头政体使尽全力去搜罗它那里的有才干、有影响和有威望的人，组成一个政府，这个政府的任务就是尽可能长久地阻止资产阶级直接掌管国家大权。联合起来的英国贵族打算按照拿破仑主张对人民采用的原则来对待资产阶级，这个原则就是：《Tout pour le peuple, rien par le peuple》〔"一切为了人民，但什么也不通过人民"〕。

> 马克思：《衰老的政府》（1853 年 1 月 11 日），摘自《马克思恩格斯全集》第 8 卷，人民出版社 1961 年版，第 555—556 页。

但是在为社会主义而斗争方面，我却有一点经验，这种经验告诉我，如果罗斯福企图牺牲资本家阶级的利益来真正满足无产者阶级的利益，那末资本家阶级就会拿别的总统来代替他。资本家们会说，总统可以上台下台，我们资本家还是资本家；如果某一总统不能保卫我们的利益，我们就另找一个。总统能拿什么来反抗资本家阶级的意志呢？

> 斯大林：《和英国作家赫·乔·威尔斯的谈话》（1934 年 7 月 23 日），摘自《斯大林文选》，人民出版社 1962 年版，第 5—6 页。

工人阶级为了在全世界进行艰巨的顽强的斗争以争取彻底解放，是需要权威的。

> 列宁：《卡·考茨基〈俄国革命的动力和前途〉一书的俄译本序言》（1906 年 12 月），摘自《列宁全集》第 11 卷，人民出版社 1959 年版，第 398 页。

谁都知道，群众是划分为阶级的；只有把不按照生产的社会结构中的地位区分的大多数同在生产的社会结构中占有特殊地位的集团对立时，才可以把群众和阶级对立起来；在通常情况下，在多数场合，至少在现代的文明国家内，阶级是由政党来领导的；政党通常是由最有威信、最有影响、最有经验、被选出担任最重要职务而称为领袖的人们所组成的比较稳定的集团来主持的。这都是起码的常识。这都是简单明了的道理。

> 列宁：《共产主义运动中的"左派"幼稚病》（1920 年 4—5 月），摘自《列宁专题文集·论无产阶级政党》，人民出版社 2009 年版，第 249 页。

德国人的政治思想的发展和政治经验的积累已经足以使他们懂得：在现代社会中，假如没有"十来个"富有天才（而天才人物不是成千成百地产生出来的）、经过考验、受过专门训练和长期教育并且彼此配合得很好的领袖，无论哪个阶级都无法进行坚持不懈的斗争。

> 列宁：《怎么办?》（1901 年秋—1902 年 2 月），摘自《列宁选集》第 1 卷，人民出版社 1972 年版，第 332 页。

无产阶级的自发斗争如果没有坚强的革命家组织的领导，便不能成为无产阶级的真正"阶级斗争"。

> 列宁：《怎么办?》（1901 年秋—1902 年 2 月），摘自《列宁选集》第 1 卷，人民出版社 1972 年版，第 345 页。

政治是一种科学，是一种艺术，它不是天上掉下来的，不是白白可以得到的；无产阶级要想战胜资产阶级，就必须造就**自己的**，无产阶级的"阶级政治家"，而且要使这种政治家同资产阶级的政治家比起来毫无逊色。

> 列宁：《共产主义运动中的"左派"幼稚病》（1920 年 4—5 月），摘自《列宁选集》第 4 卷，人民出版社 1972 年版，第 234 页。

只要千百万劳动者团结得象一个人一样，跟随本阶级的优秀人物前进，胜利也就有了保证。

> 列宁：《两次留声机片录音演说》（1920 年 3 月底），摘自《列宁全集》第 30 卷，人民出版社 1957 年版，第 402 页。

3. 杰出人物和群众的关系

领袖人物只有信任和依靠群众，才能领导群众前进

如果共产党员（以及所有成功地开始了大革命的革命家）以为单靠革命家的手就能完成革命事业，那将是他们最大最危险的错误之一。恰恰相反，要使任何一件重大的革命工作得到成功，就必须懂得，革命家只能起真正富有生命力的先进阶级的先锋队的作用，必须善于实现这一点。先锋队只有当它不脱离自己领导的群众并真正引导全体群众前进时，才能完成其先锋队的任务。

> 列宁:《论战斗唯物主义的意义》(1922 年 3 月 12 日)，摘自《列宁专题文集·论辩证唯物主义和历史唯物主义》，人民出版社 2009 年版，第 322—323 页。

威尔斯: 斯大林先生，什么是革命，而且在实践上是怎样，你比谁都知道得更清楚。是否群众自己会在某个时候举行起义呢? 你是否认为一切革命都是少数人进行的这一事实是确定的真理呢?

斯大林: 要革命就必须有领导革命的少数人，但是最有才能、最忠诚和最有精力的少数人，如果不依靠千百万人的哪怕是消极的支持，他们就会束手无策。

威尔斯: 哪怕是消极的支持吗? 也许是下意识的支持吧?

斯大林: 部分地也依靠半本能的支持，依靠半自觉的支持。但是没有千百万人的支持，最优秀的少数人也是无能为力的。

> 斯大林:《和英国作家赫·乔·威尔斯的谈话》(1934 年 7 月 23 日)，摘自《斯大林文选》，人民出版社 1962 年版，第 10 页。

有识之士往往通过无形的纽带同人民的机体联系在一起。

> 马克思:《致齐·迈耶尔》(1871 年 1 月 21 日)，摘自《马克思恩格斯全集》第 33 卷，人民出版社 1973 年版，第 178 页。

马克思在 1870 年 9 月把起义①叫做愚举。但一旦**群众**举行了起义，马克思就愿意同他们一起前进，同他们一起在斗争过程中学习，而不是打官腔，教训他们。他懂得，谁想事先**绝对确切地**估计成功的机会，谁就是有意欺骗，或者是不可救药的书呆子气。他**最重视的**是工人阶级英勇地奋不顾身地积极地**创造**世界历史。马克思观察世界历史，是从正在**创造**历史，但无法事先**绝对准确地**估计成功机会的那些人们的观点出发的，而不是从瞎说"本来容易预见到……本来就用不着拿起……"等等的小市民知识分子的观点出发的。

同时，马克思能够理解到历史上常有这种情形，即**群众**进行的殊死斗争甚至是为了一件没有胜利希望的事业，但对于进一步教育这些群众，对于训练这些群众去作**下一次**斗争却**是必需的**。

---

① 指巴黎公社起义。——编者注

列宁：《卡·马克思致路·库格曼书信集俄译本序言》（1907年2月5日〔18日〕），摘自《列宁专题文集·论马克思主义》，人民出版社2009年版，第111—112页。

只有相信人民的人，只有投入人民生气勃勃的创造力泉源中去的人，才能获得胜利并保持政权。

列宁：《全俄中央执行委员会会议》（1917年11月4日〔17日〕），摘自《列宁全集》第26卷，人民出版社1959年版，第273页。

在人民群众中，我们毕竟是沧海一粟，只有我们正确地表达人民的想法，我们才能管理。否则共产党就不能率领无产阶级，而无产阶级就不能率领群众，整个机器就要散架。

列宁：《俄共（布）中央委员会政治报告》（1922年3月27日），摘自《列宁专题文集·论社会主义》，人民出版社2009年版，第340—341页。

如果没有劳动群众的直接支持，单靠指挥人员的力量是不能建设新社会的。

斯大林：《致苏联无产阶级大学生第一次全国代表会议》（1925年4月15日），摘自《斯大林全集》第7卷，人民出版社1953年版，第72页。

有些政党的理论家和领袖虽然知道各族人民的历史，钻研过革命历史的始末，可是他们有时患着一种很不体面的病症。这种病症就叫做害怕群众，不相信群众的创造能力。在这个基础上，有时就产生了领袖对群众的某种贵族态度，而群众虽然不熟悉革命历史，却负有破坏旧制度和建立新制度的使命。怕自发势力汹涌澎湃，怕群众"破坏得太多"，想充当保姆的角色，竭力照书本去教导群众，而不愿意向群众学习，——这就是这种贵族态度的基础。

斯大林：《论列宁》（1924年1月26日），摘自《斯大林全集》第6卷，人民出版社1953年版，第54页。

鲍威尔先生们高傲地把无产阶级说成是一群没有批判头脑的人。马克思和恩格斯坚决反对这个荒谬而有害的思潮。为了现实的人，即为了受统治阶级和国家践踏的工人，他们要求的不是静观，而是为实现美好的社会制度而斗争。在他们看来，能够进行这种斗争和关心这种斗争的力量当然是无产阶级。

> 列宁：《弗里德里希·恩格斯》（1895 年 9 月 7 日〔19 日〕以后），
> 摘自《列宁专题文集·论马克思主义》，人民出版社 2009 年版，第
> 56 页。

因此，列宁总是鄙弃那些瞧不起群众，想照书本去教导群众的人。因此，列宁总是不倦地教诲我们：要向群众学习，要理解群众的行动，要细心研究群众斗争的实际经验。

相信群众的创造力，——这就是列宁活动中的一个特点，这个特点使他能够理解自发势力，把自发运动引上无产阶级革命的轨道。

> 斯大林：《论列宁》（1924 年 1 月 28 日），摘自《斯大林全集》第 6
> 卷，人民出版社 1953 年版，第 55 页。

科学家的发明是在群众实践的基础上创造出来的

在专门制造蒸汽机、走锭纺纱机等等的工人出现以前，走锭纺纱机、蒸汽机等等就已经出现了，这正像在裁缝出现以前人就已经穿上了衣服一样。但是，沃康松、阿克莱、瓦特等人的发明之所以能够实现，只是因为这些发明家找到了相当数量的、在工场手工业时期就已准备好了的熟练的机械工人。

> 马克思：《资本论》第 1 卷（发表于 1867 年 9 月），摘自《马克思恩
> 格斯文集》第 5 卷，人民出版社 2009 年版，第 438—439 页。

如果有一部考证性的工艺史，就会证明，18 世纪的任何发明，很少是属于某一个人的。

> 马克思：《资本论》第 1 卷（发表于 1867 年 9 月），摘自《马克思恩
> 格斯文集》第 5 卷，人民出版社 2009 年版，第 428—429 页注（89）。

在天文学方面，阿拉戈、赫舍尔、恩克和贝塞耳都认为必须组织起来共同观测，并且也只是从组织起来之后才获得了一些较好的成绩。在历史编纂学方面，"唯一者"是绝对不可能做出什么成绩的，而在这方面，法国人也由于有了劳动组织，早就超过了其他国家。但是很明显，所有这些以现代分工为基础的劳动组织所获得的成果还是极其有限的，它们只是同迄今尚存的狭隘的单干比较起来，才算是前进了一步。

> 马克思、恩格斯：《德意志意识形态》（1845—1846 年），摘自《马克
> 思恩格斯全集》第 3 卷，人民出版社 1960 年版，第 459 页。

科学上的规定向来都是由实践，由经验来检验的。如果科学和实践，和经验断绝了关系，那它还算是什么科学呢？如果科学就是象我们某些保

守主义同志所形容的那样，那它对于人类早就没有作用了。科学所以叫作科学，正是因为它不承认偶像，不怕推翻过时的旧事物，很仔细地倾听实践和经验的呼声。否则，我们就根本不会有科学，譬如说，不会有天文学，而直到现在还会信奉托勒密的陈腐不堪的地心宇宙体系说了；那我们就不会有生物学，而直到现在还会迷信上帝造人的神话了；那我们就不会有化学，而直到现在还会相信炼金术士的预言了。

> 斯大林：《在全苏斯达汉诺夫工作者第一次会议上的讲话》（1935 年
> 11 月 17 日），摘自《列宁主义问题》，人民出版社 1964 年版，第
> 594 页。

（三）历史人物对社会发展能起到加速或延缓的作用

1. "偶然性" 在历史中的作用

如果斗争只是在机会绝对有利的条件下才着手进行，那么创造世界历史未免就太容易了。另一方面，如果"偶然性"不起任何作用的话，那么世界历史就会带有非常神秘的性质。这些偶然性本身自然纳入总的发展过程中，并且为其他偶然性所补偿。但是，发展的加速和延缓在很大程度上是取决于这些"偶然性"的，其中也包括一开始就站在运动最前面的那些人物的性格这样一种"偶然情况"。

> 马克思：《马克思致路德维希·库格曼》（1871 年 4 月 17 日），摘自
> 《马克思恩格斯文集》第 10 卷，人民出版社 2009 年版，第 354 页。

人们自己创造自己的历史，但是到现在为止，他们并不是按照共同的意志，根据一个共同的计划，甚至不是在一个有明确界限的既定社会内来创造自己的历史。他们的意向是相互交错的，正是因为如此，在所有这样的社会里，都是那种以**偶然性**为其补充和表现形式的**必然性**占统治地位。在这里通过各种偶然性来为自己开辟道路的必然性，归根到底仍然是经济的必然性。这里我们就来谈谈所谓伟大人物问题。恰巧某个伟大人物在一定时间出现于某一国家，这当然纯粹是一种偶然现象。但是，如果我们把这个人去掉，那时就会需要有另外一个人来代替他，并且这个代替者是会出现的，不论好一些或差一些，但是最终总是会出现的。恰巧拿破仑这个科西嘉人做了被本身的战争弄得精疲力竭的法兰西共和国所需要的军事独裁者，这是个偶然现象。但是，假如没有拿破仑这个人，他的角色就会由

另一个人来扮演。这一点可以由下面的事实来证明：每当需要有这样一个人的时候，他就会出现：如凯撒、奥古斯都、克伦威尔等等。如果说马克思发现了唯物史观，那么梯叶里、米涅、基佐以及1850年以前英国所有的历史编纂学家则表明，人们已经在这方面作过努力，而摩尔根对于同一观点的发现表明，发现这一观点的时机已经成熟了，这一观点**必定**被发现。

历史上所有其他的偶然现象和表面的偶然现象都是如此。我们所研究的领域越是远离经济，越是接近于纯粹抽象的意识形态，我们就越是发现它在自己的发展中表现为偶然现象，它的曲线就越是曲折。如果您画出曲线的中轴线，您就会发现，所考察的时期越长，所考察的范围越广，这个轴线就越是接近经济发展的轴线，就越是同后者平行而进。

> 恩格斯：《恩格斯致瓦尔特·博尔吉乌斯》（1894年1月25日），摘
> 自《马克思恩格斯文集》第10卷，人民出版社2009年版，第
> 669页。

资本主义社会形式上还没有控制国家，它不得不让世袭的君主官僚容克地主阶级实际上进行统治，而满足于总的说来还是自己的利益最终起决定作用，——德国现在这样的社会正动摇于两种倾向之间。一方面，所有官方的和有产的社会阶层结成联盟反对无产阶级，这个倾向最终将导致"反动的一帮"的形成，在**平静**发展的情况下，它终将占上风。另一方面，还有这样一种倾向，这就是把由于怯懦而尚未解决的旧冲突一再提上日程，这种冲突是还保持着专制残余的君主制、土地贵族、自以为超越一切政党之上的官僚同与所有这一切相对立的、其物质利益每日每时都受到这些没落因素损害的工业资产阶级之间的冲突。这两种倾向中的哪一种在某个时候占上风，取决于个人的、地方的以及诸如此类的偶然情况。目前在德国，似乎是后一倾向正在取胜，不过象施杜姆这样的工业巨头和工业公司的股东当然多半都站在腐朽的反动势力一边。但是，这已经不知是第多少次的1848年旧冲突的重演，只有当政府和土地贵族陶醉于自己过去的成就，干出极大的蠢事时，才会变得十分严重。我并不认为这是不可能的，因为上层人士中已经达到可笑程度的个人欲望得到了支持，这就是容克地主日益确信，工业**无法**长期**负担**原料和食品的关税。这个冲突将发展到多么严重的地步，正如我上面所说，将取决于某些人的偶然行动。

> 恩格斯：《致奥·倍倍尔》（1892年2月19日），摘自《马克思恩格

斯全集》第 38 卷，人民出版社 1972 年版，第 281—282 页。

2. 思想家的革命理论能为群众的自发运动指出道路

"思想家"所以配称为思想家，就是因为他走在自发运动的**前面**，为它指出道路，善于比其他人更先解决运动的"物质因素"自发地遇到的一切理论的、政治的、策略的和组织的问题。

> 列宁：《同经济主义的拥护者商榷》（1901 年 12 月 6 日），摘自《列宁全集》第 5 卷，人民出版社 1959 年版，第 283 页。

没有革命的理论，就不会有革命的运动。在醉心于最狭隘的实际活动的偏向同时髦的机会主义说教结合在一起的情况下，必须始终坚持这种思想。而对俄国社会民主党来说，由于存在三种时常被人忘记的情况，理论的意义就显得更为重要了。这三种情况就是：第一，我们的党还刚刚在形成，刚刚在确定自己的面貌，同革命思想中有使运动离开正确道路危险的其他派别进行的清算还远没有结束。相反，正是在最近时期，非社会民主党的革命派别显得活跃起来了（这是阿克雪里罗得早就对"经济派"说过的）。在这种条件下，初看起来似乎并"不重要的"错误也可能引起极其可悲的后果；只有目光短浅的人，才会以为进行派别争论和严格区别各派色彩，是一种不适时的或者多余的事情。这种或那种"色彩"的加强，可能决定俄国社会民主党许许多多年的前途。

第二，社会民主主义运动就其本质来说是国际性的运动。这不仅意味着我们应当反对民族沙文主义。这还意味着在年轻的国家里开始的运动，只有在运用别国的经验的条件下才能顺利发展。但是，要运用别国的经验，简单了解这种经验或简单抄袭别国最近的决议是不够的。为此必须善于用批判的态度来看待这种经验，并且独立地加以检验。只要想一想现代工人运动已经有了多么巨大的成长和扩展，就会懂得，为了完成这个任务，需要有多么雄厚的理论力量和多么丰富的政治经验（以及革命经验）。

第三，俄国社会民主党担负的民族任务是世界上任何一个社会党都不曾有过的。我们在下面还要谈到把全体人民从专制制度压迫下解放出来的这个任务所赋予的种种政治责任和组织责任。现在我们只想指出一点，就是**只有以先进理论为指南的党，才能实现先进战士的作用**。读者如果想要稍微具体地了解这句话的意思，就请回想一下俄国社会民主主义运动的先驱者赫尔岑、别林斯基、车尔尼雪夫斯基以及 70 年代的那一批杰出的革命家；就请想想俄国文学现在所获得的世界意义；就请……只要想想这些也就足够了！

列宁：《怎么办？》（1901 年秋—1902 年 2 月），摘自《列宁专题文集·论无产阶级政党》，人民出版社 2009 年版，第 70—71 页。

无产阶级纪念赫尔岑时，以他为榜样来学习了解革命理论的伟大意义；学习了解，对革命的无限忠心和向人民进行的革命宣传，即使在播种与收获相隔几十年的时候也决不会白费；学习判定各阶级在俄国革命和国际革命中的作用。吸取了这些教训的无产阶级，一定会给自己开拓一条与全世界社会主义工人自由联合的道路，粉碎沙皇君主制恶棍，而赫尔岑就是通过向群众发表**自由的俄罗斯言论**，举起伟大的斗争旗帜来反对这个恶棍的第一人。

列宁：《纪念赫尔岑》（1912 年 4 月 25 日 [5 月 8 日]），摘自《列宁专题文集·论辩证唯物主义和历史唯物主义》，人民出版社 2009 年版，第 237—238 页。

既然谈不到由工人群众在其运动进程中自己创立的独立的思想体系[①]，那么问题**只能是这样**：或者是资产阶级的思想体系，或者是社会主义的思想体系。这里中间的东西是没有的（因为人类没有创造过任何"第三种"思想体系，而且在为阶级矛盾所分裂的社会中，任何时候也不可能有非阶级的或超阶级的思想体系）。因此，对于社会主义思想体系的**任何轻视和任何脱离**，都意味着资产阶级思想体系的加强。人们经常谈论自发性。但工人运动的**自发的**发展，恰恰导致运动受资产阶级思想体系的支配，**恰恰是按照《信条》这一纲领进行的**，因为自发的工人运动就是工联主义的、也就是纯粹工会的运动，而工联主义正是意味着工人受资产阶级的思想奴役。因此，我们社会民主党的任务就是要**反对自发性**，就是要使工人运动**脱离**

[①] 这当然不是说工人不参加创立思想体系的工作。但他们不是以工人的身份来参加，而是以社会主义理论家的身份、以蒲鲁东和魏特林一类人的身份来参加的，换句话说，只有当他们能在某种程度上掌握他们那个时代的知识并把它向前推进的时候，他们才能在相应的程度上参加这一工作。为了使工人能**更多地做到这一点**，就必须尽量设法提高全体工人的觉悟水平，就必须使他们不要自己局限于阅读被人为地缩小了的"**工人读物**"，而要学习愈来愈多地领会**一般读物**。更正确些说，不是"自己局限于"，而是被局限于，因为工人自己是阅读并且也愿意去阅读那些写给知识分子看的读物，而只有某些（坏的）知识分子，才认为"对于工人"只要讲讲有关工厂中的情况，反复地咀嚼一些大家早已知道的东西就够了。

这种投到资产阶级羽翼下去的工联主义的自发趋势，而把它吸引到革命的社会民主党的羽翼下来。因此，《火星报》第 12 号上发表的那封"经济派"的来信的作者们说什么无论最热心的思想家怎样努力，都不能使工人运动脱离那条由物质因素和物质环境的相互作用所决定的道路，就**完全等于抛弃社会主义**；如果这些作者能够把自己所说的话大胆而透彻地通盘思考一番，正如每个从事写作活动和社会活动的人都应当这样来仔细思考自己的见解一样，那他们就只能"把一双没用的手交叉在空虚的胸前"，而……而把阵地让给司徒卢威之流和普罗柯波维奇之流的先生们，由他们把工人运动拉到"阻力最小的路线上去"，即拉到资产阶级工联主义路线上去，或是把阵地让给祖巴托夫之流的先生们，由他们把工人运动拉到神父加宪兵的"思想体系"的路线上去。

> 列宁：《怎么办？》（1901 年秋—1902 年 2 月），摘自《列宁专题文集·论无产阶级政党》，人民出版社 2009 年版，第 85—86 页。

我们说，工人本来**也不可能有**社会民主主义的意识。这种意识只能从外面灌输进去，各国的历史都证明：工人阶级单靠自己本身的力量，只能形成工联主义的意识，即确信必须结成工会，必须同厂主斗争，必须向政府争取颁布对工人是必要的某些法律，如此等等。[①] 而社会主义学说则是从有产阶级的有教养的人即知识分子创造的哲学理论、历史理论和经济理论中发展起来的。现代科学社会主义的创始人马克思和恩格斯本人，按他们的社会地位来说，也是资产阶级知识分子。俄国的情况也是一样，社会民主党的理论学说也是完全不依赖于工人运动的自发增长而产生的，它的产生是革命的社会主义知识分子的思想发展的自然和必然的结果。

> 列宁：《怎么办？》（1901 年秋—1902 年 2 月），摘自《列宁专题文集·论无产阶级政党》，人民出版社 2009 年版，第 76—77 页。

马克思在上述论点中所发挥的是什么思想呢？他所发挥的不过是：无论哪个阶级的理论家都**不能创造**出一种在实际生活中没有具备相当要素的理想，他**只能看出**未来事物的要素，并据此在理论上**创造**出本阶级在实践中要达到的理想。差别就在于理论家超过本阶级而先看出未来事物的萌芽。

---

① 工联主义决不像人们有时认为的那样排斥一切"政治"。工联一向都是进行一定的（但不是社会民主主义的）政治鼓动和斗争的。关于工联主义政治和社会民主主义政治之间的区别，我们将在下一章里加以说明。

这也就叫做"在理论上得出什么结论"。

马克思和恩格斯在他们的《宣言》中说：

"因此，共产党人（即社会民主党人）在实践上是世界各国工人政党中最坚决的、始终**推动社会前进**的一部分，而在理论上他们比其余的无产阶级群众善于**了解**无产阶级运动的条件、进程和**一般**结果。"

是的，思想家是"**推动社会前进**"的，他们比"其余的无产阶级群众"看得远得多，全部要点也就在这里。思想家推动社会前进，正因为如此，所以思想、社会主义意识对于运动具有伟大的意义。

> 斯大林：《略论党内意见分歧》（1905年4月底），摘自《斯大林全集》第1卷，人民出版社1953年版，第104—105页。

只要我们的原则还没有从以往的世界观和以往的历史中逻辑地和历史地作为二者的必然继续用几部著作阐发出来，那就一切都还会处于半睡半醒状态，大多数人还得盲目地摸索。

> 恩格斯：《恩格斯致马克思》（1844年10月初），摘自《马克思恩格斯文集》第10卷，人民出版社2009年版，第17—18页。

19世纪下半叶最伟大的头脑停止思考了……

虽然今天晚上我看到他①仰卧在床上，面孔已经僵硬，但是我仍然不能想象，这个天才的头脑不再用他那强有力的思想来哺育新旧大陆的无产阶级运动了。我们之所以有今天的一切，都应当归功于他；现代运动当前所取得的一切成就，都应归功于他的理论活动和实践活动；没有他，我们至今还会在黑暗中徘徊。

> 恩格斯：《恩格斯致威廉·李卜克内西》（1883年3月14日），摘自《马克思恩格斯文集》第10卷，人民出版社2009年版，第502页。

我不能否认，我和马克思共同工作40年，在这以前和这个期间，我在一定程度上独立地参加了这一理论的创立，特别是对这一理论的阐发。但是，绝大部分基本指导思想（特别是在经济和历史领域内），尤其是对这些指导思想的最后的明确的表述，都是属于马克思的。我所提供的，马克思没有我也能够做到，至多有几个专门的领域除外。至于马克思所做到的，我却做不到。马克思比我们大家都站得高些，看得远些，观察

① 指马克思。——编者注

得多些和快些。马克思是天才，我们至多是能手。没有马克思，我们的理论远不会是现在这个样子。所以，这个理论用他的名字命名是理所当然的。

> 恩格斯：《路德维希·费尔巴哈和德国古典哲学的终结》（1886 年初），摘自《马克思恩格斯文集》第 4 卷，人民出版社 2009 年版，第 296—297 页注。

马克思和恩格斯对工人阶级的功绩，可以这样简单地来表达：他们教会了工人阶级自我认识和自我意识，用科学代替了幻想。

> 列宁：《弗里德里希·恩格斯》（1895 年 9 月 7 日［19 日］以后），摘自《列宁专题文集·论马克思主义》，人民出版社 2009 年版，第 52—53 页。

马克思和恩格斯的具有世界历史意义的伟大功绩，在于他们用科学的分析证明了，资本主义必然崩溃，资本主义必然过渡到不再有人剥削人现象的共产主义。

马克思和恩格斯的具有世界历史意义的伟大功绩，在于他们向各国无产者指出了无产者的作用、任务和使命就是率先起来同资本进行革命斗争，并在这场斗争中把**一切**被剥削的劳动者团结在自己的周围。

> 列宁：《在马克思恩格斯纪念碑揭幕典礼上的讲话》（1918 年 11 月 7 日），摘自《列宁专题文集·论马克思主义》，人民出版社 2009 年版，第 81—82 页。

3. 政治家、革命家的正确领导促进历史的发展

全部政治生活就是由一串无穷无尽的环节组成的一条无穷无尽的链条。政治家的全部艺术就在于找到并且紧紧掌握住最不容易从手中被打掉、目前最重要而且最能保障掌握住它的人去掌握整个链条的那个环节。

> 列宁：《怎么办？》（1901 年秋—1902 年 2 月），摘自《列宁选集》第 1 卷，人民出版社 1972 年版，第 371—372 页。

政治家的艺术（以及共产党人对自己任务的正确了解）就在于正确判断在什么条件下、在什么时机无产阶级先锋队可以成功地夺取政权，可以在夺取政权过程中和夺取政权以后得到工人阶级和非无产阶级劳动群众十分广大阶层的充分支持，以及在夺取政权以后，能通过教育和训练吸引愈益众多的劳动群众来支持、巩固和扩大自己的统治。

> 列宁：《共产主义运动中的"左派"幼稚病》（1920 年 4—5 月），摘

自《列宁选集》第 4 卷，人民出版社 1972 年版，第 207 页。

当我们有了受过专门训练、经过长期教育的工人革命家（当然是"所有各个兵种"的革命家）队伍的时候，那末世界上任何政治警察都不能战胜这种队伍，因为这种由无限忠于革命的人组成的队伍也一定会获得广大工人群众的无限的信任。

> 列宁：《怎么办?》（1901 年秋—1902 年 2 月），摘自《列宁选集》第
> 1 卷，人民出版社 1972 年版，第 343 页。

人民群众在任何时候都不能够象在革命时期这样以新社会秩序的积极创造者的身分出现。在这样的时期，人民能够作出从市侩的渐进主义的狭小尺度看来是不可思议的奇迹。但是，在这样的时候，革命党的领导者也必须更广泛、更大胆地提出任务，使他们的口号始终走在群众的革命自动性的前面，成为他们的灯塔，向他们表明我们的民主理想和社会主义理想的无比宏伟和无比壮丽，向他们指出达到完全的无条件的彻底胜利的最近最直的道路。

> 列宁：《社会民主党在民主革命中的两种策略》（1905 年 6—7 月），
> 摘自《列宁选集》第 1 卷，人民出版社 1972 年版，第 601—602 页。

列宁是为革命而诞生的。他真正是组织革命爆发的天才和领导革命的伟大能手。他在革命动荡时代觉得比任何时候都自在、愉快。我完全不是想以此说明，列宁对任何革命动荡都同样嘉许，或者他在任何时候和任何条件下都主张革命爆发。完全不是。我只是想以此说明，列宁的英明远见在任何时候都不象在革命爆发时期那样充分和明显地表现出来。在革命的转折关头，他真是才华毕露，洞察一切，预见到各阶级的行动和革命进程的可能曲折，他对这些东西简直是了如指掌。难怪我们党内常说："伊里奇在革命波浪里游泳，就象鱼在水里一样。"

> 斯大林：《论列宁》（1924 年 1 月 28 日），摘自《斯大林全集》第 6
> 卷，人民出版社 1953 年版，第 55 页。

天才的远见，迅速抓住并看透即将发生的事变的内在意义的才能，——这就是列宁的一个特点，这个特点使他能够制定正确的战略和革命运动转折关头的明确的行动路线。

> 斯大林：《论列宁》（1924 年 1 月 26 日），摘自《斯大林全集》第 6
> 卷，人民出版社 1953 年版，第 57 页。

4. 没有正确的领导者，革命就要失败，社会变革就会推迟

如果认为只要社会经济发展的条件使变革完全成熟了，革命的阶级就总会有足够的力量来实现变革，那是错误的。人类社会的安排对于先进分子并不会这样合适，不会这样"方便"。变革可能已经成熟，而完成变革的革命者可能还没有充分的力量来实现这个变革，在这种情况下，社会就会继续腐烂下去，有时能达几十年之久。

> 列宁：《"火星派"策略的最新发明：滑稽的选举是推动起义的新因素》（发表于1905年10月17日［4日］），摘自《列宁全集》第9卷，人民出版社1961年版，第353—354页。

在各个国家的历史上，在各国军队的历史上往往有这样的情形：虽然有成功和胜利的一切可能性，但是因为领导者没有看见这些可能性，不善于利用这些可能性，这些可能性没有发生作用，于是军队也就失败了。

> 斯大林：《论经济工作人员的任务》（1931年2月4日），摘自《斯大林全集》第13卷，人民出版社1953年版，第31页。

总之，**德国社会民主党的领袖**①在"立宪"危机时期在群众大会上提出了共和的革命的性质的决议。经过半个世纪以后，当他回忆自己的青年时代，向新的一代叙述早已过去的那个时期的事情的时候，还特别强调，遗憾的是，当时没有充分觉悟的认识到革命任务的领导分子（**也就是没有一个认识到领导任务的革命社会民主党**），没有一个强大的组织，因此，革命情绪"毫无结果地消失了"。

> 列宁：《俄国社会民主主义运动中的改良主义》（1911年9月14日），摘自《列宁选集》第2卷，人民出版社1972年版，第411页。

考茨基的左派对手知道得很清楚，革命是不能"制造出来"的，革命是从客观上（即不以政党和阶级的意志为转移）已经成熟了的危机和历史转折中**发展起来的**，没有组织的群众是不会有统一意志的，同中央集权的国家的强大的、实行恐怖的军事机构作斗争，是困难而长期的事情。领袖在紧急关头实行叛变时，群众是什么也**不能**制造出来的；而这"一小撮"领袖却**完全能够**并且应该投票反对军事拨款，反对"国内和平"，反对为战争辩护，公开主张**自己的**政府失败，建立一个国际机构以宣传战壕联欢，

---

① 指倍倍尔。——编者注

创办秘密报刊①以宣传过渡到革命行动的必要性，等等。

> 列宁：《第二国际的破产》（1915 年 5—6 月），摘自《列宁专题文集·论辩证唯物主义和历史唯物主义》，人民出版社 2009 年版，第257 页。

你对波兰事件有什么看法？有一点很明显，在欧洲又广泛地揭开了革命的纪元。总的情况是好的。但是那些天真的幻想和我们在 1848 年 2 月前不久欢迎革命纪元的那种近乎幼稚的热忱，都已经一去不复返了。象维尔特等等这样的老同志去世了，有些人离开了或者消沉了，而新生的力量还一直看不见。此外，我们现在已经懂得，愚蠢在革命中起着什么样的作用，坏蛋又是如何善于利用这种愚蠢。

> 马克思：《致恩格斯》（1863 年 2 月 13 日），摘自《马克思恩格斯全集》第 30 卷，人民出版社 1974 年版，第 322 页。

这里的情况和你们那里的差不多。**群众中**的社会主义本能越来越强烈，可是每逢这种本能的意愿转变为明确的要求和思想时，马上就开始了分散：有的人投向社会民主联盟，有的人加入独立工党，还有人留在工联里，等等等等。简言之，这只是一些宗派，而没有党。领导人物中间几乎没有一个人是可以信赖的，准备担任高级领导工作的人选很多，但他们丝毫不具备担任这一职务的卓越才能，而两大资产阶级政党手里早已准备好钱包，看看谁能收买。

> 恩格斯：《致海·施特留尔》（1895 年 1 月 1 日），摘自《马克思恩格斯全集》第 39 卷，人民出版社 1974 年版，第 343 页。

这里的各种小派别之间仍然在扯皮。它们对参加双方争论已经不大热情了，但仍然十分狂热地进行幕后阴谋活动。然而在本能地倾向于社会主义的群众中，希望采取自觉的联合行动的要求越来越强烈。群众虽然不如个别领导人清楚，但他们仍然比所有的领导人加在一起好许多倍。只是觉悟程度的提高比其他地方都缓慢，因为几乎**所有**老的领导人都热中于把这

---

① 顺便说一下，为此完全没有必要把**所有的**社会民主党报纸都停办，用这种办法来回答不许写阶级仇恨和阶级斗争的禁令。像《前进报》那样接受不写这类内容的条件，是卑鄙和怯懦的表现。《前进报》由于这样做而在**政治上死亡了**。尔·马尔托夫的这句话是说对了。但是我们可以保留公开的报纸，只要我们声明这些报纸不是党的也**不是社会民主主义的**，它们只是为一部分工人的技术性需要服务的即**非政治性的报纸**。可以有**评价战争的秘密的**社会民主党的报刊，也可以有**不作这种评价的**公开的工人报刊，它不说谎话，但也不谈真情，——为什么不可以这样呢？

种觉醒中的意识引向这个或那个特殊方向或者干脆加以歪曲。有什么办法，需要忍耐。

> 恩格斯：《致卡·考茨基》（1895 年 1 月 3 日），摘自《马克思恩格斯全集》第 39 卷，人民出版社 1974 年版，第 345—346 页。

历史不会饶恕那些拖延时刻的革命者，他们本来在今天可以获得胜利（而且一定能在今天胜利），却要拖到明天去，冒着丧失许多、丧失一切的危险。

> 列宁：《给中央委员的信》（1917 年 10 月 24 日），摘自《列宁选集》第 3 卷，人民出版社 1972 年版，第 351 页。

谁需要那种麻痹自己军队的警觉性的统帅，那种不知道敌人不会投降而应当加以击溃的统帅呢？作这样的统帅，就是欺骗和出卖工人阶级。

> 斯大林：《和英国作家赫·乔·威尔斯的谈话》（1934 年 7 月 23 日），摘自《斯大林文选》，人民出版社 1962 年版，第 13 页。

修正主义者认为，所有关于"飞跃"、关于工人运动同整个旧社会根本对立的议论，都是空话。他们认为改良就是局部实现社会主义。无政府工团主义者拒绝"细小的工作"，特别是拒绝利用议会讲坛。其实，这种策略就是坐等"伟大日子"的到来，而不善于聚集力量，来创造伟大的事变。无论前者还是后者都阻碍了这样一件最重要最迫切的事情：把工人团结成为规模巨大、坚强有力、很好地发挥作用的、能够在**任何**条件下都很好地发挥作用的组织，团结成为坚持阶级斗争精神、明确认识自己的目标、树立真正马克思主义世界观的组织。

> 列宁：《欧洲工人运动中的分歧》（1910 年 12 月 16 日〔29 日〕），摘自《列宁专题文集·论资本主义》，人民出版社 2009 年版，第 67—68 页。

共产党人要竭尽全力来指导工人运动以及整个社会发展沿着最直最快的道路走向苏维埃政权在全世界的胜利，走向无产阶级专政。这是无可争辩的真理。然而，只要再多走一小步，看来像是朝同一方向多走了一小步，真理就会变成错误。只要像德国和英国的左派共产主义者那样，说我们只承认一条道路，一条笔直的道路，说我们不容许机动、通融和妥协，这就犯了错误，这种错误会使共产主义运动受到最严重的危害，而且共产主义运动部分地已经受到或正在受到这种危害。右倾学理主义固执地只承认旧形式，而不顾新内容，结果彻底破产了。左倾学理主义则固执地绝对否定某些旧形式，看不见新内容正在通过各种各样的形式为自己开辟道路，不知道我们共产党人的责任，就是要掌握一切形式，学会以最快的速度用一种形式去补充另一种形式，用一种形式去代替另一种形式，使我们的策略适应并非由我们的阶级或我们的努力所引起的任何一种形式的变更。

> 列宁：《共产主义运动中的"左派"幼稚病》（1920 年 4 月 27 日），摘自《列宁专题文集·论无产阶级政党》，人民出版社 2009 年版，第 267—268 页。

对于一个真正的革命者来说，最大的危险，甚至也许是唯一的危险，就是夸大革命作用，忘记了恰当地和有效地运用革命方法的限度和条件。真正的革命者如果开始把"革命"写成大写，把"革命"几乎奉为神明，丧失理智，不能极其冷静极其清醒地考虑、权衡和验证在什么时候、什么情况下、什么活动领域要善于采取革命的行动，而在什么时候、什么情况下、什么活动领域要善于改用改良主义的行动，那他们就最容易为此而碰得头破血流。要是真正的革命者失去清醒的头脑，异想天开地以为"伟大的、胜利的、世界性的"革命在任何情况下、在任何活动领域都一定能够而且应该用革命方式来完成一切任务，那他们就会毁灭，而且一定会毁灭（是指他们的事业由于内因而不是由于外因而失败）。

谁"异想天开"要这么干，那他就完了，因为他想在根本问题上干蠢事，而在激烈的战争（革命就是最激烈的战争）中干蠢事是要受到失败这种惩罚的。

> 列宁：《论黄金在目前和在社会主义完全胜利后的作用》（1921 年 11 月 5 日），摘自《列宁专题文集·论社会主义》，人民出版社 2009 年版，第 575—576 页。

5. 科学家的创造性劳动对历史发展起着推动作用

正像达尔文发现有机界的发展规律一样，马克思发现了人类历史的发展规律，即历来为繁芜丛杂的意识形态所掩盖着的一个简单事实：人们首先必须吃、喝、住、穿，然后才能从事政治、科学、艺术、宗教等等；所以，直接的物质的生活资料的生产，从而一个民族或一个时代的一定的经济发展阶段，便构成基础，人们的国家设施、法的观点、艺术以至宗教观念，就是从这个基础上发展起来的，因而，也必须由这个基础来解释，而不是像过去那样做得相反。

不仅如此。马克思还发现了现代资本主义生产方式和它所产生的资产阶级社会的特殊的运动规律。由于剩余价值的发现,这里就豁然开朗了,而先前无论资产阶级经济学家或者社会主义批评家所做的一切研究都只是在黑暗中摸索。

一生中能有这样两个发现,该是很够了。即使只能作出一个这样的发现,也已经是幸福的了。但是马克思在他所研究的每一个领域,甚至在数学领域,都有独到的发现,这样的领域是很多的,而且其中任何一个领域他都不是浅尝辄止。

他作为科学家就是这样。但是这在他身上远不是主要的。在马克思看来,科学是一种在历史上起推动作用的、革命的力量。任何一门理论科学中的每一个新发现——它的实际应用也许还根本无法预见——都使马克思感到衷心喜悦,而当他看到那种对工业、对一般历史发展立即产生革命性影响的发现的时候,他的喜悦就非同寻常了。例如,他曾经密切注视电学方面各种发现的进展情况,不久以前,他还密切关注马赛尔·德普勒的发现。

> 恩格斯:《在马克思墓前的讲话》(1883 年 3 月 18 日前后),摘自
> 《马克思恩格斯文集》第 3 卷,人民出版社 2009 年版,第 601—
> 602 页。

在科学发展史上有不少勇敢的人,不管有什么障碍,他们都能不顾一切而破旧立新。这样的科学勇士,象伽利略、达尔文以及其他许多人,都是人所共知的。我想要说的一位科学大师他同时又是当代的一位最伟大的人物。这就是我们的导师和我们的教养者列宁。请回想一下 1917 年的情况。当时列宁根据对俄国社会发展的科学分析,根据对国际状况的科学分析而得出结论说,社会主义在俄国胜利是摆脱现状的唯一出路。这是当时科学界的许多人根本意想不到的结论。科学界的一位卓越人物普列汉诺夫,当时曾经轻蔑地谈论列宁,硬说列宁是在"说梦话"。科学界的其他一些同样有名的人物则硬说"列宁发疯了",应当把他藏到远一点的地方去。当时科学界形形色色的人都咆哮起来反对列宁,说他是科学的破坏者。但是,列宁不怕逆流而进,不怕反对守旧习气。结果是列宁胜利了。

> 斯大林:《在克里姆林宫招待高等学校工作人员时的讲话》(1938 年
> 5 月 17 日),摘自《斯大林文选》,人民出版社 1962 年版,第 174—
> 175 页。

　　自然研究通过一个革命行动宣布了自己的独立，仿佛重演了路德焚烧教谕的行动，这个革命行动就是哥白尼那本不朽著作的出版，他用这本著作向自然事物方面的教会权威提出了挑战，虽然他当时还有些胆怯，而且可以说直到临终之际才采取了这一行动。从此自然研究便开始从神学中解放出来，尽管彼此间一些不同主张的争论一直延续到现在，而且在许多人的头脑中还远没有得到解决。但是科学的发展从此便大踏步地前进，而且很有力量，可以说同从其出发点起的（时间）距离的平方成正比……

　　在自然科学的这一刚刚开始的最初时期，主要工作是掌握现有的材料。在大多数领域中必须完全从头做起。古代留传下欧几里得几何学和托勒密太阳系，阿拉伯人留传下十进位制、代数学的发端、现代的数字和炼金术；基督教的中世纪什么也没有留下。在这种情况下，占首要地位的必然是最基本的自然科学，即关于地球上的物体和天体的力学，和它靠近并且为它服务的，是一些数学方法的发现和完善化。在这方面已取得了一些伟大的成就。在以牛顿和林耐为标志的这一时期末，我们见到这些科学部门在某种程度上已臻完成。最重要的数学方法基本上被确立了；主要由笛卡儿确立了解析几何，耐普尔确立了对数，莱布尼茨，也许还有牛顿确立了微积分。固体力学也是一样，它的主要规律彻底弄清楚了。最后，在太阳系的天文学中，开普勒发现了行星运动的规律，而牛顿则从物质的普遍运动规律的角度对这些规律进行了概括。

恩格斯：《自然辩证法》（1873—1882 年），摘自《马克思恩格斯文集》第 9 卷，人民出版社 2009 年版，第 410—411 页。

　　附带指出，应当把一般劳动和共同劳动区别开来。二者都在生产过程中起着自己的作用，并互相转化，但二者也有区别。一般劳动是一切科学劳动，一切发现，一切发明。它部分地以今人的协作为条件，部分地又以对前人劳动的利用为条件。共同劳动以个人之间的直接协作为前提。

马克思：《资本论》第 3 卷（发表于 1894 年 11 月），摘自《马克思恩格斯文集》第 7 卷，人民出版社 2009 年版，第 119 页。

　　在 18 世纪最后几年，乡村牧师**卡特赖特**博士发明了**机械织机**，大约在 1804 年，他把这种机器又改进得足以压倒手工织工；所有这些机器由于有了**蒸汽机**发动，就加倍重要了，蒸汽机是**詹姆斯·瓦特**在 1764 年发明的，从 1785 年起用来发动纺纱机。

由于这些发明（这些发明后来年年都有改进），**机器劳动**在英国工业的各主要部门**战胜了手工劳动**，从那时起，英国工业的全部历史所讲述的，只是手工者如何被机器驱逐出一个个阵地。结果，一方面是一切纺织品迅速跌价，商业和工业日益繁荣，一切没有实行保护关税的国外市场几乎全被占领，资本和国民财富迅速增长；另一方面是无产阶级的人数更加迅速地增长，工人阶级失去一切财产，失去获得生计的任何保证，道德败坏，政治骚动，以及我们将在下面各章加以研究的使英国有产阶级极端不快的种种事实。我们已经看到，仅仅一台像珍妮纺纱机这样很不完善的机器就使下层阶级的社会关系发生了怎样变化，因此，我们对于从我们这里得到原料而还给我们以布匹的一整套构造精密相互配套的机器所起的作用就不会感到惊奇了。

> 恩格斯：《英国工人阶级状况》（1844 年 9 月—1845 年 3 月），摘自《马克思恩格斯文集》第 1 卷，人民出版社 2009 年版，第 393—394 页。

"我和梅特涅还支持得住。"的确，法国革命、拿破仑和七月风暴都支持过来了。但是却支持不住**蒸气**。蒸气开辟了穿过阿尔卑斯山脉和波希米亚森林的道路，蒸气使多瑙河失去了作用，蒸气彻底摧毁了奥地利的野蛮，因而也就摧毁了哈布斯堡王朝的根基。

欧美的公众现在可以高兴地看到梅特涅和整个哈布斯堡王朝怎样为蒸汽机轮撕碎，奥地利君主国又怎样为自己的机车辗裂。这是非常有趣的场面。

> 恩格斯：《奥地利末日的开端》（1848 年 1 月 25 日左右），摘自《马克思恩格斯全集》第 4 卷，人民出版社 1958 年版，第 521 页。

举世闻名的英国化学家威廉·拉姆赛发明了从煤层中直接取得煤气的方法。他已经同一位煤矿主在商谈如何实际举办这一事业。

这样，现代技术的一项伟大的任务就快要得到解决了。这个任务的解决所引起的变革是巨大的。

……

这一发明在工业中所起的变革将是巨大的。

> 列宁：《一个伟大的技术胜利》（发表于 1913 年 4 月 21 日），摘自

《列宁全集》第 19 卷，人民出版社 1959 年版，第 41—42 页。

运输业的解体，工业和农业的解体，直接威胁到苏维埃共和国的生存。我们在这里应当采取最有效的办法，把全国的一切力量充分调动起来。对于专家，我们不应当采取吹毛求疵的政策。这些专家不是剥削者的仆役，而是有文化的工作者。他们在资产阶级社会里为资产阶级服务，全世界的社会主义者都说过，这些人在无产阶级社会里是会为**我们**服务的。在这个过渡时期内，我们应当尽可能地使他们有较好的生活条件。这将是顶好的政策，这将是最经济的办法。不然的话，我们节省了几个亿，却可能造成用几十个亿也不能补偿的损失。

列宁：《关于党纲的报告》（1919 年 3 月 19 日），摘自《列宁专题文集·论无产阶级政党》，人民出版社 2009 年版，第 216—217 页。

6. 剥削阶级反动人物的历史作用

您想必已经看到，德国的达尔文主义者响应微耳和的号召，坚决反对社会主义。海克尔（他的小册子我刚刚收到）仅仅是泛泛地谈论"癫狂的社会主义学说"，而斯特拉斯堡的奥斯卡尔·施米特先生则打算在加塞耳的自然科学家代表大会上洋洋得意地击溃我们。这是白费力气！如果德国的反动趋势无阻挡地发展下去，那末，继社会党人之后，首先受害的将是达尔文主义者。然而，不管他们的遭遇将会怎样，我认为自己有义务回击这些先生们。不管怎样，我们完全有理由对这一事件以及整个事态进程感到满意。俾斯麦先生七年来就象我们给了他报酬似地替我们工作，现在看来他已经无法抑制自己为加速社会主义到来而作的努力。"我死后哪怕洪水滔天"，这还不能使他称心；他力图使这种洪水在他活着的时候到来，但愿他如愿以偿！只怕由于他过分卖力地工作，洪水会在预定的期限之前到来。

恩格斯：《致彼·拉·拉甫罗夫》（1878 年 8 月 10 日），摘自《马克思恩格斯全集》第 34 卷，人民出版社 1972 年版，第 315 页。

德意志帝国是一个具有半封建制度的君主国，然而在这里起决定性作用的归根到底还是资产阶级的经济利益。这个帝国由于俾斯麦而犯了严重错误。它的警察的、小气的、令人厌烦的、同一个伟大民族不相称的对内政策使得所有的资产阶级自由主义的国家都蔑视它；它的对外政策引起邻国人民的怀疑，甚至仇视。德国政府由于强行吞并阿尔萨斯—洛林，长期不能同法国取得任何和解，并且对自己没有一点实际好处地把俄国变成了欧洲的仲裁人。

恩格斯：《德国的社会主义》（1891 年 10 月 13—22 日和 1892 年 1
月），摘自《马克思恩格斯文集》第 4 卷，人民出版社 2009 年版，第
431 页。

那时德国将仅仅由于提出了这个建议而获得巨大的好处。我们不应忘记，俾斯麦的二十七年统治使德国受到——不是没有根据的——全世界的憎恨。吞并丹麦的北什列斯维希，不遵守以及最后用欺骗办法废除布拉格和约中有关丹麦人的条款，吞并亚尔萨斯—洛林，卑鄙地迫害普鲁士的波兰人——所有这些和恢复"国家统一"毫无共同之处。俾斯麦使德国获得了贪于侵占别国领土的坏名声；那个把奥地利的德意志人撵走，可是仍然把兄弟般地统一"从艾契河到默麦尔河"的整个德国的愿望放在一切之上，同时很乐意把荷兰、弗兰德、瑞士和所谓"德国人的"俄国波罗的海沿岸各省也并入德意志帝国的德国沙文主义资产者，诚心诚意地帮助了俾斯麦，而且成就是如此辉煌，以致现在在欧洲谁也不相信"正直的德国人"了。无论你到什么地方，你都会看到对法国的同情和对德国的不信任，人们把德国看做是现在战争危险的根源。

恩格斯：《欧洲能否裁军?》（1893 年 2 月），摘自《马克思恩格斯全
集》第 22 卷，人民出版社 1965 年版，第 464 页。

这场战争是在列曼①和俾斯麦之流指挥下进行的，如果他们有幸打赢了这场战争，那他们必然会赢得暂时的荣誉，这一点，我们要归因于德国资产阶级的软弱无力。这种情况确实非常讨厌，然而是无法改变的。但是，由此就把反俾斯麦主义提高为唯一的指导原则，那是荒谬的。首先，现在俾斯麦同 1866 年一样，总是在按照**他自己**的方式给我们做一部分工作，虽然他并不愿意做，然而还是在做着。他在给我们创造比过去更宽阔的活动场地。

恩格斯：《恩格斯致马克思》（1870 年 8 月 15 日），摘自《马克思恩格斯文集》第 10 卷，人民出版社 2009 年版，第 341 页。

我所以把俾斯麦称为**朋友**，是因为从来还没有人象他那样给德国社会主义运动帮了那么大的忙。俾斯麦通过建立极端严密、不堪忍受的军国主义统治，不断增加赋税，国家参加最可耻的交易所投机活动，回复到旧普

---

① 威廉一世的绰号。——编者注

鲁士的最露骨的封建和警察传统，动辄进行迫害，公开辱骂、侮辱资产阶级（其实它也不该受到更好的待遇），总之，通过这种途径准备了革命，他正在完成自己的工作，迫使德国无产阶级走上革命的道路。

我们的朋友俾斯麦可以放心。德国工人将进行由他很好地准备了的革命。

恩格斯：《德国反社会党人非常法》（1879 年 3 月 21 日），摘自《马克思恩格斯选集》第 3 卷，人民出版社 1972 年版，第 365—366 页。

1848 年革命在无产阶级的旗帜下使无产阶级战士归根到底只做了资产阶级的工作，这次革命也通过自己的遗嘱执行人路易·波拿巴和俾斯麦实现了意大利、德国和匈牙利的独立。

恩格斯：《〈共产党宣言〉1892 年波兰文版序言》（1892 年 2 月 10 日），摘自《马克思恩格斯文集》第 2 卷，人民出版社 2009 年版，第 24 页。

上文是在李卜克内西和卢森堡惨遭艾伯特和谢德曼政府卑鄙杀害以前写的。这些刽子手，为了讨好资产阶级，竟让德国的白卫分子即神圣资本主义所有制的警犬对卢森堡实行私刑拷打，公然借口"逃跑"而枪杀了李卜克内西（俄国的沙皇政府在血腥地镇压 1905 年革命时，也屡次借口被捕者"逃跑"而加以杀害），而且这些刽子手还用所谓清白的超阶级的政府的威望来替白卫分子作掩护！简直找不到言语来形容这些所谓社会主义者所干的这种杀人勾当的卑鄙和无耻。显然，历史选择了这样的道路，在这条道路上，"资本家阶级的工人尉官"的作用一定会达到野蛮、卑鄙和龌龊的"顶点"。让考茨基之流的傻瓜们在自己的《自由报》上大谈其由"一切""社会主义"政党的代表来组成"法庭"吧（这些奴性十足的东西仍旧把刽子手谢德曼之流叫做社会主义者）！这些具有庸人的愚蠢和市侩的怯懦的英雄们甚至不懂得法庭是国家政权机关，而德国的斗争和内战正是为了解决政权由谁掌握的问题：是由刽子手和杀人犯谢德曼辈及"纯粹民主"的赞美者考茨基辈为之"服务"的资产阶级掌握呢，还是由将要推翻剥削者资本家并粉碎他们的反抗的无产阶级掌握。

世界无产阶级国际的优秀人物的鲜血，国际社会主义革命的永垂不朽的领袖的鲜血，一定会使愈来愈多的工人群众去进行殊死的斗争。这个斗争一定会得到胜利。

> 列宁:《给欧美工人的信》(1919 年 1 月 21 日),摘自《列宁全集》第 28 卷,人民出版社 1956 年版,第 412 页。

12 月 2 日,二月革命被一个狡猾的赌徒①的骗术所葬送,结果,被消灭的不再是君主制度本身,而是一个世纪以来的斗争从君主制度方面夺取来的自由主义的让步。结果,不是**社会**本身获得了新的内容,而只是**国家**回到了最古的形态,回到了宝剑和袈裟的极端原始的统治……看起来仿佛社会现在退到它的出发点后面去了,实际上社会首先要为自己创造革命所必需的出发点,创造唯一能使现代革命成为真正的革命的形势、关系和条件。

> 马克思:《路易·波拿巴的雾月十八日》(1851 年 12 月中—1852 年 3 月 25 日),摘自《马克思恩格斯文集》第 2 卷,人民出版社 2009 年版,第 473—474 页。

1848 年的革命,同它以前的许多次革命一样,有着奇特的命运。正是那些把这次革命镇压下去的人,如卡尔·马克思常说的,变成了它的遗嘱执行人。路易-拿破仑不得不建立独立而统一的意大利,俾斯麦不得不在德国实行某种根本的变革,不得不恢复匈牙利的某种程度的独立,而英国的工厂主们也没有任何更好的办法,只有赋予人民宪章以法律效力。

> 恩格斯:《〈英国工人阶级状况〉1892 年德文第二版序言》(1892 年 7 月 21 日),摘自《马克思恩格斯文集》第 1 卷,人民出版社 2009 年版,第 374 页。

1851 年的向帝制倒退,又一次证明那时无产阶级的意愿还不成熟。但是向帝制倒退本身必定会造成使无产阶级的意愿成熟起来的条件。内部安宁为新的工业繁荣的充分发展提供了保证;由于需要使军队有事可做,并且由于需要将革命潮流引开,使之关注国外,结果就产生了战争,而波拿巴就利用这些战争,借口实现"民族原则",千方百计为法国兼并领土。他的效尤者俾斯麦为普鲁士采取了同样的政策;1866 年俾斯麦实行了他自己的政变,对德意志联邦和奥地利,同样也对那个跟政府发生冲突的普鲁士议会,实行了一个从上面进行的革命。可是,欧洲太小,容不下两个波拿巴,于是出现了历史的讽刺,俾斯麦推翻了波拿巴,而普鲁士国王威廉不仅建立了一个小德意志帝国,而且还建立了一个法兰西共和国。然而总

---

① 指路易·波拿巴。——编者注

的结果则是，欧洲除波兰以外的所有各个大民族的独立自主和内部统一都成了现实。诚然，疆界是小了点，但是毕竟已宽广到足以使工人阶级的发展进程不再受民族纷争的阻碍了。1848 年革命的掘墓人，竟成了它的遗嘱执行人。而在他们旁边则已经有 1848 年革命的继承者令人生畏地站立起来，这就是以**国际**为代表的无产阶级。

恩格斯：《卡·马克思〈1848 年至 1850 年的法兰西阶级斗争〉一书导言》（1895 年 2 月 14 日—3 月 6 日），摘自《马克思恩格斯文集》第 4 卷，人民出版社 2009 年版，第 541—542 页。

法国的历史已经进入了极其滑稽可笑的阶段。一个全世界最微不足道的人物，在和平时期，依靠心怀不满的士兵，根据到目前为止能作出的判断并没有遭到任何反抗，就演出了雾月十八日的可笑的模仿剧，还能有比这更有趣的事情吗！所有老驴都被抓住了，这多妙啊！全法国最狡猾的狐狸老梯也尔、律师界最奸诈的讼师杜班先生都落入了由本世纪最著名的蠢材给他们设下的陷阱，他们就像具有固执的共和主义美德的卡芬雅克先生一样，像吹牛大王尚加尔涅一样轻易地落入了陷阱！为了完成这幅图画，搞了一个以奥迪隆？巴罗扮演"卡尔伯的勒韦"的残阙议会，而同一个奥迪隆鉴于这类破坏宪法的行为要求把他自己逮捕起来，但人家并没有把他送进万塞讷监狱！整个事件都似乎是特别为红色沃尔弗①制造出来的；从现在起就只有他才能写法国的历史了。世界上有哪一次政变曾发表过比这一次更荒谬的宣言呢？拿破仑的可笑的仪式、加冕纪念日、奥斯特利茨纪念日，以及就执政时代的宪法进行的煽动，等等——这类事情即使能够成功一天，也会使法国老爷们真正跌落到幼稚得举世无双的水平。

恩格斯：《恩格斯致马克思》（1851 年 12 月 3 日），摘自《马克思恩格斯文集》第 10 卷，人民出版社 2009 年版，第 97—98 页。

相互的善意谅解一刻也没有受到损害。但是意大利的革命至少使德国的一部分陷入了自相残杀的战争，而在这里必须指出一个事实，1848 年的头六个月曾经在维也纳参加街垒战斗的人又满腔热情地参加了与意大利爱国者作战的军队，这证明梅特涅的统治多么严重地阻碍了社会意识的发展……

---

① 斐·沃尔弗。——编者注

恩格斯：《德国的革命和反革命》（1851 年 8 月 17 日—1852 年 9 月 23
日），摘自《马克思恩格斯文集》第 2 卷，人民出版社 2009 年版，第
403 页。

科尔尼洛夫叛乱教育了群众，使群众学到了好多东西。

列宁：《革命的任务》（1917 年 10 月 9—10 日），摘自《列宁选集》
第 3 卷，人民出版社 1972 年版，第 285 页。

政治民主制的机构也是循着这一方向运转的。在我们这个时代没有选
举是不行的，没有群众是行不通的，而要在印刷术异常发达和议会制度盛
行的时代诱惑群众，就**必须**有一套广泛施展、一贯推行、周密布置的手法，
来阿谀奉承、制造谣言、欺骗敲诈、玩弄流行的时髦字眼、信口答应工人
实行种种改良和增进种种福利，只要他们肯放弃推翻资产阶级的革命斗争。
我把这套手法叫做劳合－乔治主义，因为英国大臣劳合－乔治是在一个拥
有"资产阶级工人政党"的典型国家里玩弄这套手法的一位最高超最狡猾
的代表。劳合－乔治是一个第一流的资产阶级生意人和滑头政客，是一个
颇有声誉的演说家，他善于在工人听众面前乱吹一通，甚至讲一些最最革
命的词句，他善于向驯良的工人大施恩惠，如许诺实行社会改良（保险等
等），他出色地为资产阶级服务，并且正是**在工人中间替资产阶级服务，正
是**在无产阶级中间传播着资产阶级影响，即在一个最有必要而最难于在精
神上征服群众的地方传播着这种影响。

列宁：《帝国主义和社会主义运动中的分裂》（1916 年 10 月），摘自
《列宁选集》第 2 卷，人民出版社 1972 年版，第 895 页。

同志们！我还未能收到 10 月 18 日星期三的彼得格勒报纸。有人打电
话把加米涅夫和季诺维也夫在非党的《新生活报》上发表的声明全文告诉
了我，当时我简直不敢相信。但是，怀疑毕竟是不行了，我只好借这机会
给党员同志们写这封信，希望在星期四晚上或者在星期五早上大家都能看
到，因为对这种前所未闻的**工贼行为**保持沉默就是犯罪。

实践问题愈严重，当工贼的人愈重要、"愈有名"，危险性就愈大，我
们驱逐这些工贼就应该愈坚决，由于这些工贼过去有过"功劳"而犹豫不
决也愈不可饶恕。

列宁：《给布尔什维克党党员的信》（1917 年 10 月 18 日），摘自《列
宁选集》第 3 卷，人民出版社 1972 年版，第 346 页。

二　从历史实际出发，唯物地研究和评价历史人物

（一）研究和评价历史人物，应当从历史事实出发

在自然界和历史的每一科学领域中，都必须从既有的**事实**出发，因而在自然科学中要从物质的各种实在形式和运动形式出发①；因此，在理论自然科学中也不能构想出种种联系塞到事实中去，而要从事实中发现这些联系，而且这些联系一经发现，就要尽可能从经验上加以证明。

> 恩格斯：《自然辩证法》（1873—1882 年），摘自《马克思恩格斯文集》第 9 卷，人民出版社 2009 年版，第 440 页。

但是，为了真正弄清楚常常被人故意混淆起来的复杂而困难的问题，事实却正是十分必要的。那末，怎样搜集事实呢？怎样确定事实之间的联系和相互依存性呢？

在社会现象方面，没有比胡乱抽出**一些个别**事实和玩弄实例更普遍更站不住脚的方法了。罗列一般例子是毫不费劲的，但这是没有任何意义的或者完全起相反的作用，因为在具体的历史情况下，一切事情都有它个别的情况。如果从事实的全部**总和**、从事实的**联系**去掌握事实，那末，事实不仅是"胜于雄辩的东西"，而且是证据确凿的东西。如果不是从全部总和、不是从联系中去掌握事实，而是片断的和随便挑出来的，那末事实就只能是一种儿戏，或者甚至连儿戏也不如。

> 列宁：《统计学和社会学》（1917 年 1 月），摘自《列宁全集》第 23 卷，人民出版社 1958 年版，第 279—280 页。

不是意识决定生活，而是生活决定意识。前一种观察方法从意识出发，把意识看作是有生命的个人。符合实际生活的第二种观察方法则是从现实的、有生命的个人本身出发，把意识仅仅看作是**他们的**意识。

这种观察方法并不是没有前提的。它从现实的前提出发，而且一刻也不离开这种前提。它的前提是人，但不是处在某种幻想的与世隔绝、离群索居状态的人，而是处在于一定条件下进行的现实的、可以通过经验观察

---

① 手稿中接着删掉一句话："我们社会主义的唯物主义者，在这方面甚至比自然科学家走得还远得多，因为我们也……"——编者注

到的发展过程中的人。只要描绘出这个能动的生活过程，历史就不再象那些本身还是抽象的经验论者所认为的那样，是一些僵死事实的搜集，也不再象唯心主义者所认为的那样，是想象的主体的想象的活动。

马克思、恩格斯：《费尔巴哈》（1845—1846 年），摘自《马克思恩格斯选集》第 1 卷，人民出版社 1972 年版，第 31 页。

但是朋友彼得坚持认为，私事和私信一样，是神圣的，不应在政治争论中加以公开。如果这样无条件地运用这条规则，那就只得一概禁止编写历史。路易十五与杜芭丽或彭帕杜尔的关系是私事，但是抛开这些私事，全部法国革命前的历史就不可理解。或者，我们就近看看当代的情况吧：如果某个贞洁的伊萨伯拉嫁给了一个人，据深知他的一些人（例如，陪审推事乌尔里希斯）作证说，这个人不喜欢女人，因而只迷恋男性，而她，受到冷淡后，就乱找男人，——那么，所有这一切完全是私事。但是，如果上面提到的贞洁的伊萨伯拉是西班牙女王，而陪伴着她的青年人当中有一个年轻的军官，名叫塞拉诺；如果这个塞拉诺由于两人单独在一起时立下的功劳而被提升为元帅和内阁首相，后来被另一个宠臣所排挤和贬黜，然后又依靠其他遭遇相同的伙伴的帮助把自己的不忠实的女友从国内撵出去，最后，在经过种种惊险之后，自己成了西班牙的独裁者，成了俾斯麦竭力为之效劳以使之获得各大国承认的大人物，——在这种情况下，伊萨伯拉和塞拉诺的私人历史就成了西班牙历史上的一章，如果有谁想写现代西班牙的历史，而又有意地不向自己的读者提这段情节，他就是伪造历史。

恩格斯：《流亡者文献》（1874 年 5 月中—1875 年 4 月），摘自《马克思恩格斯文集》第 3 卷，人民出版社 2009 年版，第 369 页。

（二）判断一个人，不是看他的声明，而是看他的行动

在不同的财产形式上，在社会生存条件上，耸立着由各种不同的，表现独特的情感、幻想、思想方式和人生观构成的整个上层建筑。整个阶级在其物质条件和相应的社会关系的基础上创造和构成这一切。通过传统和教育承受了这些情感和观点的个人，会以为这些情感和观点就是他的行为的真实动机和出发点。如果奥尔良派和正统派这两个集团中的每一个集团，都硬要自己和别人相信它们彼此分离是由于它们对两个不同王朝的忠诚，那么后来的事实所证明的却恰恰相反，正是它们利益的对立才使得这两个

王朝不能合二为一。正如在日常生活中应当把一个人对自己的想法和品评同他的实际人品和实际行动区别开来一样，在历史的斗争中更应该把各个党派的言辞和幻想同它们的本来面目和实际利益区别开来，把它们对自己的看法同它们的真实本质区别开来。

> 马克思：《路易·波拿巴的雾月十八日》（1851 年 12 月中—1852 年 3 月 25 日），摘自《马克思恩格斯文集》第 2 卷，人民出版社 2009 年版，第 498—499 页。

判断一个人当然不是看他的声明，而是看他的行为；不是看他自称如何如何，而是看他做些什么和实际是怎样一个人。

> 恩格斯：《德国的革命和反革命》（1851 年 8 月 17 日—1852 年 9 月 23 日），摘自《马克思恩格斯文集》第 2 卷，人民出版社 2009 年版，第 438 页。

评论一个人不是凭他对自己的看法，而要看他的政治行为。

> 列宁：《打着别人的旗帜》（1915 年 1 月以后），摘自《列宁全集》第 26 卷，人民出版社 1959 年版，第 134 页。

但是，判断整个派别，竟以该派代表人物自我表白时所讲的话为根据，这难道不是再"肤浅"不过的吗？

> 列宁：《怎么办？》（1901 年秋—1902 年 2 月），摘自《列宁专题文集·论无产阶级政党》，人民出版社 2009 年版，第 57 页。

判断一个人，不是根据他自己的表白或对自己的看法，而是根据他的行动。判断哲学家，不应当根据他们本人所挂的招牌（"实证论"、"纯粹经验"哲学、"一元论"或"经验一元论"、"自然科学的哲学"等等），而应当根据他们实际上怎样解决基本的理论问题、他们同什么人携手并进、他们过去和现在用什么教导自己的学生和追随者。

> 列宁：《唯物主义和经验批判主义》（1908 年下半年），摘自《列宁选集》第 2 卷，人民出版社 1972 年版，第 221 页。

继拉多维茨先生之后发言的是舒泽尔卡[①]先生。他不顾以前的一切教训，又来用感人的词句向心灵申诉。喋喋不休的冗长的演说，有时穿插着历史上的事例和闪耀着奥地利人的理智的光辉。一般说来，这种演说是令

[①]　舒泽尔卡·弗兰茨（1811—1889 年），奥地利政论家和政治活动家，奥地利国会议员。——编者注

人厌倦的。

舒泽尔卡先生到维也纳去了，他在那里也当选为国会议员。他在那里是适得其所的。如果说他在法兰克福曾置身于左派，那末他在那里却成了中间派；如果说他在法兰克福还能起某种作用，那末他在维也纳的第一次发言就一败涂地了。这就是所有这些从事文学活动、爱发哲学议论、爱作无谓空谈的大人物的命运，这些大人物只是利用革命来为自己创造地位；只要把他们放到真正的革命基地上去待一瞬间，他们马上就会逃之夭夭。

> 恩格斯：《法兰克福关于波兰问题的辩论》（1847 年 8 月 26 日），摘自《马克思恩格斯全集》第 5 卷，人民出版社 1958 年版，第 410 页。

高贵的拉萨尔愈来愈暴露出是一个卑鄙透顶的无赖。我们评价一个人从来不是根据他的自我介绍，而是根据他的真实情况，因此我看不出有什么原因要把已死的伊戚希当做例外。主观上他从虚荣心出发认为事情可以这样办，而客观上这却是卑鄙的行为，是为普鲁士人的利益而背叛整个工人运动。看来这个愚蠢的小丑甚至没有因此得到俾斯麦的任何补偿，任何肯定的东西，更不用说保证；显然，他只以为他**一定**能骗过俾斯麦，就象他以为肯定会射死腊科维茨一样。这就是伊戚希男爵的全貌。

> 恩格斯：《致马克思》（1865 年 1 月 27 日），摘自《马克思恩格斯全集》第 31 卷，人民出版社 1972 年版，第 48 页。

波格丹诺夫可以随心所欲地诅咒唯物主义者，说他们"歪曲了他的思想"，可是任何诅咒都不能改变简单明了的事实。"经验一元论者"波格丹诺夫所谓的按照马克思的精神对马克思学说的修正和发展，跟唯心主义者和认识论上的唯我论者舒伯特－索尔登对马克思的驳斥，没有**任何本质上**的差别。波格丹诺夫硬说自己不是唯心主义者；舒伯特－索尔登硬说自己是实在论者（巴扎罗夫甚至相信这一点）。在我们这时代，哲学家不能不宣称自己是"实在论者"、"唯心主义的敌人"。马赫主义者先生们，现在是应该懂得这点的时候了！

> 列宁：《唯物主义和经验批判主义》（1908 年 2—10 月），摘自《列宁专题文集·论辩证唯物主义和历史唯物主义》，人民出版社 2009 年版，第 110 页。

您完全不必这么夸奖瓦累斯①。这是一个可怜的，文学界的，或者不如说是耍笔杆说漂亮话的人，根本不是一个什么人物，他由于没有天才而转向极端派方面，以便利用一种倾向，所谓的观点，并借此把自己的恶劣作品塞给公众。在公社时期，他只是说说漂亮话，如果说他也作过什么事情，那也无非是带来了危害。不要轻信巴黎伙伴们（马隆就很轻信他们）关于这个荒诞可笑的吹牛者的话。

> 恩格斯：《致爱·伯恩施坦》（1881年8月17日），摘自《马克思恩格斯全集》第35卷，人民出版社1971年版，第206页。

事实说明，一切有产阶级，直到小资产者和"知识分子"，都已纷纷投靠帝国主义，而考茨基却象个套中人，很悠然自得地用些甜言蜜语来抹杀这些事实。他不是根据小资产阶级的**行动**，而是根据某些小资产者的**言论**来判断他们的利益，尽管这些言论到处都同他们的行动相违背。这正象不以资产阶级的行动而以资产阶级牧师的博爱言词来判断一般资产阶级的"利益"一样，因为资产阶级的牧师老是赌咒发誓说，现制度是充满着基督教理想的。考茨基运用马克思主义的方法，是把它的一切内容都取消，只留下具有某种超自然的、唯灵论的意义的"利益"两字，因为它所指的不是现实的经济，而是普遍福利的天真愿望。

> 列宁：《第二国际的破产》（1915年5—6月），摘自《列宁选集》第2卷，人民出版社1972年版，第634页。

（三）个人活动和社会历史条件的关系

1. 人们在既定的历史条件下创造历史，个人活动受社会历史条件的制约

（1）人们是在既定的历史条件下创造历史的，环境决定人的活动

这种观点②表明：历史并不是作为"产生于精神的精神"消融在"自我意识"中，历史的每一阶段都遇到有一定的物质结果、一定数量的生产

---

① 指《社会民主党人报》编辑部对茹·瓦累斯的评语："一个勇敢和非常重要的公社委员"（见1881年8月11日《社会民主党人报》第33号，编辑爱·伯恩施坦）。
瓦累斯，茹尔（1832—1885年），法国作家、政治活动家和新闻工作者；第一国际会员和巴黎公社委员，公社被镇压后流亡英国。——编者注
② 指历史唯物主义观点。——编者注

力总和，人和自然以及人与人之间在历史上形成的关系，都遇到有前一代传给后一代的大量生产力、资金和环境，尽管一方面这些生产力、资金和环境为新的一代所改变，但另一方面，它们也预先规定新的一代的生活条件，使它得到一定的发展和具有特殊的性质。由此可见，这种观点表明：人创造环境，同样环境也创造人。

　　　　马克思、恩格斯：《费尔巴哈》（1845—1846 年），摘自《马克思恩格斯选集》第 1 卷，人民出版社 1972 年版，第 43 页。

　　人们自己创造自己的历史，但是他们并不是随心所欲地创造，并不是在他们自己选定的条件下创造，而是在直接碰到的、既定的、从过去承继下来的条件下创造。

　　　　马克思：《路易·波拿巴的雾月十八日》（1851 年 12 月中—1852 年 3 月 25 日），摘自《马克思恩格斯文集》第 2 卷，人民出版社 2009 年版，第 470—471 页。

　　这就推翻了主观主义者的天真幼稚的纯粹机械的历史观，他们满足于历史是由个人创造的这种空洞的论点，而不愿分析这些个人的活动是由什么社会环境决定的，是怎样决定的。主观主义被把社会过程看做自然历史过程的观点代替了，没有这种观点，当然也就无所谓社会科学。司徒卢威先生很正确地指出："忽视社会学中的个人，或者确切些说，从社会学中把个人一笔勾销，实质上是追求科学认识的个别场合"，"个体"不仅存在于精神世界中，而且存在于物质世界中。全部问题在于："个体"受某些一般规律支配，这就物质世界来说早已肯定，而就社会方面来说则只是由马克思的理论确定下来的。

　　　　列宁：《民粹主义的经济内容》（1894 年末—1895 年初），摘自《列宁全集》第 1 卷，人民出版社 1955 年版，第 388—389 页。

　　人们按照自己的物质生产率①建立相应的社会关系，正是这些人又按照自己的社会关系创造了相应的原理、观念和范畴。

　　所以，这些观念、范畴也同它们所表现的关系一样，不是永恒的。它们是**历史的、暂时的产物**。

　　……

　　每个原理都有其出现的世纪。例如，权威原理出现在 11 世纪，个人主

─────────────

　　①　1885 年德文版改为"生产方式"。——编者注

义原理出现在 18 世纪。因而不是原理属于世纪，而是世纪属于原理。换句话说，不是历史创造原理，而是原理创造历史。但是，如果为了顾全原理和历史我们再进一步自问一下，为什么该原理出现在 11 世纪或者 18 世纪，而不出现在其他某一世纪，我们就必然要仔细研究一下：11 世纪的人们是怎样的，18 世纪的人们是怎样的，他们各自的需要、他们的生产力、生产方式以及生产中使用的原料是怎样的；最后，由这一切生存条件所产生的人与人之间的关系是怎样的。难道探讨这一切问题不就是研究每个世纪中人们的现实的、世俗的历史，不就是把这些人既当成他们本身的历史剧的剧作者又当成剧中人物吗？但是，只要你们把人们当成他们本身历史的剧中人物和剧作者，你们就是迂回曲折地回到真正的出发点，因为你们抛弃了最初作为出发点的永恒的原理。

马克思：《哲学的贫困》（1847 年上半年），摘自《马克思恩格斯文集》第 1 卷，人民出版社 2009 年版，第 603—608 页。

既然从唯物主义意义上来说人是不自由的，就是说，人不是由于具有避免某种事物发生的消极力量，而是由于具有表现本身的真正个性的积极力量才是自由的，那就不应当惩罚个别人的犯罪行为，而应当消灭产生犯罪行为的反社会的温床，使每个人都有社会空间来展示他的重要的生命表现。既然是环境造就的人，那就必须以合乎人性的方式去造就环境。既然人天生就是社会的，那他就只能在社会中发展自己的真正的天性；不应当根据单个个人的力量，而应当根据社会的力量来衡量人的天性的力量。

诸如此类的说法，甚至在最老的法国唯物主义者的著作中也可以几乎一字不差地找到。

马克思、恩格斯：《神圣家族，或对批判的批判所做的批判》（1844 年 9—11 月），摘自《马克思恩格斯文集》第 1 卷，人民出版社 2009 年版，第 335 页。

在庸俗习气的压抑下，在他们中间产生了一种确实荒唐的幻想，以为只要温顺就可以达到目的，这是毫不足怪的。对意志薄弱的人来说，德国是一个很坏的国家。日常关系和政治关系的狭隘琐碎，甚至在大城市中也存在的小城市风气，在同警察和官僚进行斗争时总要遇到的小小的但是层出不穷的刁难——这一切把人弄得精疲力竭，而不是激发人起来反抗；于是，在这个"大幼儿园"里，许多人自己也变得很幼稚了。生活条件的狭隘造成了眼界的狭隘,以致生活在德国的人,必须有很大的智慧和精力才能超出身边的事物而看得更远一些,才能看见世界大事的巨大联系,才不至于陷入自满自足的"客观性"。这种"客观性"不能看得比自己的鼻子更远,因此恰恰是最狭隘的主观性,虽然它是成千上万的这种人都具有的。

> 恩格斯:《恩格斯致爱德华·伯恩施坦》(1882 年 1 月 25—31 日),摘自《马克思恩格斯文集》第 10 卷,人民出版社 2009 年版,第 469—470 页。

但是,这里应当注意两种情况。第一,费尔巴哈在世时,自然科学也还处在剧烈的酝酿过程中,这一过程只是在最近 15 年才达到了足以澄清问题的相对完成的地步;新的认识材料以空前的规模被提供出来,但是,只是到最近才有可能在纷纷涌来的这一大堆杂乱的发现中建立起联系,从而使它们有了条理。虽然这三个决定性的发现——细胞、能量转化和以达尔文命名的进化论的发现,费尔巴哈在世时全看到了,但是,这位在乡间过着孤寂生活的哲学家怎么能够对科学充分关注,给这些发现以足够的评价呢?何况对这些发现就连当时的自然科学家有的还持有异议,有的还不懂得充分利用。这里只能归咎于德国的可怜状况,由于这种状况,当时哲学讲席都被那些故弄玄虚的折中主义的小识小见之徒占据了,而比所有这些人高明百倍的费尔巴哈,却不得不在穷乡僻壤中过着农民式的孤陋寡闻的生活。因而,现在已经成为可能的、排除了法国唯物主义的一切片面性的、历史的自然观,始终没有为费尔巴哈所了解,这就不是他的过错了。

第二,费尔巴哈说得完全正确:纯粹自然科学的唯物主义虽然"是人类知识的大厦的基础,但不是大厦本身"。

因为,我们不仅生活在自然界中,而且生活在人类社会中,人类社会同自然界一样也有自己的发展史和自己的科学。因此,问题在于使关于社会的科学,即所谓历史科学和哲学科学的总和,同唯物主义的基础协调起来,并在这个基础上加以改造。但是,这一点费尔巴哈是做不到的。他虽然有"基础",但是在这里仍然受到传统的唯心主义的束缚,这一点他自己也是承认的,他说:

"向后退时,我同唯物主义者是一致的;但是往前进时就不一致了。"

但是在这里,在社会领域内,正是费尔巴哈本人没有"前进",没有超过自己在 1840 年或 1844 年的观点,这仍旧主要是由于他的孤寂生活,这种生活迫使这位比其他任何哲学家都更爱好社交的哲学家从他的孤寂的头脑中，而不是从同与他才智相当的人们的友好或敌对的接触中产生出自己的思想。

> 恩格斯：《路德维希·费尔巴哈和德国古典哲学的终结》（1886 年初），摘自《马克思恩格斯文集》第 4 卷，人民出版社 2009 年版，第 283—284 页。

总之，我们不要忘记，圣西门只是在他的最后一本著作《新基督教》中，才直接作为工人阶级的代言人出现，才宣告他的努力的最终目的是工人阶级的解放。他以前写的所有著作，事实上只是歌颂现代资产阶级社会，反对封建社会，或者说，只是歌颂产业家和银行家，反对拿破仑时代的元帅和法律制造者。把这些著作和同时代的欧文的著作比较一下，就会知道它们之间有多大的差别！①

> 马克思：《资本论》第 3 卷（发表于 1894 年 11 月），摘自《马克思恩格斯文集》第 7 卷，人民出版社 2009 年版，第 684 页。

但是一个最有才干的统帅，如果环境对他不利，他就不能达到你所说的那种目的。当然，在理论上并不排斥这样一点，就是在资本主义条件下可以逐渐地、一步步地走向你按盎格鲁撒克逊人的解释叫作社会主义的目的。但这种"社会主义"意味着什么呢？在最好的情况下，也不过意味着稍微抑制一下个别最不受抑制的资本主义利润的代表者，稍微加强一下国民经济的调节原则。所有这一切都是好的。但是，只要罗斯福或现代资产阶级世界的任何其他首领，采取任何认真的办法来反对资本主义的基础，那末他就不可避免地要完全失败。要知道银行不在罗斯福手中，工业不在他手中，大企业、大田庄不在他手中。要知道所有这一切都是私有财产。无论是铁路也好，商船也好，都掌握在私有主手中。最后，大批熟练劳动

---

① 如果马克思来得及修订这个手稿，他无疑会把这一段话大加修改。这一段话，是他看到那些前圣西门主义者在法兰西第二帝国所起的作用有感而发的。在法国，正是在马克思写这段话的时候，这个学派的救世的信用幻想，由于历史的讽刺，作为规模空前的骗局得到了实现。后来，马克思说到圣西门，总只是赞美他的天才和百科全书式的头脑。如果说圣西门在以前的著作中，忽视了资产阶级和法国刚刚诞生的无产阶级之间的对立，把资产阶级中从事生产的那部分人算做劳动者，那么，这同傅立叶想把资本和劳动融合起来的观点是一致的，这要由当时法国的经济政治状况来说明。如果欧文对这个问题的观点前进了一步，那只是因为他生活在另外一种环境中，即生活在产业革命和阶级对立已经尖锐化的时期。——弗·恩·

的队伍、工程师和技师，他们也都不在罗斯福手中，而是在私有主手中，他们都是为私有主工作。不可忘记国家在资产阶级世界中的职能。这是一个组织国防、维持"秩序"、征收捐税的机关。真正的经济是很少与资本主义国家有关系的，它并不在资本主义国家手中。相反地，国家是掌握在资本主义经济手中。因此，不管罗斯福有多大的精力和能力，我担心他不会达到你所说的目的，要是他真有这个目的的话。也许，经过几代以后，可以稍微接近于这个目的，但我个人认为这也是很少有可能的。

> 斯大林：《和英国作家赫·乔·威尔斯的谈话》（1934 年 7 月 23 日），
> 摘自《斯大林文选》，人民出版社 1962 年版，第 3—4 页。

李嘉图的错误，一般说来，是由于他在这里**不加批判地**对待亚·斯密而产生的，而他的功绩则在于更确切地说明了资本从一个领域到另一个领域的这种转移，或者不如说，更确切地说明了这种转移的方式本身。但是，他能做到这一点，只是因为信用制度在他那个时代比在斯密时代更加发达罢了。

> 马克思：《剩余价值理论》（第二册）（1861 年 8 月—1863 年 7 月），
> 摘自《马克思恩格斯全集》第 26 卷（二），人民出版社 1973 年版，
> 第 233 页。

至于另一个拉布里奥拉①，这个您认为出言不逊的人，在意大利这样的国家里，也许有某种存在的权利，因为那里的社会主义政党也象其他一切政党一样，遭到一种蝗虫、即巴枯宁引以自豪的"脱离阶级的资产阶级青年"的侵入。结果，文坛上一味追求轰动的华而不实作风以及必然由此带来的在新闻界占优势的徇私习气大为盛行。这种事态一点也不能归罪于您，但是您和所有的人一样，也受着这种环境的影响。

> 恩格斯：《致菲力浦·屠拉梯》（1895 年 6 月 28 日），摘自《马克思
> 恩格斯全集》第 39 卷，人民出版社 1974 年版，第 468 页。

桑乔以为，拉斐尔的绘画跟罗马当时的分工无关。如果桑乔把拉斐尔同列奥纳多·达·芬奇和提戚安诺比较一下，他就会发现，拉斐尔的艺术作品在很大程度上同当时在佛罗伦萨影响下形成的罗马繁荣有关，而列奥纳多的作品则受到佛罗伦萨的环境的影响很深，提戚安诺的作品则受到全然不同的威尼斯的发展情况的影响很深。和其他任何一个艺术家一样，拉

---

① 指安东尼奥·拉布里奥拉。——编者注

斐尔也受到他以前的艺术所达到的技术成就、社会组织、当地的分工以及与当地有交往的世界各国的分工等条件的制约。象拉斐尔这样的个人是否能顺利地发展他的天才，这就完全取决于需要，而这种需要又取决于分工以及由分工产生的人们所受教育的条件。

马克思、恩格斯：《德意志意识形态》（1845—1846 年），摘自《马克
思恩格斯全集》第 3 卷，人民出版社 1960 年版，第 459 页。

（2）历史人物的活动反映了当时的社会状况

人的本质不是单个人所固有的抽象物，在其现实性上，它是一切社会关系的总和。

马克思：《关于费尔巴哈的提纲》（1845 年春），摘自《马克思恩格
斯文集》第 1 卷，人民出版社 2009 年版，第 501 页。

野蛮时代高级阶段的全盛时期，我们在荷马①的诗中，特别是在《伊利亚特》中可以看到。发达的铁制工具、风箱、手磨、陶工的辘轳、榨油和酿酒、成为手工艺的发达的金属加工、货车和战车、用方木和木板造船、作为艺术的建筑术的萌芽、由设塔楼和雉堞的城墙围绕起来的城市、荷马的史诗以及全部神话——这就是希腊人由野蛮时代带入文明时代的主要遗产。

恩格斯：《家庭、私有制和国家的起源》（1884 年 3 月底—5 月底），
摘自《马克思恩格斯文集》第 4 卷，人民出版社 2009 年版，第 37—
38 页。

要评价古代世界崩溃时代的晚期古代各家哲学学说的现实意义，乡下佬雅各只须注意一下这些学说的信徒在罗马称霸世界时的真实处境就行了。他可以在琉善②的著作中找到这样的详细描述：人民如何把他们看作当众出洋相的丑角，而罗马资本家、地方总督等如何把他们雇来养着作为诙谐的弄臣，要他们在餐桌上为几根骨头和面包屑而和奴隶们争吵不休，在争得一勺酸酒之余，就专管用"不动心"、"忘言"、"快乐"等逗人的话来使大臣和他的客人们开心。

马克思、恩格斯：《德意志意识形态》（1845—1846 年），摘自《马克
思恩格斯全集》第 3 卷，人民出版社 1960 年版，第 148—149 页。

---

① 荷马，半传说中的古希腊叙事诗人，《伊利亚特》和《奥德赛》的作者。——编者注

② 琉善（约 120—180 年），杰出的古希腊讽刺作家，无神论者。——编者注

十八世纪末德国的状况完全反映在康德的《实践理性批判》中。当时，法国资产阶级经过历史上最大的一次革命跃居统治地位，并且夺得了欧洲大陆；当时，政治上已经获得解放的英国资产阶级使工业发生了革命并在政治上控制了印度，在商业上控制了世界上所有其他地方；但软弱无力的德国市民只有"善良意志"。康德只谈"善良意志"，哪怕这个善良意志毫无效果他也心安理得，他把这个善良意志的**实现**以及它与个人的需要和欲望之间的协调都推到**彼岸世界**。康德的这个善良意志完全符合于德国市民的软弱、受压迫和贫乏的情况，他们的小眼小孔的利益始终不能发展成为一个阶级的共同的民族的利益，因此他们经常遭到所有其他民族的资产阶级的剥削。

……

在康德那里，我们又发现了以现实的阶级利益为基础的法国自由主义在德国所采取的特有形式。不管是康德或德国市民（康德是他们的利益的粉饰者），都没有觉察到资产阶级的这些理论思想是以物质利益和由物质生产关系所决定的**意志**为基础的。因此，康德把这种理论的表达与它所表达的利益割裂开来，并把法国资产阶级意志的有物质动机的规定变为"**自由意志**"、自在和自为的意志、人类意志的**纯粹**自我规定，从而就把这种意志变成纯粹思想上的概念规定和道德假设。

马克思、恩格斯：《德意志意识形态》（1845—1846 年），摘自《马克思恩格斯全集》第 3 卷，人民出版社 1960 年版，第 211—213 页。

这就是卡莱尔描写的英国状况。寄生的土地贵族"安分守己都没有学会，至少还没有学会不做坏事"；实业贵族沉溺于崇拜玛门，他们与其说是一群劳动的领导者和"工业司令官"，不如说只是一伙工业强盗和工业海盗；议会是贿选产生的；单纯直观和无所作为的处世哲学，laissez faire〔听之任之〕的政策；宗教被破坏并日益瓦解，一切人类利益彻底崩溃，对真理和人类普遍失望，因此，人们普遍分为孤立的、"彼此完全隔离的个体"，一切生活关系一团混乱、纠缠不清，一切人反对一切人的战争，普遍的精神沮丧，缺乏"灵魂"即缺乏真正的人的意识；人数众多的工人阶级忍受着难以忍受的压迫和贫困，异常不满和痛恨旧的社会制度，因此，威风凛凛的民主主义不可阻挡地向前推进；到处是紊乱不堪，没有秩序，无政府状态，旧的社会联系瓦解，到处是精神空虚，没有思想和实力衰退，——英国的状况就是这样。如果撇开与卡莱尔的独特观点联系着的一些说法不谈，我们完全可以同意他的叙述。他——整个"有身分的"阶级中唯一的一个，至少没有闭眼不看事实，他至少正确地理解了当前的现状，这对一个"有教养的"英国人来说，的确是一件很了不起的事情。

> 恩格斯：《英国状况。评托马斯·卡莱尔的〈过去和现在〉》（1844年1月），摘自《马克思恩格斯全集》第1卷，人民出版社1956年版，第641页。

现代英国的一批杰出的小说家，他们在自己的卓越的、描写生动的书籍中向世界揭示的政治和社会真理，比一切职业政客、政论家和道德家加在一起所揭示的还要多。他们对资产阶级的各个阶层，从"最高尚的"食利者和认为从事任何工作都是庸俗不堪的资本家到小商贩和律师事务所的小职员，都进行了剖析。狄更斯、沙克莱、白朗特女士和加斯克耳夫人把他们描绘成怎样的人呢？把他们描绘成一些骄傲自负、口是心非、横行霸道和粗鲁无知的人；而文明世界用一针见血的讽刺诗印证了这一判决。这首诗就是："上司跟前，奴性活现；对待下属，暴君一般。"

> 马克思：《英国资产阶级》①（1854年3月31日），摘自《马克思恩格斯全集》第10卷，人民出版社1962年版，第686页。

欧仁·苏的著名小说《巴黎的秘密》给舆论界特别是德国的舆论界留下了一个强烈的印象：这本书以显明的笔调描写了大城市的"下层等级"所遭受的贫困和道德败坏，这种笔调不能不使社会关注所有无产者的状况。正象《总汇报》这个德国的**《泰晤士报》**所说的，德国人开始发现，近十年来，在小说的性质方面发生了一个彻底的革命，先前在这类著作中充当主人公的是国王和王子，现在却是穷人和受轻视的阶级了，而构成小说内容的，则是这些人的生活和命运、欢乐和痛苦。最后，他们发现，作家当中的这个新流派——乔治·桑、欧仁·苏和查·狄更斯就属于这一派——无疑地是时代的旗帜。

> 恩格斯：《大陆上的运动》（1844年1月），摘自《马克思恩格斯全

---

① 《英国资产阶级》一文，1854年3月由马克思寄到纽约后，被《纽约先驱论坛报》作为社论发表，但该报编辑部对本文作过重大修改，有些内容显然不符合马克思原来的观点。故本文在《马克思恩格斯全集》中作为"附录"刊载。但参照马克思其他著作，对英国现代现实主义作家的评价，仍是马克思的观点。——编者注

集》第 1 卷，人民出版社 1956 年版，第 594 页。

至于临时政府中的拉马丁①，他当时并不代表任何现实利益，不代表任何特定阶级；他体现了二月革命本身，体现了这次带有自己的幻想、诗意、虚构的内容和辞藻的总起义。不过，这个二月革命的代言人，按其地位和观点看来是属于**资产阶级**的。

> 马克思：《1848 年至 1850 年的法兰西阶级斗争》（1849 年底—1850
> 年 3 月底和 1850 年 10 月—11 月 1 日），摘自《马克思恩格斯文集》
> 第 2 卷，人民出版社 2009 年版，第 85 页。

挪威的农民从来都不是农奴，这使得全部发展（卡斯蒂利亚的情形也类似）具有一种完全不同的背景。挪威的小资产者是自由农民之子，在这种情况下，与堕落的德国小市民相比，他们是**真正的人**。同样，挪威的小资产阶级妇女与德国的小市民妇女相比也不知要好多少倍。就拿易卜生②的戏剧来说，不管有怎样的缺点，它们却反映了一个虽然是中小资产阶级的、但与德国相比却有天渊之别的世界；在这个世界里，人们还有自己的性格以及首创精神，并且独立地行动，尽管在外国人看来往往有些奇怪。因此，在我对这类东西作出判断以前，我宁愿先把它们彻底了解清楚……

> 恩格斯：《恩格斯致保尔·恩斯特》（1890 年 6 月 5 日），摘自《马克
> 思恩格斯文集》第 10 卷，人民出版社 2009 年版，第 585 页。

1848 年以后，赫尔岑的精神崩溃，他的十足的怀疑论和悲观论，是社会主义运动中的**资产阶级幻想**的破产。赫尔岑的精神悲剧，是资产阶级民主派的革命性**已在消亡**（在欧洲）而社会主义无产阶级的革命性**尚未成熟**这样一个具有世界历史意义的时代的产物和反映。这是现在那些用华丽词藻大谈赫尔岑的怀疑论来掩盖自己反革命性并大唱俄国自由派高调的骑士们不理解而且也无法理解的。

> 列宁：《纪念赫尔岑》（1912 年 4 月 25 日〔5 月 8 日〕），摘自《列宁
> 专题文集·论辩证唯物主义和历史唯物主义》，人民出版社 2009 年
> 版，第 232—233 页。

托尔斯泰主要是属于 1861—1904 年这个时代的；他作为艺术家，同时

---

① 拉马丁，阿尔丰斯（1790—1869 年），法国诗人，历史学家和政治活动家，1848 年任外交部长，是临时政府实际上的首脑。——编者注
② 易卜生，亨利克（1828—1906 年），杰出的挪威剧作家。——编者注

也作为思想家和说教者，在自己的作品里惊人地、突出地体现了整个第一次俄国革命的历史特点，它的力量和它的弱点。

> 列宁：《列·尼·托尔斯泰》（1910 年 11 月 26 日），摘自《列宁全集》第 16 卷，人民出版社 1959 年版，第 322 页。

在托尔斯泰的作品里，正是既表现了农民群众运动的力量和弱点、也表现了它的威力和局限性。他对国家、对警察和官方办的教会的那种强烈的、激愤的而且常常是尖锐无情的抗议，表达了原始的农民民主的情绪，在这种原始的农民民主要求里积累了农民群众由于几世纪以来农奴制的压迫，官僚的横暴和劫掠，以及教会的伪善、欺骗和诡诈而发出的极大的愤怒和仇恨。他对土地私有制的毅然决然的反对，表达了一个历史时期的农民群众的心理，在这个历史时期，旧的中世纪土地占有制度（地主的土地占有制度和官家的"份地"制度），完全变成了俄国今后发展所必须消除的障碍，当时这种旧的土地占有制度必然要遭到急遽的无情的破坏。他充满最深沉的感情和最强烈的愤怒对资本主义进行了不断的揭发；这种揭发表达了宗法制农民的全部恐惧，因为在农民面前开始出现了一个看不见的和不可理解的新的敌人，这个敌人不知是从什么城市或是从什么外国来的，它破坏了农村生活的一切"基础"，带来了空前未有的破产、贫困、饿死、野蛮、卖淫以及梅毒——"原始积累时代"的一切灾难，而这些灾难又由于息票先生所创造的最新的掠夺方法被移植到俄国土地上而百倍地加重了。

但是，这位激烈的抗议者、愤怒的揭发者和伟大的批评家，同时也在自己的作品里暴露了他不理解产生俄国所遭遇的危机的原因和摆脱这个危机的方法，这种不理解只是宗法制的天真的农民才会具有，而不是一个受过欧洲式教育的作家所应有的。反对农奴制的和警察的国家的斗争，反对君主政体的斗争，在他那里竟变成了否定政治，形成了"对恶不抵抗"的学说，结果完全避开了 1905—1907 年的群众革命斗争。一方面反对官方办的教会，另一方面却鼓吹清洗过的新宗教，即用一种清洗过的精制的新毒药来麻醉被压迫群众。否定土地私有制，但并没有集中全力去反对真正的敌人，去反对地主土地占有制和它的政权工具，即君主政体，而只是发出幻想的、含糊的、无力的叹息。揭发资本主义以及它给群众带来的苦难，但同时却对国际社会主义无产阶级所领导的全世界解放斗争抱着极其冷漠的态度。

托尔斯泰的观点中的矛盾，不仅是他个人思想的矛盾，而且是一些极其复杂的矛盾条件、社会影响和历史传统的反映，这些东西决定了改革**后**和革命**前**这一时期俄国社会各个阶级和各个阶层的心理。

> 列宁：《列·尼·托尔斯泰》（1910 年 11 月 26 日），摘自《列宁全集》第 16 卷，人民出版社 1959 年版，第 322—323 页。

（3）历史人物的思想和活动受社会历史条件的制约，它随着历史条件的变化而发展

从历史的观点来看，这件事也许有某种意义：我们只能在我们时代的条件下去认识，而且**这些条件达到什么程度**，我们就认识到什么程度。

> 恩格斯：《自然辩证法》（1873—1882 年），摘自《马克思恩格斯文集》第 9 卷，人民出版社 2009 年版，第 494 页。

社会关系的根本改造取决于物质生产过程中的革命和进化，而这种改造却被经济学家们认为是纯粹的空想。他们的眼光超不出当前时代的经济界限，因而不懂得这些界限本身具有局限性，它们是历史发展造成的，同样它们必然要在历史发展的进程中消失。

> 马克思：《战争问题》（1853 年 8 月 12 日），摘自《马克思恩格斯全集》第 9 卷，人民出版社 1961 年版，第 280 页。

在从笛卡儿到黑格尔和从霍布斯到费尔巴哈这一长时期内，推动哲学家前进的，决不像他们所想象的那样，只是纯粹思想的力量。恰恰相反，真正推动他们前进的，主要是自然科学和工业的强大而日益迅猛的进步。在唯物主义者那里，这已经是一目了然的了……

> 恩格斯：《路德维希·费尔巴哈和德国古典哲学的终结》（1886 年初），摘自《马克思恩格斯文集》第 4 卷，人民出版社 2009 年版，第 280 页。

如果我们回顾一下一位伟大的研究家，等价形式的后两个特点就会更容易了解。这位研究家最早分析了许多思维形式、社会形式和自然形式，也最早分析了价值形式。他就是亚里士多德。

首先，亚里士多德清楚地指出，商品的货币形式不过是简单价值形式——一种商品的价值通过任何别一种商品来表现——的进一步发展的形态，因为他说：

"5 张床 = 1 间屋"

"无异于"：

"5 张床 = 若干货币"。

其次，他看到：包含着这个价值表现的价值关系本身，要求屋必须在

质上与床等同，这两种感觉上不同的物，如果没有这种本质上的等同性，就不能作为可通约的量而互相发生关系。他说："没有等同性，就不能交换，没有可通约性，就不能等同。"但是他到此就停下来了，没有对价值形式作进一步分析。"实际上，这样不同种的物是不能通约的"，就是说，它们不可能在质上等同。这种等同只能是某种和物的真实性质相异的东西，因而只能是"应付实际需要的手段"。

可见，亚里士多德自己告诉了我们，是什么东西阻碍他作进一步的分析，这就是缺乏价值概念。这种等同的东西，也就是屋在床的价值表现中对床来说所代表的共同的实体是什么呢？亚里士多德说，这种东西"实际上是不可能存在的"。为什么呢？只要屋代表床和屋二者中真正等同的东西，对床来说屋就代表一种等同的东西。这就是人类劳动。

但是，亚里士多德不能从价值形式本身看出，在商品价值形式中，一切劳动都表现为等同的人类劳动，因而是同等意义的劳动，这是因为希腊社会是建立在奴隶劳动的基础上的，因而是以人们之间以及他们的劳动力之间的不平等为自然基础的。价值表现的秘密，即一切劳动由于而且只是由于都是一般人类劳动而具有的等同性和同等意义，只有在人类平等概念已经成为国民的牢固的成见的时候，才能揭示出来。而这只有在这样的社会里才有可能，在那里，商品形式成为劳动产品的一般形式，从而人们彼此作为商品所有者的关系成为占统治地位的社会关系。亚里士多德在商品的价值表现中发现了等同关系，正是在这里闪耀出他的天才的光辉。只是他所处的社会的历史限制，使他不能发现这种等同关系"实际上"是什么。

马克思：《资本论》第 1 卷（发表于 1867 年 9 月），摘自《马克思恩格斯全集》第 23 卷，人民出版社 1972 年版，第 73—75 页。

拿英国来说。英国古典政治经济学是属于阶级斗争不发展的时期的。它的最后的伟大的代表李嘉图，终于有意识地把阶级利益的对立、工资和利润的对立、利润和地租的对立当做他的研究的出发点，因为他天真地把这种对立看做社会的自然规律。这样，资产阶级的经济科学也就达到了它的不可逾越的界限。还在李嘉图活着的时候，就有一个和他对立的人西斯蒙第批判资产阶级的经济科学了。[1]

———————

[1] 见我的《政治经济学批判》第 39 页。

随后一个时期，从 1820 年到 1830 年，在英国，政治经济学方面的科学活动极为活跃。这是李嘉图的理论庸俗化和传播的时期，同时也是他的理论同旧的学派进行斗争的时期。这是一场出色的比赛。当时的情况，欧洲大陆知道得很少，因为论战大部分是分散在杂志论文、关于时事问题的著作和抨击性小册子上。这一论战的不偏不倚的性质——虽然李嘉图的理论也例外地被用做攻击资产阶级经济的武器——可由当时的情况来说明。一方面，大工业本身刚刚脱离幼年时期；大工业只是从 1825 年的危机才开始它的现代生活的周期循环，就证明了这一点。另一方面，资本和劳动之间的阶级斗争被推到后面：在政治方面是由于纠合在神圣同盟周围的政府和封建主同资产阶级所领导的人民大众之间发生了纠纷；在经济方面是由于工业资本和贵族土地所有权之间发生了纷争。这种纷争在法国是隐藏在小块土地所有制和大土地所有制的对立后面，在英国则在谷物法颁布后公开爆发出来。这个时期英国的政治经济学文献，使人想起魁奈医生逝世后法国经济学的狂飙时期，但这只是像晚秋晴日使人想起春天一样。1830年，最终决定一切的危机发生了。

马克思：《〈资本论〉第一卷第二版跋》（1873 年 1 月 24 日），摘自《马克思恩格斯文集》第 5 卷，人民出版社 2009 年版，第 16—17 页。

但是，在这个时候，资本主义生产方式以及资产阶级和无产阶级间的对立还很不发展。在英国刚刚产生的大工业，在法国还完全没有。但是，一方面，只有大工业才能发展那些使生产方式的变革和生产方式的资本主义性质的消灭成为绝对必要的冲突——不仅是大工业所产生的各个阶级之间的冲突，而且是它所产生的生产力和交换形式本身之间的冲突；另一方面，大工业又正是通过这些巨大的生产力来发展解决这些冲突所必需的手段。因此，如果说，在 1800 年左右，新的社会制度所产生的冲突还只是在开始形成，那末，解决这些冲突的手段就更是这样了。虽然巴黎的无财产的群众在恐怖时代曾有一瞬间夺得了统治权，从而能够引导资产阶级革命（甚至是**反对**资产阶级的）达到胜利，但是他们只是以此证明了，他们的统治在当时的条件下是不可能持久的。在当时才刚刚作为新阶级的胚胎从这些无财产的群众中分离出来的无产阶级，还完全无力采取独立的政治行动，表现为一个被压迫的受苦的等级，无力帮助自己，最多只能从外面、从上面取得帮助。

这种历史情况也决定了社会主义创始人的观点。不成熟的理论，是和不成熟的资本主义生产状况、不成熟的阶级状况相适应的。解决社会问题的办法还隐藏在不发达的经济关系中，所以只有从头脑中产生出来。社会所表现出来的只是弊病；消除这些弊病是思维着的理性的任务。于是就需要发明一套新的更完善的社会制度，并且通过宣传，可能时通过典型示范，把它从外面强加于社会。这种新的社会制度是一开始就注定要成为空想的，它愈是制定得详尽周密，就愈是要陷入纯粹的幻想。

功利和剥削的理论的成就以及这种理论的不同阶段，是和资产阶级发展的不同时期有密切联系的。在爱尔维修和霍尔巴赫的学说里，这种理论，按其实际内容来说，只不过是君主专制政体时期的著作家所使用的表达方式的另一种说法而已。在他们的学说里，它仅仅是另一种表达方式，它主要是一种想把一切关系归结为剥削关系的愿望，想从人们的物质需要和满足这些需要的方式来解释交往的愿望，还很难说是这种愿望的实现。任务提出来了。霍布斯和洛克①亲眼看到了荷兰资产阶级的较早的发展（他们两人都曾经有一个时期住在荷兰），而且也看到了英国资产阶级的最初的政治运动，英国资产阶级曾经通过这些运动冲破了地方局限性的圈子，还看到了工场手工业、海外贸易和开拓殖民地的已经比较发展的阶段；特别是洛克，他的著作就是属于英国政治经济学的第一个时期的，属于出现股份公司、英国银行和英国海上霸权的那个时期的。在他们那里，特别是在洛克的学说里，剥削理论还是和经济内容有直接关系的。

马克思、恩格斯：《德意志意识形态》（1845—1846年），摘自《马克思恩格斯全集》第3卷，人民出版社1960年版，第481—482页。

剥削理论在英国通过葛德文②，特别是通过边沁获得了更进一步的发展；随着资产阶级在英国和法国日益得势，边沁把法国人所撇开的经济内容又逐渐地拣起来了。葛德文的"论政治上的公正"一书是在恐怖时代写的，而边沁的主要著作是在法国革命时期和革命以后，同时也是英国大工业发展时期写的。最后，我们在穆勒③的学说里可以看到，功利论和政治

① 洛克，约翰（1632—1704年），英国近代著名哲学家和经济学家。——编者注
② 葛德文，威廉（1756—1836年），英国近代作家和政论家，无政府主义创始人之一。——编者注
③ 穆勒，詹姆斯（1773—1836年），英国近代经济学家和哲学家。——编者注

经济学是完全结合在一起了。

> 马克思、恩格斯:《德意志意识形态》(1845—1846 年),摘自《马克思恩格斯全集》第 3 卷,人民出版社 1960 年版,第 482—483 页。

这一点已经弄清,我们不再花费时间去谈论现在已经完全属于过去的这一方面了。让著作界的小贩们去一本正经地挑剔这些现在只能使人发笑的幻想吧!让他们去宣扬自己的清醒的思维方式优越于这种"疯狂的念头"吧!使我们感到高兴的,倒是处处突破幻想的外壳而显露出来的天才的思想萌芽和天才的思想,而这些却是那班庸人所看不见的。

> 恩格斯:《社会主义从空想到科学的发展》(1880 年 1 月—3 月上半月),摘自《马克思恩格斯文集》第 3 卷,人民出版社 2009 年版,第529 页。

在这里,我们不谈在现代一切大革命中表达过无产阶级要求的文献(巴贝夫等人的著作)。

无产阶级在普遍激动的时代、在推翻封建社会的时期直接实现自己阶级利益的最初尝试,都不可避免地遭到了失败,这是由于当时无产阶级本身还不够发展,由于无产阶级解放的物质条件还没有具备,这些条件只是资产阶级时代的产物。随着这些早期的无产阶级运动而出现的革命文献,就其内容来说必然是反动的。这种文献倡导普遍的禁欲主义和粗陋的平均主义。

> 马克思、恩格斯:《共产党宣言》(1847 年 12 月—1848 年 1 月底),摘自《马克思恩格斯文集》第 2 卷,人民出版社 2009 年版,第62 页。

要了解一个限定的历史时期,必须跳出它的局限,把它与其他历史时期相比较。要判断历届政府及其行动,必须以它们所处的时代以及和它们同时代的人们的良知为尺度。任何人只要看到培根本人把魔鬼学列入科学编目,就不会责难一个十七世纪的英国政治家依据迷信行事。

> 马克思:《十八世纪外交史内幕》(1856 年 8 月—1857 年 4 月),摘自《马克思恩格斯全集》第 44 卷,人民出版社 1982 年版,第287 页。

对于激进派的领袖来说,最糟糕的事情莫过于在运动还没有达到成熟的地步,还没有使他代表的阶级具备进行统治的条件,而且也不可能去实行为维持这个阶级的统治所必须贯彻的各项措施的时候,就被迫出来掌握政权。他**所能**做的事，并不取决于他的意志，而取决于不同阶级之间对立的发展程度，取决于历来决定阶级对立发展程度的物质生活条件、生产关系和交换关系的发展程度。他**所应**做的事，他那一派要求他做的事，也并不取决于他，而且也不取决于阶级斗争及其条件的发展程度；他不得不恪守自己一向鼓吹的理论和要求，而这些理论和要求又并不是产生于当时社会各阶级相互对立的态势以及当时生产关系和交换关系的或多或少是偶然的状况，而是产生于他对社会运动和政治运动的一般结果所持的或深或浅的认识。于是他就不可避免地陷入一种无法摆脱的进退维谷的境地：他**所能**做的事，同他迄今为止的全部行动，同他的原则以及他那一派的直接利益是互相矛盾的；而他**所应**做的事，则是无法办到的。总而言之，他被迫不代表自己那一派，不代表自己的阶级，而去代表在当时运动中已经具备成熟统治条件的那个阶级。他不得不为运动本身的利益而维护一个异己阶级的利益，不得不以空话和诺言来对自己的阶级进行搪塞，声称那个异己阶级的利益就是本阶级的利益。谁要是陷入这种窘境，那就无可挽回地要遭到失败。

> 恩格斯：《德国农民战争》（1850 年夏秋），摘自《马克思恩格斯文集》第 2 卷，人民出版社 2009 年版，第 303—304 页。

这些老的编年史家的抱怨总是夸大的，但是他们准确地描绘了生产关系的革命给当时的人们造成的印象。把大法官福蒂斯丘的著作与大法官托马斯·莫尔①的著作比较一下，我们就会清楚地看见 15 世纪和 16 世纪之间的鸿沟。桑顿②说得对，英国工人阶级没有经过任何过渡阶段就从自己的黄金时代陷入了黑铁时代。

> 马克思：《资本论》第 1 卷（发表于 1867 年 9 月），摘自《马克思恩格斯文集》第 5 卷，人民出版社 2009 年版，第 826 页。

无论是达尔文还是他在自然科学家中间的追随者，都没有想到要用某种方法来缩小拉马克③的伟大功绩；而且正是他们最先重新推崇他。可是

---

① 托马斯·莫尔（1478—1535 年），英国政治活动家，人道主义作家，空想共产主义的早期代表人物之一，《乌托邦》一书的作者。——编者注

② 桑顿，威廉·托马斯（1813—1880 年），英国经济学家，约翰·斯·穆勒的追随者。——编者注

③ 拉马克（1744—1829 年），杰出的英国自然科学家，达尔文的先驱。——编者注

我们不应该忽视，在拉马克时代，科学还远没有掌握充分的材料，还不能对物种起源的问题作出并非预先推定的即所谓预言式的回答。不过，从拉马克那时以来，在从事搜集或解剖的植物学和动物学领域内积累了大量的材料，此外还出现了在这方面具有决定性重要意义的两门崭新的科学：对植物和动物的胚胎发育的研究（胚胎学），对地球表面各个地层内所保存的有机体遗骸的研究（古生物学）。于是发现，有机体的胚胎向成熟的有机体的逐步发育同地球历史上相继出现的植物和动物的次序之间有特殊的吻合。正是这种吻合为进化论提供了最可靠的根据。但是进化论本身还很年轻，所以，毫无疑问，进一步的探讨将会大大修正现在的、包括严格达尔文主义的关于物种进化过程的观念。

> 恩格斯：《反杜林论》（1876 年 9 月—1878 年 6 月），摘自《马克思恩格斯文集》第 9 卷，人民出版社 2009 年版，第 79 页。

——随着城市的兴起，以及或多或少有所发展的资产阶级和无产阶级的因素的相应出现，作为资产阶级存在条件的平等要求，也必然逐渐地再度提出，而与此相联的必然是无产阶级从政治平等中引申出社会平等的结论。这一点最先明确地表现在农民战争中，当然，采取了宗教形式。平等要求的资产阶级方面是由卢梭首先明确地阐述的，但还是作为全人类要求来阐述的。在这里，正如在资产阶级提出任何要求时一样，无产阶级也是作为命中注定的影子跟着资产阶级，并且得出自己的结论（巴贝夫）。资产阶级的平等同无产阶级的结论之间的这种联系应当详加发挥。

> 恩格斯：《〈反杜林论〉的准备材料》（1876—1877 年），摘自《马克思恩格斯文集》第 9 卷，人民出版社 2009 年版，第 353 页。

马克思和恩格斯是处在革命（我们指的是无产阶级革命）以前的时期，帝国主义还没有充分发展的时期，准备无产者去进行革命的时期，无产阶级革命还没有成为必不可免的直接实践问题的时期。而马克思和恩格斯的学生列宁却处在帝国主义充分发展的时期，无产阶级革命开展起来的时期，无产阶级革命已经在一个国家内获得了胜利、打破了资产阶级民主制、开辟了无产阶级民主制纪元即苏维埃纪元的时期。

正因为如此，列宁主义是马克思主义的进一步的发展。

> 斯大林：《论列宁主义基础》（1924 年 4—5 月），摘自《列宁主义问题》，人民出版社 1964 年版，第 2—3 页。

任何专横的君主都不得不服从社会经济条件，不能向经济条件发号施令

根据蒲鲁东先生的意见，由于某些经济原因，金银经过构成价值的状态，比一切其他产品就更具有成为货币的优越性。现在我们就来进一步考察这些**经济原因**。

这些经济原因是："力求占居统治地位的明显趋向"、"在宗法时期"已经取得的"显著的优势"以及同一事实的其他的转弯抹角说法；这种转弯抹角的说法只能增加我们的困难，因为蒲鲁东先生在解释一个事实时添加了许多枝节，从而使需要说明的事实越来越多了。但是蒲鲁东先生还没有讲完他的所谓经济原因。下面就是那种至高无上和不可抗拒的力量的原因之一：

"经过君主的神圣化以后就产生了货币：君主们占有金银，并且在上面打了自己的印章。"

因此，在蒲鲁东先生看来，君主的专横就是政治经济学中的最高原因！

其实，只有毫无历史知识的人才不知道：君主们在任何时候都不得不服从经济条件，并且从来不能向经济条件发号施令。无论是政治的立法或市民的立法，都只是表明和记载经济关系的要求而已。

究竟是君主占有了金银，盖上自己的印章使它们成为普遍的交换手段呢，还是普遍的交换手段占有了君主，让他盖上印章并授与政治上的神圣？

人们过去和现在给银币盖上的印记，并不表明它的价值，而是表明它的重量。蒲鲁东先生所说的稳固性和确实性只和钱币的成色有关；这种成色表明一块银币中含有多少纯金属。

马克思：《哲学的贫困》（1847 年 6 月），摘自《马克思恩格斯全集》第 4 卷，人民出版社 1958 年版，第 121—122 页。

首先，事实已经无数次地证明，如果君主要想伪造钱币，那末他就会遭到损失。他在最初发行中虽一度得到利益，但以后每当伪造的钱币以捐税等形式重新回到他那里去的时候，他又要将这些利益失掉。但是菲力浦和他的继承人多多少少防止了这种损失，因为他们把伪造的钱币一投入流通，马上就下令照原有成色普遍改铸钱币。

其次，如果菲力浦一世真象蒲鲁东先生那样推论，那末他的推论"从商业观点来说"就决不是完美无缺的。如果菲力浦一世或者蒲鲁东先生只是根据商品的价值取决于供求关系这一点，便以为金子的价值完全象任何

其他商品的价值一样是可以改变的，那末这只表明他们的商业才能很差。

如果菲力浦皇帝命令把一缪伊粮食叫做二缪伊粮食，那他就成了骗子。他就是欺骗了一切收租的人，一切收一百缪伊粮食的人；由于他的好意，这些人本来可以收一百缪伊粮食，现在只能收五十缪伊了。假定皇帝欠人一百缪伊粮食，那他现在只要还五十缪伊就行了。但是在贸易中，一百缪伊粮食一点也不会比从前五十缪伊有更多的价值。名称是改变了，事物却并没有变化。无论是供应的或是需求的粮食的数量，都不会仅仅由于名称的改变而有所增减。因此，尽管名称改变，只要供求关系不变，那末粮食的价格也不会有任何实际的变化。人们在谈到供求的时候，指的是物品的供求，而不是物品的名称。菲力浦一世并不象蒲鲁东所说的那样创造了金银，他只是创造了钱币的名称。你把法国的克什米尔呢充作亚洲的克什米尔呢也许会欺骗一两个购买者，但是一旦骗术被拆穿，那末你的所谓亚洲的克什米尔呢的价格就会回跌到法国克什米尔呢的价格。菲力浦一世在金银上盖印了假标记，这种伎俩只能在未被揭穿前骗一骗人。象别的老板一样，用冒牌商品欺骗顾客只能蒙混一时。他迟早一定会感到贸易规律的严峻。蒲鲁东先生想证明的是这一点吗？不，不是这一点。在他看来，使货币获得价值的不是贸易，而是君主。实际上他证明了什么呢？他证明贸易比君主更有权力。即使君主下命令使一马克今后成为两马克，但是贸易却总是告诉你：这两个新的马克只值从前一个马克。

但是这并没有把价值取决于劳动量这个问题推进一步。重新变成从前那一个马克的这两个马克的价值，究竟是由生产费用来确定还是由供求规律来确定？这个问题仍然有待解决。

马克思：《哲学的贫困》（1847 年 6 月），摘自《马克思恩格斯全集》第 4 卷、人民出版社 1958 年版，第 122—124 页。

（4）关于人的全面、自由的发展

结果就是：生产力或一般财富从趋势和可能性来看的普遍发展成了基础，同样，交往的普遍性，从而世界市场成了基础。这种基础是个人全面发展的可能性，而个人从这个基础出发的实际发展是对这一发展的**限制**的不断消灭，这种限制被意识到是限制，而不是被当作某种**神圣的界限**。个人的全面性不是想象的或设想的全面性，而是他的现实关系和观念关系的全面性。由此而来的是把他自己的历史作为**过程**来理解，把对自然界的认识（这也表现为支配自然界的实际力量）当作对他自己的现实体的认识。发展过程本身被当作是并且被意识到是个人的前提。但是，要达到这点，首先必须使生产力的充分发展成为**生产条件**，使一定的**生产条件**不表现为生产力发展的界限。

> 马克思：《经济学手稿》（1857—1858 年），摘自《马克思恩格斯全集》第 46 卷（下册），人民出版社 1980 年版，第 36 页。

代替那存在着阶级和阶级对立的资产阶级旧社会的，将是这样一个联合体，在那里，每个人的自由发展是一切人的自由发展的条件。

> 马克思、恩格斯：《共产党宣言》（1847—1848 年），摘自《马克思恩格斯选集》第 1 卷，人民出版社 1972 年版，第 273 页。

2. 时势造英雄

每个时代都会造就出自己的伟大人物

如爱尔维修所说的，每一个社会时代都需要有自己的大人物，如果没有这样的人物，它就要把他们创造出来。

> 马克思：《1848 年至 1850 年的法兰西阶级斗争》（1849 年底—1850 年 3 月底和 1850 年 10 月—11 月 1 日），摘自《马克思恩格斯文集》第 2 卷，人民出版社 2009 年版，第 137 页。

这是人类以往从来没有经历过的一次最伟大的、进步的变革[①]，是一个需要巨人并且产生了巨人的时代，那是一些在思维能力、激情和性格方面，在多才多艺和学识渊博方面的巨人。给资产阶级的现代统治打下基础的人物，决没有市民局限性。相反，这些人物都不同程度地体现了那种勇于冒险的时代特征。那时，几乎没有一个著名人物不曾作过长途的旅行，不会说四五种语言，不在好几个专业上放射出光芒。莱奥纳多·达·芬奇不仅是大画家，而且也是大数学家、力学家和工程师，他在物理学的各种不同分支中都有重要的发现。阿尔布雷希特·丢勒是画家、铜版雕刻家、雕塑家、建筑师，此外还发明了一种筑城学体系，这种筑城学体系已经包含了一些在很久以后又被蒙塔朗贝尔和近代德国筑城学采用的观念。马基雅弗利是政治家、历史编纂学家、诗人，同时又是第一个值得一提的近代军事著作家。路德不但清扫了教会这个奥吉亚斯的牛圈，而且也清扫了德国语言这个奥吉亚斯的牛圈，创造了现代德国散文，并且创作了成为 16 世

---

① 指十五世纪下半叶开始的欧洲各国反封建制度的资产阶级改革运动。——编者注

纪《马赛曲》的充满胜利信心的赞美诗的词和曲。那个时代的英雄们还没有成为分工的奴隶，而分工所产生的限制人的、使人片面化的影响，在他们的后继者那里我们是常常看到的。而尤其突出的是，他们几乎全都置身于时代运动中，在实际斗争中意气风发，站在这一方面或那一方面进行斗争，有人用舌和笔，有人用剑，有些人则两者并用。因此他们具有成为全面的人的那种性格上的丰富和力量。书斋里的学者是例外：他们不是二流或三流的人物，就是唯恐烧着自己手指的小心翼翼的庸人。

> 恩格斯：《自然辩证法》（1873—1882 年），摘自《马克思恩格斯文集》第 9 卷，人民出版社 2009 年版，第 409—410 页。

不管资产阶级社会怎样缺少英雄气概，它的诞生却是需要英雄行为，需要自我牺牲、恐怖、内战和民族间战斗的。在罗马共和国的高度严格的传统中，资产阶级社会的斗士们找到了理想和艺术形式，找到了他们为了不让自己看见自己的斗争的资产阶级狭隘内容、为了要把自己的热情保持在伟大历史悲剧的高度上所必需的自我欺骗。例如，在 100 年前，在另一发展阶段上，克伦威尔和英国人民为了他们的资产阶级革命，就借用过旧约全书中的语言、热情和幻想。当真正的目的已经达到，当英国社会的资产阶级改造已经实现时，洛克就排挤了哈巴谷。

> 马克思：《路易·波拿巴的雾月十八日》（1851 年 12 月中—1852 年 3月 25 日），摘自《马克思恩格斯文集》第 2 卷，人民出版社 2009 年版，第 472 页。

意大利是典型之邦。自从现代世界的曙光在那里升起的那个伟大时代以来，它产生过许多伟大人物，从但丁到加里波第，他们是无与伦比的完美的典型。但是，遭受屈辱和异族统治的时期，也给它留下了若干典型的人物脸谱，其中有两个经过特别刻画的类型：斯加纳列尔①和杜尔卡马腊②。

> 恩格斯：《〈资本论〉第三卷序言》（1894 年 10 月 4 日），摘自《马克思恩格斯文集》第 7 卷，人民出版社 2009 年版，第 24 页。

历史早已证明，伟大的革命斗争会造就伟大人物，使过去不可能发挥

---

① 斯加纳列尔，出自意大利民间假面喜剧的人物，是说大话的庸人和胆小鬼的典型。——编者注

② 杜尔卡马腊，出自意大利民间假面喜剧的人物，是滑头和骗子的典型。——编者注

的天才发挥出来。

列宁：《悼念雅·米·斯维尔德洛夫》（1919 年 3 月 18 日），摘自
《列宁全集》第 29 卷，人民出版社 1956 年版，第 71 页。

无产阶级革命所以强大，正在于它有无尽的泉源。我们知道，它使一批批的人涌现出来，去接替忘我地献身革命并在斗争中牺牲的人们。这些人刚踏上路途时也许经验较少，知识不够，修养较差，但他们与群众有广泛的联系，能够选拔很多人材来接替去世的伟大天才，继承他们的事业，沿着他们的道路前进，完成他们开始的事业。

列宁：《悼念雅·米·斯维尔德洛夫》（1919 年 3 月 18 日），摘自
《列宁全集》第 29 卷，人民出版社 1956 年版，第 72 页。

时势有时可能使平庸可笑的人物扮演了英雄的角色

在与我这部著作差不多**同时**出现的、论述同一问题的著作中，值得注意的只有两部：**维克多·雨果**的《**小拿破仑**》和**蒲鲁东**的《**政变**》①。

维克多·雨果只是对政变的主要发动者作了一些尖刻的和机智的痛骂。事变本身在他笔下被描绘成了一个晴天的霹雳。他认为这个事变只是某一个人的暴力行为。他没有觉察到，当他说这个人表现了世界历史上空前强大的个人主动性时，他就不是把这个人写成小人而是写成巨人了。蒲鲁东呢，他想把政变描述成以往历史发展的结果。但是，在他那里关于政变的历史构想不知不觉地变成了对政变主角所作的历史辩护。这样，他就陷入了我们的那些所谓**客观**历史编纂学家所犯的错误。相反，我则是证明，法**国阶级斗争**怎样造成了一种局势和条件，使得一个平庸而可笑的人物有可能扮演了英雄的角色。

马克思：《〈路易·波拿巴的雾月十八日〉1869 年第二版序言》
（1869 年 6 月 23 日），摘自《马克思恩格斯文集》第 2 卷，人民出版
社 2009 年版，第 465—466 页。

资产阶级分裂成两个王朝保皇集团，但是它要求的首先是它的金融活动所需的太平和安全；与之相对抗的，是虽被打败但仍然很可畏的无产阶级，小资产者和农民日益聚集在它的周围——这就始终存在突发暴力事件的威胁，而这种突发事件无论如何也不能提供任何最终解决问题的希望——这就像是专为第三个，即冒牌民主主义的王位追求者路易·波拿巴

---

① 即蒲鲁东的《从十二月二日政变看社会革命》。——编者注

举行政变造成的形势。1851 年 12 月 2 日，路易·波拿巴借助军队结束了紧张局势，保障了欧洲内部的安宁，同时又赐给了它一个新的战争时代。从下面进行革命的时期暂告结束了；随之而来的是从上面进行革命的时期。

> 恩格斯：《卡·马克思〈1848 年至 1850 年的法兰西阶级斗争〉一书导言》（1895 年 2 月 14 日—3 月 6 日），摘自《马克思恩格斯文集》第 4 卷，人民出版社 2009 年版，第 541 页。

这个龌龊的人物对愈来愈使他成为必要人物的真正原因却糊里糊涂。他的党十分明了，波拿巴的作用日益增长是当时的环境造成的，而他本人却相信，这完全是他的名字的魔力和他一贯模仿拿破仑造成的。

> 马克思、恩格斯：《国际述评（三）》（1851 年 1 月 27 日），摘自《马克思恩格斯全集》第 7 卷，人民出版社 1959 年版，第 528 页。

得比勋爵在这次演说中很知趣地完全克制了爱讲俏皮话的习惯，从而使自己的论据具有严格的法律性质。可是，他不费什么力气就使自己的演说充满了极深刻的讽刺。实际上，身为英国世袭贵族首领的得比伯爵是在反驳边沁的得意门生、以前的博士、现在的爵士约翰·包令；他是在维护人道，驳斥那位选择人道为职业的人；他是在捍卫各国的真正利益，反对那位坚持外交礼节的彻头彻尾的功利主义者；他诉诸《vox populi—vox dei》〔"民声即天声"〕的公式，反对"最大多数人的最大利益"这一公式的拥护者。征服者的后裔宣扬和平，而和平协会的一个会员却鼓吹开炮；得比痛斥英国舰队的行动，说那是"卑鄙的行径"和"可耻的军事行动"，而包令却因为这种没有遇到任何抵抗的怯懦的横暴行为而祝贺舰队的"辉煌成就，无比勇敢，以及军事技巧和英勇气概的卓越结合"。得比伯爵越是好像不大意识到这些对比，这些对比的讽刺性就越是尖刻。他在一次历史的大讽刺中占了上风，这次历史的大讽刺不是由个别人物的机智灵敏造成的，而是由客观情势的滑稽可笑造成的。在全部英国议会史上，大概还从未有过这样一次贵族对暴发户的精神上的胜利。

> 马克思：《议会关于对华军事行动的辩论》（1857 年 2 月 27 日），摘自《马克思恩格斯全集》第 12 卷，人民出版社 1962 年版，第 150—151 页。

3. 必须考察个人活动背后的社会历史条件，发现历史规律，才能了解历史人物活动的实质

历史是由个人创造的这一原理在理论上毫无意义。全部历史本来由个人活动构成，而社会科学的任务在于解释这些活动……

> 列宁：《民粹主义的经济内容》（1894 年末—1895 年初），摘自《列宁全集》第 1 卷，人民出版社 1955 年版，第 375 页。

据说，历史喜欢作弄人，喜欢同人们开玩笑。本来要到这个房间，结果却走进了另一个房间。在历史上，凡是不懂得、不认识自己真正的实质，即不了解自己**实际上**（而不是凭自己的想象）倾向于**哪些阶级**的人们、集团和派别，经常会遇到这样的事情。他们是真的不懂得，还是假装不懂得，这个问题也许会使写某人传记的作者感到兴趣，但是对于政治家来说，这种问题毕竟是次要的。

重要的是，历史和政治如何**揭露**这些集团和派别，如何透过它们"也是社会主义"或"也是马克思主义的"词句揭露它们的资产阶级的实质。在资产阶级民主革命时代，世界各国有数十个集团和派别都以"社会主义"自诩。（见马克思和恩格斯的《共产党宣言》第 3 章所列举的集团和派别）然而历史在短短的一二十年内，甚至在更少的时间内，很快地就揭露了它们的原形。

> 列宁：《资产阶级知识分子反对工人的方法》（发表于 1914 年 6 月），摘自《列宁全集》第 20 卷，人民出版社 1958 年版，第 459 页。

但是，马克思主义教导我们，要从发展中观察一切现象，不要只满足于作表面的描述，不要相信漂亮的招牌，要分析各个政党的经济基础和阶级基础，要研究预先决定这些政党的政治活动的意义和结果的客观政治环境。

> 列宁：《立宪民主党人的胜利和工人政党的任务》（1906 年 3 月 28 日），摘自《列宁全集》第 10 卷，人民出版社 1959 年版，第 190 页。

社会发展史却有一点是和自然发展史根本不相同的。在自然界中（如果我们把人对自然界的反作用撇开不谈）全是没有意识的、盲目的动力，这些动力彼此发生作用，而一般规律就表现在这些动力的相互作用中。在所发生的任何事情中，无论在外表上看得出的无数表面的偶然性中，或者在可以证实这些偶然性内部的规律性的最终结果中，都没有任何事情是作为预期的自觉的目的发生的。相反，在社会历史领域内进行活动的，是具有意识的、经过思虑或凭激情行动的、追求某种目的的人；任何事情的发生都不是没有自觉的意图，没有预期的目的的。但是，不管这个差别对历史研究，尤其是对各个时代和各个事变的历史研究如何重要，它丝毫不能改变这样一个事实：历史进程是受内在的一般规律支配的。因为在这一领域内，尽管各个人都有自觉预期的目的，总的说来在表面上好像也是偶然性在支配着。人们所预期的东西很少如愿以偿，许多预期的目的在大多数场合都互相干扰，彼此冲突，或者是这些目的本身一开始就是实现不了的，或者是缺乏实现的手段的。这样，无数的单个愿望和单个行动的冲突，在历史领域内造成了一种同没有意识的自然界中占统治地位的状况完全相似的状况。行动的目的是预期的，但是行动实际产生的结果并不是预期的，或者这种结果起初似乎还和预期的目的相符合，而到了最后却完全不是预期的结果。这样，历史事件似乎总的说来同样是由偶然性支配着的。但是，在表面上是偶然性在起作用的地方，这种偶然性始终是受内部的隐蔽着的规律支配的，而问题只是在于发现这些规律。

> 恩格斯：《路德维希·费尔巴哈和德国古典哲学的终结》（1886 年初），摘自《马克思恩格斯文集》第 4 卷，人民出版社 2009 年版，第 301—302 页。

因此，它①的历史观——如果它有某种历史观的话——本质上也是实用主义的，它按照行动的动机来判断一切，把历史人物分为君子和小人，并且照例认为君子是受骗者，而小人是得胜者。旧唯物主义由此得出结论是，在历史的研究中不能得到很多有教益的东西；而我们由此得出的结论是，旧唯物主义在历史领域内自己背叛了自己，因为它认为在历史领域中起作用的精神的动力是最终原因，而不去研究隐藏在这些动力后面的是什么，这些动力的动力是什么。不彻底的地方并不在于承认**精神的**动力，而在于不从这些动力进一步追溯到它的动因。相反，历史哲学，特别是黑格尔所代表的历史哲学，认为历史人物的表面动机和真实动机都决不是历史事变的最终原因，认为这些动机后面还有应当加以探究的别的动力；但是它不在历史本身中寻找这种动力，反而从外面，从哲学的意识形态把这种动力输入历史。例如黑格尔，他不从古希腊历史本身的内在联系去说明古希腊的历史，而只是简单地断言，古希腊的历史无非是"美好的个性形

---

① 指旧唯物主义。——编者注

式"的制定,是"艺术作品"本身的实现。① 在这里,黑格尔关于古希腊人作了许多精彩而深刻的论述,但是这并不妨碍我们今天对那些纯属空谈的说明表示不满。

因此,如果要去探究那些隐藏在——自觉地或不自觉地,而且往往是不自觉地——历史人物的动机背后并且构成历史的真正的最后动力的动力,那么问题涉及的,与其说是个别人物,即使是非常杰出的人物的动机,不如说是使广大群众、使整个整个的民族,并且在每一民族中间又是使整个整个阶级行动起来的动机;而且也不是短暂的爆发和转瞬即逝的火光,而是持久的、引起重大历史变迁的行动。探讨那些作为自觉的动机明显地或不明显地,直接地或以意识形态的形式,甚至以被神圣化的形式反映在行动着的群众及其领袖即所谓伟大人物的头脑中的动因——这是能够引导我们去探索那些在整个历史中以及个别时期和个别国家的历史中起支配作用的规律的唯一途径。

> 恩格斯:《路德维希·费尔巴哈和德国古典哲学的终结》(1886年初),摘自《马克思恩格斯文集》第4卷,人民出版社2009年版,第303—304页。

发现唯物主义历史观,或者更确切地说,把唯物主义贯彻和推广运用于社会现象领域,消除了以往的历史理论的两个主要缺点。第一,以往的历史理论至多只是考察了人们历史活动的思想动机,而没有研究产生这些动机的原因,没有探索社会关系体系发展的客观规律性,没有把物质生产的发展程度看做这些关系的根源;第二,以往的理论从来忽视居民**群众**的活动,只有历史唯物主义才第一次使我们能以自然科学的精确性去研究群众生活的社会条件以及这些条件的变更。马克思以前的"社会学"和历史学,**至多**是积累了零星收集来的未加分析的事实,描述了历史过程的个别方面。马克思主义则指出了对各种社会经济形态的产生、发展和衰落过程进行全面而周密的研究的途径,因为它考察了所有各种矛盾的趋向的**总和**,把这些趋向归结为可以准确测定的、社会**各阶级**的生活和生产条件,排除了选择某种"主导"思想或解释这种思想时的主观主义和武断态度,揭示了物质生产力的状况是所有一切思想和各种不同趋向的**根源**。人们自己创

---

① 参看黑格尔《历史哲学讲演录》第2部第2篇。——编者注

造自己的历史，但人们即群众的动机是由什么决定的，各种矛盾的思想或意向间的冲突是由什么引起的，一切人类社会中所有这些冲突的总和是怎样的，构成人们全部历史活动基础的、客观的物质生活的生产条件是怎样的，这些条件的发展规律是怎样的，——马克思对这一切都注意到了，并且指出了科学地研究历史这一极其复杂、充满矛盾而又是有规律的统一过程的途径。

列宁：《卡尔·马克思》（1914 年 11 月），摘自《列宁专题文集·论马克思主义》，人民出版社 2009 年版，第 14—15 页。

除德国人路德外，还出现了法国人加尔文①，他以真正法国式的尖锐性突出了宗教改革的资产阶级性质，使教会共和化和民主化。当路德的宗教改革在德国已经蜕化并把德国引向灭亡的时候，加尔文的宗教改革却成了日内瓦、荷兰和苏格兰共和党人的旗帜，使荷兰摆脱了西班牙和德意志帝国的统治，并为英国发生的资产阶级革命的第二幕提供了意识形态的外衣。在这里，加尔文教派显示出它是当时资产阶级利益的真正的宗教外衣，因此，在 1689 年革命由于一部分贵族同资产阶级间的妥协而结束以后，它也没有得到完全的承认。英国的国教会恢复了，但不是恢复到它以前的形式，即由国王充任教皇的天主教，而是强烈地加尔文教派化了。旧的国教会庆祝欢乐的天主教礼拜日，反对枯燥的加尔文教派礼拜日。新的资产阶级化的国教会，则采用后一种礼拜日，这种礼拜日至今还在装饰着英国。

恩格斯：《路德维希·费尔巴哈和德国古典哲学的终结》（1886 年初），摘自《马克思恩格斯文集》第 4 卷，人民出版社 2009 年版，第 311 页。

第一次革命把半农奴式的农民变成了自由的土地所有者之后，拿破仑巩固和调整了某些条件，以保证农民能够自由无阻地利用他们刚得到的法国土地并满足其强烈的私有欲。可是法国农民现在没落的原因，正是他们的小块土地、土地的分割，即被拿破仑在法国固定下来的所有制形式。这正是使法国封建农民成为小块土地的所有者，而使拿破仑成为皇帝的物质条件。只经过两代就产生了不可避免的结果：农业日益恶化，农民负债日益增加。"拿破仑的"所有制形式，在 19 世纪初期原是保证法国农村居民

———
① 加尔文（1509—1564 年），宗教改革的著名活动家，新教教派之一——加尔文教的创始人。——编者注

解放和致富的条件，而在本世纪的进程中却已变成使他们受奴役和贫困化的法律了。

> 马克思：《路易·波拿巴的雾月十八日》（1851 年 12 月中—1852 年 3 月 25 日），摘自《马克思恩格斯文集》第 2 卷，人民出版社 2009 年版，第 569 页。

无论是知名的人士还是普通的人们，总是根据现象、根据外表、根据直接的结果来判断事情的。例如，二十年来人们一直把路·波拿巴奉若神明。而我甚至在他飞黄腾达的时候也总是把他作为一个**平庸的流氓**来加以揭露。我对容克俾斯麦的看法也是如此。但是，假如他的外交是出于**自愿的**，那我倒并不认为他是多么的愚蠢。此人现在已陷入俄国外交的罗网，只有狮子才能破网而出，但是他不是狮子。

> 马克思：《致路·库格曼》（1871 年 2 月 4 日），摘自《马克思恩格斯全集》第 33 卷，人民出版社 1973 年版，第 182 页。

巴塞尔宣言不容争辩地证明，投票赞成军费开支、参加内阁、在 1914—1915 年间主张保卫祖国的社会党人都彻底**背叛**了社会主义。这种背叛事实是无可辩驳的，只有伪君子才能否认。问题只在于如何来说明这个背叛。

如果拿考茨基、盖得、普列汉诺夫（"甚至"这样的人！）作借口，把问题归结为**个别人物**的问题，那是荒谬的，不科学的，可笑的。这是一种可怜的诡计。要严肃地说明问题，就必须考察当前政策的**经济**意义，然后分析它的基本**思想**，最后研究社会主义运动中**各个派别**的历史。

> 列宁：《机会主义和第二国际的破产》（1915 年底），摘自《列宁全集》第 21 卷，人民出版社 1959 年版，第 421—422 页。

魁奈的《经济表》用几根粗线条表明，国民生产的具有一定价值的年产品怎样通过流通进行分配，才能在其他条件不变的情况下，使它的简单再生产即原有规模的再生产进行下去。上一年度的收获，理所当然地构成生产期间的起点。无数单个的流通行为，从一开始就被概括为它们的具有社会特征的大量运动，——几个巨大的、职能上确定的、经济的社会阶级之间的流通。在这里，我们感兴趣的是：总产品的一部分，——它和总产品的任何其他部分一样，作为使用物品，是过去一年劳动的新的结果——，同时只以同一实物形式再现的原有资本价值的承担者。它不流通，而是留在它的生产者租地农场主阶级手里，以便在那里重新开始它的资本职能。魁奈还把一些无关的要素包括在年产品的这个不变资本部分中，但是他把握住了主要问题，这要归功于他的有限的眼界，即认为农业是使用人类劳动来生产剩余价值的唯一领域，就是说，从资本主义的观点看，是唯一的真正生产的领域。经济的再生产过程，不管它的特殊的社会性质如何，在这个部门（农业）内，总是同一个自然的再生产过程交织在一起。后者的显而易见的条件，会阐明前者的条件，并且会排除只是由流通幻影引起的思想混乱。

一种理论体系的标记不同于其他商品的标记的地方，也在于它不仅欺骗买者，而且也往往欺骗卖者。魁奈本人和他的最亲近的门生，都相信他们的封建招牌。直到现在，我们的学究们也还是如此。然而在实际上，重农主义体系是对资本主义生产的第一个系统的理解。产业资本的代表——租地农场主阶级——指导着全部经济运动。农业按资本主义方式经营，就是说，作为大规模的资本主义租地农场主的企业经营；土地的直接耕作者是雇佣工人。生产不仅创造使用物品，而且也创造它们的价值；而生产的动机是获得剩余价值，剩余价值的出生地是生产领域，不是流通领域。在作为以流通为中介的社会再生产过程的承担者的三个阶级中，"生产"劳动的直接剥削者，剩余价值的生产者，资本主义的租地农场主，和那些剩余价值的单纯占有者区别开来了。

还在重农主义体系的全盛时期，这种体系的资本主义性质就已经一方面引起了兰盖和马布利的反对，另一方面引起了自由小土地所有制的辩护者们的反对。

> 马克思：《资本论》第 2 卷（发表于 1885 年 7 月），摘自《马克思恩格斯文集》第 6 卷，人民出版社 2009 年版，第 398—399 页。

这个外观曾迷惑了魁奈医生的贵族出身的门徒们，例如守旧的怪人老米拉波。在那些眼光比较远大的重农主义体系代表者那里，特别是在杜尔哥那里，这个外观完全消失了，重农主义体系就成为在封建社会的框子里为自己开辟道路的新的资本主义社会的表现了。因而，这个体系是同刚从封建主义中孵化出来的资产阶级社会相适应的。所以出发点是在法国这个以农业为主的国家，而不是在英国这个以工业、商业和航海业为主的国家。在英国，目光自然集中到流通过程，看到的是产品只有作为一般社会劳动的表现，作为货币，才取得价值，变成商品。因此，只要问题涉及的不是价值形式，而是价值量和价值增殖，那末在这里首先看到的就是"**让渡利润**"，即斯图亚特所描述的相对利润。但是，如果要证明剩余价值是在生产领域本身创造的，那末，首先必须从剩余价值不依赖流通过程就能表现出来的劳动部门即农业着手。因而这方面的首创精神，是在一个以农业为主的国家中表现出来的。在重农学派的前辈老作家中，已经可以零星地看到近似重农学派的思想，例如在法国的布阿吉尔贝尔那里就可以部分地看到。但是这些思想只有在重农学派那里，才成为标志着科学新阶段的体系。

马克思：《剩余价值理论》（第一册）（1861 年 8 月—1863 年 7 月），摘自《马克思恩格斯全集》第 26 卷（一），人民出版社 1972 年版，第 24 页。

（四） 在阶级社会里，个人活动和阶级的关系

1. 历史人物是一定阶级的代表，个人活动归结为阶级的活动

个人隶属于一定阶级这一现象，在那个除了反对统治阶级以外不需要维护任何特殊的阶级利益的阶级还没有形成之前，是不可能消灭的。

马克思、恩格斯：《费尔巴哈》（1845—1846 年），摘自《马克思恩格斯选集》第 1 卷，人民出版社 1972 年版，第 83—84 页。

某一阶级的个人所结成的、受他们反对另一阶级的那种共同利益所制约的社会关系，总是构成这样一种集体，而个人只是作为普通的个人隶属于这个集体，只是由于他们还处在本阶级的生存条件下才隶属于这个集体；他们不是作为个人而是作为阶级的成员处于这种社会关系中的。

马克思、恩格斯：《费尔巴哈》（1845—1846 年），摘自《马克思恩格斯选集》第 1 卷，人民出版社 1972 年版，第 82—83 页。

阶级斗争理论所以是社会科学取得的巨大成就，正是因为它十分确切而肯定地规定了把个人因素归结为社会根源的方法……"个人"在每个社会经济形态范围内的活动，这些极为多样的似乎不能加以任何系统化的活动，已被综合起来，归结为在生产关系体系中所起的作用上、在生产条件上、因而在生活环境的条件上、在这种环境所决定的利益上彼此不同的个人的集团的活动，一句话，归结为**阶级**的活动，而这些阶级的斗争决定着社会的发展。这就推翻了主观主义者的天真幼稚的纯粹机械的历史观，他

们满足于历史是由个人创造的这种空洞的论点，而不愿分析这些个人的活动是由什么社会环境决定的，是怎样决定的。

列宁：《民粹主义的经济内容》（1894 年末—1895 年初），摘自《列宁全集》第 1 卷，人民出版社 1955 年版，第 388—389 页。

要是一下子看不出是哪些政治集团或者社会集团、势力和人物在为某种提议、措施等等辩护时，那就应该提出"对谁有利?"的问题。

谁直接为某种政策辩护，这并不重要，因为在现代崇高的资本主义制度下，任何一个大财主都可以随便"雇佣"或者收买或者诱使一些律师、作家甚至议员、教授、神甫等等，让他们来捍卫各种各样的观点。我们是生活在商业时代，资产阶级是并不以买卖名誉和良心为羞愧的。还有一些头脑简单的人，不加思索地或者惯于盲目地拥护那些在一定的资产阶级中间占统治地位的观点。

不，直接为某些观点辩护的人是**谁**，这在政治上并不那么重要。重要的是这些观点、这些提议、这些措施**对谁有利**。

例如"欧洲"，那些自称"文明的"国家，现在正在军备上进行疯狂的障碍赛跑。在成千种报纸上，从成千个讲坛上，用成千种调子高喊着、叫嚣着爱国主义、文化、祖国、和平、进步等等，——所有这一切无非是要为各种杀人武器、大炮、"无畏舰"（最新型战舰）等等再行支出上千万上万万卢布寻找理由。

对于"爱国志士们"的这些话我要说：公众先生们！别相信空话，最好是看看**对谁有利**！

列宁：《对谁有利?》（发表于 1913 年 4 月 11 日），摘自《列宁全集》第 19 卷，人民出版社 1959 年版，第 33 页。

如果你们没有指出哪些阶级的利益，哪些当前的主要利益决定着各政党的本质和它们的政策的本质，那末，事实上你们就是没有运用马克思主义，**事实上**你们就是抛弃了阶级斗争的理论。

列宁：《对资产阶级政党的态度》（发表于 1907 年），摘自《列宁全集》第 12 卷，人民出版社 1959 年版，第 485 页。

马克思主义者认为必须十分详细地考察资本主义社会中形成的那些阶级，只有从一定阶级的观点上进行批判，就是说，批判不是建立在"个人"的道德判断上，而是建立在对实际发生的社会过程的确切表达上，才是有根据的。

　　　　列宁：《民粹主义的经济内容及其在司徒卢威先生的书中受到的批评》（1894 年末—1895 年初），摘自《列宁全集》第 1 卷，人民出版社 1955 年版，第 420 页。

　　我决不用玫瑰色描绘资本家和地主的面貌。不过这里涉及的人，只是经济范畴的人格化，是一定的阶级关系和利益的承担者。我的观点是把经济的社会形态的发展理解为一种自然史的过程。不管个人在主观上怎样超脱各种关系，他在社会意义上总是这些关系的产物。

　　　　马克思：《〈资本论〉第一卷第一版序言》（1867 年 7 月 25 日），摘自《马克思恩格斯文集》第 5 卷，人民出版社 2009 年版，第 10 页。

　　这不应当理解为，似乎象食利者和资本家等等已不再是有个性的个人了，而应当理解为，他们的个性是受非常具体的阶级关系所制约和决定的……

　　　　马克思、恩格斯：《费尔巴哈》（1845—1846 年），摘自《马克思恩格斯选集》第 1 卷，人民出版社 1972 年版，第 84 页。

　　主要的出场人物**是**一定的阶级和倾向的代表，因而也是他们时代的一定思想的代表，他们的动机不是来自琐碎的个人欲望，而正是来自他们所处的历史潮流。

　　　　恩格斯：《恩格斯致斐迪南·拉萨尔》（1859 年 5 月 18 日），摘自《马克思恩格斯文集》第 10 卷，人民出版社 2009 年版，第 174 页。

　　梅恩忽略了深得多的东西：**国家**的看来是至高无上的独立的存在本身，不过是**表面的**，所有各种形式的国家都是**社会身上的赘瘤**；正如它只是在社会发展的一定阶段上才**出现**一样，一当社会达到迄今尚未达到的阶段，它也会消失。先是个性摆脱最初**并不是专制的桎梏**（如傻公梅恩所理解的），**而是群体**即原始共同体的**给人带来满足和乐趣**的纽带——从而是个性的片面发展。但是只要我们分析这种个性的内容即它的**利益**，它的真正性质就会显露出来。那时我们就会发现，这些利益又是一定的社会集团共同特有的利益，即**阶级利益等等**，所以这种个性本身就是阶级的个性等等，而它们最终全部以**经济条件**为基础。这种条件是国家赖以建立的基础，是它的前提。

　　　　马克思：《亨利·萨姆纳·梅恩〈古代法制史讲演录〉一书摘要》（1881 年 4—6 月），摘自《马克思恩格斯全集》第 45 卷，人民出版社 1985 年版，第 646—647 页。

斯大林：你反对把人简单分为富人和穷人。当然，有中间阶层，也有你所说的技术知识分子，在这种知识分子中间有很诚实的好人。在这种知识分子中间也有不诚实的坏人。什么人都有。但是人类社会首先是分为富人和穷人、有产者和被剥削者，撇开这个基本划分，撇开穷人和富人之间的矛盾，就是撇开基本事实。我不否认中间阶层的存在，这些中间阶层不是站在这两个互相斗争的阶级中的一个阶级方面，便是在这一斗争中采取中立的或半中立的立场。但是，我重说一遍，撇开社会的这一基本划分和两个基本阶级间的这一基本斗争，就是忽视事实。

斯大林：《和英国作家赫·乔·威尔斯的谈话》（1934 年 7 月 23 日），
摘自《斯大林文选》，人民出版社 1962 年版，第 6 页。

如果桑乔在他的"圣书"① 里所说的同爱尔维修和霍尔巴赫在上一个世纪所说的完全一样，那末这是可笑的不符合时代的东西。但是我们已经看到，他用自夸的、自我一致的利己主义来代替积极活动的资产阶级利己主义。他的唯一的功绩（而这是违背他的意志的，他自己不知道的）在于：他表达了那些想变成真正资产者的现代德国小资产者的期望。十分自然，同这些市民在实际行动中的鼠目寸光和懦弱无能相称的是市民哲学家当中的**"唯一者"**的那种哗众取宠、夸夸其谈、欺世盗名的言论；同这些市民的现实关系完全相称的是这样的情况：这些市民不想了解自己的这位理论空谈家，而这位空谈家也根本不了解市民；他们彼此之间意见不一致，于是这位空谈家不得不鼓吹自我一致的利己主义。

马克思、恩格斯：《德意志意识形态》（1845—1846 年），摘自《马克
思恩格斯全集》第 3 卷，人民出版社 1960 年版，第 480—481 页。

同样，也不应该认为，所有的民主派代表人物都是小店主或崇拜小店主的人。按照他们所受的教育和个人的地位来说，他们可能和小店主相隔天壤。使他们成为小资产阶级代表人物的是下面这样一种情况：他们的思想不能越出小资产者的生活所越不出的界限，因此他们在理论上得出的任务和解决办法，也就是小资产者的物质利益和社会地位在实际生活上引导他们得出的任务和解决办法。一般说来，一个阶级的**政治代表**和**著作界代**

① 指《唯一者和他的所有者》。——编者注

表同他们所代表的阶级之间的关系，都是这样。

> 马克思：《路易·波拿巴的雾月十八日》（1851 年 12 月中—1852 年 3 月 25 日），摘自《马克思恩格斯文集》第 2 卷，人民出版社 2009 年版，第 501 页。

分工是先前历史的主要力量之一，现在，分工也以精神劳动和物质劳动的分工的形式出现在统治阶级中间，因为在这个阶级内部，一部分人是作为该阶级的思想家而出现的（他们是这一阶级的积极的、有概括能力的思想家，他们把编造这一阶级关于自身的幻想当作谋生的主要泉源），而另一些人对于这些思想和幻想则采取比较消极的态度，他们准备接受这些思想和幻想，因为在实际中他们是该阶级的积极成员，他们很少有时间来编造关于自身的幻想和思想。在这一阶级内部，这种分裂甚至可以发展成为这两部分人之间的某种程度上的对立和敌视，但是一旦发生任何实际冲突，当阶级本身受到威胁，甚至占统治地位的思想好像不是统治阶级的思想这种假象、它们拥有的权力好像和这一阶级的权力不同这种假象也趋于消失的时候，这种敌视便会自行消失。一定时代的革命思想的存在是以革命阶级的存在为前提的……

> 马克思、恩格斯：《德意志意识形态》（1845—1846 年），摘自《马克思恩格斯全集》第 3 卷，人民出版社 1960 年版，第 53 页。

我们在《引论》里①已经看到，为革命作了准备的 18 世纪的法国哲学家们，如何求助于理性，把理性当做一切现存事物的唯一的裁判者。他们认为，应当建立理性的国家、理性的社会，应当无情地铲除一切同永恒理性相矛盾的东西。我们也已经看到，这个永恒的理性实际上不过是恰好那时正在发展成为资产者的中等市民的理想化的知性而已。

> 恩格斯：《反杜林论》（1876 年 9 月—1878 年 6 月），摘自《马克思恩格斯文集》第 9 卷，人民出版社 2009 年版，第 272 页。

如果某种学说要求每个社会活动家严峻客观地分析现实，以及在这个现实的基础上所形成的各阶级间的关系，——那末凭着什么奇迹可以由此作出结论，说社会活动家不应当同情这个或那个阶级，说他"不应该"这样做呢？在这里谈应该不应该，简直是可笑的，因为没有一个活着的人**能够不站到**这个或那个阶级**方面来**（既然他懂得了它们的相互关

___
① 参看《哲学》第一章。

系），能够不为这个或那个阶级的胜利而高兴，为其失败而悲伤，能够不对于敌视这个阶级的人、对于散布落后观点来妨碍其发展以及其他等等的人表示愤怒。

> 列宁：《我们究竟拒绝什么遗产？》（1897 年底），摘自《列宁选集》
> 第 1 卷，人民出版社 1972 年版，第 153 页。

象海因岑这类不仅否认阶级斗争，甚至否认阶级存在的无知的蠢才只不过证明：尽管他们发出一阵阵带有血腥气的和自以为十分人道的叫嚣，他们还是认为资产阶级赖以进行统治的社会条件是历史的最后产物，是历史的极限；他们只不过是资产阶级的奴才。这些蠢才越不懂得资产阶级制度本身的伟大和暂时存在的必然性，他们的那副奴才相就越令人作呕。

> 马克思：《致约·魏德迈》（1852 年 3 月 5 日），摘自《马克思恩格斯
> 全集》第 28 卷，人民出版社 1973 年版，第 509 页。

为了避免一切误会和可能由此产生的异议，我还要指出，我是把资产阶级作为一个**阶级**来谈的，我谈个别人的行为，只是为了说明这个**阶级**的思想和行动的方式。因此，我也不准备分析资产阶级各个派别和政党之间的差别，这些派别和政党只具有历史的和理论的意义。

> 恩格斯：《英国工人阶级状况》（1844 年 9 月—1845 年 3 月），摘自
> 《马克思恩格斯文集》第 1 卷，人民出版社 2009 年版，第 493 页注。

闵采尔是完全处于当时正式社会联系之外的那一阶级的代表人物，也就是初期无产阶级的代表人物……

> 恩格斯：《德国农民战争》（1850 年夏秋），摘自《马克思恩格斯文
> 集》第 2 卷，人民出版社 2009 年版，第 294 页。

约翰·洛克是一切形式的新兴资产阶级的代表，他代表工厂主反对工人阶级和贫民，代表商人反对旧式高利贷者，代表金融贵族反对作为债务人的国家，他在自己的一本著作中甚至证明资产阶级的理智是人类的正常理智……

> 马克思：《政治经济学批判》（1858 年 8 月—1859 年 1 月），摘自
> 《马克思恩格斯全集》第 13 卷，人民出版社 1962 年版，第 67—
> 68 页。

蒲鲁东先生彻头彻尾是个小资产阶级的哲学家和经济学家。**小资产者**在已经发展了的社会中，迫于本身所处的地位，必然是一方面成为社会主

义者，另一方面又成为经济学家，就是说，他既迷恋于大资产阶级的豪华，又同情人民的苦难。他同时既是资产者又是人民。他在自己的心灵深处引以为骄傲的，是他不偏不倚，是他找到了一个自诩不同于中庸之道的真正的平衡。这样的小资产者把**矛盾**加以神化，因为矛盾是他存在的基础。他自己只不过是社会矛盾的体现。他应当在理论上说明他在实践中的面目，而蒲鲁东先生的功绩就在于他做了法国小资产阶级的科学解释者；这是一种真正的功绩，因为小资产阶级将是一切正在酝酿着的社会革命的组成部分。

马克思：《马克思致帕维尔·瓦西里耶维奇·安年科夫》（1846 年 12 月 28 日），摘自《马克思恩格斯文集》第 10 卷，人民出版社 2009 年版，第 52—53 页。

1920 年，在普列韦当权时代，一个地主兼贵族首领当了省长，——因残酷迫害和欺压农民（在萨拉托夫省）而为沙皇及其黑帮党羽"赏识"，——1905 年，组织了黑帮匪徒和蹂躏暴行（巴拉朔夫城的蹂躏事件），——1906 年，当了内务大臣，从第一届国家杜马被驱散起，当了内阁总理。简略说来，斯托雷平的政治履历就是如此。反革命政府首脑的这个履历，也是在我国实行了反革命统治的阶级的履历，斯托雷平不过是这个阶级的代表或奴仆而已。这个阶级就是以第一号贵族、最大的地主尼古拉·罗曼诺夫为首的俄国贵族。

列宁：《斯托雷平和革命》（1911 年 10 月 18 日），摘自《列宁全集》第 17 卷，人民出版社 1959 年版，第 230—231 页。

其实，问题并不在于米留可夫个人比较聪明，而在于大资产阶级政党的领袖，由于自己的阶级地位，对问题的阶级实质和政治上的相互关系，比切尔诺夫之流和马尔托夫之流小资产阶级领袖们认识得更清楚，了解得更透彻。因为资产阶级真正是一个阶级力量，它在资本主义制度下，无论是在君主国内或最民主的共和国内，都必然居于统治地位，并且必然受到全世界资产阶级的支持。而小资产阶级，**亦即**第二国际和"第二半"国际的全体英雄们，按其经济实质来说，无非是阶级软弱无力的表现，由此也就产生出动摇、空谈和一筹莫展。

列宁：《论粮食税》（1921 年 4 月 21 日），摘自《列宁选集》第 4 卷，人民出版社 1972 年版，第 533—534 页。

2. 单独的个人并不"总是"以他所从属的阶级为转移，但这并不影响阶级斗争

单独的个人并不"总是"以他所从属的阶级为转移，这是很"可能的"；但是这个事实不足以影响阶级斗争，正如少数贵族转到第三等级方面去不足以影响法国革命一样。而且就在这时，这些贵族至少也加入了**一定的**阶级，即革命阶级——资产阶级。然而海因岑先生却硬要一切阶级在"人性"这个炽热的思想面前消失。

如果海因岑先生认为，以不依自己意志为转移的**经济**条件作为存在的基础并因这些条件而彼此处于极尖锐的对抗中的**各阶级**，可以靠一切人们所固有的"人性"这个属性而越出本身存在的现实条件，那末，**某一个君主**要靠自己的"人性"而使自己超出自己的"君主的权力"，超出自己的"君主的行业"该是多么容易呵！当恩格斯看出海因岑先生的革命词句背后是"好心的皇帝约瑟夫"时，海因岑先生竟不能原谅恩格斯，这究竟是为什么呢？

马克思：《道德化的批判和批判化的道德》（1847 年 10 月底），摘自《马克思恩格斯选集》第 1 卷，人民出版社 1972 年版，第 183 页。

在阶级斗争接近决战的时期，统治阶级内部的、整个旧社会内部的瓦解过程，就达到非常强烈、非常尖锐的程度，甚至使得统治阶级中的一小部分人脱离统治阶级而归附于革命的阶级，即掌握着未来的阶级。所以，正像过去贵族中有一部分人转到资产阶级方面一样，现在资产阶级中也有一部分人，特别是已经提高到能从理论上认识整个历史运动的一部分资产阶级思想家，转到无产阶级方面来了。

马克思、恩格斯：《共产党宣言》（1847 年 12 月—1848 年 1 月底），摘自《马克思恩格斯文集》第 2 卷，人民出版社 2009 年版，第 41 页。

自然，个别人有时会不知不觉地从社会沙文主义的立场转到"中派"的立场，或者相反地从后一立场转到前一立场。每个马克思主义者都知道，虽然个别人可以从一个阶级自由地转到另一个阶级，但阶级是各不相同的；同样，虽然个别人可以从这一派别自由地转到另一派别，虽然有人力求**融合**各个派别，但政治**派别**是各不相同的。

列宁：《论无产阶级在我国革命中的任务》（1917 年 4 月 10 日），摘自《列宁选集》第 3 卷，人民出版社 1972 年版，第 55 页。

他们的主要"理由"是，昨天是"按机会主义"划分民主派，今天是"按社会民族主义"划分民主派，这两种划分并不完全相同。第一，我们马上就要谈到，这个理由事实上是不对的；第二，这个理由完全是片面的，不充分的，马克思主义的根据根本不足的。人物和团体从一方转到另一方，这不但可能，而且在每次社会大"动荡"的时候，甚至是必然的；某一**流派**的性质，并不因此而有丝毫的改变；一定流派之间的思想联系没有改变，他们的**阶级**作用也没有改变。所有这些看法，谁都是知道的，无庸置辩的，今天还要来着重地谈，似乎很有点不好意思。但是上述作者们偏偏把它们忘记了。

列宁：《打着别人的旗帜》（1915 年 1 月以后），摘自《列宁全集》第 26 卷，人民出版社 1959 年版，第 151 页。

三　用辩证的方法，历史地具体地
全面地研究和评价历史人物

（一）人们的创造活动是相互联系的。应当把历史人物的活动联系起来进行考察

一个人的发展取决于和他直接或间接进行交往的其他一切人的发展；彼此发生关系的个人的世世代代是相互联系的，后代的肉体的存在是由他们的前代决定的，后代继承着前代积累起来的生产力和交往形式，这就决定了他们这一代的相互关系。总之，我们可以看到，发展不断地进行着，单个人的历史决不能脱离他以前的或同时代的个人的历史，而是由这种历史决定的。

马克思、恩格斯：《德意志意识形态》（1845—1846 年），摘自《马克思恩格斯全集》第 3 卷，人民出版社 1960 年版，第 515 页。

此外，只有一点还没有谈到，这一点在马克思和我的著作中通常也强调得不够，在这方面我们大家都有同样的过错。这就是说，我们大家首先是把重点放在从基本经济事实中**引出**政治的、法的和其他意识形态的观念以及以这些观念为中介的行动，而且**必须这样做**。但是我们这样做的时候为了内容方面而忽略了形式方面，即这些观念等等是由什么样的方式和方法产生的。这就给了敌人以称心的理由来进行曲解或歪曲，保尔·巴尔特就是个明显的例子①。

意识形态是由所谓的思想家通过意识、但是通过虚假的意识完成的过程。推动他的真正动力始终是他所不知道的，否则这就不是意识形态的过程了。因此，他想象出虚假的或表面的动力。因为这是思维过程，所以它的内容和形式都是他从纯粹的思维中——或者从他自己的思维中，或者从他的先辈的思维中引出的。他只和思想材料打交道，他毫不迟疑地认为这种材料是由思维产生的，而不去进一步研究这些材料的较远的、不从属于思维的根源。而且他认为这是不言而喻的，因为在他看来，一切行动既然

_____

① 指保·巴尔特《黑格尔和包括马克思及哈特曼在内的黑格尔派的历史哲学》1890 年莱比锡版。——编者注

都以思维为**中介**，最终似乎都以思维为**基础**。

历史方面的意识形态家（历史在这里应当是政治、法律、哲学、神学，总之，一切属于**社会**而不是单纯属于自然界的领域的简单概括）在每一科学领域中都有一定的材料，这些材料是从以前的各代人的思维中独立形成的，并且在这些世代相继的人们的头脑中经过了自己的独立的发展道路。当然，属于本领域或其他领域的外部事实对这种发展可能共同起决定性的作用，但是这种事实本身又被默认为只是思维过程的果实，于是我们便始终停留在纯粹思维的范围之中，而这种思维仿佛顺利地消化了甚至最顽强的事实。

> 恩格斯：《恩格斯致弗兰茨·梅林》（1893 年 7 月 14 日），摘自《马克思恩格斯文集》第 10 卷，人民出版社 2009 年版，第 657—658 页。

在从康德到黑格尔的德国哲学中始终显现着德国庸人的面孔——有时积极地，有时消极地。但是，每一个时代的哲学作为分工的一个特定的领域，都具有由它的先驱传给它而它便由此出发的特定的思想材料作为前提。

> 恩格斯：《恩格斯致康拉德·施米特》（1890 年 10 月 27 日），摘自《马克思恩格斯文集》第 10 卷，人民出版社 2009 年版，第 599 页。

至于十八世纪法国哲学家伏尔泰、卢梭、狄德罗和达兰贝尔等阐明的那些**思想**，不是首先产生在英国又是产生在哪儿呢！我们决不能因为密尔顿（第一个为弑君辩护的人）、艾尔杰楠·悉尼、博林布罗克和舍夫茨别利的法国继承者比他们的先辈更为出色便忘了他们的先辈！

> 恩格斯：《路易·勃朗在第戎宴会上的演说》（1847 年 12 月），摘自《马克思恩格斯全集》第 4 卷，人民出版社 1958 年版，第 425 页。

基佐先生忘记了：在法国革命时使他心惊胆怕的自由思想正是从英国输入法国的。洛克是这种自由思想的始祖，而在舍夫茨别利和博林布罗克那里自由思想就已经具有一种巧妙的形式，这种形式后来在法国得到了十分顺利的发展。因此我们可以得出一个有意思的结论：基佐先生认为毁灭了法国革命的那种自由思想正是具有宗教性质的英国革命的重要产物之一。

> 马克思、恩格斯：《评基佐〈英国革命为什么会成功？英国革命史讨论〉》（1850 年 2 月），摘自《马克思恩格斯全集》第 7 卷，人民出版社 1959 年版，第 249 页。

傅立叶是直接从法国唯物主义者的学说出发的。**巴贝夫主义者**是粗陋的、不文明的唯物主义者，但是成熟的共产主义也是**直接**起源于**法国唯物主义**的。这种唯物主义正是以**爱尔维修**所赋予的形式回到了它的祖国**英国**。

边沁根据爱尔维修的道德论构建了他那**正确理解的利益**的体系，而欧文则从**边沁**的体系出发论证了英国的共产主义。亡命英国的法国人**卡贝**受到当地共产主义思想的鼓舞，回到法国，成为一个最受欢迎然而也是最肤浅的共产主义的代表人物。比较有科学根据的法国共产主义者**德萨米、盖伊**等人，像欧文一样，也把**唯物主义学说当做现实的人道主义学说和共产主义的逻辑**基础加以发展。

> 马克思、恩格斯：《神圣家族，或对批判的批判所做的批判》（1844年9—11月），摘自《马克思恩格斯文集》第1卷，人民出版社2009年版，第335页。

现代社会主义，就其内容来说，首先是对现代社会中普遍存在的有财产者和无财产者之间、资产者和雇佣工人之间的阶级对立以及生产中普遍存在的无政府状态这两个方面进行考察的结果。但是，就其理论形式来说，它起初表现为18世纪法国伟大的启蒙学者们所提出的各种原则的进一步的、据称是更彻底的发展。① 同任何新的学说一样，它必须首先从已有的思想材料出发，虽然它的根子深深扎在经济的事实中。

> 恩格斯：《反杜林论》（1876年9月—1878年6月），摘自《马克思恩格斯文集》第9卷，人民出版社2009年版，第19页。

这样的读者也会觉得奇怪，为什么在社会主义发展史的简述中提到康德—拉普拉斯的天体演化学，提到现代自然科学和达尔文，提到德国的古典哲学和黑格尔。但是，科学社会主义本质上就是德国的产物，而且也只能产生在古典哲学还生气勃勃地保存着自觉的辩证法传统的国家，即在德国②。唯物主义历史观及其在现代的无产阶级和资产阶级之间的阶级斗争

---

① 在《引论》的草稿中，这一段是这样写的："现代社会主义，虽然实质上是由于对现存社会中有财产者和无财产者之间、工人和剥削者之间的阶级对立进行考察而产生的，但是，就其理论形式来说，起初却表现为18世纪法国伟大的启蒙学者们所提出的各种原则的更彻底的、进一步的发展，因为它的最初代表摩莱里和马布利也是属于启蒙学者之列的。"——编者注

② 1891年柏林版中，恩格斯在这里加了一条脚注："'在德国'是笔误，应当说'在德国人中间'，因为科学社会主义的产生，一方面必须有德国的辩证法，同样也必须有英国和法国的发达的经济关系和政治关系。德国的落后的——40年代初比现在还落后得多的——经济和政治的发展阶段，最多只能产生社会主义的讽刺画（参看《共产党宣言》第三章（丙）《德国的或"真正的"社会主义》）。只有在英国和法国所产生的经济和政治状态受到德国辩证法的批判以后，才能得出确实的结论。因而，从这方面看来，科学社会主义并不**完全是**德国的产物，而同样是国际的产物。"这条脚注在1883年德文第一版中是篇末注，题为"对序言作的注"，原注开头引述了"但是，科学社会主义……即在德国"这一段话。——编者注

上的特别应用，只有借助于辩证法才有可能。德国资产阶级的学究们已经把关于德国伟大的哲学家及其创立的辩证法的记忆淹没在一种无聊的折中主义的泥沼里，这甚至使我们不得不援引现代自然科学来证明辩证法在现实中已经得到证实，而我们德国社会主义者却以我们不仅继承了圣西门、傅立叶和欧文，而且继承了康德、费希特和黑格尔而感到骄傲。

恩格斯：《〈社会主义从空想到科学的发展〉1882 年德文第一版序言》（1882 年 9 月 21 日），摘自《马克思恩格斯文集》第 3 卷，人民出版社 2009 年版，第 495—496 页。

新事物和旧事物之间的真实的从而是最简单的联系，总是在新事物自身已取得完善的形式后才被发现，而我们可以说，微分学通过泰勒定理和马克劳林定理才获得这种形式。因此，将微分学引到严格的代数基础上的任务，要等到拉格朗日来承担。在这方面，或许约·兰登——18 世纪中叶的英国数学家——在其《剩余分析》中已走在他的前面。但我还得先到博物馆查阅这本书，才能对此作出判断。

马克思：《数学手稿》，人民出版社 1975 年版，第 144—145 页。

最后，在生物学研究的领域中，特别是由于自上世纪中叶以来系统地进行的科学考察旅行，由于生活在当地的专家对世界各大洲的欧洲殖民地的更精确的考察，此外还由于古生物学、解剖学和生理学的进步，尤其是从系统地应用显微镜和发现细胞以来的进步，已经积累了大量的材料，使得运用比较的方法成为可能，同时也成为必要①。一方面，由于有了比较自然地理学，查明了各种不同的植物区系和动物区系的生活条件；另一方面，对各种不同的有机体按照它们的同类器官相互进行了比较，不仅就它们的成熟状态，而且就它们的一切发展阶段进行了比较。这种研究越是深刻和精确，那种固定不变的有机界的僵硬系统就越是一触即溃。不仅动物和植物的单个的种之间的界线无可挽回地变得越来越模糊，而且冒出了像文昌鱼和南美肺鱼这样一些使以往的一切分类方法遭到嘲弄的动物②；最后，甚至发现了说不清是属于植物界还是动物界的有机体。古生物学档案中的空白越来越多地被填补起来了，甚至最顽固的分子也被迫承认整个有机界的发展史和单个机体的发展史之间存在着令人信服的一致，承认有一

---

① 恩格斯在此处页边上写着："胚胎学"。——编者注
② 恩格斯在此处页边上写着："一角鱼。同样，始祖鸟等等"。——编者注

条阿莉阿德尼线，它可以把人们从植物学和动物学似乎越来越深地陷进去的迷宫中引导出来。值得注意的是：几乎在康德攻击太阳系的永恒性的同时，即在 1759 年，卡·弗·沃尔弗对物种不变进行了第一次攻击，并且宣布了种源说。但是这在他那里不过是天才的预见，到了奥肯、拉马克、贝尔那里才具有了确定的形式，而在整整 100 年以后，即 1859 年，才由达尔文胜利地完成了①。

> 恩格斯：《自然辩证法》（1873—1882 年），摘自《马克思恩格斯文集》第 9 卷，人民出版社 2009 年版，第 417 页。

同样，在化学中，燃素说经过上百年的实验工作才提供了一些材料，而拉瓦锡利用这种材料才在普利斯特列提取出来的氧中发现了想象中的燃素的实在对立物，从而推翻了全部燃素说。但是燃素说的实验成果决不因此就被抛弃。正好相反。这些成果依然存在，只不过其表述被颠倒过来，从燃素说的语言翻译成了现今通行的化学语言，因此仍然保持着自己的有效性。

黑格尔的辩证法同合理的辩证法的关系，正像热素说同力学的热理论的关系一样，正像燃素说同拉瓦锡的理论的关系一样。

> 恩格斯：《自然辩证法》（1873—1882 年），摘自《马克思恩格斯文集》第 9 卷，人民出版社 2009 年版，第 441—442 页。

（二）从发展的观点评价历史人物

1. 历史人物是发展变化的，应当从发展的观点给予如实的评价

当我们通过思维来考察自然界或人类历史或我们自己的精神活动的时候，首先呈现在我们眼前的，是一幅由种种联系和相互作用无尽无尽地交织起来的画面，其中没有任何东西是不动的和不变的，而是一切都在运动、变化、生成和消逝。

> 恩格斯：《社会主义从空想到科学的发展》（1880 年 1 月—3 月上半月），摘自《马克思恩格斯文集》第 3 卷，人民出版社 2009 年版，第538 页。

这个时代在政治和社会方面是可耻的，但是在德国文学方面却是伟大的。1750 年左右，德国所有的伟大思想家——诗人歌德和席勒、哲学家康

---

① 查·达尔文的主要著作《物种起源》于 1859 年 11 月 24 日出版。——编者注

德和费希特都诞生了；过了不到二十年，最近的一个伟大的德国形而上学家黑格尔诞生了。这个时代的每一部杰作都渗透了反抗当时整个德国社会的叛逆的精神。歌德写了《葛兹·冯·柏里欣根》，他在这本书里通过戏剧的形式向一个叛逆者表示哀悼和敬意。席勒写了《强盗》一书，他在这本书中歌颂一个向全社会公开宣战的豪侠的青年。但是，这些都是他们青年时代的作品。他们年纪一大，便丧失了一切希望。歌德只写些极其辛辣的讽刺作品，而席勒假如没有在科学中，特别是在古希腊和古罗马的伟大历史中找到慰借，那他一定会陷入悲观失望的深渊。用这两个人作例子便可以推断其他一切人。甚至连德国最优秀最坚强的思想家都对自己祖国的前途不抱任何希望。

恩格斯：《德国状况》（1845 年 10 月 25 日），摘自《马克思恩格斯全集》第 2 卷，人民出版社 1957 年版，第 634 页。

闵采尔本人似乎已经感觉到了他的理论同他所直接面临的现实之间有一条鸿沟；他的天才观点在他的大批拥护者的愚钝的头脑中越遭到歪曲，这条鸿沟就越明显地呈现在他的面前。他以前所未有的热忱投身于扩大和组织运动的工作；他向四面八方发出信件，派遣使者和秘使。他在信件和传教中流露出一种革命的狂热情绪，这种狂热情绪甚至同他本人的早期著作相比也令人震惊。闵采尔在革命前所写的小册子中的那种天真烂漫的幽默情趣完全消失了，他早年惯用的那种思想家的平静练达的笔调再也看不到了。闵采尔此时已经完全成为革命的先知；他不断激起群众对统治阶级的仇恨，激发狂放不羁的热情，所用的完全是旧约中的先知表达宗教狂热和民族狂热的那种激烈的语调。从闵采尔这时努力追求的文风就可以看出，他所要影响的民众究竟具有什么样的文化水平。

恩格斯：《德国农民战争》（1850 年夏秋），摘自《马克思恩格斯文集》第 2 卷，人民出版社 2009 年版，第 305—306 页。

对卡莱尔和他的思想方式来说，不熟悉德国哲学并不是完全无所谓的。他本人是德国理论的信徒，但由于他的国籍关系，他还是倾向于经验；他陷入了矛盾的深渊，他只有发展德国的理论观点，给它做出最新的逻辑结论，把它和经验完全结合起来，才能解决这个矛盾。他只要前进一步，就能克服他所陷入的矛盾，但德国的全部经验证明，这是很难走的一步。希望他能走完这一步。卡莱尔虽然已经不是年轻人了，但看来他还是可以走完这一步的，因为他最近的著作所表明的进步证明，他还在继续前进①。

> 恩格斯：《英国状况。评托马斯·卡莱尔的〈过去和现在〉》（1844 年 1 月），摘自《马克思恩格斯全集》第 1 卷，人民出版社 1956 年版，第 654 页。

德国社会民主党过去是什么样子？现在是什么样子？将来又是什么样子？

第二国际最有威望的著作家卡·考茨基写的、1909 年出版并译成许多欧洲语言的小册子《取得政权的道路》可以回答第一个问题。他在这本小册子中向德国社会民主党人（由于对他们寄予希望）最严整最完满地阐述了对我们这个时代的任务的看法。我们来比较详细地谈谈这本小册子；现在人们愈是要可耻地抛弃"忘掉的话"，我们这样做就愈有好处。

……

这就是考茨基在很久很久以前，在整整五年以前所写的。这就是德国社会民主党过去的样子，更确切地说，这就是过去它所要保持的样子。这就是那个曾经可以尊敬而且应当尊敬的社会民主党。

请看，这位考茨基现在写的是什么。这是他在《战争时期的社会民主党》（《Neue Zeit》② 1914 年 10 月 2 日第 1 期）这篇文章中所发表的最重要的言论……

我们特意将原文引来，因为很难令人相信考茨基竟会写出这样的东西。这种洋洋得意的卑鄙行为，这种可耻的……对真理的背弃，这种掩饰公开背叛社会主义、背叛正是就现在这场欧洲大战而一致通过的（例如在斯图加特，特别是在巴塞尔）毫不含混的国际决议的笨拙的遁辞，在书刊当中（不过真正叛徒的"书刊"除外）是很难找到的！

> 列宁：《社会的沙文主义和活着的社会主义》（1914 年 12 月 12 日），摘自《列宁全集》第 21 卷，人民出版社 1959 年版，第 75、77、78 页。

事变最多的、最不平凡的最近十年（1904—1914 年）的历史就是证

---

① 恩格斯在《英国工人阶级状况》（1845 年）的一个注解中，给卡莱尔做了同样的估价。恩格斯在该书德文第 2 版（1892 年）中给这个注解作了如下的补充："但是二月革命使卡莱尔成了彻头彻尾的反动分子；他不再向庸人们发出正义的愤怒，却对那把他抛到岸上的历史巨浪发出狠毒的庸俗的怨言。"——编者注

② 《新时代》。——编者注

据。在这十年中，上述这些集团的活动家在策略和组织的重大问题上，都暴露了最软弱无力的、最可怜的、最可笑的动摇，暴露了他们**完全没有能力**建立一个在群众中生根的派别。

　　就拿他们中间最优秀的普列汉诺夫来说吧。普列汉诺夫个人的功绩在过去是很大的。在1883—1903年的二十年间，他写了很多卓越的著作，特别是反对机会主义者、马赫主义者和民粹主义者的著作。

　　但是从1903年以来，普列汉诺夫就在策略和组织的问题上极可笑地动摇着：（1）1903年8月是一个布尔什维克；（2）1903年11月（《火星报》第52号），主张同"**机会主义者**"孟什维克建立和平；（3）1903年12月是一个孟什维克，而且是一个热烈的孟什维克；（4）1905年春天，布尔什维克胜利以后，争取"敌对的兄弟们"的"统一"；（5）1905年年底到1906年年中是一个孟什维克；（6）从1906年年中开始，有时离开孟什维克，在1907年伦敦代表大会上斥责孟什维克（切列万宁已经承认）"组织上的无政府主义"；（7）1908年同取消派决裂；（8）1914年又重新转为取消派。普列汉诺夫宣扬同取消派"统一"，又不能简单清楚地说明统一的**条件**是什么，为什么可能同波特列索夫**先生**统一，执行某些条件的保证在哪里。

　　根据这十年的经验，我们敢保证，普列汉诺夫只能搅起一些浪花，他现在不能将来也不能组成一个"流派"。

列宁：《论冒险主义》（1914年6月9日），摘自《列宁全集》第20
卷，人民出版社1958年版，第359页。

　　但是，若把波格丹诺夫的哲学看作成熟的和一成不变的体系，也未必正确。从1899到1908年这九年中间，波格丹诺夫在哲学中的漫游经过了四个阶段。最初他是一个"自然科学的"（即半自觉的、自发地忠于自然科学精神的）唯物主义者。《自然史观的基本要素》这本书就带有这个阶段的鲜明的痕迹。第二个阶段是上世纪九十年代末流行的奥斯特瓦尔德的"唯能论"的阶段，也就是在某些地方陷入唯心主义的混乱的不可知论的阶段。波格丹诺夫从奥斯特瓦尔德（奥斯特瓦尔德的《自然哲学讲演录》一书的封面题辞是："献给马赫"）那里转向了马赫，也就是说他采用了象马赫的全部哲学一样不彻底的、糊涂的主观唯心主义的基本前提。第四个阶段是：企图清除马赫主义的若干矛盾，创立一种类似客观唯心主义的东西。"普遍代换说"表明波格丹诺夫从他的出发点起差不多转了一个一百八十度的大弯。比起先前的几个阶段，波格丹诺夫哲学的这个阶段离辩证唯物主义更远还是更近呢？如果他停留在一个地方，当然是更远了。如果他继续顺着他九年来走的那条曲线前进，那末就更近了。现在他只需要认真地前进一步，就是说，只需要普遍抛弃他的普遍代换说，就可以重新回到唯物主义……

随着时间的推移，我们将会看到马赫派的唯心主义的中国式的辫子是否还会长期留下去。

列宁：《唯物主义和经验批判主义》（1908 年下半年），摘自《列宁选集》第 2 卷，人民出版社 1972 年版，第 236—237 页。

参加俄国马克思主义运动较久的人，都很熟悉托洛茨基这个人物，所以用不着对他们多说了。但是年轻一代的工人不知道他，所以不能不谈一谈，因为他对于那些事实上也动摇于取消派和党之间的五个国外小集团来说是一个典型人物。

在旧《火星报》时期（1901—1903 年），给这种在"经济派"和"火星派"之间跑来跑去的动摇分子起了一个绰号："土申诺的倒戈分子"（人们曾这样称呼俄国混乱时期那些从一个阵营跑到另一个阵营的军人）。

我们考察取消主义的时候，就知道这个一定的思潮是在许多年来生长起来的，它同二十年来马克思主义运动历史上的"孟什维主义"和"经济主义"是一脉相承的，是同一定阶级即自由资产阶级的政策和思想有联系的。

"土申诺的倒戈分子"自以为超乎一切派别之上，其唯一根据就是他们今天"借用"这一派的思想，明天又"借用"另一派的思想。在 1901—1903 年间，托洛茨基是个激烈的"火星派分子"，所以梁赞诺夫把他在 1903 年代表大会上所扮演的角色称为"列宁的棍子"。1903 年底，托洛茨基成了一个激烈的孟什维克，就是说，他从火星派方面跑到"经济派"方面去了；他宣称："在旧《火星报》和新《火星报》之间横着一道鸿沟。"在 1904—1905 年间，他离开孟什维克而采取了动摇的立场，时而同马尔丁诺夫（"经济派"）合作，时而标榜荒唐的左的"不断革命"。在 1906—1907 年间，他接近布尔什维克，而到 1907 年春天又自称和罗莎·卢森堡见解相同。

在瓦解时代，他经过长久的"非派别性的"动摇之后，又向右转了，在1912年8月同取消派结成了联盟。现在，他又离开了取消派，但**实际上**还是在重复着取消派的所谓思想。

> 列宁：《论高喊统一而实则破坏统一的行为》（1914年5月），摘自《列宁选集》第2卷，人民出版社1972年版，第505—506页。

2. 应当把历史人物放到整个社会的发展过程中进行评价

任何一个人，只要把历史看做一个有联系的，尽管常常有矛盾的发展过程，而不是看做仅仅是愚蠢和残暴的杂乱堆积，象十八世纪人们所做的那样，首先会对这些问题的研究感到兴趣。马克思了解古代奴隶主、中世纪封建主等等的历史必然性，因而了解他们的历史正当性，承认他们在一定限度的历史时期内是人类发展的杠杆；因而马克思也承认剥削，即占有他人劳动产品的暂时的历史正当性；但他同时证明，这种历史的正当性现在不仅消失了，而且剥削不论以什么形式继续保存下去，已经日益愈来愈妨碍而不是促进社会的发展，并使之卷入愈来愈激烈的冲突中。

> 恩格斯：《法学家的社会主义》（1886年11月12日），摘自《马克思恩格斯全集》第21卷，人民出版社1965年版，第557—558页。

诚然，他们①也意识到，他们的计划主要是代表工人阶级这一受苦最深的阶级的利益。在他们的心目中，无产阶级只是一个受苦最深的阶级。

但是，由于阶级斗争不发展，由于他们本身的生活状况，他们就以为自己是高高超乎这种阶级对立之上的。他们要改善社会一切成员的生活状况，甚至生活最优裕的成员也包括在内。因此，他们总是不加区别地向整个社会呼吁，而且主要是向统治阶级呼吁。他们以为，人们只要理解他们的体系，就会承认这种体系是最美好的社会的最美好的计划。

因此，他们拒绝一切政治行动，特别是一切革命行动；他们想通过和平的途径达到自己的目的，并且企图通过一些小型的、当然不会成功的试验，通过示范的力量来为新的社会福音开辟道路。

这种对未来社会的幻想的描绘，在无产阶级还很不发展，因而对本身的地位的认识还基于幻想的时候，是同无产阶级对社会普遍改造的最初的

---

① 指圣西门、傅立叶、欧文等人。——编者注

本能的渴望相适应的。①

但是，这些社会主义和共产主义的著作也含有批判的成分。这些著作抨击现存社会的全部基础。因此，它们提供了启发工人觉悟的极为宝贵的材料。它们关于未来社会的积极的主张，例如消灭城乡对立②、消灭家庭、消灭私人营利、消灭雇佣劳动、提倡社会和谐、把国家变成纯粹的生产管理机构——所有这些主张都只是表明要消灭阶级对立，而这种阶级对立在当时刚刚开始发展，它们所知道的只是这种对立的早期的、不明显的、不确定的形式。因此，这些主张本身还带有纯粹空想的性质。

批判的空想的社会主义和共产主义的意义，是同历史的发展成反比的。阶级斗争越发展和越具有确定的形式，这种超乎阶级斗争的幻想，这种反对阶级斗争的幻想，就越失去任何实践意义和任何理论根据。所以，虽然这些体系的创始人在许多方面是革命的，但是他们的信徒总是组成一些反动的宗派。这些信徒无视无产阶级的历史进展，还是死守着老师们的旧观点。

> 马克思、恩格斯：《共产党宣言》（1847年12月—1848年1月底），
> 摘自《马克思恩格斯文集》第2卷，人民出版社2009年版，第63—
> 64页。

为了向你们从理论上一般地提出这个问题，我来打个比方……就拿车尔尼雪夫斯基来说吧，让我们来评价一下他的活动。一个愚昧无知的人会怎样评价他的活动呢？他大概会说："哼，那有什么可说的，还不是自讨苦吃，流落西伯利亚，毫无结果。"你们看，这是一个典型的例子。如果我们不知道这种评论是谁说的，那我们会说："说这种话的人至少是极端愚昧幼稚，也许闭塞无知，不能根据一连串的革命事件来理解个别革命家活动的意义；要不然就是拥护反动派的坏蛋，有意吓唬劳动者，使他们不敢革命。"我所以拿车尔尼雪夫斯基做例子，是因为那些以社会主义者自居的人们，不管他们属于哪个派别，在这里，在对这位革命家的评价上，是不会有重大分歧的。大家都会同意这样的看法：如果评价一位革命家，只看到

---

① 这段话在1872年、1883年和1890年德文版中是："这种对未来社会的幻想的描绘，是在无产阶级还很不发展，因而对本身的地位的认识还基于幻想的时候，从无产阶级对社会普遍改造的最初的本能的渴望中产生的。"——编者注

② "城乡对立"在1888年英文版中是"城乡差别"。——编者注

他遭到的牺牲在表面上是无益的，往往是无结果的，而不顾他的活动内容，以及他的活动同以前和以后的革命家的联系，如果这样来评价他的活动的意义，那末，这不是闭塞无知和愚昧透顶，就是有意暗中维护反动派的利益，为压迫、剥削和阶级压迫做辩护。在这一点上是不会有什么分歧的。

> 列宁：《全俄社会教育第一次代表大会》（1919 年 5 月 19 日），摘自《列宁全集》第 29 卷，人民出版社 1956 年版，第 305—306 页。

1861 年的革命者①是一些单枪匹马的人物，看来，他们是完全失败了。事实上，正是他们才是那个时代的伟大的活动家，我们离开那个时代越远，就越清楚地感到他们的伟大，就越明显地感到当时的自由主义改良派的渺小和虚弱。

> 列宁：《"农民改革"和无产阶级农民革命》（发表于 1911 年 3 月 19 日 [4 月 1 日]），摘自《列宁全集》第 17 卷，人民出版社 1959 年版，第 109 页。

斯卡尔金是一个资产者。关于这个评语，我们在上面已经举出相当多的证明，但是必须附带说明一下：我们往往是极端不正确地、狭隘地、反历史地了解这个名词，把它（**不区分历史时代**）和自私地保护少数人的利益联系在一起。不应该忘记：在十八世纪启蒙者（他们被公认为资产阶级的向导）写作的时候，在我们的四十年代至六十年代的启蒙者写作的时候，**一切**社会问题都归结到与农奴制度及其残余作斗争。新的社会经济关系及其矛盾，当时还处于萌芽状态。因此，资产阶级的思想家在当时并没有表现出任何自私的观念；相反地，不论在西欧或俄国，他们完全真诚地相信共同的繁荣昌盛，而且真诚地期望共同的繁荣昌盛，他们确实没有看出（部分地还不能看出）从农奴制度所生产出来的制度中的各种矛盾。

> 列宁：《我们究竟拒绝什么遗产?》（1897 年底），摘自《列宁选集》第 1 卷，人民出版社 1972 年版，第 128 页。

民粹主义比遗产曾经**前进**了很大**一步**，因为民粹主义把遗产继承者部分地还不能（在当时）提出、部分地由于他们所特有的眼界狭小而以前和现在都没有提出的问题**提到**社会思想界面前来解决。**提出**这些问题是民粹

---

① 指 1861 年俄国"平民派"运动的领袖车尔尼雪夫斯基和杜布罗留勃夫等民主主义者。他们支持农民争取土地和自由的斗争，无情地揭露沙皇政府 1861 年废除农奴制法令的不彻底性，同沙皇专制制度进行了英勇的斗争。——编者注

主义的巨大的**历史**功绩，并且十分自然和清楚，由于民粹主义对这些问题作了（不管是什么样的）答复，**从而**在俄国进步社会思想流派中间占有先进的地位。

然而民粹主义对这些问题的解答是毫无用处的，因为这些解答所根据的是西欧早就抛弃了的落后理论，是对资本主义的浪漫主义的和小资产阶级的批判，是对俄国历史和现实中最重要事实的忽视。当俄国资本主义及其特有的矛盾的发展还很微弱的时候，这种对资本主义的原始的批判还能站得住。但是对于俄国资本主义当前的发展，对于我们关于俄国经济历史和现实的知识的当前状况，对于当前对社会学理论的要求，民粹主义毫无疑问便不行了。民粹主义在当时是一个进步的现象，因为它第一次提出资本主义问题，而现在则是一种**反动的和有害的**理论，因为它使社会思想发生混乱，有助于停滞现象和各种亚洲式的东西。民粹主义对资本主义的批判的反动性质，使现在的民粹主义甚至具有这样一些特点，这些特点使它处在比只限于忠实地保持遗产的世界观**更低的**地位。

列宁：《我们究竟拒绝什么遗产？》（1897 年底），摘自《列宁选集》第 1 卷，人民出版社 1972 年版，第 138—139 页。

我们现在可以给我们的比较作一个总结。我们力求扼要地说明标题中所指出的每个社会思想派别的相互关系。

启蒙者相信当前的社会发展，因为他们看不见它所特有的矛盾。民粹派①分子害怕当前的社会发展，因为他们已经看到了这些矛盾。"学生们"②相信当前的社会发展，因为他们看到只有在这些矛盾的充分发展下美好的未来才有保证。因此，第一个派别和最后一个派别都竭力支持、加速和促进循着这条道路往前发展，扫除一切妨碍和阻止这个发展的障碍。相反地，民粹派则力图遏止和阻止这个发展，害怕把资本主义发展的某些障碍消灭掉。第一个派别和最后一个派别可以叫做历史的乐观主义：事情象现在这样愈快地进行下去，那就愈好。相反地，民粹派自然会引导到历史的悲观主义：事情象现在这样愈进行下去，那就愈糟糕。"启蒙者"根本没有提出改革后发展的性质问题，仅仅限于向改革前的制度的残余作斗争，仅仅

①　俄国民主革命初期出现的小资产阶级派别。他们把人民群众污蔑为"群氓"，鼓吹英雄创造历史的唯心史观。——编者注

②　指俄国的马克思主义者。——编者注

限于给俄国的西欧式的发展扫清道路的消极任务。民粹派提出了俄国的资本主义问题，但是它在解决这个问题上认为资本主义是反动的，因此不能完全接受启蒙者的遗产；民粹派分子总是从"文明统一"的观点反对一般力求使俄国欧化的人，他们之所以反对，不仅是因为他们不能局限于这些人的理想（这样的反对倒是正确的），而且是因为他们不愿意在当前的即资本主义的文明的发展上走得这样远。"学生们"在解决俄国资本主义问题上认为它是进步的，因此他们不仅能够而且应当全部地接受启蒙者的遗产，并且从无家产的生产者的观点分析资本主义的矛盾，这样来补充这个遗产。

> 列宁：《我们究竟拒绝什么遗产？》（1897 年底），摘自《列宁选集》
> 第 1 卷，人民出版社 1972 年版，第 147—148 页。

考茨基、奥托·鲍威尔等等这样通晓马克思主义和曾经忠于社会主义的第二国际领袖们的经历可以（而且应当）作为有益的教训。他们完全认识到必须采取灵活的策略，他们自己学习过并向别人传授过马克思的辩证法（他们在这方面的著作，有许多东西永远是社会主义文献中有价值的成果），但是他们在**运用**这种辩证法的时候，竟犯了这样的错误，或者说，他们在实践中竟成为这样的非辩证论者，竟成为这样不会估计形式的迅速变化和旧形式迅速注入了新内容的人，以致他们的下场比海德门、盖得和普列汉诺夫好不了多少。他们破产的根本原因就在于他们只是"死盯着"工人运动和社会主义运动发展的某一形式，而忘记了这个形式的片面性，他们不敢正视由于客观条件的改变而必然发生的急剧变化，而继续重复那种简单的、背熟了的、初看起来是不容争辩的真理：三大于二。然而政治与其说像算术，不如说像代数，与其说像初等数学，不如说更像高等数学。实际上，社会主义运动的一切旧形式中都已注入了新内容，因此在数字前面出现了一个新符号即"负号"，可是我们那些圣哲仍然（现在还在）固执地要自己和别人相信："负三"大于"负二"。

> 列宁：《共产主义运动中的"左派"幼稚病》（1920 年 4—5 月间），
> 摘自《列宁专题文集·论无产阶级政党》，人民出版社 2009 年版，第
> 266 页。

3. 判断历史功绩，要根据历史活动家比他们的前辈提供了什么新的东西
判断历史的功绩，不是根据历史活动家**没有提供**现代所要求的东西，

而是根据他们比他们的前辈**提供了新的东西**。

列宁：《评经济浪漫主义》（1897 年春），摘自《列宁全集》第 2 卷，
人民出版社 1959 年版，第 150 页。

马克思和恩格斯最先指出，工人阶级及其要求是现代经济制度的必然产物，现代经济制度在造成资产阶级的同时，也必然造成并组织无产阶级。他们指出，能使人类摆脱现在所受的灾难的，并不是个别高尚人物善意的尝试，而是组织起来的无产阶级所进行的阶级斗争。马克思和恩格斯在他们的科学著作中，最先说明了社会主义不是幻想家的臆造，而是现代社会生产力发展的最终目标和必然结果。到现在为止的全部有记载的历史都是阶级斗争的历史，都是不断更替地由一些社会阶级统治和战胜另一些社会阶级的历史。这种情形，在阶级斗争和阶级统治的基础，即私有制和混乱的社会生产消灭以前，将会继续下去。无产阶级的利益要求消灭这种基础，所以有组织的工人自觉进行的阶级斗争，目标就应该对准这种基础。而任何阶级斗争都是政治斗争。

马克思和恩格斯的这些观点，现在已为正在争取自己解放的全体无产阶级所领会，但是当这两位朋友在 40 年代参加社会主义的宣传和当时的社会运动时，这样的见解还是完全新的东西。

列宁：《弗里德里希·恩格斯》（1895 年 9 月 7 日〔19 日〕以后），
摘自《列宁专题文集·论马克思主义》，人民出版社 2009 年版，第
51—52 页。

运用唯物主义辩证法从根本上来修改整个政治经济学，把唯物主义辩证法运用于历史、自然科学、哲学以及工人阶级的政治和策略——这就是马克思和恩格斯最为关注的事情，这就是他们作出最重要、最新的贡献的领域，这就是他们在革命思想史上迈出的天才的一步。

列宁：《马克思和恩格斯通信集》（1913 年底），摘自《列宁专题文
集·论马克思主义》，人民出版社 2009 年版，第 75 页。

马克思的功绩就在于，他和"今天在德国知识界发号施令的、愤懑的、自负的、平庸的模仿者们"[1] 相反，第一个把已经被遗忘的辩证方法、它和黑格尔辩证法的联系以及差别重新提到人们面前，同时在《资本论》中把这个方法应用到一种经验科学即政治经济学的事实上去。他获得了成功，

---

[1]　见《资本论》第 1 卷，《马克思恩格斯文集》第 5 卷第 22 页。——编者注

以致德国现代的经济学派只是由于借口批判马克思而抄袭马克思（还常常抄袭错），才胜过了庸俗的自由贸易派。

> 恩格斯：《自然辩证法》（1873—1882 年），摘自《马克思恩格斯文集》第 9 卷，人民出版社 2009 年版，第 440—441 页。

于是古典经济学就发现了，商品的价值是由商品所包含的、为生产该商品所必需的劳动来决定的。古典经济学满足于这样的解释。我们也可以暂且到此为止。不过为了避免误会起见，我认为需要提醒一下，这种解释在今天已经完全不够了。马克思曾经第一个彻底研究了劳动所具有的创造价值的特性，并且发现，并非任何仿佛是或者甚至真正是生产某一商品所必需的劳动，都会在任何条件下给这一商品追加一个与所消耗的劳动量相当的价值量。因此，如果我们现在还是简单地采用李嘉图这样的经济学家们的说法，指出商品的价值是由生产该商品所必需的劳动决定的，那么我们在这里总是以马克思所提出的那些附带条件为当然前提的。这里指出这一点就够了。其余的可以在马克思 1859 年发表的《政治经济学批判》一书和《资本论》第一卷里找到。①

> 恩格斯：《卡·马克思〈雇佣劳动与资本〉1891 年单行本导言》（1891 年 4 月 30 日），摘自《马克思恩格斯文集》第 1 卷，人民出版社 2009 年版，第 703 页。

马克思加深和发展了哲学唯物主义，而且把它贯彻到底，把它对自然界的认识推广到对**人类社会**的认识。马克思的**历史唯物主义**是科学思想中的最大成果。

> 列宁：《马克思主义的三个来源和三个组成部分》（1913 年 3 月），摘自《列宁专题文集·论马克思主义》，人民出版社 2009 年版，第 68 页。

至于讲到我，无论是发现现代社会中有阶级存在或发现各阶级间的斗争，都不是我的功劳。在我以前很久，资产阶级历史编纂学家就已经叙述过阶级斗争的历史发展，资产阶级经济学家也已经对各个阶级作过经济上的分析。我所加上的新内容就是证明了下列几点：（1）**阶级的存在**仅仅同**生产发展的一定历史阶段**相联系；（2）阶级斗争必然导致**无产阶级专政**；

---

① 见《马克思恩格斯全集》第 31 卷，人民出版社 1972 年版，第 419—445 页和《马克思恩格斯文集》第 5 卷，人民出版社 2009 年版，第 47—102 页。——编者注

（3）这个专政不过是达到**消灭一切阶级**和进入**无阶级社会**的过渡……

马克思：《马克思致约瑟夫·魏德迈》（1852 年 3 月 5 日），摘自《马克思恩格斯文集》第 10 卷，人民出版社 2009 年版，第 106 页。

在剩余价值理论方面，马克思与他的前人的关系，正如拉瓦锡与普利斯特列和舍勒的关系一样。在马克思以前很久，人们就已经确定我们现在称为剩余价值的那部分产品价值的**存在**；同样也有人已经多少明确地说过，这部分价值是由什么构成的，也就是说，是由占有者不付等价物的那种劳动的产品构成的。但是到这里人们就止步不前了。其中有些人，即资产阶级古典经济学家，至多只研究了劳动产品在工人和生产资料所有者之间分配的数量比例。另一些人，即社会主义者，则发现这种分配不公平，并寻求乌托邦的手段来消除这种不公平现象。这两种人都为既有的经济范畴所束缚。

于是，马克思发表意见了，他的意见是和所有他的前人直接对立的。在前人认为已有**答案**的地方，他却认为只是**问题**所在。他认为，这里摆在他面前的不是无燃素气体，也不是火气，而是氧气；这里的问题不是在于要简单地确认一种经济事实，也不是在于这种事实与永恒公平和真正道德相冲突，而是在于这样一种事实，这种事实必定要使全部经济学发生革命，并且把理解全部资本主义生产的钥匙交给那个知道怎样使用它的人。根据这种事实，他研究了全部既有的经济范畴，正像拉瓦锡根据氧气研究了燃素说化学的各种既有的范畴一样。要知道什么是剩余价值，他就必须知道什么是价值。李嘉图的价值理论本身必须首先加以批判。于是，马克思研究了劳动形成价值的特性，第一次确定了**什么样的**劳动形成价值，为什么形成价值以及怎样形成价值，并确定了价值不外就是**这种**劳动的凝固，而这一点是洛贝尔图斯始终没有理解的。马克思进而研究商品和货币的关系，并且论证了商品和商品交换怎样和为什么由于商品内在的价值属性必然要造成商品和货币的对立。他的建立在这个基础上的货币理论是第一个详尽无遗的货币理论，今天已为大家所默认了。他研究了货币向资本的转化，并证明这种转化是以劳动力的买卖为基础的。他以劳动力这一创造价值的属性代替了劳动，因而一下子就解决了使李嘉图学派破产的一个难题，也就是解决了资本和劳动的相互交换与李嘉图的劳动决定价值这一规律无法相容这个难题。他确定了资本分为不变资本和可变资本，就第一个详尽地阐述了剩余价值形成的实际过程,从而说明了这一过程,而这是他的任何一个前人都没有做到的;因而,他确定了资本自身内部的区别,这个区别是洛贝尔图斯和资产阶级经济学家都完全不可能作出的,但是这个区别提供了一把解决经济学上最复杂的问题的钥匙,关于这一点,这第二册又是一个最令人信服的证明,以后我们会知道,第三册更是这样。马克思还进一步研究了剩余价值本身,发现了它的两种形式,即绝对剩余价值和相对剩余价值,并且证明,这两种形式在资本主义生产的历史发展中起了不同的然而都是决定性的作用。他根据剩余价值理论,阐明了我们现在才具有的第一个合理的工资理论,第一次指出了资本主义积累史的各个基本特征,并说明了资本主义积累的历史趋势。

> 恩格斯:《〈资本论〉第二卷序言》(1885 年 5 月 5 日),摘自《马克思恩格斯文集》第 6 卷,人民出版社 2009 年版,第 21—22 页。

这里,从资本主义生产的观点给生产劳动下了定义,亚·斯密在这里触及了问题的本质,抓住了要领。他的巨大科学功绩之一(如马尔萨斯正确指出的,斯密对生产劳动和非生产劳动的区分,仍然是全部资产阶级政治经济学的基础)就在于,他下了生产劳动是**直接同资本交换的劳动**这样一个定义,也就是说,他根据这样一种交换来给生产劳动下定义,只有通过这种交换,劳动的生产条件和一般价值即货币或商品,才转化为资本(而劳动则转化为科学意义上的雇佣劳动)。

> 马克思:《剩余价值理论》(第一册)(1861 年 8 月—1863 年 7 月),摘自《马克思恩格斯全集》第 26 卷(一),人民出版社 1972 年版,第 148 页。

可变资本相对量递减的规律和这个规律对雇佣工人阶级状况的影响,曾经被古典学派某些优秀的经济学家感觉到,但是没有被他们所理解。在这方面,最大的功绩应归于约翰·巴顿,虽然他同所有其他的人一样,把不变资本同固定资本混为一谈,把可变资本同流动资本混为一谈。

> 马克思:《资本论》第 1 卷(发表于 1867 年 9 月),摘自《马克思恩格斯文集》第 5 卷,人民出版社 2009 年版,第 728 页注(79)。

现代历史著述方面的一切真正进步,都是当历史学家从政治形式的外表深入到社会生活的深处时才取得的。杜罗·德·拉·马尔以探究古罗马土地所有制的各个不同发展阶段,为了解这个曾经征服过世界的城市的命运提供了一把钥匙，——与此相较，孟德斯鸠关于罗马盛衰的论述差不多就象是小学生的作业。年高德劭的列列韦尔由于细心研究了使波兰农民从自由民变为农奴的经济条件，在阐明他的祖国被奴役的原因方面比一大群全部货色仅仅是诅咒俄国的著作家做出了远为更大的贡献。

马克思：《马志尼和拿破仑》（1858 年 3 月 30 日），摘自《马克思恩格斯全集》第 12 卷，人民出版社 1962 年版，第 450—451 页。

在军事艺术上也不可能用旧的手段取得新的成果。只有创造新的、更有威力的手段，才能取得新的、更重大的成果。每个在战史上因为采用新的战法而创造了新纪元的伟大统帅，不是亲自发明了新的物质手段，就是首先发现了正确运用在他之前所发明的新的物质手段的方法。在蒂雷纳和老弗里茨的时代之间，在步兵学领域发生了革命，由刺刀和燧发枪取代了长矛和火绳枪。老弗里茨在军事科学上的划时代的成就在于：他在当时通常的作战方法的范围内改造并完善了旧的战术，使之适合于新式武器。同样，拿破仑的划时代的成就在于：他发现了在战术和战略上唯一正确使用庞大的众多军队的方法，而这人数众多的庞大军队的出现只是由于革命才成为可能；并且他把这种方法发展到非常完善的程度，以致现代的将军们一般地无法超越他，而只能试图在自己最光辉和最巧妙的作战行动中仿效他罢了。

恩格斯：《1852 年神圣同盟对法战争的条件与前景》（1851 年 4 月），摘自《马克思恩格斯文集》第 2 卷，人民出版社 2009 年版，第 335—336 页。

另一个方向，只有一个代表人物，即**布鲁诺·鲍威尔**。他的巨大功绩，不仅在于他对福音书和使徒书信作了无情的批判，而且还在于他第一个不但认真地研究了犹太的和希腊—亚历山大里亚的成分，并且还认真地研究了纯希腊的和希腊—罗马的成分，而正是后者才给基督教开辟了成为世界宗教的道路。说什么基督教从犹太教产生时就已经定型，并凭大体上已经确定的教义和伦理从巴勒斯坦征服了世界，这种奇谈怪论从布鲁诺·鲍威尔时起再也站不住脚了；它只能在神学院里和那些要"为人民保存宗教"而不惜损害科学的人们中间苟延残喘。斐洛的亚历山大里亚学派和希腊罗马庸俗哲学——柏拉图派的，特别是斯多亚派的——给予在君士坦丁时代成为国教的基督教的巨大影响，虽然还远没有彻底弄清，但这种影响的存在已经得到证明，这主要归功于布鲁诺·鲍威尔；他基本上证明了基督教不是从外面、从犹地亚地区输入而强加给希腊罗马世界的，至少就其作为世界性宗教的形成而言，它正是这个世界的最道地的产物。当然，鲍威尔也像一切对根深蒂固的偏见作斗争的人们一样，在许多地方是做得过分的。为了也要根据文献来肯定斐洛，尤其是塞涅卡对形成中的基督教的影响，为了要说明新约的作者们是上述两位哲学家的直接剽窃者，鲍威尔不得不把新宗教的兴起推迟半个世纪，而不顾罗马历史编纂学家们的记述与此不符，总是十分轻率地对待历史。照他的意见，基督教直到弗拉维王朝时才真正诞生，而新约的著作则是直到哈德良、安敦尼和马可·奥勒留的时代才有的。因此，在鲍威尔心目中，新约中耶稣及其门徒的故事的任何历史背景都消失了；这些故事就成了这样一种传说，其中把最初团体的内在发展阶段和内部精神斗争都归之于多少是虚构出来的人物。在鲍威尔看来，这一新宗教的诞生地不是加利利和耶路撒冷，而是亚历山大里亚和罗马。

恩格斯：《论原始基督教的历史》（1894 年 6 月 19 日—7 月 16 日之间），摘自《马克思恩格斯文集》第 4 卷，人民出版社 2009 年版，第482—483 页。

4. 应当指出前人的历史局限性，但不要苛求于前人

上一世纪的唯物主义主要是机械唯物主义，因为那时在所有自然科学中只有力学，而且只有固体（天上的和地上的）力学，简言之，即重力的力学，达到了某种完善的地步。化学刚刚处于幼稚的燃素说的形态中。生物学尚在襁褓中；对植物和动物的机体只作过粗浅的研究，并用纯粹机械的原因来解释；正如在笛卡儿看来动物是机器一样，在 18 世纪的唯物主义者看来，人是机器。仅仅运用力学的尺度来衡量化学性质的和有机性质的过程（在这些过程中，力学定律虽然也起作用，但是被其他较高的定律排挤到次要地位），这是法国古典唯物主义的一个特有的，但在当时不可避免的局限性。

这种唯物主义的第二个特有的局限性在于：它不能把世界理解为一种过程，理解为一种处在不断的历史发展中的物质。这是同当时的自然科学状况以及与此相联系的形而上学的即反辩证法的哲学思维方法相适应的。人们已经知道，自然界处在永恒的运动中。但是根据当时的想法，这种运动是永远绕着一个圆圈旋转，因而始终不会前进；它总是产生同一结果。

这种想法在当时是不可避免的。康德的太阳系起源理论刚刚提出，而且还只是被看做纯粹的奇谈。地球发展史，即地质学，还完全没有人知道，而关于现今的生物是由简单到复杂的长期发展过程的结果的看法，当时还根本不可能科学地提出来。因此，对自然界的非历史观点是不可避免的。根据这一点大可不必去责备 18 世纪的哲学家，因为连黑格尔也有这种观点。

> 恩格斯：《路德维希·费尔巴哈和德国古典哲学的终结》（1886 年初），摘自《马克思恩格斯文集》第 4 卷，人民出版社 2009 年版，第 282 页。

在康德的那个时代，我们对自然界事物的知识确实残缺不全，所以他可以去猜想在我们对于各个事物的少许知识背后还有一个神秘的"自在之物"。但是这些不可理解的事物，由于科学的长足进步，已经接二连三地被理解、分析，甚至**重新制造出来了**；我们当然不能把我们制造的东西当做是不可认识的。

> 恩格斯：《〈社会主义从空想到科学的发展〉1892 年英文版导言》（1892 年 4 月 20 日），摘自《马克思恩格斯文集》第 3 卷，人民出版社 2009 年版，第 507 页。

恩格斯异常明白地说，毕希纳及其一伙"丝毫没有越出他们的老师们〈即十八世纪的唯物主义者〉的学说的范围"而**前进一步**。恩格斯责备毕希纳一伙，就是因为这一点，而且仅仅是因为这一点；不是象不学无术之徒所想的那样，是因为他们的唯物主义，而是因为他们**没有推进唯物主义**，"**甚至想也没有想到进一步发展**〈唯物主义的〉理论"。恩格斯责备毕希纳一伙，**仅仅**是因为这一点。就在这里，恩格斯**逐一地**列举了十八世纪法国唯物主义者的三个基本的"局限性"（Beschränktheit）。马克思和恩格斯摆脱了这些局限性，可是毕希纳一伙没有摆脱得了。第一个局限性是：旧唯物主义者的观点是"机械的"，**这就是说**，他们"仅仅运用力学的尺度来衡量化学过程和有机过程"（第 19 页）。我们将在下一章里看到，由于不懂得恩格斯的这句话，某些人是怎样经过新物理学而陷入唯心主义的。恩格斯批驳机械唯物主义的原因，是和"近代"唯心主义（亦即马赫主义）派别的物理学家们责难它的原因不同的。第二个局限性是：旧唯物主义者的观点是形而上学的，这就是说，"**他们的哲学是反辩证法的**"。这个局限性为我们的马赫主义者和毕希纳一伙所共有，正如我们看到的，我们的马赫主义者对于恩格斯在认识论上应用辩证法（例如，绝对真理和相对真理）是丝毫没有理解的。第三个局限性是："上半截"即在社会科学领域内保持着唯心主义，不懂得历史唯物主义。

> 列宁：《唯物主义和经验批判主义》（1908 年下半年），摘自《列宁选集》第 2 卷，人民出版社 1972 年版，第 245—246 页。

　　我们第一次在边沁的学说里看到：一切现存的关系都完全从属于功利关系，而这种功利关系被无条件地推崇为其他一切关系的唯一内容；边沁认为，在法国革命和大工业发展以后，资产阶级已经不是一个特殊的阶级，而已成为这样一个阶级，即它的生存条件就是整个社会的生存条件。

　　当构成法国人的功利论的全部内容的那些感伤的道德的义释全部用尽之后，要想进一步发展这种理论，只有回答如何才能对个人和各种关系加以利用、剥削的问题。其实在政治经济学里已经对此问题做出了答案，所以只有把经济学内容包括到这种理论中去，才能向前迈进一步。边沁迈了这一步。但是在政治经济学里已经提出了一种思想：主要的剥削关系是不以个人意志为转移，是由整个生产决定的，单独的个人都面临着这些关系。所以对功利论来说，除了个人对这些主要社会关系所采取的态度，除了单独的个人对现存世界的私人剥削以外，再没有其他任何供思辨的对象了。关于这一点，边沁和他的学派发表了冗长的道德的议论。因此，功利论对现存世界的全部批判也具有局限性。它局限于资产阶级的条件，因此它所能批判的仅仅是那些从以往的时代遗留下来的，阻碍资产阶级发展的关系。因此，虽然功利论也发现一切现存关系和经济关系之间的联系，但只是有限度的。

> 马克思、恩格斯：《德意志意识形态》（1845—1846 年），摘自《马克思恩格斯全集》第 3 卷，人民出版社 1960 年版，第 483—484 页。

　　虽然黑格尔和圣西门一样是当时最博学的人，但是他毕竟受到了限制，首先是他自己的必然有限的知识的限制，其次是他那个时代的在广度和深度方面都同样有限的知识和见解的限制。但是，除此以外还有第三种限制。黑格尔是唯心主义者，就是说，在他看来，他头脑中的思想不是现实的事物和过程的或多或少抽象的反映，相反，在他看来，事物及其发展只是在世界出现以前已经在某个地方存在着的"观念"的现实化的反映。这样，一切都被头足倒置了，世界的现实联系完全被颠倒了。所以，不论黑格尔如何正确地和天才地把握了一些个别的联系，但由于上述原因，就是在细节上也有许多东西不能不是牵强的、造作的、虚构的，一句话，被歪曲的。黑格尔的体系作为体系来说，是一次巨大的流产，但也是这类流产中的最后一次。就是说，它还包含着一个无法解决的内在矛盾：一方面，它以历史的观点作为基本前提，即把人类的历史看做一个发展过程，这个过程按其本性来说在认识上是不能由于所谓绝对真理的发现而结束的；但是另一方面，它又硬说它自己就是这种绝对真理的化身。关于自然和历史的无所不包的、最终完成的认识体系，是同辩证思维的基本规律相矛盾的；但是，这样说决不排斥，相反倒包含下面一点，即对整个外部世界的有系统的认识是可以一代一代地取得巨大进展的。

> 恩格斯：《反杜林论》（1876 年 9 月—1878 年 6 月），摘自《马克思恩格斯文集》第 9 卷，人民出版社 2009 年版，第 27 页。

对于斯多亚派，我个人没有研究过他们在自然哲学方面对赫拉克利特的态度，因为我觉得他们在这个学科上就像小学生那样认真。相反，关于伊壁鸠鲁则可以详细地指出：虽然他是以德谟克利特的自然哲学为出发点，但是他到处都把问题要点颠倒过来。至于西塞罗和普卢塔克没有理解这一点，那几乎无可责怪，因为像培尔，甚至像黑格尔本人这样的聪明人都没有想到这一点。不过，对黑格尔这样一个最早了解全部哲学史的人，是不能要求他在细节上也不犯错误的。

> 马克思：《马克思致斐迪南·拉萨尔》（1858 年 2 月 22 日），摘自《马克思恩格斯文集》第 10 卷，人民出版社 2009 年版，第 148 页。

第一批社会主义者（傅立叶、欧文、圣西门等人）由于当时的社会关系还没有发展到足以使工人阶级组织成为一个战斗的阶级，所以他们必然仅仅去幻想未来的**模范社会**，并谴责工人阶级旨在稍稍改善他们的状况的一切尝试，例如罢工、组织同盟和参与政治活动。既然我们不应该否弃这些社会主义的鼻祖，正如现代化学家不能否定他们的祖先炼金术士一样，但是我们应该努力避免重犯他们的错误，因为我们犯这样的错误将是不可饶恕的。

> 马克思：《政治冷淡主义》（1872 年底—1873 年 1 月初），摘自《马克思恩格斯文集》第 3 卷，人民出版社 2009 年版，第 341 页。

我们已经看到，空想主义者之所以是空想主义者，正是因为在资本主义生产还很不发达的时代，他们只能是这样。他们不得不从头脑中构想出新社会的要素，因为这些要素在旧社会本身中还没有普遍地明显地表现出来；他们只能求助于理性来构想自己的新建筑的基本特征，因为他们还不能求助于同时代的历史。

> 恩格斯：《反杜林论》（1876 年 9 月—1878 年 6 月），摘自《马克思恩格斯文集》第 9 卷，人民出版社 2009 年版，第 282 页。

而李嘉图对地租产生过程的描述（凯里，第 104 页）① 同样是非历史的，就像经济学家们的一切诸如此类的历史叙述一样，像凯里自己关于亚当和夏娃的伟大的鲁滨逊故事（第 96 页及以后几页）一样。对于以前的经济学家，包括李嘉图，这在一定程度上还可原谅；他们根本没想掌握历史知识，他们自己的整个世界观也是非历史的，就像 18 世纪的其他启蒙学者一样，而启蒙学者的这种所谓的历史补论从来只不过是一种可以用来合理地说明某一事物的产生的表达方式，在他们那里，原始人的思考和行动从来都是同 18 世纪的启蒙学者一模一样的。

> 恩格斯：《恩格斯致马克思》（1869 年 11 月 19 日），摘自《马克思恩格斯文集》第 10 卷，人民出版社 2009 年版，第 304 页。

至于说到克劳塞维茨个人，他当然是过时了的军事权威。实际上，克劳塞维茨是战争的**工场手工业**时代的代表，然而现在我们是处在战争的**机器时代**。毫无疑问，机器时代需要新的军事思想家。现在还到克劳塞维茨那里去求教，那就可笑了。

不对那些著名权威人士的过时了的原理和见解进行批判的分析，就不能进步，就不能推进科学。不仅对于军事权威人士是如此，对马克思主义的经典作家也是如此。恩格斯有一次说过，在 1812 年时期的俄国统帅中，巴克莱·德·托利将军是唯一值得注意的一个统帅。当然，恩格斯是错了，因为库图佐夫作为统帅来说，无可争辩地要比巴克莱·德·托利高明得多。

> 斯大林：《给拉辛同志的复信》（1946 年 2 月 23 日），摘自《斯大林文选》，人民出版社 1962 年版，第 457 页。

如果只是"客观地"介绍摩尔根的著作②，对它不作批判的探讨，不利用新得出的成果，不同我们的观点和已经得出的结论联系起来阐述，那

---

① 亨·查·凯里《社会科学原理》第一卷。——编者注
② 指路·亨·摩尔根《古代社会》。——编者注

就没有意义了。那对我们的工人不会有什么帮助。

恩格斯：《恩格斯致卡尔·考茨基》（1884 年 4 月 26 日），摘自《马克思恩格斯文集》第 10 卷，人民出版社 2009 年版，第 516 页。

赖尔的理论，与以前的一切理论相比，同有机物种不变这个假设更加不能相容。地球表面和各种生存条件的逐渐改变，直接导致有机体的逐渐改变和它们对变化着的环境的适应，导致物种的变异性。但传统不仅在天主教教会中是一种势力，而且在自然科学中也是一种势力。赖尔本人许多年来一直没有看到这个矛盾，他的学生们就更没有看到。这只有用当时在自然科学中流行的分工来说明，这种分工使每个人都或多或少地局限在自己的专业中，只有少数人没有被它夺走纵览全局的眼力。

恩格斯：《自然辩证法》（1873—1882 年），摘自《马克思恩格斯文集》第 9 卷，人民出版社 2009 年版，第 415—416 页。

由于这三大发现[①]和自然科学的其他巨大进步，我们现在不仅能够说明自然界中各个领域内的过程之间的联系，而且总的说来也能说明各个领域之间的联系了，这样，我们就能够依靠经验自然科学本身所提供的事实，以近乎系统的形式描绘出一幅自然界联系的清晰图画。描绘这样一幅总的图画，在以前是所谓自然哲学的任务。而自然哲学只能这样来描绘：用观念的、幻想的联系来代替尚未知道的现实的联系，用想象来补充缺少的事实，用纯粹的臆想来填补现实的空白。它在这样做的时候提出了一些天才的思想，预测到一些后来的发现，但是也发表了十分荒唐的见解，这在当时是不可能不这样的。

恩格斯：《路德维希·费尔巴哈和德国古典哲学的终结》（1886 年初），摘自《马克思恩格斯文集》第 4 卷，人民出版社 2009 年版，第 300—301 页。

由于俄国的文化封锁，车尔尼雪夫斯基从未读过马克思的著作，当《资本论》出来的时候，他早已在中维柳伊斯克的雅库特人中间了。他的全部精神发展只能在这种文化封锁所造成的环境中进行。俄国书报检查机关不放过的东西，对俄国说来都是几乎不存在的或者根本不存在的。因此，如果我们在某些地方发现他有弱点，发现他的视野的局限性，那末我们只有对类似的情况不是更多得多而感到惊奇。

---

① 指细胞学说、能量守恒与转化定律、达尔文进化论。——编者注

恩格斯：《欧洲能否裁军?》（1893 年 2 月），摘自《马克思恩格斯全集》第 22 卷，人民出版社 1965 年版，第 498 页。

我觉得，您对您的同胞有点不公平。我们两个人，马克思和我，是不可能埋怨他们的。如果说某些学派曾经多半是由于他们的革命热情而不是由于科学研究而引人注目，如果说过去和现在在某些方面还徬徨徘徊，那末另一方面，在纯粹理论领域里也出现过一种批判思想和奋不顾身的探讨，这是无愧于产生过杜勃罗留波夫和车尔尼雪夫斯基的民族的。我指的不仅是参加实践的革命的社会主义者，而且是俄罗斯文学方面的那个历史的和批判的学派，这个学派比德国和法国官方历史科学在这方面所创建的一切都要高明得多。甚至在参加实践的革命者当中，我们的思想和马克思根本改造过的经济科学也总是得到人们的理解和同情。

恩格斯：《致叶·埃·帕普利茨》（1884 年 6 月 26 日），摘自《马克思恩格斯全集》第 36 卷，人民出版社 1974 年版，第 171—172 页。

（三）具体地、全面地评价历史人物

1. 对历史人物的思想和活动应进行具体的分析

马克思的辩证法要求对每一特殊的历史情况进行具体的分析。

列宁：《论尤尼乌斯的小册子》（1916 年 7 月），摘自《列宁专题文集·论辩证唯物主义和历史唯物主义》，人民出版社 2009 年版，第 269 页。

真正的辩证法并不为个人错误辩护，而是研究不可避免的转变，根据对发展过程的全部具体情况的详尽研究来证明这种转变的不可避免性。辩证法的基本原理是：没有抽象的真理，真理总是具体的……

列宁：《进一步，退两步》（1904 年 2—5 月），摘自《列宁专题文集·论无产阶级政党》，人民出版社 2009 年版，第 155 页。

辩证逻辑则要求我们更进一步。要真正地认识事物，就必须把握、研究清楚它的一切方面、一切联系和"中介"。我们永远也不会完全做到这一点，但是，全面性这一要求可以使我们防止错误和防止僵化。这是第一。第二，辩证逻辑要求从事物的发展、"自己运动"（像黑格尔有时所说的）、变化中来观察事物。就玻璃杯来说，这一点不能一下子就很清楚地看出来，但是玻璃杯也并不是一成不变的，特别是玻璃杯的用途，它的使用，它同周围世界的**联系**，都是在变化着的。第三，必须把人的全部实践——作为真理的标准，也作为事物同人所需要它的那一点的联系的实际确定者——包括到事物的完整的"定义"中去。第四，辩证逻辑教导说，"没有抽象的真理，真理总是具体的"……

> 列宁：《再论工会、目前局势及托洛茨基同志和布哈林同志的错误》（1921 年 1 月 25 日），摘自《列宁专题文集·论辩证唯物主义和历史唯物主义》，人民出版社 2009 年版，第 314 页。

只有诡辩家才会以一种战争**可能**转化为另一种战争为理由，抹杀帝国主义战争和民族战争之间的差别。辩证法曾不止一次地被用做通向诡辩法的桥梁，在希腊哲学史上就有过这种情况。但是，我们始终是辩证论者，我们同诡辩论作斗争的办法，不是根本否认任何转化的可能性，而是在**某一事物**的环境和发展中对它进行具体分析。

> 列宁：《论尤尼乌斯的小册子》（1916 年 7 月），摘自《列宁专题文集·论辩证唯物主义和历史唯物主义》，人民出版社 2009 年版，第 262—263 页。

关于这次同蒲鲁东论战的明显的倾向性，还要说几句话。一方面，蒲鲁东攻击正式得到承认的经济学家，如杜诺瓦耶、布朗基院士和《经济学家杂志》整个集团，然而这不过是迎合了他们的自尊心，同时，又以粗暴的谩骂抨击那些作为现代社会主义的先驱而受马克思尊敬的空想社会主义者和共产主义者。另一方面，为了给力求阐明社会生产的真实历史发展的、批判的、唯物主义的社会主义扫清道路，必须断然同唯心主义的政治经济学决裂，这个唯心主义政治经济学的最新的体现者，就是自己并没有意识到这一点的蒲鲁东。

然而，蒲鲁东逝世以后，马克思在一篇发表于柏林《社会民主党人报》上的文章中，对这位战士的伟大品格、对他在 1848 年六月的日子以后的英勇行为以及对他这位政治作家的才华，作了应有的评价。

> 马克思：《关于〈哲学的贫困〉》（1880 年 3 月底），摘自《马克思恩格斯全集》第 19 卷，人民出版社 1963 年版，第 248—249 页。

不能否认，英国的政治运动就曾由于和法国签订了商约和输入法国葡萄酒而加速发展了。这是路易·波拿巴所能做的好事之一，而倒霉的路易－菲力浦被北方的工厂主所吓坏，就不敢和英国签订商约。遗憾的只是，象拿破仑政体这样的建筑在社会上两个敌对阶级的精疲力竭上的政体，以普遍的腐化堕落为代价换取某种物质上的进步。

马克思:《致弗·拉法格》(1866 年 11 月 12 日),摘自《马克思恩格斯全集》第 31 卷,人民出版社 1972 年版,第 538 页。

你的信无形中是从两个假定出发的:第一个假定认为,引证某一作者的著作时可以**脱离**引文中所讲到的历史时期,第二个假定认为,从研究一个历史发展时期而得出的马克思主义的某些结论和公式,对于一切发展时期都是正确的,因而应当是**一成不变的**。

应当说,这两个假定都大错特错了。

举几个例子来说。

1. 在十九世纪四十年代,还没有垄断资本主义,资本主义是多少平稳地在向上发展,向还未被它占领的新的地域扩张,而发展不平衡的规律还不能充分有力地发生作用,当时马克思和恩格斯得出结论:社会主义革命在单独某一个国家内不可能胜利,它只有在所有的或大多数的文明国家里进行共同的攻击才能胜利。这个结论后来便成了一切马克思主义者的指导原理。

可是在二十世纪初期,特别是在第一次世界大战时期,谁都明白,垄断前的资本主义显然变成了垄断资本主义,上升的资本主义变成了垂死的资本主义,战争揭露了世界帝国主义阵线的不可挽救的弱点,而发展不平衡的规律预先就决定了不同国家的无产阶级革命成熟的时间不同,这时列宁根据马克思主义的理论得出结论:在新的发展条件下,社会主义革命在单独一个国家内完全可能胜利;社会主义革命在一切国家或大多数文明国家内同时胜利是不可能的,因为在这些国家内革命的成熟是不平衡的;马克思和恩格斯的旧公式已经不适合于新的历史条件了。

由此可见,关于社会主义胜利问题,这里有两个不同的结论,它们不仅是互相矛盾的,而且是互相排斥的。

某些书呆子和死啃书本的人不深入问题的本质,脱离历史条件而作形式上的引证,他们会说:这两个结论中有一个是绝对不正确的,应当抛弃,而另一个结论是绝对正确的,应当推广到一切发展时期。但是马克思主义者不能不知道,书呆子和死啃书本的人是错误的,他们不能不知道,这两个结论都是正确的,但不是绝对正确的,而是每一个结论对于自己的时代是正确的:马克思和恩格斯的结论对于垄断前的资本主义时期是正确的,而列宁的结论则对于垄断资本主义时期是正确的。

2. 恩格斯在《反杜林论》中说：社会主义革命胜利以后，国家应当消亡，在我国社会主义革命胜利以后，我们党内的一些书呆子和死啃书本的人便以此为根据，开始要求党采取措施使我们的国家尽快地消亡，把国家机关解散，把常备军取消。

但是苏联的马克思主义者，根据对当代世界形势的研究，得出了结论：在资本主义包围存在的条件下，在社会主义革命只在一个国家内取得胜利，而所有其他国家被资本主义所统治的时候，革命胜利了的国家，要想不被资本主义的包围击溃，就不应当削弱而应当大力加强自己的国家、国家机关、侦察机关和军队。俄国马克思主义者得出结论：恩格斯的公式是指社会主义在一切国家或大多数国家内获得胜利而言的，它不适用于下列场合，即社会主义在单独一个国家内胜利，而其他一切国家被资本主义所统治。

由此可见，关于社会主义国家命运问题，这里有两个不同的互相排斥的公式。

书呆子和死啃书本的人会说：这种情形造成了不堪忍受的状况，必须抛弃其中绝对错误的一个公式，而把另外一个绝对正确的公式推广到社会主义国家发展的一切时期。但是马克思主义者不能不知道：书呆子和死啃书本的人是错误的，因为这两个公式都是正确的，但不是绝对正确的，而是每一个公式对于自己的时代是正确的：苏联马克思主义者的公式对于社会主义在一个或几个国家内胜利的时期是正确的，而恩格斯的公式则对于下列时期是正确的，即社会主义在个别国家内陆续的胜利将导致社会主义在大多数国家内的胜利，从而造成实行恩格斯公式的必要条件。

> 斯大林：《马克思主义和语言学问题》（1950 年 6—7 月），摘自《斯大林文选》，人民出版社 1962 年版，第 554—556 页。

我们是把民粹主义理解为包含有三个特点的观点体系，这三个特点是：（1）**认为资本主义在俄国是衰落、退步**。因此便有"遏止"、"阻止"、"制止"资本主义"破坏"历代基础的意图和愿望以及诸如此类的反动的狂叫。（2）**一般是认为俄国经济制度有独特性，特别是认为农民及其村社、劳动组合等等有独特性**。人们不认为对于俄国经济关系必须应用现代科学所制定的关于各个社会阶级及其冲突的概念。农民村社制度被看作比资本主义制度更高、更好的东西；因此便产生了对"基础"的理想化。在农民中间否认和抹杀任何商品经济和资本主义经济所特有的矛盾，否认这些矛盾是与它们在资本主义工业和资本主义农业中更发展的形式相联系的。

（3）**忽视"知识分子"和全国法律政治机构是与一定社会阶级的物质利益相联系的**。否认这些联系，对这些社会因素不作唯物主义的解释，于是认为它们是能够"把历史拖到另一条路线上去"（瓦·沃·先生）、"越出轨道"（尼·—逊、尤沙柯夫诸位先生）的力量。

我们所理解的"民粹主义"就是这样。因此读者可以看到：我们是在广义上使用这个术语，正如一切"俄国学生们"使用它一样，他们是反对整个观点体系，而不是反对这一观点体系的个别代表。当然，这些个别代表之间是有差别的，有时是不小的差别。这些差别谁也没有忽视。但是上述的世界观的特点是民粹主义一切极不相同的代表……比方说，从尤佐夫先生起到米海洛夫斯基先生止所共有的。尤佐夫、萨宗诺夫、瓦·沃·和其他先生，在自己观点中除了上述坏的特点而外，还有其他的坏的特点，而这些坏的特点，例如米海洛夫斯基先生和现在《俄国财富》的其他撰稿人则是没有的。当然，否定狭义的民粹派分子与一般的民粹派分子之间的差别是不正确的，但是如果忽视所有一切民粹派分子的**基本**社会经济观点是与上述基本要点相符合的，那就更不正确了。

> 列宁：《我们究竟拒绝什么遗产？》（1897 年），摘自《列宁选集》第 1 卷，人民出版社 1972 年版，第 136—137 页。

谁都知道，一切"俄国学生"都是在广义上使用"民粹派分子"和"民粹主义"这两个名词。至于各个民粹派分子之间有许多不同的色彩，这是谁也不曾忘记和否定的：例如，不论是彼·司徒卢威也好，或恩·别尔托夫也好，他们在自己的著作中不仅没有把尼·米海洛夫斯基先生同瓦·沃·先生"混为一谈"，而且就是同尤沙柯夫先生也没有"混为一谈"，这就是说，没有抹杀他们观点上的差别，没有把一个人的观点硬加在另一个人的身上。彼·别·司徒卢威甚至直接指出了尤沙柯夫先生的观点与米海洛夫斯基先生的观点的不同。

> 列宁：《我们究竟拒绝什么遗产？》（1897 年），摘自《列宁选集》第 1 卷，人民出版社 1972 年版，第 151 页。

只要举出象格·瓦·普列汉诺夫这样的见证人就够了，他虽然有很多观点①接近孟什维克，但是他还是直接承认了：孟什维克吸收了知识分子的机会主义分子，取消派是"经济主义"错误的继承者和工人政党的破坏者。

> 列宁：《工人运动中的思想斗争》（1914 年 5 月 4 日），摘自《列宁全集》第 20 卷，人民出版社 1958 年版，第 276 页。

米海洛夫斯基是代表十九世纪最后三十多年的俄国资产阶级民主派观点并且发扬这种观点的主要人物之一……

米海洛夫斯基在有利于俄国解放的资产阶级民主主义运动中的伟大历史功绩在于：他热烈地同情农民的受压迫的境遇，坚决地反对农奴制压迫的各种各样的表现，一贯在合法的、公开的报刊上表示（虽然是用暗示的方式）同情和尊敬最彻底最坚决的平民知识分子民主主义者进行活动的"地下组织"，甚至还亲自直接帮助这种地下组织。目前，不仅自由派，而且连民粹主义取消派（《俄国财富》）和马克思主义取消派，也都用无耻的态度、往往是叛徒的态度来对待地下组织了，在这种时候，我们不能不对米海洛夫斯基的这些功绩称赞几句。

但是，热烈维护自由和被压迫农民群众的米海洛夫斯基，也具有资产阶级民主主义运动所具有的一切弱点。他认为把全部土地转交农民——特别是无偿地转交农民——是一种"社会主义的"措施；因此，他就以"社会主义者"自居了……

米海洛夫斯基的观点，不仅经济学方面的观点，而且哲学和社会学方面的观点也是用**似乎是**"社会主义的"词句掩盖起来的**资产阶级民主主义**的观点。他的"进步公式"，他的"为个性自由而斗争"的理论等等就是这样的。在哲学方面，米海洛夫斯基是从俄国最伟大的空想社会主义的代

---

① 为什么我们说有"很多观点"呢？因为普列汉诺夫采取了一种**特殊**的立场，有**好多**次脱离了孟什维主义：（1）在 1903 年代表大会上，普列汉诺夫反对过孟什维克的机会主义；（2）代表大会以后普列汉诺夫主编《火星报》第 46—51 号，也反对过孟什维克；（3）1904 年，普列汉诺夫为阿克雪里罗得的那个地方自治运动方案作过辩护，他这样做，恰恰是用沉默避开了这个方案的主要错误；（4）1905 年春天，普列汉诺夫脱离了孟什维克；（5）在 1906 年第一届杜马解散之后，普列汉诺夫采取了根本不是孟什维克的立场（见 1906 年 8 月的《无产者报》）（见《列宁全集》第 11 卷，人民出版社 1959 年版，第 160—164 页。——编者注）；（6）据切列宁说，普列汉诺夫在 1907 年伦敦代表大会上反对过孟什维克的"组织上的无政府主义"。要了解孟什维克普列汉诺夫为什么这样长久、这样坚决地反对取消主义，揭露取消主义，就应当知道这些事实。

表车尔尼雪夫斯基向后**倒退了一步**。车尔尼雪夫斯基是一个唯物主义者，并且一直到他一生的最后一天（即到十九世纪八十年代）都在嘲笑时髦的"实证论者"（康德主义者、马赫主义者等等）对唯心主义和神秘主义所作的种种让步。而米海洛夫斯基恰恰是跟着这些实证论者走的。

列宁：《民粹派论尼·康·米海洛夫斯基》（1914年2月22日），摘
自《列宁全集》第20卷，人民出版社1958年版，第107—109页。

爱尔威①固然表现得轻率、浅薄，爱用动人的词句，但如果只是教条式地讲些社会主义的大道理去反驳他，那目光也就太短浅了。这个错误福尔马尔犯得最重（倍倍尔和盖得也没有完全避免）。他这个人非常自满，醉心于陈腐的议会主义，一味谴责爱尔威，却不知道正是他自己的机会主义的狭隘性和呆板性**迫使**人们承认，**虽然**爱尔威本人对问题的提法在理论上是荒谬可笑的，但是他思想中有一线有生命力的东西。在运动处于新的转变时候，理论上的荒谬往往会包含某种实际的真理。

列宁：《斯图加特国际社会党人代表大会》（1907年9月），摘自《列
宁选集》第1卷，人民出版社1972年版，第748—749页。

而这是如何地困难，许许多多自然科学家已经给我们证明了，他们在他们自己那门科学的范围内是坚定的唯物主义者，但是在这以外就不仅是唯心主义者，而且甚至是虔诚的正教教徒。

恩格斯：《自然辩证法》（1873—1883年），摘自《马克思恩格斯全
集》第20卷，人民出版社1971年版，第539页。

昂利·彭加勒这位伟大的物理学家和渺小的哲学家常常误入同一条不可知论的道路。

列宁：《唯物主义和经验批判主义》（1908年2—10月），摘自《列宁
专题文集·论辩证唯物主义和历史唯物主义》，人民出版社2009年
版，第70页。

赫尔姆霍茨这位在自然科学上极伟大的人物，也象绝大多数自然科学家一样，在哲学上是不彻底的。他倾向于康德主义，但是在他的认识论里并没有彻底地坚持这种观点。例如，在他的《生理光学》一书中对概念和

---

① 爱尔威，古斯达夫（1871—1944年），法兰西社会党党员，政论家和律师。他在创办的《社会战争报》上宣传半无政府主义的反军国主义纲领。他在第二国际斯图加特代表大会上提出用罢工和起义来反对一切战争。——编者注

客体是否相符合这个问题有这样一些说法："……我曾把感觉叫作外部现象的**符号**，并且我否认感觉和它们所代表的物之间有任何的相似之处。"（法译本第 579 页，德文原本第 442 页）这是不可知论。但是在同一页的下面我们读到："我们的概念和表象是我们所看见或我们所想象的对象对我们的神经系统和我们的意识所发生的**作用**。"这是唯物主义。赫尔姆霍茨只是不明白绝对真理和相对真理的关系，这从他在后面的论述中可以看出来。例如，赫尔姆霍茨在稍后一点说道："因此，我认为，在**实用的**真理的意义之外谈论我们表象的真理性是毫无意义的。我们关于物的表象，**只能是客体的符号和天然标志**。我们要学会使用这些标志来调整我们的活动和行动。当我们学会正确地解释这些符号的时候，我们就能够借助它们来调整我们的行动，获得所期望的结果……"这是不对的。赫尔姆霍茨在这里滚入主观主义，否认客观实在和客观真理。当他用下面这句话来结束这一段的时候，他达到了极端错误的地步："观念和它所代表的客体，显然是属于两个完全不同世界的两种东西……"只有康德主义者才把观念和现实、意识和自然界这样割裂开来。但是，我们在稍后一点读到："首先，谈到外部对象的质，只要稍微想一想就会明白，我们可以加之于外部对象上的所有的质，仅仅表示外部对象对我们的感官或对自然界的其他对象的**作用**。"（法译本第 581 页，德文原本第 445 页；我是从法译本转译的。）这里赫尔姆霍茨又转到唯物主义观点上了。赫尔姆霍茨是一个不彻底的康德主义者，时而承认先天的思维规律，时而倾向于时间和空间的"超验的实在性"（即倾向于唯物主义对时间和空间的看法），时而从作用于我们感官的外部对象中引出人的感觉，时而宣称感觉不过是符号，即某种任意的标志，这种标志是跟"完全不同的"被标记的物的世界脱离的。

列宁：《唯物主义和经验批判主义》（1908 年下半年），摘自《列宁
选集》第 2 卷，人民出版社 1972 年版，第 238—239 页。

2. 要防止情绪支配自己，要全面地评价历史人物的功过

我在认真阅读我们党的哲学家的著作，认真阅读经验一元论者波格丹诺夫的著作和经验批判论者巴札罗夫、卢那察尔斯基等人的著作，而**他们迫使我完全倾向于普列汉诺夫**！要有力量防止情绪支配自己，象普列汉诺夫那样！他的策略是极其庸俗卑劣的。但在哲学方面他捍卫的是正确的东西。

> 列宁:《给阿·马·高尔基》(1908年2月7日),摘自《列宁全集》
> 第34卷,人民出版社1959年版,第387页。

保尔·列维现在特别想在资产阶级面前,**因而**也想在资产阶级的代理人第二国际和第二半国际面前献殷勤,所以他再版了罗莎·卢森堡的那些恰恰犯过错误的著作。我们用俄国一个很好的寓言里的两句话来回答这一点:鹰有时比鸡还飞的低,但鸡永远不能飞得象鹰那样高。罗莎·卢森堡在波兰独立的问题上犯过错误;在1903年对孟什维主义的评价上犯过错误;在资本积累的理论上犯过错误;在1914年7月犯过同普列汉诺夫、王德威尔得、考茨基等一起主张布尔什维克和孟什维克联合的错误;1918年在监狱里所写的著作中犯过错误(1918年底1919年初出狱后,她已经纠正了自己的很大一部分错误)。虽然犯了这些错误,但她始终是一只鹰。不但纪念卢森堡对全世界的共产党人永远是有意义的,而且她的传记和她的**全集**(德国共产党人很不应该地迟迟不出版她的传记和全集,由于他们在艰苦斗争中遭到空前惨重的牺牲,只能部分地原谅他们)对教育全世界好几代共产党人来说,将是极其有益的。罗莎·卢森堡说:"1914年8月4日以后,德国社会民主党已是一具臭尸了。"这句名言将和她的名字一起载入世界工人运动史册。可是,在工人运动后院粪堆里的保尔·列维、谢德曼、考茨基及其同伙这群鸡,自然会因这位伟大的共产党人的错误而欣喜若狂。让他们去高兴吧。

> 列宁:《政论家的短评》(1922年2月底),摘自《列宁选集》第4
> 卷,人民出版社1972年版,第600—601页。

在无产阶级艺术方面,马·高尔基是一个巨大的**积极因素**,尽管他是同情马赫主义和召回主义的。

> 列宁:《政论家的短评》(发表于1910年3月6日和5月25日),摘
> 自《列宁全集》第16卷,人民出版社1959年版,第202页。

赫尔岑既然不理解1848年整个运动的以及马克思以前各种形式的社会主义的资产阶级民主主义实质,也就更加无法理解俄国革命的资产阶级性质。赫尔岑是"俄国"社会主义即"民粹主义"的创始人。赫尔岑把农民**连带土地**的解放,把村社土地占有制和农民的"土地权"思想看做"社会主义",他把他在这一方面的得意想法反复发挥了无数次。

其实,赫尔岑的这一学说,也像一切俄国民粹主义——一直到现时的

"社会革命党人"的褪了色的民粹主义——一样，是没有**一点**社会主义气味的。它也像西欧"1848年的社会主义"的各种形式一样，是一种表示俄国的资产阶级农民民主派的**革命性**的温情的词句和善良的愿望……

但是，赫尔岑是地主贵族中的人。他在1847年离开了俄国，他没有看见革命的人民，也就不可能相信革命的人民。由此就产生了他对"上层"发出的自由主义呼吁。由此就出现了他在《钟声》杂志上写给绞刑手亚历山大二世的无数封充满甜言蜜语的书信，这些信现在读起来不能不令人厌恶。车尔尼雪夫斯基、杜勃罗留波夫、谢尔诺－索洛维耶维奇是新的一代平民知识分子革命家的代表，他们责备赫尔岑从民主主义**向**自由主义的这种退却，这是万分正确的。可是，说句公道话，尽管赫尔岑在民主主义和自由主义之间动摇不定，民主主义毕竟还是在他身上占了上风。

列宁：《纪念赫尔岑》（1912年4月25日［5月8日］），摘自《列宁专题文集·论辩证唯物主义和历史唯物主义》，人民出版社2009年版，第233—235页。

但在目前历史时期，情况正是这样：俄国这一模范向**所有**国家显示出，它们在不久的将来必然会发生某些事情，而且是极重大的事情。各国先进工人早就懂得了这一点，而更常见的，与其说是懂得了这一点，还不如说是他们由于革命阶级的本能而领悟到了这一点，感觉到了这一点。因此苏维埃政权以及布尔什维主义的理论原理和策略原理具有国际的"意义"（按狭义来说）。可是第二国际的"革命"领袖们，如德国的考茨基、奥地利的奥托·鲍威尔和弗里德里希·阿德勒之流，却不懂得这一点，因此他们成了反动分子，成了最坏的机会主义和背叛社会主义行为的辩护人……

这里我们只想再指出一点：在很久以前，当考茨基还是一个马克思主义者而不是叛徒的时候，他曾经用历史学家的态度看问题，他预见到可能有一种情况会到来，那时俄国无产阶级的革命精神将成为西欧的模范。

列宁：《共产主义运动中的"左派"幼稚病》（1920年4月27日），摘自《列宁选集》第4卷，人民出版社1972年版，第179页。

恩格斯在这篇论文①中对瓦扬深致敬意，说瓦扬有"不容争辩的功绩"（瓦扬和盖得一样，在1914年8月背叛社会主义以前是国际社会主义最大

---

① 恩格斯《布朗基派公社活动家的纲领》。——编者注

的领袖)。但是,恩格斯对他的明显的错误却没有放过,而作了详尽的分析。

列宁:《共产主义运动中的"左派"幼稚病》(1920 年 4 月 27 日),摘自《列宁选集》第 4 卷,人民出版社 1972 年版,第 222 页。

3. 对历史人物的著作应作全面分析

古典政治经济学的根本缺点之一,就是它从来没有从商品的分析,特别是商品价值的分析中,发现那种正是使价值成为交换价值的价值形式。恰恰是古典政治经济学的最优秀的代表人物,像亚·斯密和李嘉图,把价值形式看成一种完全无关紧要的东西或在商品本性之外存在的东西。这不仅仅因为价值量的分析把他们的注意力完全吸引住了。还有更深刻的原因。劳动产品的价值形式是资产阶级生产方式的最抽象的,但也是最一般的形式,这就使资产阶级生产方式成为一种特殊的社会生产类型,因而同时具有历史的特征。因此,如果把资产阶级生产方式误认为是社会生产的永恒的自然形式,那就必然会忽略价值形式的特殊性,从而忽略商品形式及其进一步发展——货币形式、资本形式等等的特殊性。因此,我们发现,在那些完全同意用劳动时间来计算价值量的经济学家中间,对于货币即一般等价物的完成形态的看法是极为混乱和矛盾的。例如,在考察银行业时,这一点表现得特别明显,因为在这里关于货币的通常的定义已经不够用了。于是,与此相对立的,出现了复兴的重商主义体系(加尼耳等人),这一体系在价值中只看到社会形式,或者更确切地说,只看到这种社会形式的没有实体的外观。——在这里,我断然指出,我所说的古典政治经济学,是指从威·配第以来的一切这样的经济学,这种经济学与庸俗经济学相反,研究了资产阶级生产关系的内部联系。而庸俗经济学却只是在表面的联系内兜圈子,它为了对可以说是最粗浅的现象作出似是而非的解释,为了适应资产阶级的日常需要,一再反复咀嚼科学的经济学早就提供的材料。在其他方面,庸俗经济学则只限于把资产阶级生产当事人关于他们自己的最美好世界的陈腐而自负的看法加以系统化,赋以学究气味,并且宣布为永恒的真理。

马克思:《资本论》第 1 卷(发表于 1867 年 9 月),摘自《马克思恩格斯文集》第 5 卷,人民出版社 2009 年版,第 98—99 页注(32)。

斯密的功绩在于,他强调指出了下面这一点(而这一点也把他弄糊涂了）：**随着资本积累和土地所有权的产生**，因而随着同劳动本身相对立的劳动条件的独立化，发生了一个转变，价值规律似乎变成了（从结果来看，也确实变成了）它的对立面。如果说，亚·斯密的理论的长处在于，他感觉到并强调了这个矛盾，那末，他的理论的短处在于，这个矛盾甚至在他考察一般规律如何运用于简单商品交换的时候也把他弄糊涂了；他不懂得，这个矛盾之所以产生，是由于劳动能力本身成了商品，作为这种特殊的商品，它的使用价值本身（因而同它的交换价值毫无关系）是一种创造交换价值的能力。李嘉图胜过亚·斯密的地方是，这个似乎存在而从结果来看也确实存在的矛盾，并没有把他弄糊涂。但是，他不如亚·斯密的地方是，他竟从来没有料到这里有问题，因此价值规律随着资本的出现而发生的**特殊**发展，丝毫没有引起他的不安，更没有促使他去研究。后面我们将会看到，亚·斯密著作中的天才的东西，到马尔萨斯著作中怎样变成了攻击李嘉图观点的反动的东西。

当然，正是这个观点，使亚·斯密摇摆不定、没有把握，它抽掉了他脚下的坚实基础，使他和李嘉图相反，不能做到对资产阶级制度的抽象的一般基础有一个连贯的理论见解。

马克思：《剩余价值理论》（第一册）（1861 年 8 月—1863 年 7 月），
摘自《马克思恩格斯全集》第 26 卷（一），人民出版社 1972 年版，
第 67 页。

机器的采用排挤工人，使他们的状况恶化，这是不容争辩的事实，而西斯蒙第是这种情况的最初指出者之一，他的功绩也是不容争辩的。但是尽管如此，他的积累和国内市场的理论仍然是错误的。他的计算恰好清楚地表明这样一种现象，西斯蒙第不仅否认这种现象，甚至把它变为反对资本主义的理由，说积累和生产应该适合消费，不然就会发生危机。计算所表明的，正是积累和生产**赶过**消费，而且非这样不可，因为积累主要是靠生产资料，而生产资料是不用于"消费"的。西斯蒙第认为，积累是生产超过收入这种说法是李嘉图学说中的一个错误和矛盾；实际上这种说法完全符合现实，表明了资本主义固有的矛盾。这种超过是任何积累所**必需**的，而一切积累**在消费品市场并未相应扩大甚至还缩小的情况下也为生产资料**开辟新的市场。然后，西斯蒙第抛弃了关于自由竞争的优越性的学说，没有觉察到他在扔掉盲目的乐观主义的同时，把从他的计算中也可以清楚地

看出的、自由竞争**发展了社会生产力**这一确实的真理也抛弃了（其实，这只是制造生产资料的特殊工业部类的建立及其特别迅速发展的同一事实的另一种表现）。社会生产力发展了，而消费没有相应发展，这当然是一种矛盾，但这正是现实中存在的矛盾，它是从资本主义的本性中产生的，而决不是用伤感的词句所能抹杀的。

> 列宁：《评经济浪漫主义》（1897 年），摘自《列宁全集》第 2 卷，
> 人民出版社 1959 年版，第 125—126 页。

托马斯·卡莱尔的功绩在于：当资产阶级的观念、趣味和思想在整个英国正统文学中居于绝对统治地位的时候，他在文学方面反对了资产阶级，而且他的言论有时甚至具有革命性。例如他的法国革命史，他为克伦威尔的辩护，他的论宪章主义的小册子以及他的《过去和现在》都是这样。但是在所有这些著作里，对现代的批判是和颂扬中世纪这种完全违反历史的作法紧密地联系着的，其实这种作法在英国的革命者，如科贝特和一部分宪章主义者中也经常可以看到。过去至少社会发展的某一阶段的兴盛时代使他欢欣鼓舞，现代却使他悲观失望，未来则使他心惊胆怕。在他看来只有集中体现在一人身上，体现在克伦威尔或丹东这样人身上的革命，他才承认，甚至赞扬。这些人就是他的英雄崇拜的对象；他在他的《英雄和英雄崇拜》一书中把英雄崇拜说成是解救绝望的现状的唯一办法，说成是一种新的宗教。

> 马克思、恩格斯：《〈新莱茵报。政治经济评论〉第 4 期上发表的书
> 评》（1850 年 3—4 月），摘自《马克思恩格斯全集》第 7 卷，人民出
> 版社 1959 年版，第 300—301 页。

直到今天我才有机会感谢您惠寄的《莱辛传奇》。我不想仅仅是正式通知您书已经收到，还想同时谈谈这本书本身——它的内容，因此就拖延下来了。

我从末尾，即从《论历史唯物主义》这篇附录①谈起。在这里主要的东西您都论述得很出色，对每一个没有成见的人都是有说服力的……

此外，关于这本书，我只能再重复一下那些文章在《新时代》上发表②时我已经不止一次地讲过的话：这是现有的对普鲁士国家形成过程的

---

① 弗·梅林《论历史唯物主义》，作为附录收入《莱辛传奇》1893 年版。——编者注
② 弗·梅林《莱辛传奇》，1891—1892 在《新时代》杂志上连载。——编者注

最好的论述，我甚至可以说，是唯一出色的论述，对大多数事情，甚至各个细节，都正确地揭示出相互联系。令人遗憾的，只是您未能把直到俾斯麦为止的全部进一步发展也包括进去，我不由地希望您下一次会做到这一点，连贯地描绘出自选帝侯弗里德里希－威廉①到老威廉①为止的整个情景。您已经做过准备性的研究工作，至少在主要问题上可以说已经完成了。而在破马车散架以前这件事无论如何是必须做好的。打破保皇爱国主义的神话，这即使不是铲除掩盖着阶级统治的君主制度（因为**纯粹的**资产阶级共和制在德国还没有产生出来就已经过时了）的必要前提，也毕竟是完成这一任务的最有效的杠杆之一。

这样您就会有更多的余地和机会把普鲁士的地方史当做全德苦难的一部分描绘出来。正是在这一点上，我在某些地方不同意您的意见，不同意您对德国的割据局面和 16 世纪德国资产阶级革命失败的先决条件的见解。如果我有机会重新改写我的《农民战争》②的历史导言（希望这能在今年冬季实现），那么我就能在那里阐述有关的各点。这并不是说我认为您列举的各种先决条件不正确，但是除此之外我还要提出其他一些，并加以稍许不同的分类。

> 恩格斯：《恩格斯致弗兰茨·梅林》（1893 年 7 月 14 日），摘自《马
> 克思恩格斯文集》第 10 卷，人民出版社 2009 年版，第 656—660 页。

普列汉诺夫写了一本专门论述无政府主义对社会主义的态度问题的小册子，书名叫《无政府主义和社会主义》，于 1894 年用德文出版。

普列汉诺夫竟有这样的本事，能够论述这个主题而完全回避反对无政府主义的斗争中最现实、最迫切、政治上最重要的问题，即革命对国家的态度和整个国家问题！他的这本小册子有两部分特别突出：一部分是历史文献，其中有关于施蒂纳和蒲鲁东等人思想演变的宝贵材料；另一部分是庸俗的，其中有关于无政府主义者与强盗没有区别这样拙劣的议论。

这两个主题拼在一起十分可笑，很足以说明普列汉诺夫在俄国革命前夜以及革命时期的全部活动，因为在 1905—1917 年，普列汉诺夫正是这样表明自己是在政治上充当资产阶级尾巴的半学理主义者，半庸人。

---

① 威廉一世。——编者注
② 恩格斯《德国农民战争》，见《马克思恩格斯文集》第 2 卷。——编者注

列宁：《国家与革命》（1917 年 8—9 月），摘自《列宁专题文集·论马克思主义》，人民出版社 2009 年版，第 274 页。

——整个说来，如果把上面所说的恩格尔加尔特①世界观中正面的特点（与"遗产"代表者共同的没有一点民粹派色彩的特点）与反面的特点（即民粹派的特点）加以比较，那末我们应当承认：前者在《乡村来信》的作者的世界观中的确是占优势，至于后者则仿佛是局外的、偶然加进去的、从外面吹进去而与该书的基调不协调的东西。

列宁：《我们究竟拒绝什么遗产?》（1897 年），摘自《列宁选集》第 1 卷，人民出版社 1972 年版，第 135 页。

（四）要善于批判地吸收旧时代的文化知识和前人的科学成果

马克思主义这一革命无产阶级的思想体系赢得了世界历史性的意义，是因为它并没有抛弃资产阶级时代最宝贵的成就，相反地却吸收和改造了两千多年来人类思想和文化发展中一切有价值的东西。只有在这个基础上，按照这个方向，在无产阶级专政（这是无产阶级反对一切剥削的最后的斗争）的实际经验的鼓舞下继续进行工作，才能认为是发展真正无产阶级的文化。

列宁：《论无产阶级文化》（1920 年 10 月 8 日），摘自《列宁选集》第 4 卷，人民出版社 1972 年版，第 362 页。

共产主义科学，即马克思主义学说，已经不仅仅是 19 世纪一位社会主义者——虽说是天才的社会主义者——的个人著述，而成为全世界千百万无产者的学说；他们已经运用这个学说在同资本主义作斗争。如果你们要问，为什么马克思的学说能够掌握最革命阶级的千百万人的心灵，那你们只能得到一个回答：这是因为马克思依靠了人类在资本主义制度下所获得的全部知识的坚固基础；马克思研究了人类社会发展的规律，认识到资本主义的发展必然导致共产主义，而主要的是他完全依据对资本主义社会所作的最确切、最缜密和最深刻的研究，借助于充分掌握以往的科学所提供

———————————

① 恩格尔加尔特，亚历山大·尼古拉也维奇——俄国政论家，民粹派分子，因从事公共农艺事业和在斯摩棱斯克省他自己的巴捷舍沃田庄做过组织合理农场的实验而闻名。列宁在《俄国资本主义的发展》一书中，对他的农场作了评论，以他为例说明民粹派的理论完全是空想。——编者注

的全部知识而证实了这个结论。凡是人类社会所创造的一切，他都有批判地重新加以探讨，任何一点也没有忽略过去。凡是人类思想所建树的一切，他都放在工人运动中检验过，重新加以探讨，加以批判，从而得出了那些被资产阶级狭隘性所限制或被资产阶级偏见束缚住的人所不能得出的结论。

> 列宁：《青年团的任务》（1920 年 10 月 2 日），摘自《列宁专题文集·论无产阶级政党》，人民出版社 2009 年版，第 280—281 页。

要清醒地观察事物：资产阶级曾利用先前那个阶级的人材，而我们现在也就有同样的任务，要善于吸取、掌握、利用先前的阶级的知识和素养，为本阶级的胜利而运用这一切。所以我们说，获得胜利的阶级，应当是成熟了的阶级，可是成熟性不是由什么证书所能证明，而是要由经验和实践来证明的。

> 列宁：《俄共（布）中央委员会的报告》（1920 年 3 月 29 日），摘自《列宁选集》第 4 卷，人民出版社 1972 年版，第 170 页。

因为问题决不是要简单地抛弃这两千多年的全部思想内容，而是要对它们进行批判，要把那些在错误的、但对于那个时代和发展过程本身来说是不可避免的唯心主义的形式内获得的成果，从这种暂时的形式中剥取出来。

> 恩格斯：《自然辩证法》（1873—1882 年），摘自《马克思恩格斯文集》第 9 卷，人民出版社 2009 年版，第 458 页。

哲学史和社会科学史都十分清楚地表明：马克思主义同"宗派主义"毫无相似之处，它绝不是**离开**世界文明发展大道而产生的一种故步自封、僵化不变的学说。恰恰相反，马克思的全部天才正是在于他回答了人类先进思想已经提出的种种问题。他的学说的产生正是哲学、政治经济学和社会主义极伟大的代表人物的学说的直接**继续**。

马克思学说具有无限力量，就是因为它正确。它完备而严密，它给人们提供了决不同任何迷信、任何反动势力、任何为资产阶级压迫所作的辩护相妥协的完整的世界观。马克思学说是人类在 19 世纪所创造的优秀成果——德国的哲学、英国的政治经济学和法国的社会主义的当然继承者。

> 列宁：《马克思主义的三个来源和三个组成部分》（1913 年 3 月），摘自《列宁专题文集·论马克思主义》，人民出版社 2009 年版，第 66—67 页。

马克思和恩格斯在说明自己的辩证方法的时候，通常援引黑格尔，认为他是表述了辩证法基本特征的哲学家。但这并不是说，马克思和恩格斯的辩证法同黑格尔的辩证法是一样的。其实，马克思和恩格斯从黑格尔的辩证法中采取的仅仅是它的"合理的内核"，而摈弃了黑格尔的唯心主义的外壳，并且向前发展了辩证法，赋予辩证法以现代的、科学的形态。

> 斯大林：《论辩证唯物主义和历史唯物主义》（1938 年 9 月），摘自
> 《列宁主义问题》，人民出版社 1964 年版，第 629 页。

马克思和恩格斯在说明自己的唯物主义的时候，通常援引费尔巴哈，认为他是恢复了唯物主义应有权威的哲学家。但这并不是说，马克思和恩格斯的唯物主义和费尔巴哈的唯物主义是一样的。其实，马克思和恩格斯是从费尔巴哈唯物主义中采取了它的"基本的内核"，把它进一步发展成为科学的哲学唯物主义理论，而摈弃了它那些唯心主义的和宗教伦理的杂质。

> 斯大林：《论辩证唯物主义和历史唯物主义》（1938 年 9 月），摘自
> 《列宁主义问题》，人民出版社 1964 年版，第 629—630 页。

大家知道，辩证方法的创始人是黑格尔。马克思澄清了并改进了这个方法。当然，这种情况无政府主义者也是知道的。他们知道黑格尔是个保守主义者，于是一有机会就大骂黑格尔是"复辟主义"拥护者，他们拼命"证明""黑格尔是复辟主义的哲学家……他赞美专制的官僚立宪制度，他的历史哲学的总的思想是服从于和服务于复辟时代的哲学派别的"，以及如此等等（见《号召报》第六期车尔凯兹施维里的论文）。

有名的无政府主义者克鲁泡特金在自己的著作中也"证明"这一点（见他用俄文发表的《科学和无政府主义》）。

我们的克鲁泡特金派，从车尔凯兹施维里一直到沙·哥·都异口同声地附和克鲁泡特金（见《号召报》）。

其实，谁也不和他们争论这一点，恰恰相反，每个人都同意黑格尔不是革命家。马克思和恩格斯两人比谁都早地在《批判的批判之批判》一书中证明过：黑格尔的历史观点是和人民专制根本矛盾的。虽然如此，但无政府主义者还是要"证明"并且认为必须每天"证明"黑格尔是"复辟主义"拥护者。他们为什么这样做呢？大概想用这一切来破坏黑格尔的威信，使读者觉得"反动分子"黑格尔的方法也不能不是"令人厌恶的"和非科学的吧。

无政府主义者想用这种手段来驳倒辩证方法。

我们说：他们用这种手段除了证明自己愚昧无知而外，是什么也证明不了的。巴斯噶和莱布尼茨不是革命者，但他们所发现的数学方法现在被公认为科学方法了。迈尔和赫尔姆霍茨不是革命者，但他们在物理学方面的发现成了科学的基础。拉马克和达尔文也不是革命者，但他们的进化论方法使生物科学站住了脚……为什么不能承认黑格尔虽是保守主义者、但正是他黑格尔创造出了叫做辩证法的科学方法这一事实呢？

不，无政府主义者**用这种手段**除了证明自己愚昧无知而外，是什么也证明不了的。

> 斯大林：《无政府主义还是社会主义？》（1906 年），摘自《斯大林全集》第 1 卷，人民出版社 1953 年版，第 278—279 页。

简单地宣布一种哲学是错误的，还制服不了这种哲学。像对民族的精神发展有过如此巨大影响的黑格尔哲学这样的伟大创作，是不能用干脆置之不理的办法来消除的。必须从它的本来意义上"扬弃"它，就是说，要批判地消灭它的形式，但是要救出通过这个形式获得的新内容。

> 恩格斯：《路德维希·费尔巴哈和德国古典哲学的终结》（1886 年初），摘自《马克思恩格斯文集》第 4 卷，人民出版社 2009 年版，第 276 页。

我们这位作者①只字不提圣西门在十八世纪启蒙运动者**之后**，在马克思**之前**，在社会科学上取得了哪些成就，而是说了一些尖酸刻薄的话**跳过**了整个社会科学。

由于古典经济学家发现了价值规律和社会划分为阶级这一基本现象，创立了这门科学，**由于**十八世纪的启蒙运动者同前者一起用反封建反僧侣主义的斗争进一步丰富了这门科学，**由于**十九世纪初那些抱有反动观点的历史学家和哲学家们，进一步阐明了阶级斗争的问题，发展了辩证法，并把它用于或开始用于社会生活，从而把这门科学推向前进，所以说，在这方面获得许多巨大成就的马克思主义是欧洲整个历史科学、经济科学和哲学科学的**最高发展**。这才是合乎逻辑的结论。

> 列宁：《又一次消灭社会主义》（1914 年 3 月），摘自《列宁全集》

---

① 指司徒卢威。——编者注

第 20 卷，人民出版社 1958 年版，第 198 页。

问：你在文章中完全正确地评价了马尔，说他把马克思主义庸俗化了。这是不是说：语言学家们，包括我们这些青年在内，应该抛弃马尔的**全部**语言学遗产呢？可是马尔仍然作过一些有价值的语言研究（契科巴娃、桑热叶夫及其他一些同志在讨论中都曾写到这些），我们在批判地研究马尔的同时，是否可以吸取他的有用的和有价值的东西呢？

答：当然，马尔的著作并不完全是错误。马尔之所以犯了极重大的错误，是由于他把被歪曲了的马克思主义成分加进语言学中去，他企图创造一种独立的语言理论。但是马尔有个别优秀的、写得很精彩的著作，在这些著作中他忘掉了自己在理论上的野心，诚实地而且可以说是很有办法地研究了某些语言。在这样的著作中，可以找到不少有价值的和值得学习的东西。显然，这种有价值的和值得学习的东西，应当从马尔那里吸取过来加以利用。

斯大林：《马克思主义和语言学问题》（1950 年 6 月 29 日），摘自《斯大林文选》，人民出版社 1962 年版，第 548—549 页。

那么最简单的做法莫过于设法在工人中广泛传播上一世纪卓越的法国唯物主义文献。这些文献迄今为止不仅按形式，而且按内容来说都是法兰西精神的最高成就；考虑到当时的科学水平，在今天看来它们的内容也仍然有极高的价值，它们的形式仍然是不可企及的典范。

恩格斯：《流亡者文献》（1874 年 5 月中—1875 年 4 月），摘自《马克思恩格斯文集》第 3 卷，人民出版社 2009 年版，第 361 页。

我们不否认：亨楚克作为一个思想家是浸透了资产阶级偏见的，而且他们这班人都有这种味道，可是他们也有实际知识……在实际建设方面，他们知道得多一些，本领好一些，应该向他们学习。

列宁：《莫斯科党工作人员大会》（1918 年 11 月 27 日），摘自《列宁全集》第 28 卷，人民出版社 1956 年版，第 204 页。

我们否定旧学校，对旧学校怀着完全正当和必要的仇恨心理，珍视那种要摧毁旧学校的决心，但是我们应当了解，废除以前的死读书、死记硬背和强迫纪律时，必须善于吸取人类的全部知识，并要使你们学到的共产主义不是生吞活剥的东西，而是经过你们深思熟虑的东西，是从现代教育观点上看来必然的结论。

列宁：《青年团的任务》（1920 年 10 月 2 日），摘自《列宁专题文集·论无产阶级政党》，人民出版社 2009 年版，第 283 页。

在这种情况下，我看不出各种各样高等学校之间有任何本质上的区别。最主要的是，认真自学从重农学派和斯密到李嘉图及其学派的古典经济学，还有空想主义者圣西门、傅立叶和欧文的著作，以及马克思的著作，同时要不断地努力得出自己的见解。我认为，您的女朋友会研究原著本身，不会让一些简述读物和别的第二手资料引入迷途。为了便于了解经济状况本身，马克思在《资本论》中指出了最重要的资料。如何利用各国的官方统计材料，如何判断其中哪些有用，哪些无用，这一点最好是通过研究和比较来掌握。其实自学越深入下去，就越能找到最好的门径，知道下一步该怎么学了，不过要有个前提，就是从真正古典的书籍学起，而不是从那些最要不得的德国经济学简述读物或这些读物的作者的讲稿学起。

恩格斯：《致格·亨·福尔马尔》（1884 年 8 月 13 日），摘自《马克思恩格斯全集》第 36 卷，人民出版社 1974 年版，第 200 页。

四 对研究和评价历史人物的各种错误倾向的批评

（一）批判个人决定和创造历史的英雄史观

过去的一切历史观不是完全忽视了历史的这一现实基础①就是把它仅仅看成与历史过程没有任何联系的附带因素。根据这种观点，历史总是遵照在它之外的某种尺度来编写的；现实的生活生产被描述成某种史前的东西，而历史的东西则被说成是某种脱离日常生活的东西，某种处于世界之外和超乎世界之上的东西。这样就把人对自然界的关系从历史中排除出去了，因而造成了自然界和历史之间的对立。因此这种观点只能在历史上看到元首和国家的丰功伟绩，看到宗教的、一般理论的斗争，而且在每次描述某一历史时代的时候，它都不得不**赞同这一时代的幻想**。

> 马克思、恩格斯：《费尔巴哈》（1845—1846 年），摘自《马克思恩格斯选集》第 1 卷，人民出版社 1972 年版，第 44 页。

在唯心主义者看来，任何改造世界的运动只存在于某个上帝特选的人的头脑中，世界的命运取决于这个把全部智慧作为自己的私有财产而占有的头脑在宣布自己的启示之前，是否受到了某块现实主义的石头的致命打击。

> 马克思、恩格斯：《德意志意识形态》（1845—1846 年），摘自《马克思恩格斯全集》第 3 卷，人民出版社 1960 年版，第 630 页。

这些人②怀疑整个人类，却把个别人物神圣化。他们描绘出人类的天性的可怕形象，同时却要求我们拜倒在个别特权人物的神圣形象面前。我们知道个人是微弱的，但是我们也知道整体就是力量。

> 马克思：《第六届莱茵省议会的辩论（第一篇论文）》（1842 年 4 月），摘自《马克思恩格斯全集》第 1 卷，人民出版社 1956 年版，第 80 页。

蒲鲁东先生必然是一个**空论家**……蒲鲁东先生用自己头脑中奇妙的运动，代替了由于人们既得的生产力和他们的不再与此种生产力相适应的社

---

① 指社会经济基础。——编者注
② 指参加莱茵省议会为贵族阶级进行辩护的人。——编者注

会关系相互冲突而产生的伟大历史运动，代替了一个民族内各个阶级间以及各个民族彼此间准备着的可怕的战争，代替了唯一能解决这种冲突的群众的实践和暴力的行动，代替了这一广阔的、持久的和复杂的运动。总之，历史是由学者，即由有本事从上帝那里窃取隐秘思想的人们创造的。平凡的人只需应用他们所泄露的天机。

> 马克思：《致巴·瓦·安年柯夫》（1864 年 12 月 28 日），摘自《马克思恩格斯选集》第 4 卷，人民出版社 1972 年版，第 328—329 页。

这位固执的、高傲的无师自通的学者①，对他以前的一切权威——法学家、院士、经济学家和社会主义者都持同样的轻蔑态度，他把过去的全部历史一概贬为荒诞无稽的东西，而把自己则誉为新的救世主……

> 恩格斯：《蒲鲁东》（1848 年 12 月初），摘自《马克思恩格斯全集》第 6 卷，人民出版社 1961 年版，第 670 页。

我们要求把历史的内容还给历史，但我们认为历史不是"神"的启示，而是人的启示，并且只能是人的启示。为了认识人类本质的伟大，了解人类在历史上的发展，了解人类一往直前的进步，了解人类对个人的非理性的一贯有把握的胜利，了解人类战胜一切似乎超人的事物，了解人类同大自然进行的残酷而又顺利的斗争，直到具备自由的人的自觉，明确认识到人和大自然的统一，自由地独立地创造建立在纯人类道德生活关系基础上的新世界，为了了解这一切，我们没有必要首先求助于什么"神"的抽象概念，把一切美好的、伟大的、崇高的、真正的人的事物归在它的名下。为了了解这一切的伟大，我们没有必要采取这种迂回的办法，为了相信人的事物的重要和伟大，没有必要给真正的人的事物打上"神的"烙印。相反地，任何一种事物，越是"神的"即非人的，我们就越不能称赞它。

> 恩格斯：《英国状况。评托马斯·卡莱尔〈过去和现在〉》（1844 年 1 月），摘自《马克思恩格斯全集》第 1 卷，人民出版社 1956 年版，第 650—651 页。

我们可以看到，"高贵的"卡莱尔完全是从泛神论的观点出发的。整个历史的过程不是由活生生的人民群众（他们自然为一定的、也在历史上产生和变化着的条件所左右）本身的发展所决定，——整个的历史过程是

---

① 指蒲鲁东。——编者注

由永恒的永远不变的自然规律所决定，它今天离开这一规律，明天又接近这一规律，一切都以是否正确地认识这一规律为转移。这种对永恒的自然规律的正确认识是永恒的真理，其他一切都是假的。根据这种观点，一切实际的阶级矛盾，尽管因时代不同而各异，都可以归结为一个巨大的永恒的矛盾，即认识了永恒的自然规律并依照它行动的人（贤人与贵人）和误解它曲解它并和它背道而驰的人（愚人与贱人）的矛盾。因此，历史上产生的阶级差别是自然的差别，人们必须向天生的贵人和贤人屈膝，尊敬这些差别，并承认它们是永恒的自然规律的一部分，一言以蔽之，即应崇拜天才。这样，对历史发展过程的整个了解便简单得象前世纪伊留米纳特和共济会会员的陈腐平凡的智慧那样，简单得象《魔笛》① 中的普通道德和被弄得极端庸俗腐化的圣西门主义那样。这样，老问题又自然产生了：到底谁该统治呢？这个问题经过十分详细但却非常肤浅浮夸的讨论后，最后得出一个答案：应该由贵人、贤人和智者来统治。因此非常自然地就会得出这样的结论：要统治的人是很多很多的，但是任何时候也不能统治得太多，因为统治就是不断地向群众阐述和解释自然规律的意义。但是怎样发现贵人和贤人呢？没有一种神奇的力量来告诉我们，我们必须去找寻。于是变成纯粹自然差别的历史的阶级差别又登上了舞台。高贵的人之所以高贵，是因为他聪明而博学。所以必须在独享教育权利的阶级即特权阶级中去寻找这样的人；而这些阶级本身也将在它们当中找出这样的人，并对他们想当贵人和贤人的要求作出决定。因此，特权阶级现在即使不成为十足的贵人和贤人的阶级，至少也是说话时"吐字清晰"的阶级；而被压迫的阶级当然是"哑巴，是说话吐字不清晰"的阶级，因此阶级统治又重新得到肯定。所有这些义愤填膺的浮夸叫嚣都变成了对现存阶级统治的较为隐蔽的承认，并且完全变成了不平的牢骚和抱怨，其所以抱怨与不满，原因就是资产者没有让自己的未被承认的天才人物们领导社会，由于很实际的理由没有接受这些老爷们的荒唐的呓语。浮夸的言谈在这里如何变为自己相反的东西，高贵的有学问的聪明人实际上怎样变为庸俗的愚昧无知的蠢人，关于这点卡莱尔本人就是一个最明显的例证。

马克思、恩格斯：《〈新莱茵报。政治经济评论〉第4期上发表的书

---

① 《魔笛》是莫扎特利用爱·施卡奈德尔的歌词谱成的歌剧。——编者注

评》（1850 年 3—4 月），摘自《马克思恩格斯全集》第 7 卷，人民出版社 1959 年版，第 306—308 页。

可是，伟大的"鼓动家"海因岑先生究竟是怎样进行宣传的呢？他宣称君主是造成一切贫困和一切灾难的祸首。这种论断不仅可笑，而且极端有害。海因岑先生在这里对德国君主这帮庸碌无能、昏聩愚蠢的傀儡的阿谀谄媚，实在到了无以复加的程度，因为他把一种虚构的、超自然的、神奇的无限威力加在这帮傀儡身上。海因岑先生既然断言君主能造成如此多的灾祸，那他同时也就承认君主有能力做出同样多的好事。由此得出的结论就不是必须进行革命，而是应当虔诚地希望有一位可爱的君主、好心的皇帝约瑟夫。但是人民要比海因岑先生更加清楚谁是压迫他们的人。海因岑先生要把徭役农民对地主的仇恨和工人对雇主的仇恨转到君主头上，是永远也办不到的。但海因岑先生的所作所为确实对地主和资本家有利，因为他把这两个阶级剥削人民的罪过转嫁于君主。而德国十分之九的灾难却正是由于地主和资本家剥削造成的！

恩格斯：《共产主义者和卡尔·海因岑》（1847 年 9 月 27 日前和 10 月 3 日），摘自《马克思恩格斯文集》第 1 卷，人民出版社 2009 年版，第 660 页。

在我看来，马志尼无论在他对皮蒙特人民的看法上，还是在他对意大利革命的理想上都犯了错误。他认为，意大利革命的实现无须凭借欧洲的纠纷所造成的有利形势，只要依靠突然行动的意大利密谋家们的单独发动就可实现革命。

马克思：《曼托伊费尔的演说。——马志尼的宣言。——工人议会》（1853 年 11 月 29 日），摘自《马克思恩格斯全集》第 9 卷，人民出版社 1961 年版，第 575 页。

随着人们的历史创造活动的扩大和深入，作为自觉的历史活动家的人民群众在数量上也必定增多起来。然而民粹派分子在议论一般居民、特别是议论劳动居民时，总是把他们看作某些比较合理的措施的对象，当作应当听命走这一条或那一条道路的材料，而从来没有把各个居民阶级看作在既定道路上独立的历史活动家，从来也没有提出过在既定道路上的可以发展（或者相反地，瘫痪）这些历史创造者的独立和自觉的活动的条件的问题。

列宁：《我们究竟拒绝什么遗产?》（1897 年底），摘自《列宁选集》

第1卷，人民出版社1972年版，第146页。

（二）批判夸大群众自发作用的庸俗决定论

在我们这个充满胆怯、自私和吝啬的资产阶级时代，回忆一下那个伟大的年代是完全适时的；那时全体人民曾经一度抛弃了一切胆怯、自私和吝啬，那时他们是敢于反抗法律的、在任何东西面前都不退缩的人，是具有坚强毅力的人，曾经在1793年5月31日到1794年7月26日使得一切胆怯鬼、一切小商人、一切投机者，总之，使得一切资产者都不敢抬头。在一个叫做路特希尔德的人掌握着欧洲和平的命运，克希林叫嚷着要实行保护关税，科布顿叫嚷着要实行贸易自由，迪加尔特在鼓吹利用改善劳动阶级状况的协会来拯救罪孽深重的人类的时候，我们确实必须提起马拉和丹东、圣茹斯特和巴贝夫，以及在热马普和弗略留斯两地所取得的光荣胜利。如果这个坚强有力的时代和这些刚毅果敢的人物对我们这个小商人的世界不再有影响，那末，人类的确就会堕入失望的深渊，会把自己的命运交给克希林、科布顿和迪加尔特这些人去随意支配。

恩格斯：《在伦敦举行的各族人民庆祝大会》（1845年底），摘自《马克思恩格斯全集》第2卷，人民出版社1957年版，第665页。

写信人的基本错误，和《工人事业》杂志所犯的错误完全相同（见该杂志，尤其是第10期）。他们搞不清运动中"物质的"（用《工人事业》杂志的话来说就是自发的）因素和思想的（自觉的，"根据计划"进行活动的）因素的相互关系问题。他们不懂得，"思想家"所以配称为思想家，就是因为他走在自发运动的**前面**，为它指出道路，善于比其他人更先解决运动的"物质因素"自发地遇到的一切理论的、政治的、策略的和组织的问题。为了真正地"考虑运动的物质因素"，必须批判地对待它们，必须善于指出自发运动的危险和缺点，必须善于把自发性**提高到**自觉性。说思想家（即自觉的领导者）不能使运动脱离由环境和因素的相互作用所决定的道路，这就是忘记一个起码的真理：自觉性是**参加**这种相互作用和这种决定的。欧洲天主教的和保皇的工会也是环境和因素的相互作用的必然产物，只是参加这一相互作用的是神甫和祖巴托夫之流的自觉性，而不是社会主义者的自觉性。写信人（以及《工人事业》杂志）的理论观点并不是马克思主义，而是对马克思主义的歪曲，进行这种歪曲乃是我们的"批评派"和伯恩施坦分子最感兴趣的事，这种人不了解如何把自发的进化和自觉的革命活动结合起来。

> 列宁：《同经济主义的拥护者商榷》（1901 年 12 月 6 日），摘自《列宁全集》第 5 卷，人民出版社 1959 年版，第 283 页。

根据"经济主义"最初在书刊上的表现，我们就可以看见一种极其独特而且最能使我们了解当前社会民主党人队伍中的各种意见分歧的现象，这就是那些主张"纯粹工人运动"的人，崇拜与无产阶级斗争保持最密切的、最"有机的"（《工人事业》的说法）联系的人，反对任何非工人的知识分子（哪怕是社会主义的知识分子）的人，为了替自己的立场辩护，竟不得不采用**资产阶级**"纯粹工联主义者"的论据。这件事实向我们表明：《工人思想报》一开始就已经着手（不自觉地）实现《信条》这一纲领。这个事实表明（这是《工人事业》始终不能了解的）：对工人运动自发性的**任何**崇拜，对"自觉因素"的作用即社会民主党的作用的任何轻视，**完全不管轻视者自己愿意与否，都是加强资产阶级思想体系对工人的影响。**所有那些说什么"夸大思想体系的作用"①，夸大自觉因素的作用②等等的人，都以为工人只要能够"从领导者手里夺回自己的命运"，纯粹工人运动本身就能够创造出而且一定会创造出一种独立的思想体系。但这是极大的错误。

> 列宁：《怎么办？》（1901 年秋—1902 年 2 月），摘自《列宁专题文集·论无产阶级政党》，人民出版社 2009 年版，第 83—84 页。

"策略 - 计划是同马克思主义的基本精神相矛盾的！"这真是对马克思主义的诬蔑，是把马克思主义变得面目全非，正如民粹派在同我们论战时所做的那样。这就是贬低自觉的活动家的首创精神和毅力，而马克思主义却与此相反，它大大推动社会民主党人的首创精神和毅力，给他们开辟最广阔的前景，把"自发地"起来进行斗争的工人阶级千百万人的强大力量交给（假使可以这样说的话）他们指挥！国际社会民主党的全部历史充满着时而由这个政治领袖时而由那个政治领袖提出的种种计划，证实了某个领袖所持的政治观点和组织观点的远见和正确，暴露了另一个领袖的近视和政治错误。当德国遇到建立帝国、成立帝国国会、赐予普选权这种极大

---

① 《火星报》第 12 号上发表的"经济派"的来信。
② 《工业事业》第 10 期。

的历史转变时，李卜克内西提出了一个关于社会民主党的政策和整个工作的计划，而施韦泽则提出了另一个计划。当德国社会党人遭到非常法的打击时，莫斯特和哈赛尔曼提出了一个计划，打算干脆号召采用暴力和恐怖手段；赫希柏格、施拉姆以及伯恩施坦（部分参与）则提出了另一个计划，他们向社会民主党人宣传说，由于社会民主党人自己过分激烈和过分革命才招来了非常法，所以现在应当以模范行为来求得宽恕；当时那些筹备并出版了秘密机关报的人则提出了第三个计划。在选择道路问题引起的斗争已经结束，历史对所选定的道路的正确性已经下了最后的定论以后过了许多年，回顾往事，发表深奥的议论，说什么党的任务随着党的发展而增长，这当然是容易的。但是在目前这个混乱时期①，当俄国的"批评派"和"经济派"把社会民主主义运动降低为工联主义运动，而恐怖派竭力宣扬采取重蹈覆辙的"策略－计划"的时候，局限于发表这种深奥的议论，那就等于"证明"自己"思想贫乏"。目前，当许多俄国社会民主党人恰恰缺少首创精神和毅力，当他们缩小"政治宣传、政治鼓动和政治组织的……范围"②，当他们缺少更广泛地进行革命工作的"计划"的时候，说什么"策略－计划是同马克思主义的基本精神相矛盾的"，那就不仅是在理论上把马克思主义庸俗化，而且是在实践上**把党拉向后退**。

列宁：《怎么办?》（1901 年秋—1902 年 2 月），摘自《列宁专题文集·论无产阶级政党》，人民出版社 2009 年版，第 93—95 页。

崇拜自发性的理论，坚决反对使自发运动带有自觉的和有计划的性质，反对党走在工人阶级的前面，反对党把群众提高到自觉的水平，反对党领导运动，而主张使运动中的觉悟成分不致妨碍运动循着自己的道路行进，使党只依从自发运动，做运动的尾巴。自发论是降低觉悟成分在运动中的作用的理论，是"尾巴主义"的思想体系，是**一切**机会主义的逻辑基础。

斯大林：《论列宁主义基础》（1924 年 4—5 月），摘自《列宁主义问题》，人民出版社 1964 年版，第 17 页。

---

①　梅林所著《德国社会民主党史》一书中有一章标题为 Ein Jahr der Verwirrung（混乱的一年），在这一章内他描写了社会党人在选择适合新环境的"策略－计划"时起先所表现的那种动摇和犹豫。

②　摘自《火星报》创刊号的社论（见《列宁全集》第 2 版，人民出版社 1959 年版，第 4 卷第 336 页）。——编者注

（三）坚持历史性，反对把自己的思想强加给历史人物和作肤浅的历史类比

在分析任何一个社会问题时，马克思主义理论的绝对要求，就是要把问题提到**一定的**历史范围之内……

> 列宁：《论民族自决权》（1914 年 2—5 月），摘自《列宁选集》第 2 卷，人民出版社 1972 年版，第 512 页。

——卓绝地坚持哲学史中的严格的历史性，反对把我们所能了解的而古人事实上还没有的一种思想的"发展"硬挂到他们名下。

例如，在泰勒斯那里就还没有本原（即**原则**）这个概念，没有**原因**这个概念……

《例如，世界上有着许多民族，它们就完全没有这个概念》（原因）；《要有这个概念，就必须有高级的发展阶段》……

> 列宁：《黑格尔〈哲学史讲演录〉一书摘要》（1915 年），摘自《列宁全集》第 38 卷，人民出版社 1959 年版，第 272 页。

[501] 我希望人们不要责备我对威廉·修昔的底斯"残酷无情"。这个书呆子自己对待科学是多么"残酷无情"啊！既然他胆敢以高傲自大的口气谈论李嘉图的"半真理"，那我无论如何也同样可以谈他的"全无真理"。而且，威廉·修昔的底斯在列举书目方面一点也不"公正"。在他看来，谁不"值得尊敬"，谁就在历史上不存在；例如，在他看来，洛贝尔图斯作为地租理论家是不存在的，因为洛贝尔图斯是"共产主义者"。而且，威廉·修昔的底斯对于"值得尊敬的著作家"的看法也不准确。例如，在麦克库洛赫看来，贝利是存在的，甚至被看作是划时代的人。在威廉·修昔的底斯看来，贝利是不存在的。

> 马克思：《剩余价值理论》（第二册）（1861 年 8 月—1863 年 7 月），摘自《马克思恩格斯全集》第 26 卷（二），人民出版社 1973 年版，第 132 页。

在《资本论》里的好几个地方，我都提到古代罗马平民所遭到的命运。这些人本来都是自己耕种自己小块土地的独立经营的自由农民。在罗马历史发展的过程中，他们被剥夺了。使他们同他们的生产资料和生存资料分离的运动，不仅蕴涵着大地产的形成，而且还蕴涵着大货币资本的形

成。于是，有那么一天就一方面出现了除自己的劳动力外一切都被剥夺的自由人，另一方面出现了占有已创造出来的全部财富的人，他们剥削他人劳动。结果怎样呢？罗马的无产者并没有变成雇佣工人，却成为无所事事的**游民**，他们比过去美国南部各州的"白种贫民"更卑贱，和他们同时发展起来的生产方式不是资本主义的，而是奴隶制的。因此，极为相似的事变发生在不同的历史环境中就引起了完全不同的结果。如果把这些演变中的每一个都分别加以研究，然后再把它们加以比较，我们就会很容易地找到理解这种现象的钥匙；但是，使用一般历史哲学理论这一把万能钥匙，那是永远达不到这种目的的，这种历史哲学理论的最大长处就在于它是超历史的。

> 马克思：《给〈祖国纪事〉杂志编辑部的信》（1877 年 10—11 月），摘自《马克思恩格斯文集》第 3 卷，人民出版社 2009 年版，第 466—467 页。

我希望，我这部著作对于清除那种特别是现今在德国流行的所谓**凯撒主义**的书生用语，将会有所帮助。在作这种肤浅的历史对比时，人们忘记了主要的一点，即在古罗马，阶级斗争只是在享有特权的少数人内部进行，只是在富有的自由民与贫困的自由民之间进行，而从事生产的广大民众，即奴隶，则不过为这些斗士充当消极的舞台台柱。人们忘记了**西斯蒙第**所说的一句名言：罗马的无产阶级依靠社会过活，现代社会则依靠无产阶级过活。由于古代阶级斗争同现代阶级斗争在物质经济条件方面存在这样的根本区别，由这种斗争所产生的政治怪物之间的共同点也就不可能比坎特伯雷大主教与最高祭司撒母耳之间的共同点更多。

> 马克思：《〈路易·波拿巴的雾月十八日〉1869 年第二版序言》（1869 年 6 月 23 日），摘自《马克思恩格斯文集》第 2 卷，人民出版社 2009 年版，第 466—467 页。

路德维希：……你是不是容许把你自己和彼得大帝①相比拟？你是不是认为你自己是彼得大帝事业的继承者？

斯大林：绝对不行。历史的比拟总是冒险的。这种比拟是毫无意义的。

路德维希：但是要知道，彼得大帝为了发展自己的国家，为了把西方

---

① 彼得大帝即彼得一世（1672—1725 年），1682 年起为俄国沙皇，1721 年起为俄国皇帝。——编者注

文化移植到俄国来，是做了很多事情的。

斯大林：是的，当然，彼得大帝为了提高地主阶级和发展新兴商人阶级是做了许多事情的。彼得为了建立并巩固地主和商人的民族国家是做了很多事情的。同时也应该说，提高地主阶级、帮助新兴商人阶级和巩固这两个阶级的民族国家都是靠残酷地剥削农奴来进行的。

至于我，我不过是列宁的学生，我一生的目的就是要做到不愧为列宁的学生。

我毕生的任务就是要提高另一个阶级，即工人阶级。这个任务不是要巩固什么"民族"国家，而是要巩固社会主义国家，就是说，要巩固国际主义国家，并且这个国家在任何程度上的巩固都会有助于整个国际工人阶级的巩固。我在提高工人阶级和巩固这个阶级的社会主义国家的工作中的每一步骤如果不是为了巩固和改善工人阶级的状况，那末我认为我的一生是没有目的的。

可见你的比拟是不恰当的。

斯大林：《和德国作家艾米尔·路德维希的谈话》（1931 年 12 月 13 日），摘自《斯大林全集》第 13 卷，人民出版社 1953 年版，第 93—94 页。

附录　黑格尔论必须历史地看待历史人物

我们太容易倾向于拿我们的思想方式去改铸古代哲学家。

> 黑格尔：《哲学史讲演录》第1卷，生活·读书·新知三联书店1957年版，第46页。

人们总是很容易把我们所熟悉的东西加到古人身上去，改变了古人……

> 黑格尔：《哲学史讲演录》第1卷，生活·读书·新知三联书店1957年版，第112页。

第二部分

对若干历史人物的评论

论斯巴达克①

　　他②笔下的斯巴达克是整个古代史中最辉煌的人物。一位伟大的统帅（不象加里波第），高尚的品格，古代无产阶级的真正的代表。

　　　　马克思：《致恩格斯》（1861 年 2 月 27 日），摘自《马克思恩格斯全集》第 30 卷，人民出版社 1974 年版，第 159 页。

　　为什么要进行战争呢？我们知道，大多数战争是为了王朝的利益而进行的，这叫做王朝战争。但有时战争也是为了被压迫者的利益进行的。斯巴达克掀起的战争就是为了保卫被奴役的阶级。在直到今天还存在的殖民压迫的时代，在奴隶制时代等等，也有过这种战争。这种战争是正义的，是不能谴责的。

　　　　列宁：《在工业博物馆群众大会上的演说》（1918 年 8 月 23 日），摘自《列宁全集》第 28 卷，人民出版社 1956 年版，第 61 页。

　　全部历史充满了被压迫阶级要推翻压迫的接连不断的尝试。在奴隶制历史上有过多次长达几十年的奴隶解放战争。顺便说说，现在德国共产党人，即德国唯一真正反对资本主义桎梏的政党，取名为"斯巴达克派"，就因为斯巴达克是大约两千年前最大一次奴隶起义中的一位最杰出的英雄。完全建立于奴隶制上的仿佛万能的罗马帝国，许多年中一直受到在斯巴达克领导下武装起来、集合起来并组成一支大军的奴隶的大规模起义的震撼和打击。最后，这些奴隶有的被打死，有的被俘虏，遭受奴隶主的酷刑。这种国内战争贯穿着阶级社会的全部历史。我刚才举的例子就是奴隶占有制时代这种国内战争中最大的一次。

　　　　列宁：《论国家》（1919 年 7 月 11 日），摘自《列宁专题文集·论辩证唯物主义和历史唯物主义》，人民出版社 2009 年版，第 291 页。

---

　　①　斯巴达克（？—公元前 71 年），古罗马最大一次奴隶起义的领袖。公元前 73 年斯巴达克与数十名奴隶一起逃亡，举行武装起义。起义队伍迅速扩大，不久就占领了南意大利。公元前 71 年，斯巴达克在战斗中英勇牺牲。——编者注
　　②　指阿庇安，古罗马杰出的历史学家。——编者注

论路德①、闵采尔②

近日来，我有一个想法，写一部关于**路德**的作品——以其活动和著作为依据，——是非常必要的。首先，无论是揭露新教的神话，还是揭露扬森（他目前在德国享有盛名）领导的天主教反对新教的那种狭隘的斗争，都是非常适时的；同时，从**我们的**观点说明宗教改革运动是一个何等的**资产阶级**运动，也确实是必要的。其次，一方面把卡尔施塔特、再洗礼派和农民战争**之前**的路德和这一切**之后**的路德专门作一比较，另一方面把1848年以前和以后的资产阶级专门作一比较，详尽地探索路德的这个转变是怎样逐渐发生的，这是十分重要的。这是可以做到的，甚至无须过多地进行专门的学术研究，而你的《托马斯·莫尔》刚好为此做了准备。此外，斯图加特拥有再好不过的、最丰富的新教方面的图书，可供你使用。

恩格斯：《致考茨基》（1892年2月1日），摘自《马克思恩格斯全集》第38卷，人民出版社1972年版，第260—261页。

德国还在宗教改革时代就曾有人主张实行社会改革。在路德开始鼓吹教会改革、鼓动人民起来反对教会权力以后不久，德国南部和中部的农民就掀起了反对他们的世俗统治者的总起义。路德经常说，他的目的是在学说上和做法上都要恢复基督教的本来面目；农民也希望这样，因此，他们要求不仅在教会生活中，而且在社会生活中，都要恢复基督教的最初做法。他们认为，他们所处的受压迫受奴役的境遇是和圣经学说不相容的。他们天天受着一帮傲慢的男爵和伯爵的压迫和搜刮，这些人把他们当做牲畜看待；连一项保护他们的法律也没有，即使有，也没有人去贯彻执行。这种情况和最早的基督徒的公社原则以及圣经上阐述的基督学说，是截然对立的。因此农民就起来进行反对他们的老爷们的战争，这种战争只能是殊死的战争。他们公认的领袖托马斯·闵采尔传教士发表了一项宣言，其中自然充满了那个时代所特有的宗教和迷信的谬论，可是，除此之外，也还包

---

① 路德（1483—1546年），十六世纪德国宗教改革家，德国新教（路德教）的创始人，资产阶级的前身——市民等级的思想家。——编者注

② 闵采尔（约1490—1525年），德国农民战争的著名领袖。曾担任过乡村牧师，1525年闵采尔组织了农民起义，后在战斗中负伤被俘、牺牲。——编者注

括了这样一些原则：按照圣经，任何一个基督徒都没有权利私自占有任何
财产；只有财产共有才适合于基督徒的社会；一个善良的基督徒对其他基
督徒不得施以任何权力和暴力，不得担任任何政府职务或享有世袭权力；
相反地，既然一切人在上帝面前都是平等的，那末在人间也应该是平等的。
这些原则只是从圣经和路德本人的著作中得出来的逻辑上的推论；而路德
这位改革家并没有打算象人民那样走得那么远；尽管他在反对教会权力的
斗争中表现得非常勇敢，但是他并没有摆脱那个时代的政治偏见和社会偏
见；他还象信奉圣经那样，坚信诸侯地主那种践踏人民的权利是神圣不可
侵犯的。此外，由于他需要贵族和信仰新教的诸侯们的庇护，所以他写了
一本小册子来抨击起义者；这本小册子不仅割断了他同起义者的一切联系，
而且还煽动贵族象对付那些反对神律的叛乱者那样，用最残酷的手段对付
他们。他喊道："象杀狗那样杀他们！"整本书对人民充满了仇恨，而且达
到了疯狂的程度，这就使它永远成为路德这个名字的一个污点。由此可见，
他在开始自己一生活动的时候是人民的一分子，但后来却完全投靠人民的
压迫者，为他们服务了。经过一场浴血的国内战争以后，起义被镇压下去，
农民又回到了原来的奴隶地位。

> 恩格斯：《大陆上社会改革运动的进展》（1843 年 10 月 23 日和 11 月
> 初），摘自《马克思恩格斯全集》第 1 卷，人民出版社 1956 年版，第
> 584—585 页。

路德在他活动的最初阶段，以无比激烈的方式表现出他那强健有力的
农民本性。

> "如果他们〈罗马僧侣〉还要继续逞凶肆虐，我以为只有请
> 国王和诸侯采用暴力，武装自己，讨伐这些毒害整个世界的恶人，
> **不用语言而用武器**去制止他们的罪行，除此而外，简直没有更好
> 的办法和药方来遏制这种暴虐行径。我们既然用刀剑惩治盗贼，
> 用绞索惩治杀人犯，用烈火惩治异教徒，为什么不**运用一切武器**
> 来讨伐这些身为教皇、红衣主教、大主教而又伤风败俗、教人作
> 恶的丑类，以及罗马罪恶城中的所有奸邪之徒，并**用他们的血来
> 洗净我们的双手呢**？"①

---

① 威·戚美尔曼《伟大农民战争通史》1841 年斯图加特版第 1 卷第 364—365 页。——编者注

但是早期的这种火一般的革命热情并没有维持多久。路德放出的闪电引起了燎原烈火。全体德国人民都投入了运动。一方面，农民与平民把路德反对僧侣的号召和关于基督教自由的说教看成是起义的信号；另一方面，较温和的市民和一大部分下层贵族也站到了路德一边，甚至诸侯也被卷进了这个潮流。农民与平民认为向一切压迫他们的人进行清算的日子来到了；而市民、贵族和诸侯只想剥夺僧侣的权力，摆脱对罗马的依附，废除天主教教阶制度，并且没收教会财产而大发横财。两派势力壁垒分明，并且各自找到了自己的代表人物。路德不得不在两派中进行抉择。这个受到萨克森选帝侯①保护的人，这个维滕贝格的名教授，这个一鸣惊人、声势煊赫而被一群趋炎附势之徒簇拥着的大人物，毫不踌躇地抛弃了运动中的下层人民，倒向市民、贵族和诸侯一边。剿灭罗马的号召销声匿迹了；现在路德吹起了**和平发展**和**消极抵抗**的调子（见 1520 年《给德意志基督教贵族的公开信》等文件）。

恩格斯：《德国农民战争》（1850 年夏秋），摘自《马克思恩格斯文集》第 2 卷，人民出版社 2009 年版，第 240—241 页。

路德通过翻译圣经给平民运动提供了一种强有力的武器。他在圣经译本中使公元最初几个世纪的纯朴基督教同当时已经封建化了的基督教形成鲜明的对照，提供了一幅没有层层叠叠的、人为的封建等级制度的社会图景，同正在崩溃的封建社会形成鲜明的对照。农民们利用这种武器从各方面反对诸侯、贵族、僧侣。而现在路德竟把这一武器掉转过来反对农民，他从圣经中拼凑了真正的赞美诗去歌颂那些由上帝委派的当权者，这是任何一个舐食专制君主残羹的臣仆从来没有能够做到的。神授君权、唯命是从，甚至农奴制度都由圣经认可了。在这方面，不仅农民起义，就连路德本人对教会权威和世俗权威的反抗活动也被全盘否定；这样，路德不仅把下层人民的运动，而且连市民阶级的运动也出卖给诸侯了。

恩格斯：《德国农民战争》（1850 年夏秋），摘自《马克思恩格斯文集》第 2 卷，人民出版社 2009 年版，第 244 页。

我们在下面将会看到，这两派首脑人物的品性和行为是如何忠实地反映出本派的立场；路德的动摇不定的态度，他在运动发展的严峻时刻所怀

---

① 弗里德里希三世。——编者注

的恐惧心理，以及他投效诸侯的卑劣行径，如何同市民阶级优柔寡断、模棱两可的政治态度完全合拍；闵采尔的革命气魄和果断精神如何在最先进的平民和农民集团中得到发扬。他们的不同之处就在于：路德只满足于表达本阶级大多数人的想法和愿望，借以在本阶级内部沽钓极其廉价的声誉；而闵采尔则相反，他远远超出平民和农民的直接想法和要求，并且只从当时的革命队伍中挑选优秀分子组成一派，这一派既要站在他那样的思想高度，又要具有他那样的魄力，这样一来，这一派就始终只占起义群众的极少数。

> 恩格斯：《德国农民战争》（1850 年夏秋），摘自《马克思恩格斯文集》第 2 卷，人民出版社 2009 年版，第 254 页。

聚集在**市民阶级温和派路德**改革旗帜下的是反对派中的有产者势力，即大量的下层贵族、市民阶级，甚至还包括一部分希望通过没收教会财产中饱私囊并想乘机脱离帝国羁绊而扩大独立地位的世俗诸侯。至于农民和平民则组成了**革命派**，其要求和理论都由闵采尔作了极其鲜明的表述。

> 恩格斯：《德国农民战争》（1850 年夏秋），摘自《马克思恩格斯文集》第 2 卷，人民出版社 2009 年版，第 239 页。

梦想千年王国快要来临的中世纪的神秘主义者，就已经意识到阶级对立的非正义性。在近代史开始的时期，在 350 年前，托马斯·闵采尔已经向全世界大声宣布过这一点。

> 恩格斯：《反杜林论》（1876 年 9 月—1878 年 6 月），摘自《马克思恩格斯文集》第 9 卷，人民出版社 2009 年版，第 164 页。

这种武断的、但是很容易从平民集团的生活状况中得到解释的对于未来历史的预见，最初出现在**德国**，出现在**托马斯·闵采尔**和他那一派中。诚然，在塔博尔派那里已经存在过一种锡利亚式的财产公有制，但只是作为纯粹军事措施而存在的。直到闵采尔才用这种刚刚萌生的共产主义思想来表达一个现实的社会集团的要求，直到闵采尔才以一定的明确性把它表达出来；自闵采尔以来，民众在每一次动荡中都出现这种思想，直到它渐渐同现代无产阶级运动合流为止。这种情况，正如中世纪自由农民反对封建统治日益加紧束缚的斗争同农奴和依附农为完全打破封建统治而进行的斗争合流一样。

> 恩格斯：《德国农民战争》（1850 年夏秋），摘自《马克思恩格斯文集》第 2 卷，人民出版社 2009 年版，第 239 页。

　　近代哲学曾经在一段时期里不得不以基督教辞令作掩饰，闵采尔宣讲上述这些教义也大半是以同样的基督教辞令为掩饰。但他的著作到处都流露出他那极端异教的基本思想，可以看出，闵采尔对这件圣经外衣的态度远不像近代某些黑格尔门徒那样郑重。然而在闵采尔与近代哲学之间却相隔 300 年之久。

　　闵采尔的政治理论是同他的革命的宗教观紧密相连的；正如他的神学远远超出了当时流行的看法一样，他的政治理论也远远超出了当时的社会政治条件。正如他的宗教哲学接近无神论一样，他的政治纲领也接近共产主义。甚至在二月革命前夕，许多近代共产主义派别拥有的理论武库还不如 16 世纪"闵采尔派"的理论武库那么丰富。闵采尔的纲领，与其说是当时平民要求的总汇，不如说是对当时平民中刚刚开始发展的无产阶级因素的解放条件的天才预见。这个纲领要求立即在人间建立天国，建立早已预言的千年王国，其途径是恢复教会的本来面目，并废除同这种似乎是原始基督教会而实际上是崭新的教会相冲突的一切机构。闵采尔所理解的天国不是别的，只不过是这样一种社会状态，在那里不再有阶级差别，不再有私有财产，不再有对社会成员而言是独立的和异己的国家政权。闵采尔认为，当时所有的政权，只要是不依附、不参与革命的，都应当推翻，一切劳动和一切财产都应当具有公共的性质，必须实行最完全的平等。为了不仅在整个德国，而且在整个基督教世界实现这一切，必须建立一个同盟；必须邀请诸侯和封建主都来参加；如果他们拒绝，同盟就应当不失时机地用武器去推翻或消灭他们。

　　闵采尔随即着手组织这个同盟。他的说教具有更加激烈、更加革命的性质；除了攻击僧侣以外，他还以同样的慷慨激昂的情绪来猛轰诸侯、贵族、城市贵族。他以火辣的笔调刻画出当时的压迫，并把他想象中的实行社会共和平等的千年王国同当时的压迫加以对比。与此同时，他写的革命小册子一个接一个地发表；他向四面八方派出密使，而他本人则留在阿尔施泰特及其周围地区进行组织同盟的工作。

　　　　　　恩格斯：《德国农民战争》（1850 年夏秋），摘自《马克思恩格斯文
　　　　　集》第 2 卷，人民出版社 2009 年版，第 247—248 页。

　　闵采尔的思想越来越犀利，也越来越果敢，于是他坚决地同市民阶级宗教改革分道扬镳，从此之后他就同时直接以政治鼓动家的姿态出现了。

他的神学—哲学理论不仅攻击天主教的一切主要论点，而且也攻击整个基督教的一切主要论点。他利用基督教形式宣讲一种泛神论，这种泛神论同近代的思辨观点有着惊人的相似之处，有些地方甚至已经接近无神论。他既否认圣经是唯一的启示，也否认圣经是无误的启示。照他看来，真正的、生动活泼的启示是理性，这种启示曾经存在于一切时代和一切民族之中，而且现在依然存在。他认为，如果把圣经同理性对立起来，那就意味着以经文扼杀圣灵。因为圣经所宣讲的圣灵并不是我们身外的存在物；圣灵本来就是理性。信仰无非是理性在人身上的复苏，因此非基督徒同样可以有信仰。通过这种信仰，通过这种复苏的理性，人人可以有神性，人人可以升入天堂。因此天堂并不是什么彼岸世界的事物，天堂必须在此生中寻找，信徒的使命就是要把天堂即天国在人世间建立起来。既然无所谓彼岸的天堂，当然也就无所谓彼岸的阴间或地狱。同样，也就没有什么魔鬼，有的只是人的邪念和贪欲。基督同我们一样也曾是人，不过他是先知和师长，他的圣餐其实只是简单的纪念宴会，在宴会上大家享用的饼和酒并没有加入任何神秘的佐料。

恩格斯：《德国农民战争》（1850 年夏秋），摘自《马克思恩格斯文集》第 2 卷，人民出版社 2009 年版，第 247 页。

论拉辛①、普加乔夫②

资本的权力离开暴力和凌辱就无法维持，而这种暴力和凌辱即使在过去也引起了起义。这个纪念碑就是纪念一位起义农民的代表人物③的。他为了争取自由，就在这个台上献出了头颅。俄国的革命者在反对资本的斗争中付出了很大的牺牲，牺牲的是无产阶级和农民的优秀人物，是争取自由的战士，但他们争取的不是资本所需要的自由，不是经营银行、私人工厂和进行投机的自由。打倒这种自由。我们要的是真正的自由……

列宁：《在斯杰潘·拉辛纪念碑揭幕典礼上的讲话》（1919 年 5 月 2

① 斯杰潘·拉辛，俄国十七世纪农民起义领袖。——编者注
② 普加乔夫，叶梅连·伊万诺维奇（1742 年左右—1775 年），十八世纪俄国农民起义领袖。——编者注
③ 指斯杰潘·拉辛。——编者注

日），摘自《列宁全集》第 29 卷，人民出版社 1956 年版，第 296 页。

俄国人民，这些"本能的革命者"，固然曾经举行过无数次零星的农民起义去反对**贵族**和反对个别官吏，但是，除了**冒名沙皇的人**充任农民首领并要夺回王位以外，**从来没有反对过沙皇**。叶卡捷琳娜二世时代最后一次大规模农民起义之所以可能，只是因为叶梅利扬·普加乔夫冒充是她的丈夫彼得三世，说什么他未被妻子杀害，而只是被废黜和关进牢狱，但是他逃出来了。相反，沙皇被俄国农民看成人间的上帝：Bog vysok, Car daljok，即上帝高，沙皇远——这就是他们绝望中的哀叹声。至于农民大众——特别是从赎免徭役以来——所处的地位，日益迫使他们也去同政府和沙皇作斗争，这是确实无疑的事实……

> 恩格斯：《流亡者文献》（1874 年 5 月中—1875 年 4 月），摘自《马克思恩格斯文集》第 3 卷，人民出版社 2009 年版，第 400 页。

路德维希：……你对斯杰潘·拉辛这个人物是否感到兴趣？你对他，对这个"有思想的强盗"抱什么态度？

斯大林：我们布尔什维克对鲍洛特尼柯夫、拉辛、普加乔夫以及其他这样的历史人物向来是感到兴趣的。我们认为这些人的发动是被压迫阶级自发暴动的反映，是农民反对封建压迫的自发起义的反映。对我们说来，研究这种农民起义的最初尝试的历史总是有兴趣的。但是这里当然不能拿他们和布尔什维克做任何比拟。个别的农民起义，即使不象斯杰潘·拉辛的起义那样带有"强盗性"和无组织性，也不能得到任何重大的结果。农民起义只有在和工人起义结合起来并由工人领导的时候，才能取得胜利。只有以工人阶级为首的联合起义，才能达到目的。

除此以外，在说到拉辛和普加乔夫的时候，决不应该忘记他们都是皇权主义者：他们反对地主，可是拥护"好皇帝"。要知道这就是他们的口号。

由此可见，拿他们和布尔什维克相比拟无论如何是不恰当的。

> 斯大林：《和德国作家艾米尔·路德维希的谈话》（1931 年 12 月 13 日），摘自《斯大林全集》第 13 卷，人民出版社 1953 年版，第 99—100 页。

论克伦威尔①

17 世纪英国革命恰恰是 1789 年法国革命的先声。在"长期议会"里，很容易识别相当于法国制宪议会、立法议会和国民公会的三个阶段。从立宪君主制到民主制、军事专制制度、复辟和中庸革命这个转变过程，在英国革命中也鲜明地显现出来。克伦威尔集罗伯斯比尔和拿破仑于一身；长老派相当于吉伦特派，独立派相当于山岳派，平等派相当于阿贝尔派和巴贝夫派。

> 恩格斯：《英国状况。十八世纪》（1844 年 1 月初—2 月初），摘自《马克思恩格斯文集》第 1 卷，人民出版社 2009 年版，第 91 页。

斯大林：共产党人是从丰富的历史经验出发的，这个历史经验教导我们，已经衰亡的阶级不会自愿地退出历史舞台。请你回忆一下十七世纪的英国历史。难道不是有很多人说过旧社会制度已经腐朽了吗？然而难道不需要克伦威尔用暴力去粉碎旧制度吗？

威尔斯：克伦威尔是依靠宪法和代表立宪制度而行动的。

斯大林：为了宪法他采用了暴力，处决了国王，解散了国会，逮捕了一些人，斩杀了另一些人！

> 斯大林：《和英国作家赫·乔·威尔斯的谈话》（1934 年 7 月 23 日），摘自《斯大林文选》，人民出版社 1962 年版，第 12 页。

在英国内战中出现了两名优秀的骑兵指挥官，一个是保皇派阵营中的鲁珀特亲王，他以每一骑兵指挥官所特有的"骁勇"著称，但他几乎总是冲锋陷阵，忘掉了对骑兵的指挥，他本人如此全神贯注于眼前发生的事，以致在他身上"勇敢的龙骑兵"的表现常多于指挥才能的发挥。还有一个是属于另一个阵营的克伦威尔。他在必要时表现出同样的骁勇，同时在指挥方面却高明得多；他把军队紧紧掌握在自己手里，经常留有预备队以防意外和用于决定性的机动，同时他善于随机应变，因此一般总是战胜用兵轻率的对手。他只靠骑兵就赢得了马尔斯顿穆尔和诺伊兹比会战的胜利。

> 恩格斯：《骑兵》（1858 年 3—6 月），摘自《马克思恩格斯全集》第 14 卷，人民出版社 1964 年版，第 308 页。

---

① 克伦威尔，奥利弗（1599—1658 年），十七世纪英国资产阶级革命时期的领袖；1649 年起为爱尔兰军总司令和爱尔兰总督，1653 年起为英格兰、苏格兰和爱尔兰的护国公。——编者注

论威廉·科贝特①

威廉·科贝特当年是英国旧激进主义的最有才干的代表，更确切点说，是它的创始人。他曾经第一个揭露了托利党和辉格党之间传统的党派斗争的秘密，撕下了寄生性的辉格党寡头政治虚有其表的自由主义的伪装，进行过反对各种形式的大地主统治的斗争，嘲笑过英国国教教会的伪善贪婪，攻击过两个机构，金融寡头政治的两个最鲜明的化身——"针线街的老太太"（英格兰银行）和"马克沃姆先生之流"（国家债权人）。他曾经建议废除国债，没收教会领地，取消各种纸币。他探究了政治集权怎样一步步地侵犯地方自治的权利，并且谴责这种侵犯，认为它破坏了英国臣民的权利和自由。他不懂得这就是工业集中的必然结果。他提出的所有政治要求后来都写在人民宪章里，但是他的这些要求，实际上并不是工业无产者而是工业小资产阶级的政治宪章。他有平民的本能和平民的感受，但是在理性认识上却很少超出资产阶级改良的范围。一直到1834年，他去世以前不久，在颁布了新的济贫法之后，他才开始猜测到，现在的工业巨头如同大地主、银行家、国家债权人以及英国国教教会的僧侣一样，都是与人民为敌的。如果说，威廉·科贝特是现代宪章运动者的先驱，那末在另一方面，而且在更大的程度上，他又是个顽固的约翰牛。他是大不列颠的最保守又最激进的人物；他是古老的英国最纯真的化身，同时又是年青的英国最勇敢的预告者。他认为英国从宗教改革时期起开始衰落，英国人民的意气从1688年所谓光荣革命的时候起开始消沉。因此，在他的心目中，革命不是向新天地过渡，而是回到古老的世界，不是新纪元的开端，而是"美好的古老时光"的复还。他恰好没有看到，他所想象的英国人民衰退的时期，正好是资产阶级地位开始提高、现代商业和工业发展的时期，并且随着现代工商业的发展，人民的物质生活日益恶化，地方自治消亡，让位于政治集权。从十八世纪起随着古老英国社会的解体而发生的重大变化打破了他的幻想。使他心里充满苦闷。他看到了事物的后果，却不明白其中的原因，不理解正在开创自己事业的那些新的社会力量。他没有看到现代资产阶级，只看到一部分贵族世世代代垄断着国家的官

---

① 威廉·科贝特（1762—1835年），英国政治活动家和政论家。——编者注

职，通过立法手续来批准资产阶级的新需要、新野心所要求的一切变化。他看到了机器，但没有看到使机器开动的那种背后的力量。所以，在他的心目中，1688年以来的一切变化应该完全由辉格党人负责，他们是使英国衰落，使英国人民退化的祸首。因此他才对辉格党抱着刻骨的仇恨，不断地揭露辉格党的寡头政治。因此才出现这样一个使人惊奇的事实：威廉·科贝特是一位本能地保卫人民群众、反对资产阶级侵犯的卫士，但所有的人都认为，而且他本人也认为，他是维护工业资产阶级利益、反对世袭贵族的战士。作为一位作家来说，他仍然是无与伦比的。

> 马克思：《累亚德的质询。——围绕着十小时工作日的斗争》（1853年7月8日），摘自《马克思恩格斯全集》第9卷，人民出版社1961年版，第214—215页。

论伏尔泰①、卢梭②、狄德罗③

在法国为行将到来的革命启发过人们头脑的那些伟大人物，本身都是非常革命的。他们不承认任何外界的权威，不管这种权威是什么样的。宗教、自然观、社会、国家制度，一切都受到了最无情的批判；一切都必须在理性的法庭面前为自己的存在作辩护或者放弃存在的权利。思维着的知性成了衡量一切的唯一尺度。那时，如黑格尔所说的，是世界用头立地的时代④。最初，这句话的意思是：人的头脑以及通过头脑的思维发现的原

---

① 伏尔泰，弗朗斯瓦·玛丽（1694—1778年），十八世纪启蒙运动的著名代表，法国自然神论哲学家，反对专制制度和天主教。——编者注

② 卢梭，让·雅克（1712—1778年），十八世纪法国启蒙运动的著名代表，民主主义者，思想家，自然神论哲学家。——编者注

③ 狄德罗，德尼（1713—1784年），杰出的法国哲学家，机械唯物主义的代表人物，无神论者，法国革命的思想家之一，启蒙运动者，百科全书派的领袖。——编者注

④ 关于法国革命，黑格尔有如下一段话："正义思想、正义概念**一下子**就得到了承认，非正义的旧支柱不能对它作任何抵抗。因此，在正义思想的基础上现在创立了宪法，今后一切都必须以此为根据。自从太阳照耀在天空而行星围绕着太阳旋转的时候起，还从来没有看到人用头立地，即用思想立地并按照思想去构造现实。阿那克萨哥拉第一个说，Ns即理性支配着世界；可是，直到现在人们才认识到，思想应当支配精神的现实。因此，这是一次壮丽的日出。**一切能思维的生物都欢庆这个时代的来临。**这时到处笼罩着一种高尚的热情，**全世界都浸透了一种精神的热忱，**仿佛正是现在达到了神意和人世的和解。"（黑格尔《历史哲学》1840年版第535页）难道现在不正是应当用反社会党人法去反对已故的黑格尔教授的这种危害社会秩序的颠覆学说吗？

理，要求成为人类的一切活动和社会结合的基础；后来这句话又有了更广泛的含义：同这些原理相矛盾的现实，实际上都被上下颠倒了。以往的一切社会形式和国家形式、一切传统观念，都被当做不合理性的东西扔到垃圾堆里去了；到现在为止，世界所遵循的只是一些成见；过去的一切只值得怜悯和鄙视。只是现在阳光才照射出来，理性的王国才开始出现。从今以后，迷信、非正义、特权和压迫，必将为永恒的真理、永恒的正义、基于自然的平等和不可剥夺的人权所取代。

　　现在我们知道，这个理性的王国不过是资产阶级的理想化的王国；永恒的正义在资产阶级的司法中得到实现；平等归结为法律面前的资产阶级的平等；被宣布为最主要的人权之一的是资产阶级的所有权；而理性的国家、卢梭的社会契约①在实践中表现为，而且也只能表现为资产阶级的民主共和国。18 世纪伟大的思想家们，也同他们的一切先驱者一样，没有能够超出他们自己的时代使他们受到的限制。

　　　　　恩格斯：《社会主义从空想到科学的发展》（1880 年 1 月—3 月上半
　　　　　月），摘自《马克思恩格斯文集》第 3 卷，人民出版社 2009 年版，第
　　　　　523—524 页。

　　关于人类（至少在现时）总的说来是沿着进步方向运动的这种信念，是同唯物主义和唯心主义的对立绝对不相干的。法国唯物主义者同自然神论者伏尔泰和卢梭一样，几乎狂热地抱有这种信念，并且往往为它付出最大的个人牺牲。如果说有谁为了"对真理和正义的热诚"（就这句话的正面的意思说）而献出了整个生命，那么，例如狄德罗就是这样的人。

　　　　　恩格斯：《路德维希·费尔巴哈和德国古典哲学的终结》（1886 年
　　　　　初），摘自《马克思恩格斯文集》第 4 卷，人民出版社 2009 年版，第
　　　　　286 页。

　　我们在卢梭那里不仅已经可以看到那种和马克思《资本论》中所遵循

---

　　① 按照卢梭的理论，人们最初生活在自然状态的条件下。在这种条件下人人都是平等的。私有制的产生和财产不平等的发展决定了人们从自然状态向市民状态的过渡，并导致以社会契约为基础的国家的形成。但是，后来由于政治不平等的发展，社会契约遭到破坏，产生了新的无权状态。消灭这种状态，是以新的社会契约为基础的理性国家的使命。

　　这个理论在卢梭的 1775 年阿姆斯特丹出版的《论人间不平等的起源和原因》和 1762 年阿姆斯特丹出版的《社会契约论，或政治权利的原则》这两部著作中得到了发挥。——编者注

的完全相同的思想进程，而且还在他的详细叙述中可以看到和马克思所使用的完全相同的整整一系列辩证的说法：按本性说是对抗的、包含着矛盾的过程，一个极端向它的反面的转化，最后，作为整个过程的核心的否定的否定。

> 恩格斯：《反杜林论》（1876 年 9 月—1878 年 6 月），摘自《马克思恩格斯文集》第 9 卷，人民出版社 2009 年版，第 147—148 页。

　　在本来意义的哲学之外，他们同样也能够写出辩证法的杰作；我们只要提一下狄德罗的《拉摩的侄子》和卢梭的《论人间不平等的起源》就够了。

> 恩格斯：《社会主义从空想到科学的发展》（1880 年 1 月—3 月上半月），摘自《马克思恩格斯文集》第 3 卷，人民出版社 2009 年版，第 538 页。

　　至于说到唯物主义者，请看百科全书派的首领狄德罗对贝克莱的批评："那些只承认自己的存在和我们体内彼此更替着的感觉的存在，而不承认其他任何东西的哲学家，叫作**唯心主义者**。这种怪诞的体系，在我看来，只有瞎子才会创造出来！这种体系虽然荒谬之至，可是最难驳倒，说起来真是人类智慧的耻辱、哲学的耻辱。"狄德罗非常接近现代唯物主义的看法（认为单靠论据和三段论法是不足以驳倒唯心主义的，这里的问题不在于理论上的论证），他指出唯心主义者贝克莱的前提和感觉论者孔狄亚克的前提的相似之处。

> 列宁：《唯物主义和经验批判主义》（1908 年下半年），摘自《列宁选集》第 2 卷，人民出版社 1972 年版，第 30 页。

论罗伯斯比尔①、丹东②

　　巴黎公社③和克罗茨都是主张宣传战争的，认为这是唯一的拯救手段，而公安委员会却玩弄**外交手腕**，它害怕欧洲同盟，想通过**分裂**同盟的办法

---

　　①　罗伯斯比尔，马克西米利安（1758—1794 年），十八世纪末法国革命家，雅各宾专政时期革命政府的首脑。——编者注
　　②　丹东，若尔日·雅克（1759—1794 年），十八世纪末法国革命的著名活动家之一，雅各宾派的右翼领袖。——编者注
　　③　指 1789—1794 年的巴黎公社。——编者注

去寻求和平。丹东想同英国媾和，即同福克斯以及希望通过选举取得政权的英国反对派媾和。罗伯斯比尔在巴塞尔同奥普两国密谋，想同**它们**达成协议。这两个人共同反对公社，以便首先把那些想宣传战争，想要在整个欧洲传播共和制度的人们推倒。他们居然胜利了，公社（阿贝尔、克罗茨等人）的脑袋落地了。可是，从这时起，那些想单独同英国缔结和约的人和那些想单独同德国一些邦缔结和约的人之间就不可能有和平了。英国的选举结果对皮特是有利的；福克斯被拒之于政府之外已有好几年了，这就损害了丹东的地位；罗伯斯比尔胜利了，丹东被砍去了脑袋。可是（阿韦奈耳对这一点强调得**不够**），在那时，为了使罗伯斯比尔能在当时的国内条件下保持住政权，使恐怖达到疯狂的程度是必要的，但到了 1794 年 6 月 26 日，即在弗略留斯之役取得了胜利以后，这种恐怖就完全是多余的了，因为这一胜利不仅解放了边境，而且把比利时、间接地把莱茵河左岸都交给了法国，而那时罗伯斯比尔也就变成多余的了，他终于在 7 月 27 日垮了台。

> 恩格斯：《致维·阿德勒》（1889 年 12 月 4 日），摘自《马克思恩格斯全集》第 37 卷，人民出版社 1971 年版，第 311—312 页。

罗伯斯比尔、圣茹斯特和他们的党之所以灭亡，是因为他们混淆了以**真正的奴隶制**为基础的古典古代**实在论民主共同体**和以**被解放了的奴隶制**即**资产阶级社会**为基础的**现代唯灵论民主代议制国家**。他们认为必须以人权的形式承认和批准现代资产阶级社会，即工业、普遍竞争、自由地追求自己目的的私人利益、无政府状态、自我异化的自然个性和精神个性的社会，同时又力图在事后通过单个的个人来取缔这个社会的各种**生命表现**，同时还力图以**古典古代的**形式来造就这个社会的**政治首脑**，这是多么巨大的迷误！

当圣茹斯特在临刑之日指着悬挂在康瑟尔热丽大厅里的那块"人权"大牌子，怀着骄傲的自尊说"正是我创造了这个业绩"时，这种迷误就悲剧性地显现出来了。正是在这块牌子上宣布了**人的权利**，而这里所说的人不可能是古典古代共同体的人，正像这种人的**国民经济**状况和**工业**状况不是**古典古代的**一样。

这里不是替**恐怖主义者**的迷误进行历史性辩护的地方。

……

但是，**世俗的**历史告诉我们，罗伯斯比尔倒台以后，从前**想超越**自我的、**热情洋溢的政治**启蒙，才开始以质朴平淡的方式得到实现。尽管**恐怖主义**想要为古典古代政治生活而牺牲资产阶级社会，革命本身还是把资产阶级社会从封建的桎梏中解放出来，并正式承认了这个社会。

> 马克思、恩格斯：《神圣家族，或对批判的批判所做的批判》（1844年9—11月），摘自《马克思恩格斯文集》第1卷，人民出版社2009年版，第324页。

把与封建制度和专制制度进行斗争的"政治的继续"，即把正在争取解放的资产阶级的"政治的继续"，同已经衰朽的，即帝国主义的，即掠夺了全世界的、反动的、联合封建主来镇压无产阶级的资产阶级的"政治的继续"相提并论，这就等于是把长度同重量相提并论。这就像是把罗伯斯比尔、加里波第、热里雅鲍夫这样的"资产阶级代表"同米勒兰、萨兰德拉、古契柯夫这样的"资产阶级代表"相提并论。如果不对伟大的资产阶级革命家抱至深的敬意，就不能算是一个马克思主义者，因为这些革命家具有世界历史所赋予的权利，来代表曾经通过反对封建制度的斗争使新兴民族的千百万人民走向文明生活的资产阶级"祖国"讲话。

> 列宁：《第二国际的破产》（1915年5—6月），摘自《列宁专题文集·论辩证唯物主义和历史唯物主义》，人民出版社2009年版，第247—248页。

法国革命的英雄们根本没有在国家的原理中去寻找社会缺陷的根源，相反地，他们却认为社会缺陷是政治上混乱的原因。例如，**罗伯斯比尔**把大贫和大富仅仅看做**纯粹民主**的障碍，因此他想建立一种普遍的斯巴达式的朴素生活。政治的原则就是**意志**。可见，**政治**理智越是片面，因而越是成熟，它就越相信意志是**万能的**，就越分不清意志的自然**界限**和精神**界限**，因而也就越不能发现社会疾苦的根源。

> 马克思：《评"普鲁士人"的〈普鲁士国王和社会改革〉一文》（1844年7月31日），摘自《马克思恩格斯全集》第1卷，人民出版社1956年版，第480—481页。

起义一旦开始，就必须以最大的决心行动起来并采取进攻。防御是任何武装起义的死路，它将使起义在和敌人较量以前就遭到毁灭。必须在敌军还分散的时候，出其不意地袭击他们；每天都必须力求获得新的胜利，即令是不大的胜利；必须保持起义者第一次胜利的行动所造成的精神上的优势；必须把那些总是尾随强者而且总是站在较安全的一边的动摇分子争取过来；必须在敌人还没有能集中自己的军队来攻击你以前就迫使他们退却；总之，要按照至今人们所知道的一位最伟大的革命策略家丹东的 de l'audace，de l'audace，encore de l'audace！〔勇敢，勇敢，再勇敢！〕这句话去行动。

恩格斯：《在伦敦举行的各族人民庆祝大会》（1845 年底），摘自《马克思恩格斯全集》第 2 卷，人民出版社 1957 年版，第 665 页。

论拿破仑①

拿破仑进行的是**革命的恐怖主义**对同样也是由这场革命宣告诞生的**资产阶级社会**及其政治的最后一次战斗。拿破仑当然已经有了对**现代国家**的本质的认识；他已经懂得，现代国家是以资产阶级社会的顺利发展、私人利益的自由运动等等作为基础的。他决定承认并保护这一基础。他不是一个狂热的恐怖主义者。但与此同时，拿破仑还是把**国家**看做**目的本身**，而把市民生活仅仅看做司库和他的不许有**自己的意志**的下属。他用**不断的战争来代替不断的革命**，从而**实施了恐怖主义**。他满足法兰西民族的利己主义要求，直到它完全餍足为止；但是他也要求，只要他的征服行动的政治目的需要，就立即牺牲资产阶级的生意、享乐、财富等等。当他专横地压制资产阶级社会的自由主义（即资产阶级社会的日常实践的政治理想主义）的时候，只要资产阶级社会的最重要的**物质利益**（即商业和工业）同他的政治利益发生冲突，他就不再顾惜这些物质利益了。他对实业家的鄙视是他对**意识形态家**的鄙视的补充。在内政方面，他也把资产阶级社会当做国家的对头来加以钳制，国家在他心目中仍然是绝对的目的本身。例如，他曾在枢密院宣称，他不容许大土地占有者随便耕种或不耕种自己的土地。又如，他制定了计划，通过掌管**货物运输**把商业置于国家支配之下。法国的商人策划了首次动摇拿破仑权势的事件。巴黎的证券投机商们人为地制造饥荒，迫使拿破仑把宣布出征俄国的时间推迟了近两个月，结果使这次

---

① 拿破仑（1769—1821 年），法国著名政治家和军事家，法国皇帝（1804—1814 年和 1815 年），又称拿破仑第一。——编者注

征战延期到过晚的时节。

马克思、恩格斯：《神圣家族，或对批判的批判所做的批判》（1844
年9—11月），摘自《马克思恩格斯文集》第1卷，人民出版社2009
年版，第325—326页。

　　对德国来说，拿破仑并不象他的敌人所说的那样是一个专横跋扈的暴
君。他在德国是革命的代表，是革命原理的传播者，是旧的封建社会的摧
毁人。诚然，他的行动表现出来是暴虐的，但是他的暴虐甚至不及公会的
代表们可能表现出来并且实际上已经到处表现出来的一半，不及被他打倒
的王公贵族们所惯于表现出来的一半。在法国已完成其任务的**恐怖统治**，
拿破仑以**战争的形式**把它搬到了**其他国家**，这种"恐怖统治"德国是十分
需要的。拿破仑摧毁了神圣罗马帝国，并以并小邦为大邦的办法减少了德
国的小邦的数目。他把他的法典①带到被他征服的国家里，这个法典比历
来的法典都优越得多；它在原则上承认平等。拿破仑强迫一向只为**私人利
益**而生活的德国人去努力实现伟大的理想，为更崇高的公共利益服务。但
是，正是这一点弄得德国人都起来反对他。正是由于他采取了把农民从封
建压迫下解放出来的措施，所以引起了农民的不满，因为他触犯了他们的
偏见和他们的古老的习俗。正是由于他采取办法替德国的工厂工业打下基
础，所以引起了资产阶级的不满，因为禁售一切英国商品、和英国进行战
争虽然促使德国建立自己的工业，但是同时也引起了咖啡、食糖、烟草和
鼻烟价格暴涨，当然这就足以引起爱国的德国店铺老板们愤怒了。此外，
他们都是些不能领会拿破仑的伟大计划的人。他们诅咒他，因为他把他们
的子弟抓去打仗；而这些战争都是用英国贵族和资产阶级的钱搞起来的。
但是他们却把这类英国人当做朋友加以颂扬，虽然这些人正是战争的真正
罪魁祸首，这些人靠这些战争**大发横财**，他们不但在战时，而且在战后都
欺骗德国人，把德国人当做自己的工具。德国人咒骂拿破仑，因为他们想
继续过苟且偷安的生活，保留自己原来那种可怜的生活方式，只关心自己
的一些小小的利益，因为他们根本不想过问任何伟大的理想和公共的利益。
而最后，当拿破仑的军队被俄国击溃的时候，他们便乘机摆脱掉这位伟大

---

　　①　指拿破仑颁布的三部主要法典：民法（1804年）、商法（1807年）和刑法（1810
年）。——编者注

征服者的铁链。

……对这个非凡的人物的评价，除去上面所说的，我还补充一点，那就是他统治得愈久，他就愈应该遭到他最终的命运。在他做皇帝这件事情上我并不准备责备他。在资产阶级已在法国确立了统治而人民又漠不关心的情况下不可能有别的出路，因为资产阶级从不关心公共利益，只要他们私人的事情进行得顺利就行，而人民又看不到革命对自己有根本的好处，他们只具有战争的热情。但是拿破仑最大的错误就在于：他娶奥国皇帝的女儿为妻，和旧的反革命王朝结成同盟；他不去消灭旧欧洲的一切痕迹，反而竭力和它妥协；他力图在欧洲帝王中间取得首屈一指的声誉，因此他尽量把自己的宫廷搞得和他们的宫廷一样。他降低到了其他帝王的水平，他力图得到和他们同样的荣誉，拜倒在正统主义原则之前，因此很自然，正统的帝王们便把篡夺者踢出了自己的圈子。

> 恩格斯：《德国状况》（1845 年 10 月 15 日），摘自《马克思恩格斯全集》第 2 卷，人民出版社 1957 年版，第 636—638 页。

拿破仑是最充分地代表了 1789 年新形成的农民阶级的利益和幻想的唯一人物。农民阶级把他的名字写在共和国的门面上，就是对外宣布战争，对内宣布谋取自己的阶级利益。拿破仑在农民眼中不是一个人物，而是一个纲领。他们举着旗帜，奏着乐曲走向投票站，高呼："Plus d'impôts，à bas les riches，à bas la république，vive l'Empereur!"——"取消捐税，打倒富人，打倒共和国，皇帝万岁！"隐藏在皇帝背后的是农民战争。

> 马克思：《1848 年至 1850 年的法兰西阶级斗争》（1849 年底—1850 年 3 月底和 1850 年 10 月—11 月 1 日），摘自《马克思恩格斯文集》第 2 卷，人民出版社 2009 年版，第 116 页。

法国大革命的几次战争起初是民族战争，而且确实是这样的战争。这些战争是革命的：保卫伟大的革命，反对反革命君主国联盟。但是，当拿破仑建立了法兰西帝国，奴役欧洲许多早已形成的、大的、有生命力的民族国家的时候，法国的民族战争便成了帝国主义战争，而这种帝国主义战争又反过来引起了反对拿破仑帝国主义的民族解放战争。

> 列宁：《论尤尼乌斯的小册子》（1916 年 7 月），摘自《列宁专题文集·论辩证唯物主义和历史唯物主义》，人民出版社 2009 年版，第 262 页。

拿破仑第一当时对普鲁士的摧残和侮辱比威廉现在对俄国的摧残和侮辱要厉害得多。好多年来，拿破仑第一在大陆上一直是所向无敌的，他当时战胜普鲁士比现在威廉战胜俄国要彻底得多。但是几年之后，普鲁士还是恢复了元气，并且在解放战争中，利用了决不是同拿破仑进行解放战争而是同它进行帝国主义战争的强盗国家的援助，推翻了拿破仑的压迫。

拿破仑的帝国主义战争继续了许多年，占去了整整一个时代，表现了帝国主义①关系和民族解放运动交错在一起的异常复杂的情景。结果，历史经过了充满战争和悲剧（各国人民的悲剧）的这一整个时代，从封建主义向"自由的"资本主义前进。

> 列宁：《不幸的和约》（发表于1918年2月24日），摘自《列宁全集》第27卷，人民出版社1958年版，第37页。

有人引证拿破仑，硬说希特勒的行动象拿破仑，他的一切都象拿破仑。但是，第一、在这方面不应当忘记拿破仑的命运。第二、希特勒象拿破仑不过是小猫象狮子一样，因为拿破仑是依靠进步力量来反对反动力量，而希特勒则相反，是依靠反动力量来反对进步力量。

> 斯大林：《伟大的十月社会主义革命二十四周年》（1941年11月6日），摘自《斯大林文选》，人民出版社1962年版，第280页。

论马志尼②

在目前情况下，马志尼的任何声明都是一个比互相角逐着的各个内阁的外交公文或来自战场的五光十色的公报更值得注意的事件。尽管人们对罗马三执政之一的品格看法多么不同，但谁也不会否认三十年来意大利革命是同他的名字连在一起的，而且在这同一时期欧洲承认他是他

---

① 我这里讲的帝国主义是泛指对别的国家的掠夺，帝国主义战争是指掠夺者为了瓜分这些赃物进行的战争。

② 马志尼，朱泽培（1805—1872年）意大利革命家，意大利民族解放运动领袖之一，意大利1848—1849年革命的著名活动家，1849年为罗马共和国临时政府首脑；1850年是伦敦欧洲民主派中央委员会组织者之一；五十年代反对波拿巴法国干涉意大利人民的民族解放斗争；1864年成立第一国际时企图置国际于自己影响之下，1871年曾反对巴黎公社和国际。——编者注

的同胞的民族愿望的出色表达者。如今他做出了一件英勇过人的、具有爱国主义自我牺牲精神的非凡壮举。他一个人冒着牺牲自己声誉的危险，大声疾呼地反对自我欺骗、盲目狂热和自私谎言这种巴比伦的混乱语言。他对波拿巴、亚历山大和这两个暴君的代理人卡富尔之间协商好的行动计划所作的揭露，尤其应当仔细地加以估量，因为大家知道，在欧洲所有非官方人士中，马志尼具有最广泛的手段来洞悉各个占统治地位的大国的见不得天日的秘密。他劝告人民志愿军要划清自己本身的事业和那些僭称王者的事业之间的界限，永不辱没自己的宣言，不让自己的宣言被路易－拿破仑这个可耻的名字所玷污，这些劝告都被加里波第准确地实行了。

马克思：《马志尼宣言》（1859 年 5 月），摘自《马克思恩格斯全集》
第 13 卷，人民出版社 1962 年版，第 406 页。

马志尼先生最近给法国皇帝写了一封信，从文学的观点来看，这封信大概在他的著作中要占首屈一指的地位。马志尼的许多作品所固有的那种假装热情、一味夸大、冗长噜苏和故弄玄虚的现象（这可以说是他所创立的那个意大利文学派别的特征），在这封信里只能看到少许的痕迹。同时可以看到，他的视野已变得较为广阔。到现在为止，他一直是欧洲共和派形式主义者的领袖。这些人只注意国家的政治形式，而不能理解作为政治上层建筑的基础的社会组织的意义。他们以其虚伪的理想主义自豪，认为研究经济现实有损自己的尊严。

马克思：《马志尼和拿破仑》（1858 年 3 月 30 日），摘自《马克思恩格斯全集》第 12 卷，人民出版社 1962 年版，第 450 页。

看来，马志尼至少还在原地未动，也不能不这样。不论他的浮夸的呼吁多么笨拙，但它们在崇尚辞藻的意大利人中间仍然会取得一些成效。可是，瞧瞧无限活跃的人物科苏特吧！这个人在整个这次事件以后就绝对死气沉沉了。1853 年再放肆夸耀这类引人发笑的野心而不受惩罚，已经不可能了。不论马志尼对起义的抽象激情多么荒谬，但他毕竟比勇敢的科苏特不知要高出多少。科苏特又在扮演他在维丁扮演过的角色，并且从安全的避难所跑出来，毫无结果地胡乱下令解放祖国。这个家伙确实是个胆小鬼和微不足道的人。

恩格斯：《致马克思》（1853 年 2 月 11 日），摘自《马克思恩格斯全集》第 28 卷，人民出版社 1973 年版，第 215 页。

我认为马志尼的政策是根本错误的。他鼓动意大利立即同奥地利决裂，他完全是在为奥地利效劳。另一方面，他忘记了：应当面向多少世纪以来一直深受压迫的那部分意大利人，即农民，他忘记了这一点，就是在为反革命准备新的后援。马志尼先生只知道城市以及城市中的自由派贵族和开明的公民。意大利农村居民（他们同爱尔兰的农村居民一样，都遭到了敲骨吸髓的压榨，经常被弄得精疲力竭，愚昧无知）的物质需要，对马志尼的世界主义的、新天主教的、意识形态的宣言里的那一套高谈阔论来说，当然是不值一提的。但是要向资产者和贵族说明，使意大利获得独立的第一步就是使农民得到完全的解放，并把他们的分成租佃制变为自由的资产阶级所有制，这确实是需要勇气的。马志尼似乎认为，借到 1000 万法郎要比争取到 1000 万人更革命一些。我很担心，奥地利政府在万不得已时会自己动手去改变意大利的占有形式，会按照"加利西亚的方式"去进行改革。

> 马克思：《致约瑟夫·魏德迈》（1851 年 9 月 11 日），摘自《马克思恩格斯文集》第 10 卷，人民出版社 2009 年版，第 94—95 页。

兰：那么马志尼是你们组织的成员吗？

马克思博士（笑）：啊，不是。如果我们不超出他的思想，我们就不会有多大的成就。

兰：您的话使我感到惊奇。我当然一直认为，他代表最进步的观点。

马克思博士：他代表的只是资产阶级共和国的旧思想。我们不想和资产阶级站在一起。他和那些德国教授一样，落后于现代运动。可是在欧洲，这些德国教授仍然被认为是未来文明民主制度的使徒。他们有个时候是这样的人——也许是在 1848 年以前，当时德国资产阶级（英国意义上的）还没有获得应有的发展。可是现在，这些教授们全都转向反动派一边，无产阶级不再理会他们了。

> 附录：《卡·马克思同〈世界报〉记者谈话的记录》（发表于 1871 年 7 月 18 日），摘自《马克思恩格斯文集》第 3 卷，人民出版社 2009 年版，第 615 页。

论加里波第^①

在意大利，当时纯粹的工场手工业还占统治地位，大工业还处于襁褓之中。工人阶级还远远没有被完全剥夺和无产阶级化；它在城市中还占有它自己的生产资料，在农村里，工业劳动是占有土地的小农或者佃农的副业。因此，资产阶级的毅力还没有受到它和有阶级觉悟的现代无产阶级之间的对立的破坏。而因为意大利的分割状态仅仅是由于外来的奥地利统治才存在下来，在这种统治的保护下，君主们把苛政推行到登峰造极的地步，所以，占有土地的大贵族和城市人民群众也都站在资产阶级这一争取民族独立的先锋战士一边。可是，在1859年，外来的统治除了在威尼斯以外都被推翻了，法俄两国已使奥地利不能再干涉意大利，已不再有人害怕这种干涉了。而意大利也出了一个有古代风的英雄——加里波第，他能够创造奇迹，并且已创造了奇迹。他率领千人志愿军，推翻了整个那不勒斯王国，实际上统一了意大利，粉碎了波拿巴政策的人为罗网。意大利得到了自由，而且实际上得到了统一，——但是，这并不是由于路易-拿破仑施展了阴谋，而是由于进行了革命。

恩格斯：《暴力在历史中的作用》（1887年12月—1888年3月），摘自《马克思恩格斯全集》第21卷，人民出版社1965年版，第472—473页。

奥军低估了这个人^②，把他叫做土匪头儿。其实，只要他们很好地研究一下罗马围攻战以及他由罗马向圣马力诺进军的历史，那末他们一定会认识到他是一位具有非凡的军事天才而且英勇超群和足智多谋的人物。他们不这样做，却对他的袭击漠然视之，就象对待1848年阿勒曼迪率领的伦巴第志愿军的入侵一样。他们完全没有看到这个事实，就是加里波第是个要求严格的人，他的部下大部分在他指挥之下已经有四个月，在这个期间足以使他们学会小规模战争中常用的战法和运动方法。

恩格斯：《战略》（1859年5月30日），摘自《马克思恩格斯全集》

① 加里波第，朱泽培（1807—1882年），意大利民族解放运动的领袖之一。——编者注
② 指加里波第。——编者注

第 13 卷，人民出版社 1962 年版，第 403—404 页。

加里波第这样的人，既具有一颗火热的心，又兼有某些只有在但丁和马基雅弗利身上才能发现的灵敏的意大利天才。

马克思：《普鲁士现状。——普鲁士、法国和意大利》（1860 年 9 月
27 日），摘自《马克思恩格斯全集》第 15 卷，人民出版社 1963 年
版，第 199 页。

关于加里波第从马尔萨拉向巴勒摩这次令人惊奇的进军的详细情况，我们在听到许多极其矛盾的消息以后，终于获得了看来相当可靠的报道。的确，这是本世纪最惊人的战绩之一；如果不是这位革命将领在这次胜利进军以前就卓有声誉，这样的战绩几乎是无法解释的。加里波第的胜利证明，那不勒斯王国军队仍然对这个曾经在法军、那不勒斯军和奥军面前一直高举意大利革命旗帜的人感到恐惧，而西西里人民对于他以及对于民族解放事业则没有丧失信心。

恩格斯：《加里波第在西西里》（1860 年 6 月 7 日左右），摘自《马克
思恩格斯全集》第 15 卷，人民出版社 1963 年版，第 69 页。

现在我们应当说，加里波第为了准备强攻巴勒摩而采取的机动，立刻表明他是一位非常高明的将领。在这以前，我们只知道他是一位足智多谋的同时也很走运的游击队领袖；即使在罗马被围期间，他的那种用不断出击来保卫城市的战术也差不多没有使他得到一个合适的时机超出这个水平。但是，这一次他所解决的纯粹是战略任务，经过这次考验以后，他已是一位公认的军事专家了。他赖以成功地欺骗了那不勒斯军队总司令、使后者犯下大错而让一半军队远离城市的那种方法，他的迅速的侧敌行军和在巴勒摩城下最出人意料的方向上的重新出现，以及他利用守军被削弱的时机所采取的坚决的强攻，——所有这些，要比 1859 年意大利战争期间所作的一切更为突出地表现了他的军事天才。西西里起义得到了一位第一流的军事领袖；我们希望，不久将作为政治家而登上舞台的加里波第，将不会玷污他作为军事家的荣誉。

恩格斯：《加里波第在西西里》（1860 年 6 月 7 日左右），摘自《马克
思恩格斯全集》第 15 卷，人民出版社 1963 年版，第 73 页。

随着事变的发展，我们已开始了解加里波第制订的解放意大利南部的计划。我们对这个计划了解得越深刻，就越是赞叹它的宏伟。只有在象意大利这样的国家里，才能够设想出这样的计划或是企图实现它，因为在这

里民族派组织得这样出色，而且完全处于一个为意大利统一和独立的事业而战并取得辉煌胜利的人的控制之下。

恩格斯：《加里波第的进军》（1860 年 9 月 1 日左右），摘自《马克思
恩格斯全集》第 15 卷，人民出版社 1963 年版，第 163 页。

现在我们有了关于加里波第占领南卡拉布里亚和该地的那不勒斯守军已经完全瓦解的详细材料。加里波第在他辉煌事业的这一阶段，表现出他不仅是勇敢的领袖和卓越的战略家，而且还是足智多谋的统帅。以主力对连绵的海岸堡垒线进攻，这一行动不仅需要有军事天才，而且需要有军事知识。因此，可以满意地指出，虽然我们的英雄一生中没有经过一次军事考试，而且恐怕从来也没有在正规军队中服务过，但在这个战场上却同在其他任何战场上一样行动自如。

恩格斯：《加里波第在卡拉布里亚》（1860 年 9 月初），摘自《马克思
恩格斯全集》第 15 卷，人民出版社 1963 年版，第 168 页。

他又回过头来谈了一下马志尼：

"马志尼和我两个人都老了，但是没有人能提出要我们和解。一贯正确的人是死也不会让步的。同马志尼和解？要和解只有一个办法，就是服从他，而这一点我觉得我是做不到的。"

最后，这位老战士用自己的过去来说明他始终是一位真正的国际主义者，他不论在什么地方都为自由而战斗：起初在南美洲，后来为罗马教皇①效劳（是啊，甚至为罗马教皇效劳，当时罗马教皇扮演着自由派的角色），后来在维克多－艾曼努埃尔手下，最后在法国在特罗胥和茹尔·法夫尔手下。他在结尾中写道：

"我和意大利的青年愿在需要的时候同你们，马志尼派并肩为意大利服务。"

加里波第在许多信中都明确地表示出他对国际的同情，但总是避免公开谈论马志尼，而最近这封信就不一样了，因而在意大利产生了巨大的影响，他将促使新的拥护者站到我们的旗帜之下。

恩格斯：《关于意大利的状况》（1871 年 11 月 7 日），摘自《马克思
恩格斯全集》第 44 卷，人民出版社 1982 年版，第 552—553 页。

---

① 庇护九世。——编者注

论林肯①

美国人民在开创劳动解放的新纪元中曾把领导的责任付托给两位劳动的人：一位是阿伯拉罕·林肯，另一位是安得鲁·约翰逊。

> 马克思：《国际工人协会致约翰逊总统的公开信》（1865 年 5 月 2 日和 9 日之间），摘自《马克思恩格斯全集》第 16 卷，人民出版社 1964 年版，第 109 页。

我们在林肯先生再度当选总统时给他的贺信中表示过，我们确信，美国的国内战争对于工人阶级的发展，同美国独立战争对于资产阶级的发展，具有同样巨大的意义。

> 马克思：《致合众国全国劳工同盟的公开信》（1869 年 5 月 12 日），摘自《马克思恩格斯全集》第 16 卷，人民出版社 1964 年版，第 402 页。

林肯总统——一个在法律上小心谨慎、从宪法来谋求和解、出生在**肯塔基**这个边界蓄奴州的人——总是很不容易挣脱"忠诚的"奴隶主的控制，极力避免同他们公开决裂，因此，他就要同北部的一些坚持原则的并且日益被事变进程推向前台的党派发生冲突。

> 马克思：《美国废奴派的示威》（1862 年 8 月 22 日），摘自《马克思恩格斯全集》第 15 卷，人民出版社 1963 年版，第 563 页。

林肯总统在大势之所趋和人心之所向都不许再拖以前，是从来不冒险朝前走一步的。但是，只要《old Abe》〔"老阿伯"（阿伯拉罕·林肯）〕一旦相信这样一种转折点已经到来，他就会采取某种突然的、尽可能不声不响的行动而使朋友和敌人都同吃一惊。最近，他就用极其平静的方式干出了一桩出人意料的事，这件事如果放在半年以前，可能要以他的总统职位作代价，即使在几个月以前，恐怕也会引起一阵辩论的风暴。这里我们指的是**麦克累伦被免除了**指挥联邦所有军团的 commander in chief〔总司令〕的职务一事。首先，林肯用一个精明强干而不讲客气的

---

①　林肯（1809—1865 年），美国第十六任总统（1861—1865 年）。美国南北战争时期，林肯在人民群众的推动下，颁布了有名的《解放黑奴宣言》，平定了南方奴隶主的叛乱。1865 年 4 月，林肯遭暗杀。——编者注

律师**爱得文·斯坦顿**先生替换了陆军部长凯麦隆。接着，斯坦顿就向布埃耳、哈勒克、巴特勒、薛尔曼等将军及其他各军区司令官和讨伐军长官发出指令说，今后一切命令，无论是通告性的或机密性的，一律直接自陆军部取得，同时，他们必须直接向陆军部报告。最后，林肯发布了几项命令，用宪法授予他的《commander in chief of the Army and Navy》〔"陆海军总司令"〕的名义签署。用这种"不声不响的"办法，那位"年轻的拿破仑"① 就被解除了他对**所有**军团的最高指挥权，只有波托马克河线上的军团留给他指挥，虽然《commander in chief》的**头衔**还给他保留着。在林肯总统接收最高指挥权之初，就顺利地从肯塔基、田纳西和大西洋海岸传来了一些捷报。

> 马克思：《美国近事》（1862 年 2 月 26 日左右），摘自《马克思恩格斯全集》第 15 卷，人民出版社 1963 年版，第 505—506 页。

林肯是史册上《sui generis》〔"有其独特之处的"〕人物。他从不首倡什么，从不表现激情，从不装出姿态，从不使用历史帷幔。最重大的行动，他也总是使之具有最平凡的形式。别的人在为几平方英尺土地行动时可以宣布"为理想而奋斗"，而林肯即使在为理想而行动时，他所谈的也只是"几平方英尺土地"。他犹豫不决地、违背本意地、勉勉强强地演唱着他这个角色的雄壮歌词，好象是在请人原谅他是为情势所迫，不得不"充当英雄人物"似的。他向敌人迎面投掷过去的、永远也不会失去其历史意义的最严厉的法令，都象——他本人也力求使它们象——一个律师送交对方律师的普通传票，象在法律上玩弄狡计，象小气地附有种种保留条件的 actiones juris〔诉状〕。他不久以前发表的宣言，这份在联邦成立以来的美国史上最重要的文件，这份撕毁了旧的美国宪法的文件——林肯关于废除奴隶制度的宣言，也具有这种性质。

要想从林肯的所作所为中找出美学上的不雅、逻辑上的缺陷、形式上的滑稽和政治上的矛盾，象英国的那些奴隶制度的品得——《泰晤士报》、《星期六评论》tutti quanti〔之流〕所做的那样，是再容易不过了。尽管如此，在美国历史和人类历史上，林肯必将与华盛顿齐名！在今天，

---

① "年轻的拿破仑"是民主党队伍中拥护麦克累伦的人给他取的绰号，因为他是美军历史上第一个在比较年轻（34 岁）时就做总司令的将军。——编者注

当大西洋这一边所发生的一切无足轻重的事情都故意带上了不起的神气的时候，那在新大陆上以如此平凡的形式所进行的一切重大事件，难道没有任何意义吗？

林肯不是人民革命的产儿。是那种没有意识到本身应当解决何等伟大任务的普选制的寻常把戏把他——一个从石匠上升到伊利诺斯州参议员的平民，一个缺乏智慧的光辉、缺乏特殊的性格力量、地位并不十分重要的人，一个善良的常人——送上最高位置的。新大陆还从来没有取得过比这一次更大的胜利，这证明，由于新大陆的政治和社会组织，善良的常人也能担负旧大陆需要英雄豪杰才能担负的任务！

马克思：《北美事件》（1862年10月7日），摘自《马克思恩格斯全集》第15卷，人民出版社1963年版，第586—587页。

当旧大陆和新大陆都群情激愤的时候，我们的任务不是要倾泻悲痛和愤怒的言辞。就连那些被雇用的诽谤者，他们成年累月地、不辞劳苦地、息息法斯式地对阿伯拉罕·林肯和他所领导的伟大共和国进行了精神上的暗杀，现在也在人民的这种愤懑情绪的总爆发面前吓得目瞪口呆，争先恐后地将辞令的花朵撒满他的陵墓。他们现在终于明白了：这是一个不会被困难所吓倒，不会为成功所迷惑的人；他不屈不挠地迈向自己的伟大目标，而从不轻举妄动，他稳步向前，而从不倒退；他既不因人民的热烈拥护而冲昏头脑，也不因人民的情绪低落而灰心丧气；他用仁慈心灵的光辉缓和严峻的行动，用幽默的微笑照亮为热情所蒙蔽的事态；他谦虚地、质朴地进行自己宏伟的工作，决不象那些天生的统治者们那样做一点点小事就大吹大擂。总之，他是一位达到了伟大境界而仍然保持自己优良品质的罕有的人物，这位出类拔萃和道德高尚的人竟是那样谦虚，以致只有在他成为殉难者倒下去之后，全世界才发现他是一位英雄。

马克思：《国际工人协会致约翰逊总统的公开信》（1865年5月2日和9日之间），摘自《马克思恩格斯全集》第16卷，人民出版社1964年版，第108—109页。

论孙中山

孙中山纲领的每一行都渗透了战斗的、真实的民主主义。它充分认识到"种族"革命的不足,丝毫没有对政治表示冷淡,甚至丝毫没有忽视政治自由或容许中国专制制度与中国"社会改革"、中国立宪改革等等并存的思想。这是带有建立共和制度要求的完整的民主主义。它直接提出群众生活状况及群众斗争问题,热烈地同情劳动者和被剥削者,相信他们是正义的和有力量的。

> 列宁:《中国的民主主义和民粹主义》(1912 年 7 月 15 日),摘自
> 《列宁全集》第 18 卷,人民出版社 1959 年版,第 152 页。

但是中国民粹主义者①的这种战斗的民主主义思想体系,首先是同社会主义空想、同使中国避免走资本主义道路、即防止资本主义的愿望结合在一起的,其次是同宣传和实行激进的土地改革的计划结合在一起的……

因此,这个中国民主主义者②的主观社会主义思想和纲领,事实上**仅仅**是"改变""不动产"的"一切法律基础"的纲领,**仅仅**是消灭封建剥削的纲领。

> 列宁:《中国的民主主义和民粹主义》(1912 年 7 月 15 日),摘自
> 《列宁全集》第 18 卷,人民出版社 1959 年版,第 154 页。

尽管中国革命派的领袖孙中山有很大缺点(由于它没有无产阶级这个支柱而耽于幻想和优柔寡断),但是中国革命民主派,为着唤醒人民,为着争取自由和彻底民主的制度,仍然作出了许多贡献。孙中山的这个党,只要吸引中国越来越广泛的农民群众投入运动,参与政治,就能日益成为(随着这种吸引的程度)亚洲进步和人类进步的伟大因素。不管那些以国内反动势力为靠山的政治骗子、冒险家和独裁者可能使这个党遭到什么样的失败,但是这个党的工作永远都不会是徒劳无功的。

> 列宁:《中国各党派的斗争》(1913 年 4 月 18 日),摘自译文载《历史研究》1978 年第 2 期。

孙中山的民粹主义的**实质**,他的进步的、战斗的、革命的资产阶级民主主义土地改革纲领以及他的所谓社会主义理论的**实质**就在这里。

从学理上来说,这个理论是小资产阶级"社会主义者"反动分子的理论。因为认为在中国可以"防止"资本主义,认为中国既然落后就比

---

① 指孙中山。——编者注
② 指孙中山。——编者注

较容易实行"社会革命"等等，都是极其反动的空想。孙中山可以说是以其独特的少女般的天真粉碎了自己反动的民粹主义理论，承认了生活迫使他承认的东西："中国正处于工业"（即资本主义）"蓬勃发展的前夜"，中国"商业"（即资本主义）"将大大发展"，"五十年后我国将出现许多个上海"，即拥有几百万人口的资本主义财富和无产阶级贫困的中心。

　　……

　　最后，由于在中国将出现许多个上海，中国无产阶级将日益成长起来。它一定会建立这样或那样的中国社会民主工党，而这个党在批判孙中山的小资产阶级空想和反动观点时，一定会细心地辨别、保存和发展他的政治纲领和土地纲领的革命民主主义内核。

> 列宁：《中国的民主主义和民粹主义》（1912 年 7 月 15 日），摘自
> 《列宁全集》第 18 卷，人民出版社 1959 年版，第 155—157 页。

　　俄国共产党中央委员会和你们一起哀悼国民党的领袖的逝世，哀悼争取中国人民的自由和自主，争取中国的统一和独立的中国工农民族解放斗争的组织者的逝世。

　　俄国共产党中央委员会毫不怀疑，孙中山的伟大事业是不会和孙中山一同死去的，孙中山的事业将活在中国的工人和农民的心里，而使中国人民的敌人发抖。

> 斯大林：《俄共（布）中央致国民党中央执行委员会》（1925 年 3 月
> 13 日），摘自《斯大林全集》第 7 卷，人民出版社 1953 年版，第
> 45 页。

论彼得一世①

　　彼得大帝确实是现代俄国政策的创立者，但他之所以如此，只是因为他使莫斯科公国老的蚕食方法丢掉了纯粹地方性质和偶然性杂质，把它提炼成一个抽象的公式，把它的目的加以普遍化，把它的目标从推翻某个既定范围的权力提高到追求无限的权力。他正是靠推广他的这套体系而不是

---

　　①　彼得一世（1672—1725 年），1682 年起为俄国沙皇，1721 年起为全俄皇帝。

靠仅仅增加几个省份，才使莫斯科公国变成为现代俄国的。

> 马克思：《十八世纪外交史内幕》（1856 年 8 月—1857 年 4 月），摘
> 自《马克思恩格斯全集》第 44 卷，人民出版社 1982 年版，第
> 320 页。

论波拿巴①

在波拿巴身上，王位追求者和破产冒险家的身份紧紧地结合在一起，因此，认定他自己负有恢复帝国的使命这一伟大思想，总是由认定法国人民负有替他偿清债务的使命的另一伟大思想来补充。

> 马克思：《路易·波拿巴的雾月十八日》（1851 年 12 月中—1852 年 3
> 月 25 日），摘自《马克思恩格斯文集》第 2 卷，人民出版社 2009 年
> 版，第 511 页。

波拿巴是**流氓无产阶级的首领**，他只有在这些流氓无产者身上才能大量地重新找到他本人所追求的利益，他把这些由所有各个阶级中淘汰出来的渣滓、残屑和糟粕看做他自己绝对能够依靠的唯一的阶级。这就是真实的波拿巴，不加掩饰的波拿巴。② 他这个老奸巨猾的痞子，把各国人民的历史生活和他们所演出的大型政治历史剧，都看做最鄙俗的喜剧，看做专以华丽的服装、辞藻和姿势掩盖最鄙陋的污秽行为的化装舞会。

> 马克思：《路易·波拿巴的雾月十八日》（1851 年 12 月中—1852 年 3
> 月 25 日），摘自《马克思恩格斯文集》第 2 卷，人民出版社 2009 年
> 版，第 523 页。

路易－拿破仑现在成了欧洲资产阶级的偶像。这不仅是因为他在 1851 年 12 月 2 日"拯救了社会"，当时，他虽然借此消灭了资产阶级的政治统治，但只是为了拯救它的社会统治。不仅是因为他表明了，普选制在有利的情况下可以变成压迫群众的工具；不仅是因为在他的统治下工业、商业、特别是投机事业和交易所欺骗勾当盛况空前。而首先是因为，资产阶级认为他是同它骨肉相连的第一个"大政治家"。他象任何真

---

① 波拿巴（1808—1873 年），拿破仑的侄子，第二共和国总统，法国皇帝。——编者注
② 在 1852 年版中这句话是："这就是真实的波拿巴，不加掩饰的波拿巴，他后来除掉了革命者之外，还把他的一部分昔日的共谋者送到卡宴，从而以万能的方式还清了欠他们的债，这充分地显示出波拿巴的本色。"——编者注

正的资产者一样，也是暴发户。他曾"历尽千辛万苦"：在意大利是烧炭党人的密谋家，在瑞士是炮兵军官，在英国是负债累累的贵族流浪汉和特别警察，可是，无论在何时何地，他都是王位追求者，——就是这样一个人以自己的冒险经历，以自己在一切国家里的道德败坏行为，使自己成了法国人的皇帝，并成为欧洲命运的主宰，就象典型的资产者——美国人通过一系列真正的和欺骗性的破产使自己成为百万富翁一样。他做了皇帝之后，不仅使政治为资本家发财致富和交易所欺骗勾当服务，而且完全按照证券交易所的规则来推行政治本身，用"民族原则"来进行投机。使德国和意大利处于分割状态，对法国以往所执行的政策来说，曾经是法国的一种不可让予的基本权利；路易－拿破仑则立即着手零星售卖这种基本权利以换取所谓补偿。他愿意帮助意大利和德国消除分割状态，但是有一个条件：德国和意大利向民族统一方面每前进一步，都要割让领土给他做报酬。这样一来，不仅使法国沙文主义得到满足，不仅使帝国逐步向 1801 年的疆界扩展，而且又使法国重新处于特别开明的、解放各民族的强国地位，使路易－拿破仑处于各被压迫民族的保卫者的地位。于是，整个开明的、为民族理想所振奋的资产阶级——因为它非常关心从世界市场上肃清一切阻碍商业的东西，——都异口同声地欢呼这一解放世界的开明活动。

恩格斯：《暴力在历史中的作用》（1887 年 12 月—1888 年 3 月），摘自《马克思恩格斯全集》第 21 卷，人民出版社 1965 年版，第 471—472 页。

波拿巴王朝所代表的不是革命的农民，而是保守的农民；不是力求摆脱其社会生存条件即小块土地的农民，而是想巩固这种条件的农民；不是力求联合城市并以自己的力量去推翻旧制度的农村居民，而是相反，是愚蠢地固守这个旧制度，期待帝国的幽灵来拯救自己和自己的小块土地并赐给自己以特权地位的农村居民。波拿巴王朝所代表的不是农民的开化，而是农民的迷信；不是农民的理智，而是农民的偏见；不是农民的未来，而是农民的过去；不是农民的现代的塞文，而是农民的现代的旺代。

马克思：《路易·波拿巴的雾月十八日》（1851 年 12 月中—1852 年 3 月 25 日），摘自《马克思恩格斯文集》第 2 卷，人民出版社 2009 年版，第 567—568 页。

波拿巴既被他的处境的自相矛盾的要求所折磨，同时又像个魔术师，不得不以不断翻新的意外花样吸引观众把视线集中在他这个拿破仑的顶替者身上，也就是说，他不得不每天发动小型政变，使整个资产阶级经济陷于混乱状态，侵犯一切在 1848 年革命中显得不可侵犯的东西，使一些人容忍革命而使另一些人欢迎革命，以奠定秩序为名造成无政府状态，同时又使整个国家机器失去圣光，渎犯它，使它成为可厌而又可笑的东西。他模仿特里尔的圣衣的礼拜仪式在巴黎布置拿破仑的皇袍的礼拜仪式。但是，如果皇袍终于落在路易·波拿巴身上，那么拿破仑的铜像就将从旺多姆圆柱顶上倒塌下来。

> 马克思：《路易·波拿巴的雾月十八日》（1851 年 12 月中—1852 年 3 月 25 日），摘自《马克思恩格斯文集》第 2 卷，人民出版社 2009 年版，第 577—578 页。

乍看起来，好象现在路易-拿破仑是作为一个绝对的主宰统治着法国，好象除了他本人的权力之外，唯一的权力就是那些把他团团包围起来的宫廷阴谋家（他们为了独占这位法国独裁者的宠爱和垄断对他的影响而互相倾轧）的权力了。但是，实际情况完全不是这样。路易-拿破仑胜利的全部秘密就在于，他是依靠同他的名字相联系的传统才得以在一个短时期内保持住**法国社会中相互斗争的阶级之间的均势**。因为，虽然表面上处于以军事专制作后盾的戒严状态（法国现在正处于这种戒严状态的笼罩下），社会上各个阶级之间的斗争事实上仍在继续进行，而且比过去任何时候都更加激烈。

> 恩格斯：《去年十二月法国无产者相对消极的真正原因》（1852 年 2—4 月），摘自《马克思恩格斯选集》第 1 卷，人民出版社 1972 年版，第 708 页。

这个波拿巴真是一头不可救药的蠢驴。这个畜生对历史运动毫无概念，全部历史是一堆偶然事件的大杂烩，没有任何联系，起决定作用的是老江湖骗子的小骗术，而且是什么样的骗术呵！对付任何事变，总是只用同一个处方。

> 恩格斯：《致马克思》（1870 年 5 月 19 日），摘自《马克思恩格斯全集》第 32 卷，人民出版社 1974 年版，第 503 页。

论梯也尔①

梯也尔这个侏儒怪物，将近半个世纪以来一直受法国资产阶级的倾心崇拜，因为他是这个资产阶级的阶级腐败的最完备的思想代表。还在他成为国家要人以前，他作为一个历史学家就已经显露出说谎才能了。他的政治生涯的记录就是一部法国灾难史。

马克思：《法兰西内战》（1871 年 5 月），摘自《马克思恩格斯文集》第 3 卷，人民出版社 2009 年版，第 135 页。

他②喜欢用他那侏儒之臂在欧洲面前挥舞拿破仑第一的宝剑——他在自己的历史著作中就一味替拿破仑第一擦皮靴——可是他的对外政策始终是把法国引到极端屈辱的地步，从 1840 年的伦敦公约到 1871 年的巴黎投降和目前这场内战都是如此。在这场内战中，他得到俾斯麦的特许，驱赶色当和梅斯的俘虏去攻打巴黎。虽然他有随机应变的本事，虽然他的主张反复无常，但是此人一生都极端墨守成规。不言而喻，现代社会深层次的暗潮流他永远闭眼不看，而表面上明摆着的最清楚不过的变化，也是这样一个把头脑的全部活力都用来耍嘴皮的人所深恶痛绝的。例如，他不倦地把一切偏离法国陈旧的保护关税制度的东西都指斥为渎犯神明。他在当路易－菲力浦的大臣时，曾经嘲骂铁路是荒诞的怪物；当他在路易·波拿巴时代处于反对派的地位时，他把任何改革法国陈腐的军事制度的尝试都斥为大逆不道。他在多年的政治生涯中，从来没有办过一件哪怕是极微小的稍有实际好处的事情。梯也尔始终不忘的，只是对财富的贪得无厌和对财富生产者的憎恨。

马克思：《法兰西内战》（1871 年 5 月），摘自《马克思恩格斯文集》第 3 卷，人民出版社 2009 年版，第 137—138 页。

他③在官场上已经混了四十年。在政治或生活的任何方面，他从来没有倡导过一项有益的措施。他好虚荣、喜猜疑、贪图享乐，从来没有写过

---

① 梯也尔（1797—1877 年），法国政客。1871—1873 年任法国总理、总统。镇压巴黎公社的刽子手。——编者注

② 指梯也尔。——编者注

③ 指梯也尔。——编者注

和谈过正经事。在他看来，事物本身只是供他动笔杆耍嘴皮的因由。除了对高官厚禄和自我炫耀的渴求之外，他身上没有任何真实的东西，甚至于他的沙文主义也不例外。

马克思：《〈法兰西内战〉初稿》（1871 年 4—5 月），摘自《马克思

恩格斯全集》第 17 卷，人民出版社 1963 年版，第 557 页。

梯也尔是一个谋划政治小骗局的专家，一个背信弃义和卖身变节的老手，一个在议会党派斗争中施展细小权术、阴谋诡计和卑鄙伎俩的巨匠；在野时毫不迟疑地鼓吹革命，掌权时毫不迟疑地把革命投入血泊；他只有阶级偏见而没有思想，只有虚荣心而没有良心；他的政治生涯劣迹昭彰，他的私生活同样为人所不齿——甚至在现在，他处在法兰西之苏拉的位置上，仍难免要以其自吹自擂之可笑衬托出其所作所为之可恨。

马克思：《法兰西内战》（1871 年 5 月），摘自《马克思恩格斯文集》

第 3 卷，人民出版社 2009 年版，第 139 页。

要想找到可以同梯也尔和他那些嗜血豺狼的行为相比拟的东西，必须回到苏拉和罗马前后三头执政的时代去。同样是冷酷无情地大批杀人；同样是不分男女老幼地屠杀；同样是拷打俘虏；同样是发布公敌名单，不过这一次被列为公敌的是整个一个阶级；同样是野蛮地追捕躲藏起来的领袖，使他们无一幸免；同样是纷纷告发政治仇敌和私敌；同样是不惜杀戮根本和斗争无关的人们。不同处只在于罗马人没有机关枪来大规模地处决公敌，他们没有"手持法律"，也没有口喊"文明"罢了。

马克思：《法兰西内战》（1871 年 5 月），摘自《马克思恩格斯文集》

第 3 卷，人民出版社 2009 年版，第 174 页。

工人的巴黎及其公社将永远作为新社会的光辉先驱而为人所称颂。它的英烈们已永远铭记在工人阶级的伟大心坎里。那些扼杀它的刽子手们①已经被历史永远钉在耻辱柱上，不论他们的教士们怎样祷告也不能把他们解脱。

马克思：《法兰西内战》（1871 年 5 月），摘自《马克思恩格斯文集》

第 3 卷，人民出版社 2009 年版，第 181 页。

你对现在被法国人捧上了天的若米尼先生了解得多吗②？我只是从梯

---

① 指梯也尔及其一伙。——编者注
② 指昂·若米尼《革命战争的考据与军事史》1820—1824 年巴黎版。——编者注

也尔先生那里①知道他的，众所周知，梯也尔无耻地抄袭过他的东西。这个小矮子梯也尔是当今仅有的最不要脸的撒谎家之一，没有一次战役他能举得出正确的数字。由于若米尼先生后来投奔了俄国人，所以人们当然会认为，他有理由不像梯也尔先生那样把法国人的英勇业绩描写得神乎其神，而在梯也尔的书里，一个法国人总是能打败两个敌人的。

恩格斯：《恩格斯致约瑟夫·魏德迈》（1851年6月19日），摘自《马克思恩格斯文集》第10卷，人民出版社2009年版，第80页。

可是，高尚的梯也尔的著作是从萨瓦里②——他的回忆录在法国是享有盛名的——那里抄袭的，他的剽窃术决不亚于英国的政治经济学家。同时，不仅在流言蜚语方面，而且在治理问题等等方面，他都把萨瓦里先生当作主要的来源。

恩格斯：《致马克思》（1851年5月1日），摘自《马克思恩格斯全集》第27卷，人民出版社1972年版，第258页。

论俾斯麦③

俾斯麦是德国反革命地主的代表。他知道**只有**同反革命自由资产阶级建立巩固的联盟才能拯救他们（在数十年内）。他建立了这个联盟，因为无产阶级的反抗软弱无力，同时，幸运的战争又帮助解决了**当时首要的任务**：德国民族的统一。

列宁：《关于立宪民主党人马克拉格夫的演说》（1913年6月初），摘自《列宁全集》第19卷，人民出版社1959年版，第121页。

在北德意志联邦存在的整个时期，俾斯麦在经济方面是很乐意迎合资产阶级的，甚至在讨论议会的权限问题时，他所显示的也不过是带着天鹅绒手套的铁拳。这是他的最风头的时期；有时甚至会令人怀疑，他是不是真具有特殊的普鲁士狭隘性，他是不是真没有能力理解在世界历史中除了军队和以军队为基础的外交计谋以外还有其他更强大的力量。

---

① 指阿·梯也尔《执政府时代和帝国时代的历史》1845—1851年巴黎版。——编者注
② 萨瓦里，安·让·玛丽·勒奈，罗维戈公爵（1774—1833年），法国将军，政治活动家和外交家，拿破仑法国历次战争的参加者。——编者注
③ 俾斯麦（1815—1898年），曾任普鲁士首相、北德意志联邦首相和德意志帝国首相。——编者注

恩格斯：《暴力在历史中的作用》（1887年12月—1888年3月），摘自
《马克思恩格斯全集》第21卷，人民出版社1965年版，第497页。

俾斯麦就是路易－拿破仑，是个从法国冒险主义的王位追求者变成了
普鲁士土容克和德国大学学生会会员的路易－拿破仑。完全象路易－拿破
仑一样，俾斯麦是一个头脑十分实际和非常狡猾的人，是一个天生的、巧
于机变的生意人，换一换场合，真可以在纽约交易所里同万德比尔特家族
和杰伊·古耳德家族较量一番，而他的私人事业也的确干得很不错。但是，
同这种在实际生活方面发达的头脑相联系的，往往是一种相应的狭隘眼界，
而在这方面，俾斯麦则超过了他的法国前辈。后者在流浪时期毕竟亲自制
订了一种"拿破仑观念"——诚然，是按照他自己的尺寸做成的，——而
俾斯麦，我们将会看到，却从来没有弄出一点点自己的政治观念来，而只
是把别人的现成观念拼凑在一起。可是，这种狭隘性恰好是他的幸运。否
则，他就根本干不出从特殊的普鲁士观点出发去设想全部世界历史的事来；
要是在他的这种极端普鲁士的世界观上面有一个小洞，透点阳光进来，那
他就会对他的全部使命感到茫然，而他的荣誉就会到此结束。的确，当他
按自己的方式执行了他的特殊的、外部强加于他的使命时，他也就走进了
死胡同；我们将会看到，由于他根本缺乏合理的观念，由于他无法理解他
自己所创造的历史形势，他不得不进行怎样的跳跃。

如果说，路易－拿破仑由于他过去的经历，已习惯于在选择手段方面
无所顾忌，那末，俾斯麦从普鲁士政策的历史中，特别从所谓大选帝侯[①]
和弗里德里希二世政策的历史中，学会了更少顾虑地行事，从而他就能保
持着一种自命高尚的想法：他在这一点上一直是忠实于祖国传统的。他那
务实的敏感教导他，必要时应当收一收自己的容克贪欲；而一到看起来没
有必要这样做时，这种贪欲就又突出地显露出来；这当然是一种没落的象
征。他的政治的方法便是大学学生会会员的方法；他把在大学生酒馆中借
以逃出圈套的那种对喝啤酒惯例所做的滑稽的字面解释，在议院中毫不客
气地应用于普鲁士宪法；他在外交上所实行的全部新花招，都是从大学学
生会的学生那里抄袭来的。但是，如果说路易－拿破仑在紧要关头往往摇
摆不定，譬如在1851年政变时，莫尔尼不得不积极地用暴力迫使他去完成

---

① 弗里德里希－威廉。——编者注

业已开始的事业，又如在 1870 年战争前夜，他的犹豫不决毁坏了他的整个地位；那末，应当说，在俾斯麦身上，就从来没有出现过这种情况。他从来没有失掉过意志的力量；在很久以前，这种力量就变成了公开的野蛮举动。而他的成功的秘密首先就在这里。德国的所有统治阶级，不论是容克还是资产者，已经失掉了最后一点点毅力，在"有教养的"德国，缺乏意志已经习以为常了，以致在他们中间唯一真正还有意志的人正因为如此就成了他们的最伟大人物和统治他们大家的暴君，在他面前，他们违背理智和良心，象他们自己所说的，情愿"跳过棍子"。当然，在"没有教养的"德国，还没有达到这种地步；工人已经表明，他们有一种甚至俾斯麦的坚强意志也无法对付的意志。

> 恩格斯：《暴力在历史中的作用》（1887 年 12 月—1888 年 3 月），摘自《马克思恩格斯全集》第 21 卷，人民出版社 1965 年版，第 486—487 页。

　　从德国方面来说，这次战争是防御性的战争。但是，究竟是谁把德国置于必须进行自卫的地位呢？是谁使路易·波拿巴能够对德国进行战争呢？正是**普鲁士**！是俾斯麦恰恰同这个路易·波拿巴暗中勾结，目的是要镇压普鲁士本国人民的反抗，并使霍亨索伦王朝吞并全德。假定萨多瓦之役不是打胜而是打败了，法国军队就会以普鲁士盟友资格在德国到处横行。普鲁士在胜利之后，难道曾有过片刻想要以一个自由的德国去和一个被奴役的法国相对抗吗？恰恰相反。普鲁士细心保存了自己旧制度固有的一切妙处，另外又采纳了第二帝国的一切奸猾伎俩：它的真专制与假民主，它的政治面具与财政骗局，它的漂亮言辞与龌龊手腕。波拿巴体制以前只是在莱茵河的一岸称雄，如今在河的另一岸又出了个貌似一样的体制。在这种形势下，除了**战争**，还能有什么结果呢？

> 马克思：《〈法兰西内战〉国际工人协会总委员会关于普法战争的第一篇宣言》（1870 年 7 月 19—23 日），摘自《马克思恩格斯文集》第 3 卷，人民出版社 2009 年版，第 115—116 页。

　　我们只指出一点。俾斯麦能够实行改良，就是因为他越出了改良主义的范围，大家都知道，他完成了一系列的"上层革命"，他从世界上最富有的一个国家掠夺了五十亿法郎，他**可以**给那些被大量黄金和空前未有的军事胜利弄得如醉如痴的人民以普选权以及真正的法制。

列宁：《资产阶级和改良主义》（1913 年 1 月 29 日），摘自《列宁全集》第 18 卷，人民出版社 1959 年版，第 533 页。

俾斯麦依照自己的方式，依照容克的方式完成了历史上进步的事业，但是，谁要想根据这点来证明社会主义者应当帮助俾斯麦，那这个"马克思主义者"真是太好了！此外，俾斯麦也促进了经济的发展，把分散的受异族压迫的德国人联合在一起。

列宁：《论大俄罗斯人民的民族自豪感》（1914 年 12 月 12 日），摘自《列宁全集》第 21 卷，人民出版社 1959 年版，第 86 页。

论梅特涅①

但是，城市资产阶级愈来愈富裕，其影响也愈来愈大，和工业齐头并进的农业的进步也改变了农民对地主的地位。资产阶级和农民反对贵族的运动愈来愈带有威胁性。由于农民到处都是民族局限性和地方局限性的体现者，农民运动必然带有地方性质和民族性质，所以与农民运动一起又产生了民族之间的旧的斗争。

在这种形势下，梅特涅完成了他的杰作。他消除了贵族（除了最有势力的封建贵族以外）对国家事务的任何影响。他把那些最有势力的金融贵族拉到自己方面来，从而削弱了资产阶级，——他必须这样做，财政状况要求他这样做。于是，他依靠上层封建贵族和金融贵族，依靠官僚和军队，在比他的一切竞争者更大得多的程度上实现了君主专制的理想。他利用每一个民族的贵族和其他各民族的农民的帮助，把各该民族的资产阶级和农民置于自己统治之下；同时他又利用各民族的贵族对各该民族的资产阶级和农民的恐惧心理，把各民族的贵族置于自己的统治之下。各种不同的阶级利益，民族局限性和各种地方偏见，尽管错综复杂，总是处在适度的抗衡状态中，使老奸巨猾的骗子手梅特涅有可能自由地施展他的伎俩。他唆使各族人民互相倾轧究竟收到了什么效果，加里西亚的大屠杀就说明了这一点。当时，梅特涅利用染上了宗教狂热病和民族狂热病的卢西族农民，把为了农民利益而掀起的波兰民主运动镇压下去了。

---

① 梅特涅，克雷门斯（1773—1859 年），公爵，奥地利国家活动家和外交家；曾任外交大臣（1809—1821 年）和首相（1821—1848 年），神圣同盟的组织者之一。——编者注

恩格斯：《匈牙利的斗争》（1849 年 1 月 8 日左右），摘自《马克思恩格斯全集》第 6 卷，人民出版社 1961 年版，第 196 页。

梅特涅公爵的政府所遵循的两个方针是：第一，使奥地利统治下的各民族中的每一个民族都受到所有其他处于同样境地的民族的牵制；第二，这向来是一切专制君主制的基本原则，即依靠封建地主和做证券交易的大资本家这两个阶级，同时使这两个阶级的权势和力量互相平衡，以便政府保留完全的行动自由。以各种封建收益作为全部收入的土地贵族，不能不支持政府，因为政府是他们对付被压迫的农奴阶级（他们靠掠夺这些农奴为生）的唯一靠山。而每当他们之中较不富裕的一部分起来反对政府的时候，例如 1846 年加利西亚的情形，梅特涅立刻就唆使这些农奴去反抗他们，因为这些农奴总是力图抓住机会狠狠地报复他们的直接压迫者。另一方面，交易所的大资本家由于大量投资于国家的公债，也受到梅特涅政府的束缚。奥地利在 1815 年恢复了它的全部实力，1820 年后又在意大利恢复和维持了专制君主制，1810 年的破产又免除了它的一部分债务，所以，在媾和之后，它很快就在欧洲各大金融市场重新建立了信用；而信用越是增长，它也就越是加紧利用这种信用。于是，欧洲的一切金融巨头都把他们的很大一部分资本投入奥地利的公债。他们全部需要维持奥地利的信用，而要维持奥地利的国家信用又总是需要新的借款，于是他们便不得不时常提供新的资本，以维持他们过去已经投资的债券的信用。1815 年以后的长期和平，以及表面上看来奥地利这样一个千年王国不可能倾覆的假象，使梅特涅政府的信用惊人地增长，甚至使它可以不依赖维也纳的银行家和证券投机商了；因为只要梅特涅还能够在法兰克福和阿姆斯特丹得到足够的资金，他当然就心满意足地看着奥地利的资本家们被踩在他的脚下，而且，他们在其他方面也得仰承他的鼻息。银行家、证券投机商、政府的承包商虽然总是设法从专制君主制那里获得大宗利润，但这是以政府对他们的人身和财产具有几乎是无限的支配权作为交换条件的，因此，不能期待这一部分人会对政府持任何反对态度。这样，梅特涅便有把握获得帝国中最有力量和最有权势的两个阶级的支持，此外他还拥有军队和官僚机构，它们被组织得最适合于为专制制度服务。

恩格斯：《德国的革命和反革命》（1851 年 8 月 17 日—1852 年 9 月 23 日），摘自《马克思恩格斯文集》第 2 卷，人民出版社 2009 年版，第

375—376 页。

梅特涅在自己实力最雄厚的年代就已认识到了这种危险性，并且觉察到了俄国的阴谋。他使用他所有的一切手段来镇压了这个运动。但是他所使用的一切手段可以用**一个**词来说明，那就是**迫害**。而唯一有效的手段——德意志和匈牙利的精神的自由发展完全可以驱散斯拉夫怪影——是同他的一套卑鄙的政策相矛盾的。

> 恩格斯：《德国和泛斯拉夫主义》（1855 年 4 月 17 日），摘自《马克思恩格斯全集》第 11 卷，人民出版社 1962 年版，第 223—224 页。

在这里，梅特涅好象是神圣同盟的一只十字圆网蛛，坐在慢慢在奋起争取自由的各族人民周围编结起来的蛛网的正中。

> 马克思、恩格斯：《维也纳和法兰克福》（1849 年 3 月 12 日），摘自《马克思恩格斯全集》第 6 卷，人民出版社 1961 年版，第 397 页。

论巴贝夫①

巴贝夫的共产主义是从第一次革命时期的民主制度产生的。第二次革命（1830 年革命）却产生了另一种影响更大的共产主义。

> 恩格斯：《大陆上社会改革运动的进展》（1843 年 10 月 23 日和 11 月初），摘自《马克思恩格斯全集》第 1 卷，人民出版社 1956 年版，第579—580 页。

虽然总的说来，资产阶级在同贵族斗争时有理由认为自己同时代表当时的各个劳动阶级的利益，但是在每一个大的资产阶级运动中，都爆发过作为现代无产阶级的发展程度不同的先驱者的那个阶级的独立运动。例如，德国宗教改革和农民战争时期的托马斯·闵采尔派，英国大革命时期的平等派，法国大革命时期的巴贝夫。伴随着一个还没有成熟的阶级的这些革命暴动，产生了相应的理论表现；在 16 世纪和 17 世纪有理想社会制度的空想的描写，而在 18 世纪已经有了直接共产主义的理论（摩莱里②和马布

---

① 巴贝夫，格拉古（1760—1797 年），法国革命家，空想共产主义的著名代表人物，"平等派"密谋的组织者。——编者注

② 摩莱里，十八世纪法国空想共产主义的著名代表人物。——编者注

利①）。平等的要求已经不再限于政治权利方面，它也应当扩大到个人的社会地位方面；不仅应当消灭阶级特权，而且应当消灭阶级差别本身。

> 恩格斯：《反杜林论》（1876 年 9 月—1878 年 6 月），摘自《马克思恩格斯文集》第 9 卷，人民出版社 2009 年版，第 20—21 页。

大家知道，1793 年宪法是由依靠起义的无产阶级的政党制定的，恐怖统治是由这个政党实行的，罗伯斯比尔的覆亡表明资产阶级战胜了无产阶级，巴贝夫和他的同谋者从 1793 年的民主思想中给平等作出了当时最进步的结论。法国革命自始至终都是一个社会运动，在它之后，纯粹政治上的民主已经变为毫无意义的东西了。

> 恩格斯：《在伦敦举行的各族人民庆祝大会》（1845 年底），摘自《马克思恩格斯全集》第 2 卷，人民出版社 1957 年版，第 664 页。

真正能动的共产主义政党出现于资产阶级革命时期君主立宪被废除的时候。首先宣布这些"社会问题"的是最彻底的**共和主义者**，即英国的**"平均主义者"**、法国的**巴贝夫和邦纳罗蒂**等。巴贝夫的朋友和党内同志邦纳罗蒂所写《巴贝夫的密谋》一书表明这些共和主义者怎样从历史"运动"中得出一种信念：随着**君主制**和**共和制**这一社会问题的消失，还没有一个"社会问题"的解决是对无产阶级有利的。

> 马克思：《道德化的批判和批判化的道德》（1847 年 10 月底），摘自《马克思恩格斯选集》第 1 卷，人民出版社 1972 年版，第 173—174 页。

民主制和任何其他一种政体一样，最终总要破产，因为伪善是不能持久的，其中隐藏的矛盾必然要暴露出来；要末是真正的奴隶制，即赤裸裸的专制制度，要末是真正的自由和平等，即共产主义。这二者在法国革命以后都出现过；前者以拿破仑为代表，后者以巴贝夫为代表。关于巴贝夫主义，我想可以不必多讲，因为邦纳罗蒂写的关于这个密谋的历史已经译成英文。共产主义者的密谋未能实现，因为当时的共产主义自身还是非常幼稚非常庸浅的，同时社会舆论也还不够开展。

> 恩格斯：《大陆上社会改革运动的进展》（1843 年 10 月 23 日和 11 月初），摘自《马克思恩格斯全集》第 1 卷，人民出版社 1956 年版，第

---

① 马布利，加布里埃尔（1709—1785 年），著名的法国社会学家，空想共产主义的代表人物。——编者注

576—577 页。

　　"以劳动为基础的公众福利"这一公式过于确定地表现了当时平民的**博爱渴望**。在公社倾覆以后的长时期中，在巴贝夫使这一点具有一种确定的形式以前，没有一个人能说他们想要什么东西。如果说具有博爱渴望的公社来得太早了，那末巴贝夫就来得太晚了。

　　　　恩格斯：《致卡·考茨基》（1889 年 2 月 20 日），摘自《马克思恩格斯选集》第 4 卷，人民出版社 1972 年版，第 465 页。

论圣西门、傅立叶、欧文①

　　德国的理论上的社会主义永远不会忘记，它是站在圣西门、傅立叶和欧文这三个人的肩上的。虽然这三个人的学说含有十分虚幻和空想的性质，但他们终究是属于一切时代最伟大的智士之列的，他们天才地预示了我们现在已经科学地证明了其正确性的无数真理。

　　　　恩格斯：《〈德国农民战争〉1870 年第二版序言的补充》（1874 年 7 月 1 日），摘自《马克思恩格斯文集》第 2 卷，人民出版社 2009 年版，第 218 页。

　　本来意义的社会主义和共产主义的体系，圣西门、傅立叶、欧文等人的体系，是在无产阶级和资产阶级之间的斗争还不发展的最初时期出现的。关于这个时期，我们在前面已经叙述过了（见《资产阶级和无产阶级》②）。

　　诚然，这些体系的发明家看到了阶级的对立，以及占统治地位的社会本身中的瓦解因素的作用。但是，他们看不到无产阶级方面的任何历史主动性，看不到它所特有的任何政治运动。

　　由于阶级对立的发展是同工业的发展步调一致的，所以这些发明家也不可能看到无产阶级解放的物质条件，于是他们就去探求某种社会科学、社会规律，以便创造这些条件。

　　社会的活动要由他们个人的发明活动来代替，解放的历史条件要由幻想的条件来代替，无产阶级的逐步组织成为阶级要由一种特意设计出来的

――――――――――

　　① 圣西门（1760—1825 年），法国人；傅立叶（1772—1837 年），法国人；欧文（1771—1858 年），英国人。三人都是十九世纪著名的空想社会主义者。——编者注

　　② 指《共产党宣言》第一章《资产阶级和无产阶级》。——编者注

社会组织来代替。在他们看来，今后的世界历史不过是宣传和实施他们的社会计划。

马克思、恩格斯：《共产党宣言》（1847 年 12 月—1848 年 1 月底），摘自《马克思恩格斯文集》第 2 卷，人民出版社 2009 年版，第 62—63 页。

但是，认识到法国革命是阶级斗争，并且不仅是贵族和资产阶级之间的，而且是贵族、资产阶级**和无财产者**之间的阶级斗争，这在 1802 年是极为天才的发现。在 1816 年，圣西门宣布政治是关于生产的科学，并且预言政治将完全溶化在经济中。如果说经济状况是政治制度的基础这样的认识在这里仅仅以萌芽状态表现出来，那么对人的政治统治应当变成对物的管理和对生产过程的领导这种思想，即最近纷纷议论的"废除国家"的思想，已经明白地表达出来了。同样比他的同时代人高明的是：在 1814 年联军刚刚开进巴黎以后，接着又在 1815 年百日战争期间，他声明，法国和英国的同盟，其次这两个国家和德国的同盟，是欧洲的繁荣和和平的唯一保障。在 1815 年向法国人鼓吹去和滑铁卢会战的胜利者建立同盟，这确实既要有勇气又要有历史远见。

恩格斯：《社会主义从空想到科学的发展》（1880 年 1 月—3 月上半月），摘自《马克思恩格斯文集》第 3 卷，人民出版社 2009 年版，第530—531 页。

其次一个大力主张社会改革的法国人就是圣西门伯爵。他创立了一个学派，甚至还建立了几个移民区，但这些移民区没有一个办成功的。从总的精神看来，圣西门的学说和英国罕考门派社会主义者的学说很相似，虽然在做法和看法上，有些**细节**还有很大的不同。圣西门派奇特的言行很快就受到了法国人的冷嘲热讽；在法国，凡是成为嘲笑对象的东西就一定要毁灭。不过除此而外，圣西门派的移民区遭到破产还有其他原因。该派的全部学说都笼罩了一层不可理解的神秘主义的云雾，因此，起初也许还能引起人们的注意，可是最终便不能不使人大失所望。他们的经济学说也不是无懈可击的；他们公社的每个社员分得的产品，首先是以他的工作量、其次是以他所表现的才能决定的。德国共和主义者白尔尼正确地批驳了这一点，他认为才能不该给以报酬，而应看做先天的优越条件；因此为了恢复平等，必须从有才能的人应得的产品中间扣除一部分。

圣西门主义很象一颗闪烁的流星,在引起思想界的注意之后,就从社会的地平线上消失了。现在没有一个人想到它,没有一个人谈起它;它的时代过去了。

和圣西门差不多同一个时候,还有另一个人——**傅立叶**——用自己非凡的智慧研究了人类社会制度。虽然傅立叶的著作不象圣西门及其门徒的著作那样闪耀出天才的光芒,虽然他的文体有些晦涩,而且作者在表达法文还没有适当字眼表达的那些看法和思想的时候常常显得非常吃力,可是我们却更乐于读他的著作,并且从中看到的真正有价值的东西也更多。固然这些著作也并不是没有最荒唐的神秘主义的色彩;可是,把它剔除以后,剩下来的就是圣西门派的著作所没有的东西,也就是科学的探讨,冷静的、毫无偏见的、系统的思考,概括地说,就是**社会哲学**;而圣西门主义只能叫做**社会诗歌**。正是傅立叶第一个确立了社会哲学的伟大原理,这就是:因为每个人天生就爱好或者喜欢某种劳动,所以这些个人爱好的全部总和就必然会形成一种能满足整个社会需要的力量。从这个原理可以得出下面一个结论:如果每个人的爱好都能得到满足,每个人都能做自己愿意做的事情,那末,即使没有现代社会制度所采取的那种强制手段,也同样可以满足一切人的需要。这种论断尽管听起来是非常武断,可是经过傅立叶论证以后,就象哥伦布竖鸡蛋一样,成了无可辩驳的、几乎是不言而喻的道理。傅立叶证明,每个人生下来就有一种偏好某种劳动的习性;**绝对懒惰**是胡说,这种情形从来未曾有过,也不可能有;人类精神本来就有活动的要求,并且有促使肉体活动的要求;因此就没有必要象现今社会制度那样强迫人们活动,只要给人们的活动天性以正确的指导就行了。接着他确立了劳动和享受的同一性,指出现代社会制度把这二者分裂开来,把劳动变成痛苦的事情,把欢乐变成大部分劳动者享受不到的东西,是极端不合理的。然后他又指出,在合理的制度下,当每个人都能根据自己的兴趣工作的时候,劳动就能恢复它的本来面目,成为一种享受。我在这里当然不能把傅立叶的**自由劳动**理论全部加以叙述,可是我想上面讲的已足以使英国社会主义者相信,傅立叶主义是完全值得他们注意的。

傅立叶的另一个功绩就是他指出了协作的优越性,不仅如此,他还指出了它的必然性。这一点我只要顺便提一下就行了,因为我知道,英国人对协作的意义是了解得很透彻的。

可是，傅立叶主义还有一个而且是非常重要的一个不彻底的地方，就是它不主张废除私有制。在傅立叶主义的**法伦斯泰尔**即协作社中，有富人和穷人，有资本家和工人。全体社员的财产构成股份基金，法伦斯泰尔经营商业、农业和工业，所得的收入按以下的方式分给社员：一部分作为劳动报酬，另一部分作为对技艺和才能的报酬，再一部分作为资本的利润。原来在关于协作和自由劳动的一切漂亮理论后面，在慷慨激昂地反对经商、反对自私和反对竞争的连篇累牍的长篇言论后面，实际上还是旧的经过改良的竞争制度，比较开明的囚禁穷人的巴士底狱！当然我们不能停在这一点上；而法国人也确实没有停在这一点上。

傅立叶主义在法国传播得很慢，但从未间断过。

> 恩格斯：《大陆上社会改革运动的进展》（1843 年 10—11 月），摘自
> 《马克思恩格斯全集》第 1 卷，人民出版社 1956 年版，第 577—
> 579 页。

在傅立叶的著作中，几乎每一页都放射出对备受称颂的文明造成的贫困所作的讽刺和批判的火花。

> 恩格斯：《反杜林论》（1876 年 9 月—1878 年 6 月），摘自《马克思
> 恩格斯文集》第 9 卷，人民出版社 2009 年版，第 281 页。

英国社会主义的创始人是**欧文**，他是一个工厂主，所以，他的社会主义虽然在实质上超越资产阶级和无产阶级的对立，但在形式上仍然以很宽容的态度对待资产阶级，以很不公平的态度对待无产阶级。社会主义者十分温顺随和；不管现存的各种关系如何坏，他们还是承认这些关系有合理性，因为他们除了争取公众信任外，对改变现存关系的其他一切途径是一概否定的。同时他们的原则又是如此抽象，如果他们的原则保持现在的形式，他们是永远也不能争得公众信任的。此外，社会主义者还经常抱怨下层阶级颓废堕落，他们看不见社会制度的这种瓦解中含有进步成分，看不见唯利是图的伪善的有产阶级更严重的道德堕落。他们不承认历史的发展，所以他们打算一下子就把国家置于共产主义的境界，而不是进一步开展政治斗争以达到国家自行消亡的目的①。他们固然了解工人为什么反对资产者，但是，他们认为愤怒这种唯一能够引导工人前进的手段并没有什么用

---

① 在 1887 年和 1892 年的英文版中，这句话的后半句为："以达到使这种变革不仅成为可能，而且成为必要的地步。"——编者注

处，为此他们宣扬对英国的现状更加没有用处的慈善和博爱。他们只承认心理的发展，只承认和过去毫无联系的抽象的人的发展。可是整个世界，包括每一个单个的人在内，都是立足于过去的基础之上的。所以他们太学究气、太形而上学了，他们是不可能有所作为的。他们之中一部分人来自工人阶级，但是工人阶级中被他们争取过来的只是很少的一部分，当然这一部分是最有教养的和性格最坚强的。社会主义在其现有的形式下决不能成为工人阶级的共同财富，因此，它甚至必须降低自己的水平，暂时回到宪章派的立场上来。但是，经过宪章运动的考验并清除了资产阶级成分的、真正的无产阶级社会主义，现在已经在许多社会主义者和宪章派领袖（他们几乎全是社会主义者①）那里发展起来，它不久就会在英国人民的发展史上发挥重要的作用。英国社会主义的基础比法国共产主义广泛得多，但是在发展②方面落后于法国共产主义。英国社会主义应当暂时回到法国的立场上来，以便将来再超过它。

> 恩格斯：《英国工人阶级状况》（1844 年 9 月—1845 年 3 月），摘自《马克思恩格斯文集》第 1 卷，人民出版社 2009 年版，第 471—472 页。

社会主义者运动的创始人欧文写的许多小册子都是仿照德国哲学家的笔法，也就是说，写得很糟，但有时他的思想突然明朗起来，这时他那些晦涩的写作就变得容易了解了；可是，他的见解是渊博的。照欧文的说法，"婚姻、宗教和财产是自有世以来就存在的一切祸害的唯一原因"（!!）；在他所有的著作里充满了对神学家、法律家和医学家的猛烈攻讦，他把他们一概而论。"陪审法庭的组成人员都是一些仍然完全听从神学支使的人，**因而他们都抱有偏见**；法律也浸透了神学，因此也应和陪审法庭一起废除。"

> 恩格斯：《伦敦来信》（1843 年 5—6 月），摘自《马克思恩格斯全集》第 1 卷，人民出版社 1956 年版，第 568—569 页。

转向共产主义是欧文一生中的转折点。当他还只是一个慈善家的时候，他所获得的只是财富、赞扬、尊敬和荣誉。他是欧洲最有名望的人物。不仅社会地位和他相同的人，而且连达官显贵、王公大人们都点头倾听他的讲话。可是，当他提出他的共产主义理论时，情况就完全变了。在他看来，

---

① 恩格斯在 1892 年德文版上加了一个注："自然是一般意义上的社会主义者，而不是欧文主义者这一特定意义上的社会主义者"。——编者注

② "发展"一词在 1887 年和 1892 年的英文版中为"理论发展"。——编者注

阻碍社会改造的首先有三大障碍：私有制、宗教和现在的婚姻形式。他知道，他向这些障碍进攻，等待他的将是什么：官场社会的普遍排斥，他的整个社会地位的丧失。但是，他并没有却步，他不顾一切地向这些障碍进攻，而他所预料的事情果然发生了。他被逐出了官方社会，报刊对他实行沉默抵制，他由于以全部财产在美洲进行的共产主义试验失败而变得一贫如洗，于是他就直接转向工人阶级，在工人阶级中又进行了 30 年的活动。当时英国的有利于工人的一切社会运动、一切实际进步，都是和欧文的名字联在一起的。

> 恩格斯：《反杜林论》（1876 年 9 月—1878 年 6 月），摘自《马克思恩格斯文集》第 9 卷，人民出版社 2009 年版，第 280 页。

论卡贝①

亡命英国的法国人**卡贝**受到当地共产主义思想的鼓舞，回到法国，成为一个最受欢迎然而也是最肤浅的共产主义的代表人物。

> 马克思、恩格斯：《神圣家族，或对批判的批判所做的批判》（1844 年 9—11 月），摘自《马克思恩格斯文集》第 1 卷，人民出版社 2009 年版，第 335 页。

1839 年的起义已经带有明显的无产阶级和共产主义的性质。但是，起义之后发生了老密谋家抱怨不已的分裂。分裂是由于工人们要弄清本阶级的利益而引起的，分裂部分地发生在旧有的密谋家组织中，部分地发生在新的宣传组织中。卡贝在 1839 年后不久便开始积极进行的共产主义宣传，共产主义党派内部发生的争论问题，很快就超过了密谋家的认识水平。谢努和德拉奥德都承认，在接近二月革命的时候，共产主义者无疑已成为革命无产阶级的最强大的一派。

> 马克思、恩格斯：《〈新莱茵报。政治经济评论〉第 4 期上发表的书评》（1850 年 3—4 月），摘自《马克思恩格斯全集》第 7 卷，人民出版社 1959 年版，第 323 页。

至于说到体系本身，那末，差不多所有的体系都是在共产主义运动开

---

① 卡贝，埃蒂耶纳（1788—1856 年），法国政论家，和平空想共产主义的著名代表人物，《伊加利亚旅行记》一书的作者，1841—1849 年是《人民报》编辑。——编者注

始时出现的，当时它们通过民间小说的形式来为宣传事业服务，这些民间小说同刚刚参加到运动中来的无产者的尚未成熟的意识是完全符合的。卡贝把自己的《伊加利亚》称为 roman philosophique〔哲学小说〕，我们在把卡贝作为一个派别的首领来加以评价时，不应当根据他的体系，而应当根据他的论战性的著作和他的整个活动。在这些小说中间，有一些，例如傅立叶的体系，充满了真正的诗的色彩；另外一些，例如欧文和卡贝的体系，则缺乏任何的幻想，而带有商人的斤斤计较的痕迹，或者从法律上狡猾地迎合那个需要感化的阶级的观点。在派别的发展过程中，这些体系失去了任何意义，最多不过作为口号在名义上保留下来。在法国谁会去相信"伊加利亚"，而在英国谁会去相信欧文的计划呢？

马克思、恩格斯：《德意志意识形态》（1845—1846 年），摘自《马克思恩格斯全集》第 3 卷，人民出版社 1960 年版，第 543 页。

我们还是回头来谈谈伊加利亚派共产主义者的社会理论吧。他们的《圣经》是卡贝慈父——顺便提一下，这位卡贝曾经做过检察官和众议院议员——著的《Voyage en Icarie》（《伊加利亚旅行记》）。伊加利亚派移民区的一般组织情况和欧文先生的移民区没有多大区别。伊加利亚派共产主义者的计划吸取了圣西门和傅立叶计划中一切合理的东西，因此他们大大超过了先前的法国共产主义者。至于对婚姻制度的态度，那他们和英国人是完全相同的。他们尽一切可能来保证个人自由。刑罚必须废除，代之以对青年人的教育和对成年人的正当的精神影响。

可是有一点值得注意的是英国社会主义者一般都反对基督教，他们被迫忍受那些真正基督徒所具有的种种宗教偏见，而属于一个以不信教著称的民族的法国共产主义者反倒是基督徒。他们最喜欢的一个公式就是：基督教**就是**共产主义（《le Christianisme c'est le Communisme》）。他们竭力想用圣经，用最早的基督徒过的就是公社式的生活等话来证明这个公式。可是这一切只是说明了，这些善良的人们决不是最好的基督徒，尽管他们以此自居。因为他们如果真是最好的基督徒，那他们对圣经就会有更正确的理解，就会相信即使圣经里有些地方可以做有利于共产主义的解释，但是圣经的整个精神是同共产主义、同一切合理的创举截然对立的。

恩格斯：《大陆上社会改革运动的进展》（1843 年 10—11 月），摘自《马克思恩格斯全集》第 1 卷，人民出版社 1956 年版，第 582—583 页。

论魏特林①

德国的社会主义在 1848 年以前很久就产生了。起初它有两个独立的派别。一方面是纯粹工人运动，即法国工人共产主义的支流；这个运动产生了作为它的发展阶段之一的魏特林的空想共产主义。其次是由于黑格尔哲学的解体而产生的理论运动；在这一派中马克思的名字从一开始就占有统治地位。1848 年 1 月出现的《共产主义宣言》②标志着两个派别的融合，这个融合是在革命熔炉中完成和巩固起来的，在这革命的熔炉中，他们所有的人，不论工人还是过去的哲学家，都经受住了考验③。

> 恩格斯：《德国的社会主义》（1891 年 10 月 13—22 日和 1892 年 1
> 月），摘自《马克思恩格斯文集》第 4 卷，人民出版社 2009 年版，第
> 426 页。

只有工人阶级中确信单纯政治变革还不够而公开表明必须根本改造全部社会的那一部分人，只有他们当时把自己叫做共产主义者。这是一种粗糙的、尚欠修琢的、纯粹出于本能的共产主义；但它却接触到了最主要之点，并且在工人阶级当中已强大到足以形成空想共产主义，在法国有卡贝的共产主义，在德国有魏特林的共产主义。可见，在 1847 年，社会主义是资产阶级的运动，而共产主义则是工人阶级的运动。当时，社会主义，至少在大陆上，是"上流社会的"，而共产主义却恰恰相反。

> 恩格斯：《〈共产党宣言〉1888 年英文版序言》（1888 年 1 月 30 日），
> 摘自《马克思恩格斯文集》第 2 卷，人民出版社 2009 年版，第 13—
> 14 页。

社会改革问题最近在德国又成了讨论的对象，但这次是在工人阶级中间讨论了。德国的工厂工业很不发达，因此大部分工人都是手工业者；他们在定居下来成为一个小师傅以前，都要在德国、瑞士、而且往往在法国逛上几年。这样一来，就有很多德国工人陆续到巴黎去并从那里回来，而

---

① 魏特林，威廉（1808—1871 年），德国工人运动初期的著名活动家，空想平均共产主义理论家之一，职业是裁缝。——编者注

② 即《共产党宣言》。——编者注

③ 在法文原文中不是"都经受住了考验"，而是"都做到了全力以赴"。——编者注

在那里必然要接触到法国工人阶级的政治运动和社会运动。其中有一个叫威廉·魏特林的，是普鲁士马格德堡人，普通的帮工裁缝，他决定在自己的祖国建立共产主义公社。

这个可以算是德国共产主义创始者的人，在巴黎住了几年以后，就到了瑞士，在日内瓦的一家裁缝店工作，这时，他向和他一起工作的人宣传他的新福音。他在日内瓦湖畔的所有的瑞士城镇，建立了共产主义联合会，在那里做工的大部分德国人都对他的思想表示同情。他这样取得了社会舆论的同情和支持以后，就着手出版一种定期刊物《年轻一代》，在这个国家扩大自己的宣传。虽然这份杂志只是给工人看的，文章也是工人写的，但从一开始它就胜过了法国共产主义者办的大部分刊物，甚至胜过了卡贝慈父办的《人民报》。从这份杂志可以看出，杂志编辑为了取得一个政论家不可或缺的、从有限的几年教育里不能得到的历史知识和政治知识，是下过一番功夫的。这份杂志还说明了，魏特林曾不断地努力把自己对于社会的各种观点和思想综合成一种完整的共产主义体系。《年轻一代》杂志1841 年开始出版；第二年，魏特林发表了《和谐与自由的保证》一书。他这本书评述了旧社会制度，描绘了新社会制度的轮廓。将来我也许要从这本书摘出几段寄给你们。

这样，魏特林在日内瓦及其近郊建立了共产党的核心以后，就到了苏黎世；那里也和瑞士北部其他城市一样，他的一些朋友对工人的思想已经发生了影响。现在他开始在这些城市组织自己的党。一些讨论社会改革问题的联合会以歌咏俱乐部的名义成立了。这时，魏特林表示要出版《贫苦罪人们的福音》一书。可是就在这时候，警察便来干涉了。

今年 6 月，魏特林被捕了。他这本书没等出版就和他的文件一起被没收。共和国政府成立了一个委员会，专门审理这个案件，然后向议会——民选的代表机关——提出关于这个案件的报告。这个报告已在几个月以前公布。从这个报告可以看出，瑞士每个地方都有很多共产主义联合会，其中大部分成员是德国工人；魏特林被看作共产党的领导者，并且常常收到有关运动情况的报告；他和德国人在伦敦、巴黎建立的同样的联合会有通信联系；所有这些由经常变更住所的人组成的团体无非是"危险的、空想的学说"的温床，它把自己最有经验的成员派往德国、匈牙利和意大利，并以自己的思想感染一切影响所及的工人。报告的起草人是布伦奇里博士。

他是一个贵族，基督教的狂热拥护者，因此，他写的一切与其说是一篇冷静的官方报告，不如说是一封挟嫌陷害的告密书。这篇报告把共产主义说成旨在推翻整个现存制度和破坏社会一切神圣关系的最危险的学说。此外，这位虔诚的博士再找不出更厉害的字眼来表示他对这些卑贱无知的人们亵渎神明的粗野行为（他们竟想引用圣经来为自己不道德的革命学说进行辩护）的愤怒心情。魏特林及其政党在这个问题上抱着和法国伊加利亚派同样的看法，也宣称基督教就是共产主义。

魏特林案件的结局远不是苏黎世政府所预料的那样。虽然魏特林及其朋友不止一次地谈吐失慎，可是加在魏特林头上的叛国和谋反罪名并未得到证实。刑事法庭判处魏特林六个月徒刑，并永久驱逐出瑞士；苏黎世各联合会的会员被驱逐出州境；苏黎世政府将这一报告转发各州政府并照会各外国使馆。可是在瑞士的其他地方，共产主义者并没有遭到多大损害。迫害开始得太晚了，并且没有得到其他各州比较有力的支持。这一迫害根本没有消灭共产主义，反倒给它带来了好处，它使所有操德语的国家对它产生了更大的兴趣。以前在德国几乎谁都不知道的共产主义，由于这些事件，在那里却成了众目所瞩的问题。

> 恩格斯：《大陆上社会改革运动的进展》（1843 年 10 月 23 日和 11 月初），摘自《马克思恩格斯全集》第 1 卷，人民出版社 1956 年版，第 586—588 页。

重建的同盟大大扩展起来了。例如在瑞士，**魏特林、奥古斯特·贝克尔**（一个智力非凡的人，但也像许多德国人一样由于动摇而垮台）等人建立了一个或多或少忠于魏特林共产主义体系的坚强组织。这里不是批评魏特林共产主义的地方。但是，对于它作为德国无产阶级的第一次独立理论运动所具有的意义，至今我还同意马克思在 1844 年巴黎《前进报》上所说的话：（德国的）"资产阶级，包括其哲学家和学者在内，有哪一部论述**资产阶级解放**——政治解放——的著作能和魏特林的《和谐与自由的保证》一书媲美呢？只要把德国的政治论著中那种褊狭卑俗的平庸气同德国工人的这部史无前例的光辉灿烂的处女作比较一下，只要把**无产阶级巨大的童鞋**同德国资产阶级极小的政治烂鞋比较一下，我们就能够预言德国灰姑娘将来必然长成一个大力士的体型。"这个大力士今天已站在我们面前，虽然他还远远没有发育成熟。

> 恩格斯:《关于共产主义者同盟的历史》(1885 年 10 月 8 日),摘自
> 《马克思恩格斯文集》第 4 卷,人民出版社 2009 年版,第 229—
> 230 页。

可是,魏特林共产主义则是一种自成系统的并且刊印成著作的东西。

我刚才想到,你大概需要库尔曼的一本书,——这种"先知者的宗教"是继魏特林之后在瑞士出现的,并把魏特林的很多门徒拉了过去。我完全忘记了把这本书交给施留特尔。

随信附上魏特林给赫斯的一封信(取自档案馆)。魏特林同我们的决裂是在关系密切的同志组成的小团体所召开的一次会议上发生的。(与会的一位俄国人安年柯夫也描写过这次会议,几年前《新时代》曾转载了这些回忆。)情况是这样的:赫斯曾在威斯特伐里亚(比雷菲尔德等地)呆过,他告诉我们说,那里的人(吕宁、雷姆佩尔等人)想筹集资金出版我们的作品。这时魏特林就插了进来,他想在那里立即发表阐述他的空想体系的东西及其他一些巨著,其中还包括一部新的语法书,书中把第三格看作贵族的发明而废除了,如果这个计划实现的话,这一切正是我们当时应当加以批判和与之斗争的。这封信表明,我们的论据在魏特林的头脑中反映出来时被歪曲成了什么样子。他所看到的到处只是职业上的嫉妒,只是企图扼杀他的天才,"切断他的财源"。但是在他归纳的第五点和第六点中,毕竟相当明确地表明了他和我们之间原则上的对立,而这是最主要的。

> 恩格斯:《致奥·倍倍尔》(1888 年 10 月 25 日),摘自《马克思恩格斯全集》第 37 卷,人民出版社 1971 年版,第 110—111 页。

论布朗基①

布朗基主要是一个政治革命家;他只是在感情上,即在同情人民的痛苦这一点上,才是一个社会主义者,但是他既没有社会主义的理论,也没有改造社会的确定的实际的建议。布朗基在他的政治活动中主要是一个"实干家",他相信组织得很好的少数人只要在恰当的时机试着进行某种革命的突袭,能够通过最初的若干胜利把人民群众吸引到自己方面来,就能

---

① 布朗基,路易·奥古斯特(1805—1881 年),法国革命家,空想共产主义者,许多秘密社团和秘密活动的组织者。——编者注

取得革命胜利。在路易－菲力浦时代，布朗基当然只有通过秘密结社的形式才组成了这样的核心，于是便发生了在搞密谋时通常会发生的事情：那些对没完没了地保证马上就干起来这种空洞诺言感到厌倦的人，终于再也忍耐不住了，开始闹了起来。在这种情况下只能有一种选择：或者听任密谋瓦解，或者在没有任何外部导因的情况下开始起义。起义爆发了（1839年5月12日），但是立刻就被镇压下去。顺便说一句，这是布朗基的唯一的一次没有被警方侦查出来的密谋；这次起义对警察局是一个晴天霹雳。由于布朗基把一切革命想象成由少数革命家所进行的突袭，自然也就产生了起义成功以后实行专政的必要性，当然，这种专政不是整个革命阶级即无产阶级的专政，而是那些进行突袭的少数人的专政，而这些人事先又被组织起来，服从于一个人或者几个人的专政。

由此可见，布朗基是过去一代的革命家。

恩格斯：《流亡者文献》（1874年5月中—1875年4月），摘自《马克思恩格斯文集》第3卷，人民出版社2009年版，第358—359页。

请您相信，我比任何人都更关心那位我一向认为是法国无产阶级政党的头脑和心脏的人[①]的命运。

马克思：《致路·瓦特》（1861年11月10日），摘自《马克思恩格斯全集》第30卷，第612页。

爱国主义思想起源于十八世纪的大革命；这个思想深深地影响了公社的社会主义者，例如布朗基这位无可怀疑的革命家和社会主义的热烈拥护者就认为，把资产阶级的号召 **"祖国在危险中！"** 拿来作为他的报纸的名称是最合适不过的。

列宁：《公社的教训》（1908年3月23日），摘自《列宁全集》第13卷，人民出版社1959年版，第453页。

附：论科西迪耶尔[②]

在二月革命的所有的领袖当中，科西迪耶尔是唯一具有乐天性格的人。

---

① 指布朗基。——编者注
② 科西迪耶尔，马尔克（1808—1861年），法国人，1834年里昂起义的参加者；七月王朝时期秘密革命团体的组织者之一；1848年二月革命后任巴黎警察局长，制宪议会议员；1848年6月流亡英国。——编者注

他代表革命中的 loustic〔乐天派〕，是老职业密谋家们的十分适当的首脑人。他多情，幽默，是各种酒馆和咖啡馆的老主顾，他信守的原则是自己活，让别人也活，同时又象军人一样地勇敢，样子和蔼可亲，举止落落大方，但实际上却十分奸诈、狡猾和阴险，观察力也异常敏锐，具有一定的革命手腕和革命毅力。科西迪耶尔当时是个真正的平民，他本能地仇恨资产阶级，极为富有一切平民的热情。他刚一安置在警察局里，就秘密地反对"国民报"派，同时也没有忘记前任者的厨房和地下室。他立刻着手组织军事力量，保证自己手中有一个报社，成立俱乐部，安排人事，总之，他一开始活动就信心百倍。警察局在二十四小时之内就变成了一座不怕敌人袭击的堡垒。但是，他的一切计划不是纸上谈兵，就是实际上毫无结果的纯粹平民式的狂妄行动。在矛盾尖锐化的时候，他的命运就和他的组织一样，在"国民报"派和象布朗基那样的无产阶级革命者之间动摇不定，停滞不前。他的山岳党人已经分裂；老的 bambocheurs 不服从指挥，也已无法再加以制服，而革命的一部分则转向布朗基方面去了。科西迪耶尔本人在他的警察局长和人民代表的官场地位上越来越资产阶级化；5 月 15 日，他小心谨慎地对事件采取旁观态度，而且以极不体面的方式在议会里为自己辩护；6 月 23 日，他把起义者抛在一旁，让他们听天由命。他因此自然被逐出了警察局，而且不久以后被迫侨居国外。

马克思、恩格斯：《〈新莱茵报。政治经济评论〉第 4 期上发表的书评》（1850 年 3—4 月），摘自《马克思恩格斯全集》第 7 卷，人民出版社 1959 年版，第 326—327 页。

论蒲鲁东①

蒲鲁东在欧洲工人运动史上曾经起过很大的作用，以致不能立即就被忘掉。虽然他在理论上已经被扫除，在实践中已经被排斥在一边，但是他仍然保持着他的历史的意义。谁要去多少详细地研究现代社会主义，谁就应当去熟悉运动中的那些"已被克服的观点"。

恩格斯：《〈论住宅问题〉1887 年第二版序言》（1886 年 12 月底—

---

① 蒲鲁东，比埃尔·约瑟夫（1809—1865 年），法国政论家，经济学家和社会学家，无政府主义的创始人之一。——编者注

1887 年 1 月 10 日），摘自《马克思恩格斯文集》第 3 卷，人民出版社 2009 年版，第 242 页。

蒲鲁东最初的试笔作品，我已经记不起来了……

他的第一部著作《什么是财产?》无疑是他最好的著作。这一著作如果不是由于内容新颖，至少是由于论述旧东西的那种新的和大胆的风格而起了划时代的作用……蒲鲁东在他那部著作中对圣西门和傅立叶的关系，大致就像费尔巴哈对黑格尔的关系一样。和黑格尔比起来，费尔巴哈是极其贫乏的。但是，他**在黑格尔**以后起了划时代的作用……

在我看来，蒲鲁东的这一著作在风格方面强健的肌肉还算占优势。而且我认为这种风格是这一著作的主要优点。可以看出，蒲鲁东甚至把他仅仅重复旧东西的地方也看做独立的发现；他所说的东西，对他自己说来都是新东西而且是被他当做新东西看待的。向经济学中"最神圣的东西"进攻的挑战勇气，嘲笑庸俗的资产阶级知性时使用的机智的悖论，毁灭性的评论，辛辣的讽刺，对现存制度的丑恶不时流露出来的深刻而真实的激愤，革命的真诚——《什么是财产?》就是以所有这些激动了读者，并且一出版就造成了很大的冲击。在严格科学的政治经济学史中，这本书几乎是不值得一提的。但是，这种耸人听闻的著作在科学中也像在文学中一样起着自己的作用。

马克思：《论蒲鲁东（给约·巴·施韦泽的信)》（1865 年 1 月 24日），摘自《马克思恩格斯文集》第 3 卷，人民出版社 2009 年版，第16—17 页。

但是，蒲鲁东还力图赢得更大的胜利。他在写了许多未引起人们注意的小文章以后，终于在 1846 年出版了他那包括两大卷的《贫困的哲学》。在这部应使他名垂千古的著作中，蒲鲁东运用经过粗暴歪曲了的黑格尔的哲学方法来论证一种奇怪的、完全不正确的政治经济学体系，企图用形形色色的先验的魔法来论证一种自由工人联合的新社会主义体系。这个体系是如此之新颖，以致它在《Equitable Labour Exchange Bazaars or Offices》〔"劳动产品公平交换市场或交换所"〕的名称下，早在十年以前就在英国十个不同城市中破产过十次了。

这部冗长的、臃肿的伪科学著作，不仅对以往一切经济学家，而且对以往一切社会主义者进行了极其粗暴的指责，它没有给轻率的法国人留下任何印象。这种叙述和论断的方式他们从来还没有见到过，它比蒲鲁东上一部著作中的那些可笑的奇谈怪论还要更不合他们的胃口。这类奇谈怪论在这本书中也颇不少（例如，蒲鲁东曾一本正经地宣布"他是耶和华的私人仇敌"），但是它们隐藏在伪辩证法的论断下面。法国人又宣称：《c'est un ouvrage remarquable》〔"这是一部卓越的著作"〕，并把它搁在一边。在德国，这部著作自然受到了较大的尊重。

马克思当时发表了一部既机智而又严正的著作来驳斥蒲鲁东（卡尔·马克思"哲学的贫困。答蒲鲁东先生的'贫困的哲学'"1847 年布鲁塞尔和巴黎版）——这部著作按其思想方式和语言来说，要比蒲鲁东那部矫揉造作的荒唐东西千百倍地更带法国味。

至于蒲鲁东这两部著作中所包含的对现存社会关系的批评，那末，在读完这两本书之后，可以问心无愧地说：这种批评等于零。

至于谈到蒲鲁东关于社会改造的计划，那末，如前面所说的，它们只有一个优点，即它们早在许多年以前就在英国的无数次破产中光辉地表现了自己。

这就是革命前的蒲鲁东。

> 恩格斯：《蒲鲁东》（1848 年 12 月），摘自《马克思恩格斯全集》第 6 卷，人民出版社 1961 年版，第 669—670 页。

在蒲鲁东的第二部重要著作《贫困的哲学》①出版前不久，他自己在一封很详细的信中把这本书的内容告诉了我，信中附带说了这样一句话："**我等待着您的严厉的批评。**"不久以后，我果然对他进行了这样的批评（通过我的著作《哲学的贫困》1847 年巴黎版），其严厉的方式竟使我们的友谊永远结束了。

……

为了评价他的两卷厚厚的著作，我不得不介绍您看一下我的那部反驳他的著作。在那里，我指出了，他对科学辩证法的秘密了解得多么肤浅，另一方面他又是多么赞同思辨哲学的幻想，因为他**不是把经济范畴看做历史的、与物质生产的一定发展阶段相适应的生产关系的理论表现，而是荒**谬地把它看做预先存在的、**永恒的观念**，并且指出了，他是如何通过这种

---

① 即蒲鲁东的《经济矛盾的体系，或贫困的哲学》1846 年巴黎版。——编者注

迂回的道路又回到资产阶级经济学的立场上去①。

其次，我还指出，他对他所批判的"政治经济学"的认识是多么不够，有时甚至是小学生式的；他同空想主义者一起追求一种可用来先验地构想某种"解决社会问题"的公式的所谓"**科学**"，而不是去从对历史运动的批判的认识中，即对本身就产生了**解放的物质条件**的运动的批判的认识中得出科学。我特别指出，蒲鲁东对整个问题的基础——**交换价值**的理解始终是模糊、错误和不彻底的，他还把对**李嘉图的**价值理论的空想主义解释误当做一种新科学的基础。关于他的一般观点，我是用以下的话概述我的判断的：

"每一种经济关系都有其好的一面和坏的一面；只有在这一点上蒲鲁东先生没有背叛自己。他认为，好的方面由经济学家来揭示，坏的方面由社会主义者来揭露。他从经济学家那里借用了永恒关系的必然性；从社会主义者那里借用了把贫困仅仅看做是贫困的幻想（而不是在贫困中看到将会推翻旧社会的革命的、破坏的一面②）。他对两者都表示赞成，企图拿科学权威当靠山。而科学在他看来已成为某种微不足道的科学公式了；他无休止地追逐公式。正因为如此，蒲鲁东先生自以为他既批判了政治经济学，也批判了共产主义；其实他远在这两者之下。说他在经济学家之下，因为他作为一个哲学家，自以为有了神秘的公式就用不着深入纯经济的细节；说他在社会主义者之下，因为他既缺乏勇气，也没有远见，不能超出（哪怕是思辨地也好）资产者的眼界……他希望充当科学泰斗，凌驾于资产者和无产者之上，**结果只是一个小资产者**，经常在资本和劳动、政治经济学和共产主义之间摇来摆去。"③

上面这个判决尽管非常严厉，我今天仍然认为每个字都是正确的。

　　马克思：《论蒲鲁东（给约·巴·施韦泽的信）》（1865 年 1 月 24
　　日），摘自《马克思恩格斯文集》第 3 卷，人民出版社 2009 年版，第
　　19—21 页。

---

　　①　"经济学家所以说现存的关系（资产阶级生产关系）是**天然的**，是想以此说明，这些关系正是使生产财富和发展生产力得以按照自然规律进行的那些关系。因此，这些关系是不受时间影响的**自然规律**。这是应当永远支配社会的**永恒规律**。于是，以前是有历史的，现在再也没有历史了。"（见我的著作第 113 页）

　　②　括弧中的这句话是马克思在本文中加上去的。——编者注

　　③　见我的著作第 119、120 页。

您现在就可以了解，为什么蒲鲁东先生十分强烈地敌视一切政治运动。在他看来，现代各种问题不是解决于社会行动，而是解决于他头脑中的辩证的旋转运动。由于在他看来范畴是动力，所以要改变范畴，是不必改变现实生活的；完全相反，范畴必须改变，而结果就会是现存社会的改变。

蒲鲁东先生一心想调和矛盾，因而完全避开了一个问题：是不是必须把这些矛盾的基础本身推翻呢？他完全像一个空论的政治家，想把国王、众议院、贵族院一并当做社会生活的构成部分，当做永恒的范畴。他只是寻求一个新公式，以便把这些力量平衡起来，而这些力量的平衡正是建立在现代运动的基础上，在这个运动中，各种力量时而取胜时而失败。同样，在 18 世纪，许多平庸的人物都曾努力去发现一个真正的公式，以便把各个社会等级、贵族、国王、议会等等平衡起来，而一夜之间无论国王、议会或贵族都消失了。这一对抗的真正平衡是推翻一切社会关系——这些封建体制和这些封建体制的对抗的基础。

由于蒲鲁东先生把永恒观念、纯粹理性范畴放在一边，而把人和他们那种在他看来是这些范畴的运用的实践生活放在另一边，所以他自始就保持着生活和观念之间、灵魂和肉体之间的**二元论**——以许多形式重复表现出来的二元论。您现在可以看到，这个对抗不过是表明蒲鲁东先生不能了解他所神化了的各种范畴的世俗的起源和平凡的历史罢了。

马克思：《致帕维尔·瓦西里耶维奇·安年科夫》（1846 年 12 月 28 日），摘自《马克思恩格斯文集》第 10 卷，人民出版社 2009 年版，第 51—52 页。

总括起来说，蒲鲁东先生没有超出小资产者的理想。为了实现这个理想，他除了让我们回到中世纪的帮工或者至多中世纪的手工业师傅那里以外，没有想出更好的办法。他在自己的著作中曾经谈到：人生在世，只要有一部杰作，只要有一次感觉到自己是人也就够了。无论就形式或实质来说，这难道不正是中世纪的手工业行会所要求的一部杰作吗？

马克思：《哲学的贫困》（1847 年上半年），摘自《马克思恩格斯文集》第 1 卷，人民出版社 2009 年版，第 630 页。

蒲鲁东的全部学说，都是建立在从经济现实向法学空话的这种救命的跳跃上的。每当勇敢的蒲鲁东看不出经济联系时——这是他在一切重大问题上都要遇到的情况——他就逃到法的领域中去求助于**永恒公平**。

恩格斯：《论住宅问题》（1872 年 5 月—1873 年 1 月），摘自《马克思恩格斯文集》第 3 卷，人民出版社 2009 年版，第 255 页。

蒲鲁东和拉萨尔的差别只在于，拉萨尔是一个真正的法学家和黑格尔主义者，而蒲鲁东在法学和哲学方面，也如在其他一切方面一样，不过是一个门外汉。

我知道得很清楚：以经常自相矛盾著称的蒲鲁东，有时也发表一些言论，表明他似乎是用事实来说明观念的。但是，这些言论对他的一贯思想倾向来说是毫不足道的，何况这些言论即使有也是极其混乱和自相矛盾的。

恩格斯：《论住宅问题》（1872 年 5 月—1873 年 1 月），摘自《马克思恩格斯文集》第 3 卷，人民出版社 2009 年版，第 321—322 页。

不是消灭资本主义和它的基础——商品生产，而是使这个基础**免除各**种弊病和赘瘤等等；不是消灭交换和交换价值，而相反地，是使它"确立"，使它成为普遍的、绝对的、**"公允的"**、没有波动、没有危机、没有弊病的东西，——这就是蒲鲁东思想。

蒲鲁东是小资产阶级，他的理论把交换和商品生产绝对化，把它当作宝贝……

列宁：《关于民族问题的批评意见》（1913 年 10—12 月），摘自《列宁全集》第 20 卷，人民出版社 1958 年版，第 17 页。

无政府主义者的"始祖"蒲鲁东说：世界上存在着**一成不变的正义**，这种正义应当成为未来社会的基础。因此蒲鲁东被称为形而上学者。马克思借助辩证方法和蒲鲁东作斗争，并证明说：既然世界上一切都在变化，那末"正义"也一定要变化，因而"不变的正义"只是一种形而上学的呓语（见马克思《哲学的贫困》）。

斯大林：《无政府主义还是社会主义？》（发表于 1906 年 12 月—1907 年 1 月），摘自《斯大林全集》第 1 卷，人民出版社 1953 年版，第 280 页。

他那本关于"政变"[①] 的著作和他最后写的那本反对波兰的著作[②]应当认为不仅是拙劣之作，而且是卑鄙之作，然而是适合小资产阶级观点的卑鄙之作。在前一本著作中他向路易·波拿巴献媚，实际上是竭力把他弄成

---

① 　指蒲鲁东《从十二月二日政变看社会革命》1852 年巴黎版。——编者注

② 　指蒲鲁东的《1815 年的条约已不存在了吗？未来的代表大会决议书》。——编者注

适合法国工人口味的人物；在后一本著作中他为了迎合沙皇而表现出愚蠢的厚颜无耻。

人们常常拿**蒲鲁东**和**卢梭**相比。没有比这更错误的了。他更像**尼·兰盖**，不过兰盖的《民法论》是一部很有天才的著作。

蒲鲁东是天生地倾向于辩证法的。但是他从来也不懂得真正科学的辩证法，所以他陷入了诡辩的泥坑。实际上这是和他的小资产阶级观点有联系的。

> 马克思：《论蒲鲁东（给约·巴·施韦泽的信）》（1865 年 1 月 24 日），摘自《马克思恩格斯文集》第 3 卷，人民出版社 2009 年版，第 23—24 页。

二月革命对蒲鲁东来说的确来得非常不是时候，因为正好在几星期前他还不容争辩地证明说，"革命的纪元"已经一去不复返了。他在国民议会中的演说，虽然表明他对当前的情况很少了解，但仍然是值得极力称赞的。**在六月起义以后**，这是一个非常勇敢的行动。此外，他的演说还有一个良好的结果，这就是**梯也尔**先生在反对蒲鲁东提案的演说（后来出了单行本）中向整个欧洲证明了，法国资产阶级的这个精神支柱是建立在多么可怜而幼稚的教义问答的基础上。同**梯也尔**先生相比，**蒲鲁东**的确成了洪水前期的巨人了。

> 马克思：《论蒲鲁东（给约·巴·施韦泽的信）》（1865 年 1 月 24 日），摘自《马克思恩格斯文集》第 3 卷，人民出版社 2009 年版，第 22 页。

论拉萨尔①

1849 年欧洲革命失败后，德国的社会主义只能秘密地存在。只是在 1862 年，马克思的学生拉萨尔才重新举起社会主义的旗帜。但是这已经不是《宣言》中的大无畏的社会主义了；拉萨尔为工人阶级利益所要求的一切，不过是由国家贷款成立生产合作社，这是在 1848 年以前追随马拉斯特

---

① 拉萨尔，斐迪南（1825—1864 年），德国政论家，律师。六十年代参加工人运动，是全德工人联合会创建人之一。——编者注

的纯粹的共和派的①《国民报》的那一派巴黎工人的纲领的翻版，因此也就是**纯粹的共和派**针对路易·勃朗的《劳动组织》而提出的纲领的翻版。正如我们看到的，拉萨尔的社会主义是非常温和的。但是，它在舞台上的出现却标志着德国社会主义发展第二阶段的起点。这是因为拉萨尔靠自己的天才、激情和无限充沛的精力，竟然把工人运动发动起来了，十年来德国无产阶级独自做出的一切②都同这个运动有肯定的或否定的、友好的或敌对的联系。

> 恩格斯：《德国的社会主义》（1891 年 10 月 13—22 日和 1892 年 1月），摘自《马克思恩格斯文集》第 4 卷，人民出版社 2009 年版，第426—427 页。

请回忆一下德国的例子吧。拉萨尔对于德国工人运动的历史功绩何在呢？就在于他**使**这个运动**脱离了**它自发地走上（**在舒尔采－德里奇之类的人的盛情参与下**）的那条进步党的工联主义和合作社主义的道路。为了执行这个任务，所需要的不是谈论什么轻视自发因素，什么策略－过程，什么因素和环境的相互作用等等，而是与此完全不同的做法。为此需要**同自发性进行殊死的斗争**，也正是由于许多年来进行了这种斗争，比如说，柏林的工人才由进步党的支柱变成了社会民主党的最好的堡垒之一。

> 列宁：《怎么办？》（1901 年秋—1902 年 2 月），摘自《列宁专题文集·论无产阶级政党》，人民出版社 2009 年版，第 86 页。

拉萨尔具有非凡的才能和渊博的学识，这是一个精力充沛而且简直是无限灵活〔Versatilität〕的人；他可以说生来就是为了在一切场合扮演政治角色。但是，他既不是德国工人运动的第一个倡导者，也不是有独创见解的思想家。他的著作的全部内容都是抄袭来的，而且在抄袭时还作了歪曲；他有一个先驱者，一个在智力上远远超过他的人，他一面把这个人的著作庸俗化，同时却对这个人的存在只字不提，这个人的名字就是卡尔·马克思。

> 恩格斯：《卡尔·马克思》（1869 年 7 月 28 日），摘自《马克思恩格

---

① 发表在《1892 年工人党年鉴》上的法文原文中没有"纯粹的共和派的"这几个字。——编者注

② 这句话在法文原文中不是"十年来德国无产阶级独自做出的一切"，而是"十年来使德国无产阶级激动过的一切东西"。——编者注

斯全集》第 16 卷，人民出版社 1964 年版，第 408 页。

　　拉萨尔的整个伟大名声是由于马克思容忍他多年来把马克思的研究成果当做自己的东西来装饰门面，而且因为缺乏经济学素养还歪曲了这些成果，如果这些人不了解这一点，那并不是我的过错。但是，我是马克思的著作方面的遗嘱执行人，所以我也是有义务的。

　　拉萨尔属于历史已有 26 年了。如果他在非常法①时期没有受到历史的批判，那么现在终于到了必须进行这种批判并弄清拉萨尔对马克思的态度的时候了。掩饰拉萨尔的真实面目并把他捧上天的那种神话，决不能成为党的信条。无论把拉萨尔对运动的功绩评价得多么高，他在运动中的历史作用仍然具有两重性。同社会主义者拉萨尔形影不离的是蛊惑家拉萨尔。透过鼓动者和组织者拉萨尔，到处显露出一个办理过哈茨费尔特诉讼案的律师面孔：在手法的选择上还是那样无耻，还是那样喜欢把一些声名狼藉和卖身求荣的人拉在自己周围，并把他们当做单纯的工具加以使用，然后一脚踢开。1862 年以前，他实际上还是一个具有强烈的波拿巴主义倾向的、典型普鲁士式的庸俗民主主义者（我刚才看了他写给马克思的那些信），由于纯粹个人的原因，他突然来了个转变，开始了他的鼓动工作。过了不到两年，他就开始要求工人站到王权方面来反对资产阶级，并且同品质和他相近的俾斯麦勾结在一起，如果他不是侥幸恰好在那时被打死，那就一定会在实际上背叛运动。在拉萨尔的鼓动著作中，从马克思那里抄来的正确的东西同他自己的通常是错误的论述混在一起，二者几乎不可能区分开来。由于马克思的批判而感到自己受了伤害的那一部分工人，只了解拉萨尔两年的鼓动工作，而且还是戴着玫瑰色眼镜来看他的鼓动工作的。但是在这种偏见面前，历史的批判是不能永远保持毕恭毕敬的姿态的。我的责任就是最终揭示马克思和拉萨尔之间的关系。这已经做了，我暂时可以因此而感到满足。况且我自己现在还有别的事情要做。而已经发表的马克思对拉萨尔的无情批判，本身就会产生应有的影响并给别人以勇气。但是，假如情况迫使我非讲话不可，我就没有选择的余地：我只有一劳永逸地肃清有关拉萨尔的神话了。

　　恩格斯：《致卡尔·考茨基》（1891 年 2 月 23 日），摘自《马克思恩

_____

　　① 指俾斯麦政府的反社会党人法。——编者注

格斯文集》第 10 卷，人民出版社 2009 年版，第 603—604 页。

首先，关于拉萨尔的联合会①，它是在一个反动时期成立的。在德国工人运动沉寂了 15 年之后，拉萨尔又唤醒了这个运动，这是他的不朽的功绩。但是，他犯了很大的错误。他受直接的时代条件的影响太深了。他把一个小小的出发点——他同舒尔采 – 德里奇这样一个无足轻重的人②的对立——当做自己的鼓动的中心点：以国家帮助反对自助。这样，他不过是重新提出了**天主教**社会主义的首领**毕舍**为反对法国的真正的工人运动而于 1843 年和以后几年提出的口号。拉萨尔是够聪明的，当然认为这个口号是权宜之计，所以他只能以这个口号（据说！）可以直接实现为理由来为之辩护。为了这个目的，他不得不断言这个口号在**最近的**将来就会实现。因此，**这种**"国家"就变成了普鲁士国家。这样一来，他就不得不向普鲁士君主制、向普鲁士反动派（封建党派）、甚至向教权派让步。他把宪章派的普选权口号同毕舍所说的国家对协作社的帮助结合起来。他忽略了德国和英国的条件是不同的。他忽略了衰落帝国③在法国普选权问题上的教训。其次，就像每一个说自己的口袋里装有能为群众医治百病的万应灵丹的人一样，他一开始就使自己的鼓动带有宗教的宗派性质。其实，任何宗派都带有宗教性质。再次，正因为他是一个宗派的创始人，所以他否认同德国和外国以前的运动有任何天然的联系。他陷入了蒲鲁东的错误之中，他不是从阶级运动的实际因素中去寻找自己的鼓动的现实基础，而是想根据某种教条式的处方来规定这一运动的进程。

马克思：《马克思致约翰·巴蒂斯特·施韦泽》（1868 年 10 月 13 日），摘自《马克思恩格斯文集》第 10 卷，人民出版社 2009 年版，第 292—293 页。

拉萨尔和拉萨尔派认为走无产阶级的和民主的道路的可能性不大，于是他们就实行了动摇的政策，迁就俾斯麦的容克地主领导权。他们的错误就在于使工人政党倾向于波拿巴的国家社会主义的道路。

列宁：《奥古斯特·倍倍尔》（1913 年 8 月 8 日），摘自《列宁全集》第 19 卷，人民出版社 1959 年版，第 292—293 页。

---

① 指全德工人联合会。——编者注
② 舒尔采 – 德里奇是德国经济学家和进步党首领之一。——编者注
③ 指法兰西第二帝国。——编者注

至于拉萨尔向俾斯麦献媚，这一点是不能否认的。布林德引证的话，拉萨尔确实在杜塞尔多夫的辩护词中说过，甚至还让刊登出来，因此这是没有办法的事。拉萨尔尽管有各种优点，他却具有犹太人那种看重瞬息间的成就的特点；因此他不能不对路易·波拿巴深感尊敬，不能不象他所做的那样露骨地说出波拿巴主义的原则。对于那些比较了解他的人来说，这并不是唯一的事实。你可以想象得到，我们对这件事感到多么不愉快，就象猪仔布林德感到这是十分求之不得的事一样。单单这一事实，就足以使我们在拉萨尔活着的时候就不希望同他的整个鼓动有什么共同之处，况且我们也有其他的原因。但是现在所有这一切都已经是过去的事情，因而应当弄清楚，他的鼓动只是一时的冲动，还是在它背后隐藏着什么实在的东西。

恩格斯：《致约·魏德迈》（1864年11月24日），摘自《马克思恩格斯全集》第31卷，人民出版社1972年版，第429—430页。

拉萨尔走上这条错误的道路，因为他是米凯尔先生式的"**现实政治家**"，只是派头更大、目标更高罢了！（顺便说说，我早已看透了米凯尔，因此我认为，他的出场，是由于民族联盟对一个小小的**汉诺威**律师来说是个很好的待遇，可以借助它在德国、在自己的小天地以外扬名，这样既能提高他自己的"**现实性**"，反过来又能使他在汉诺威当地得到公认，并在"**普鲁士的**"保护下扮演"**汉诺威的**"米拉波。）正如米凯尔和他现在的朋友们抓住了普鲁士摄政王所宣布的"新纪元"，以便加入民族联盟并依附于"普鲁士的领导地位"一样，正如他们通常在**普鲁士的保护**下发展自己的"公民自豪感"一样，拉萨尔想在乌克马克的菲力浦二世的面前扮演无产阶级的波扎侯爵①，而让俾斯麦扮演他和普鲁士王权之间的撮合者。他只是仿效民族联盟中的先生们而已。不过，那些人是为了中等阶级的利益而引起了普鲁士的"反动"，而他则是为了无产阶级的利益而同俾斯麦握手言欢。那些先生们这样做要比拉萨尔更有根据，因为资产者习惯于把眼前的直接利益看做"现实"，而且这个阶级实际上到处妥协，甚至和封建主义妥协，可是工人阶级按其本性来说应当是真正"革命的"。

①　波扎侯爵和菲力浦二世是席勒的《唐·卡洛斯》一剧中的人物。"乌克马克的菲力浦二世"暗指威廉一世。——编者注

对拉萨尔这样一个装腔作势、爱好虚荣的人来说（但是，他不是用市长等官职这样的小恩小惠可以收买的），一个很有诱惑的想法就是：为无产阶级建立了直接功勋的是斐迪南·拉萨尔！他对建立这种功勋的现实的经济条件的确太无知，以致不能批判地对待自己！另一方面，由于曾经使德国资产者容忍了 1849—1859 年的反动并对愚民措施采取旁观态度的那个卑鄙的**"现实政策"**，德国工人竟**"堕落"**到这种地步，以致对这位答应帮助他们一跃而进入天国的自吹自擂的救主表示欢迎！

马克思：《马克思致路德维希·库格曼》（1865 年 2 月 23 日），摘自《马克思恩格斯文集》第 10 卷，人民出版社 2009 年版，第 220—221 页。

论巴枯宁[①]

巴枯宁有他自己的理论，这种理论是共产主义和蒲鲁东主义的某种混合物。巴枯宁想把这两种理论合而为一，这说明他对政治经济学完全无知。另外，他从蒲鲁东那里借用了关于无政府主义是"社会最终状态"的词句，同时他反对工人阶级的一切政治行动，因为这种行动似乎就是承认现存的政治状况，此外还因为一切政治行动，按照他的意见，都是"权威的"。至于他希望怎样消灭现存的政治压迫和资本的暴虐，他打算如何不用"权威的行动"来实现自己最喜爱的关于废除继承权的思想，他没有说明。1870 年 9 月里昂起义爆发时，巴枯宁在市政厅下令废除国家，却没有采取任何措施来对付国民自卫军中的一切资产者，后者便非常从容地开进市政厅，赶走了巴枯宁，不到一小时的工夫就恢复了国家。不管怎样，巴枯宁借助自己理论建立了一个宗派，参加这个宗派的有一小部分法国和瑞士的工人，有许多我们在西班牙的人，有在意大利的某些人……

恩格斯：《恩格斯致卡洛·卡菲埃罗》（1871 年 7 月 1—3 日），摘自《马克思恩格斯文集》第 10 卷，人民出版社 2009 年版，第 361 页。

巴枯宁一直到 1868 年都是阴谋反对国际的，他在伯尔尼和平同盟的代表大会上遭到惨败之后，加入了国际，并且立刻就开始在**国际内部**进行反

---

① 巴枯宁（1814—1876 年），俄国无政府主义者；曾参加第一国际，在海牙代表大会（1872 年）上被开除出国际。——编者注

对总委员会的阴谋活动。巴枯宁有一种独特的理论——蒲鲁东主义和共产主义的混合物，其中最主要的东西就是：他认为应当消除的主要祸害不是资本，就是说，不是由于社会发展而产生的资本家和雇佣工人的阶级对立，而是**国家**。广大的社会民主党工人群众都和我们抱有同样的观点，认为国家权力不过是统治阶级——地主和资本家——为维护其社会特权而为自己建立的组织，而巴枯宁却硬说**国家**创造了资本，资本家只是**由于国家的恩赐**才拥有自己的资本。因此，既然国家是主要祸害，那就必须首先废除国家，那时资本就会自行完蛋。我们的说法恰好相反：废除了资本，即废除了少数人对全部生产资料的占有，国家就会自行垮台。差别是本质性的：要废除国家而不预先实行社会变革，这是荒谬的；废除资本**正是**社会变革，其中包括对整个生产方式的改造。但是，既然在巴枯宁看来国家是主要祸害，就不应当做出任何事情来维持国家的生命，即任何一种国家——不管是共和国，君主国等等——的生命。因此就应当**完全放弃一切政治**。进行政治活动，尤其是参加选举，那是对原则的背叛。应当进行宣传，咒骂国家，组织起来，而当**一切**工人即大多数人都站到自己这方面来的时候，就撤销一切政权机关，废除国家，而代之以国际的组织。千年王国由以开始的这一伟大行动，就叫做**社会清算**。

这一切听起来都异常激进，而且简单得五分钟就能背熟，因此，巴枯宁的这套理论在意大利和西班牙也很快受到了青年律师、医生以及其他空论家们的欢迎。但是，工人群众决不会轻信：他们国内的公共事务并不同时是他们自己的事。他们天生就是**有政治头脑的**；任何要他们放弃政治的人，都终究会被他们所唾弃。向工人宣传在任何情况下都应当放弃政治，这就等于把他们推到传教士或资产阶级共和主义者的怀抱里去。

根据巴枯宁的意见，既然国际的建立并不是为了进行政治斗争，而是为了在进行社会清算时能够立即代替旧的国家组织，所以国际应当尽可能地接近巴枯宁的未来社会的理想。在这个社会中，首先是不存在任何**权威**，因为权威＝国家＝绝对的祸害。（没有一个作出最后决定的意志，没有统一的领导，人们究竟怎样经营工厂，管理铁路，驾驶轮船，这一点他们当然没有告诉我们。）多数对少数的权威也将终止。每一个人、每一个乡镇，都是自治的；但是，一个哪怕只由两个人组成的社会，如果每个人都不放弃一些自治权，又怎么可能存在，——关于这一点巴枯宁又闭口不谈。

所以，国际也应当照这个样子来建立。每一个支部都是自治的，每一个支部中的每一个人也是自治的。**巴塞尔决议**见鬼去吧，它竟授予总委员会以一种危险的和可以败坏它自己的权威！即使这种权威是**自愿**授予的，它也必须终止，就是**因为**它是权威！

整个骗局的要点简单说来就是如此。但是究竟谁是巴塞尔决议的首倡者呢？正是**巴枯宁先生自己及其同伙**！

> 恩格斯：《恩格斯致泰奥多尔·库诺》（1872 年 1 月 24 日），摘自《马克思恩格斯文集》第 10 卷，人民出版社 2009 年版，第 376—378 页。

巴枯宁加入**国际**总共只有一年半左右的时间。他是一个新会员。在**和平和自由同盟**（他是这个为同无产阶级国际相对抗而创立的国际资产阶级组织的**执行委员会委员**）伯尔尼①代表大会（**1868 年 9 月**）上，巴枯宁扮演了一个他最得心应手的江湖骗子的角色。他提出了一系列决议案，这些决议案本身是荒谬的，其目的是以夸张的激进主义语调激起资产阶级蠢货们的恐惧。由于这个缘故，当他遭到大多数人的否决时，他吵吵嚷嚷地退出了同盟，并煞有介事地在欧洲报刊上宣布了这一巨大事件。他几乎同维克多·雨果一样善于张扬，用海涅的话来说，雨果不仅仅是利己主义者，而且是雨果主义者②。

于是巴枯宁加入了我们的协会，加入了协会的日内瓦罗曼语区支部。他的第一个步骤就是策划阴谋。他建立了**社会主义民主同盟**。这个团体的纲领无非是巴枯宁向和平同盟伯尔尼代表大会提出的那些决议案。这个团体是作为一个宗派创立起来的，其主要中心在日内瓦，它是一个有自己的代表大会的**国际组织**，它既要作为一个独立的国际联合组织而存在，**同时**又要成为我们的**国际**的一个组成部分。总之，我们的协会由于这个钻进来的秘密团体而势必会逐渐变成俄国人巴枯宁的工具。建立这个新团体的借口是为了达到一个所谓的专门目的——"进行理论宣传"。如果考虑到巴枯宁及其信徒在理论上的无知，会觉得这真是非常可笑的。但是巴枯宁的纲领就是"**理论**"。它实际上包含三点：

---

① 此处以及下面一处，在马克思的手稿中是"洛桑"。——编者注
② 见海涅《吕太斯》第 1 部分。——编者注

　　（1）社会革命的第一个要求——**废除继承权**，这是圣西门派的旧货色，**江湖骗子和无知之徒**巴枯宁却冒充是这种货色的首倡者。显然，如果有可能通过全民投票在一天之内完成社会革命，那么马上就会废除土地所有权和资本，因而也就根本没有必要研究**继承权**。另一方面，如果没有这种可能性（当然，设想有这种可能性是荒谬的），那么宣布**废除继承权**就不是一个严肃的举动，而是一种愚蠢的威胁，这种威胁会使全体农民和整个小资产阶级围拢在反动派周围。请设想一下，比如美国佬未能用武力废除奴隶制，那么，宣布**废除奴隶继承权**会是多么愚蠢的行为！这全部货色来源于一种陈旧的唯心主义，它认为现在的法学是我们经济状况的基础，而不是把我们的经济状况看做我们法学的基础和根源！至于巴枯宁，他只是想炮制他自己的纲领。如此而已。这是一个应景的纲领。

　　（2）"**各阶级的平等**"。一方面要保留现存的**阶级**，另一方面又要使这些阶级的成员**平等**——这种荒谬见解一下子就表明这个家伙的可耻的无知和浅薄，而他却认为自己的"特殊使命"就是在"理论"上开导我们。

　　（3）工人阶级不应当从事**政治**。它只可以在工联中组织起来。而工联借助于**国际**总有一天会取代所有现存国家的地位。你们看，他把我的学说变成了什么样的漫画！既然把现存的国家改造成协作社是我们的最终目的，那么我们就应当允许各国政府，即统治阶级的这些庞大的工联做它们愿意做的一切事情，因为同它们打交道，就意味着承认它们。原来如此！旧学派的社会主义者也正是这样说的：你们不应当研究工资问题，因为你们想消灭雇佣劳动。为提高工资水平而同资本家作斗争就意味着承认雇佣劳动制度！这头蠢驴甚至不了解，一切阶级运动**本身**必然是而且从来就是**政治**运动。

　　先知巴枯宁，这个没有古兰经的先知的全部理论货色就是这样。

马克思：《马克思致保尔·拉法格和劳拉·拉法格》（1870 年 4 月 19
日），摘自《马克思恩格斯文集》第 10 卷，人民出版社 2009 年版，
第 331—333 页。

　　国际布鲁塞尔代表大会（1868 年 9 月）以后不久，**和平同盟**在伯尔尼召开了代表大会。这一次巴枯宁以挑拨者的姿态出现，而且——我顺便提一下——是用乐观主义的俄国佬通常为了掩饰自己的野蛮而向西方文明进攻时所用的那种口吻来痛斥西欧资产阶级。他提出一系列决议案，这些决议案**本身是荒谬的**，其用意是要使资产阶级的傻瓜们感到恐怖，而且使巴

枯宁先生能够大叫大嚷地**退出**和平同盟并**加入**国际。只要说说以下情况就够了：他向伯尔尼代表大会提出的纲领包含着象"**阶级平等**"、"**废除继承权**是社会革命的**开始**"这样一些谬论，以及与此类似的无稽之谈和一大堆唬人的胡言乱语，总而言之，是一个仅仅为着追求短暂功效的庸俗的即兴作品。巴枯宁在巴黎的朋友（一个俄国人在那里参加《实证论者评论》的出版工作）和在伦敦的朋友象宣布一个事变那样向全世界宣布巴枯宁退出和平同盟，并且宣称他的滑稽可笑的纲领——这个由陈腐的老生常谈拼凑起来的杂拌——是某种非常惊人的和独出心裁的东西。

就在那时候，巴枯宁加入了**国际**的罗曼语区分部（在日内瓦）。他费了几年的时间才下定决心走这一步。但是不消几天工夫，巴枯宁先生就决定要完成**国际**中的变革并把它变为**自己的**工具。

巴枯宁背着伦敦总委员会——它在看起来一切都**准备好了**的时候才得到通知——建立了所谓的"**社会主义民主同盟**"。这个团体的纲领就是他曾经向和平同盟的伯尔尼代表大会提出的那个纲领。因此，这个团体一开始就自称是宣传巴枯宁特有的深奥哲理的"宣传团体"，而巴枯宁本人，**社会理论领域中一个最无知的人**，在这里突然以**一个宗派的奠基者**的姿态出现。但是，这个"同盟"的理论纲领只不过是一种无耻的把戏。问题的实质在于它的实际组织，也就是说，这个团体应当是一个在**日内瓦**设有中央委员会的，即受巴枯宁亲自领导的**国际性**的团体。但同时它又是**国际工人协会**的"**不可分割的**"组成部分。一方面，它的分部应当有代表出席国际的"应届代表大会"（在巴塞尔），另一方面，**此外**还同时举行自己的代表大会，单独地开会，等等。

马克思：《机密通知》（1870 年 3 月 28 日左右），摘自《马克思恩格斯选集》第 2 卷，人民出版社 1972 年版，第 303—304 页。

1868 年底俄国人巴枯宁参加了**国际**，目的是要在国际内部建立**一个以他为首领的**叫做"**社会主义民主同盟**"的**第二个国际**。他这个没有任何理论知识的人妄图以这个特殊团体来代表国际进行**科学的**宣传，并把这种宣传变成国际内部的这个第二个国际的专职。

他的纲领是东一点西一点地草率拼凑起来的大杂烩——**阶级平等**（！），以**废除继承权**作为社会运动的**起点**（圣西门主义的谬论），以**无神论**作为会员必须遵守的**信条**，等等，而以**放弃政治运动**作为主要信条（蒲鲁东主义的）。

这种童话在工人运动的现实条件还不太成熟的意大利和西班牙曾经受到欢迎（现在也还受到一定的支持），在瑞士罗曼语区和比利时的一些爱好虚荣的、沽名钓誉的空论家中间也受到欢迎。

对巴枯宁先生来说，学说（从蒲鲁东、圣西门等人那里乞取而拼凑成的废话）过去和现在都是次要的东西——仅仅是抬高他个人的手段。如果说他在理论上一窍不通，那么他在干阴谋勾当方面却是颇为能干的。

马克思：《马克思致弗里德里希·波尔特》（1871 年 11 月 23 日），摘自《马克思恩格斯文集》第 10 卷，人民出版社 2009 年版，第 368 页。

论杜林①

我现在能够理解杜林先生的评论中的那种异常尴尬的语调了。就是说，这是一个往常极为傲慢无礼的家伙，他俨然以政治经济学中的革命者自居。他做过两件事。第一，他出版过一本（以凯里的观点为出发点）《国民经济学批判基础》（约 500 页），其次，出版过一本新的《自然的辩证法》（反对黑格尔辩证法的）。我的书②在这两方面都把他埋葬了。他是由于憎恨罗雪尔等人才来评论我的书的。此外，他在进行欺骗，这一半是出自本意，一半是由于无知。他十分清楚地知道，我的阐述方法**不是**黑格尔的阐述方法，因为我是唯物主义者，而黑格尔是唯心主义者。黑格尔的辩证法是一切辩证法的基本形式，但是，只有**在剥去它的神秘的形式之后**才是这样，而这恰好就是**我的**方法的特点。至于说到李嘉图，使杜林先生感到不自在的，正是在我的论述中**没有**凯里以及他以前的成百人曾用来反对李嘉图的那些弱点。因此，他恶意地企图把李嘉图的局限性强加到我身上。但是，我不在乎这些。我应当感谢这个人，因为他毕竟是谈论我的书的第一个专家……

马克思：《马克思致路德维希·库格曼》（1868 年 3 月 6 日），摘自《马克思恩格斯文集》第 10 卷，人民出版社 2009 年版，第 280—281 页。

---

① 杜林（1833—1921 年），曾任柏林大学讲师，德国哲学家、经济学家。——编者注
② 马克思《资本论》第一卷德文第一版。——编者注

"创造体系的"杜林先生在当代德国并不是个别的现象。近来，天体演化学、一般自然哲学、政治学、经济学等等体系如雨后春笋出现在德国。最不起眼的哲学博士，甚至大学生，动辄就要创造一个完整的"体系"。正如在现代国家里假定每一个公民对于他所要表决的一切问题都具有判断能力一样，正如在经济学中假定每一个消费者对于他要买来供日用的所有商品都是真正的内行一样，现今在科学上据说也要作这样的假定。所谓科学自由[1]，就是人们可以著书立说来谈论自己从未学过的各种东西，而且标榜这是唯一的严格科学的方法。杜林先生正是这种放肆的伪科学的最典型的代表之一，这种伪科学现在在德国到处流行，并把一切淹没在它的高超的胡说的喧嚷声中。

> 恩格斯：《〈反杜林论〉三个版本的序言》（1878年6月11日），摘自《马克思恩格斯文集》第9卷，人民出版社2009年版，第8—9页。

总而言之，现实哲学归根到底正是黑格尔所说的"德国的所谓启蒙学说的最稀薄的清汤"，它的稀薄和一眼就能看透的浅薄只是由于拌入了神谕式的只言片语，才变得稠厚和混浊起来。当我们读完全书[2]的时候，我们懂得的东西还是和以前的完全一样，而且不得不承认，"新的思维方式"、"完全独特的结论和观点"和"创造体系的思想"的确已经给我们提供了各种新的无稽之谈，可是没有一行字能够使我们学到什么东西。这个人大吹大擂叫卖自己的手艺和商品，不亚于最鄙俗的市场小贩，而在他的那些大话后面却是空空如也，简直一无所有——这个人竟敢把费希特、谢林和黑格尔这样的人叫做江湖骗子，而他们当中最渺小的人和杜林先生比起来也还是巨人。

> 恩格斯：《反杜林论》（1876年9月—1878年6月），摘自《马克思恩格斯文集》第9卷，人民出版社2009年版，第152页。

我们分析了杜林的政治经济学的"自造的体系"，最终得到了什么结果呢？只有这样一个事实：在一切豪言壮语和更加伟大的诺言之后，我们也像在"哲学"上一样受了骗。从价值论这块"经济学体系的纯洁性的试金石"得出的结果是：杜林先生把价值理解为五种完全不同的、彼此直接

---

[1] 恩格斯在这里借用了鲁·微耳和的《现代国家中的科学自由》这一书名中的说法。——编者注

[2] 杜林的《哲学教程》。——编者注

矛盾的东西，所以最多也只是他自己不知道自己想要的是什么。如此大吹大擂地来宣告的"一切经济的自然规律"，原来全都是众所周知的老生常谈，而且往往是理解得极差的、最糟糕的老生常谈。自造的体系关于经济事实向我们提供的唯一解释是：这些事实是"暴力"的结果，这是几千年来一切国家的庸人在遭遇到一切不幸时聊以自慰的词句，在读了这些以后，我们丝毫没有比未读以前知道得多一些。杜林先生不去研究这种暴力的起源和作用，而只叫我们感恩戴德地安于"暴力"这个**字眼**，把它当作一切经济现象的终极原因和最后说明。在他被迫进一步说明资本主义对劳动的剥削时，他最先把这一剥削笼统地说成是以课税和加价为基础，在这里他完全窃取了蒲鲁东的"预征税"（prélèvement）观点①，以后又用马克思关于剩余劳动、剩余产品和剩余价值的理论来具体地解释这种剥削。这样，他一口气把二者都抄袭下来，并做到了把两个完全矛盾的观点巧妙地调和起来。他在哲学上觉得对黑格尔骂得不够，但同时又不断剽窃黑格尔的思想并把它庸俗化，同样，他在《批判史》上对马克思的最放肆毁谤，也只是为了遮掩这一事实：在《教程》中关于资本和劳动的一切稍微合理的东西，同样是对马克思的庸俗化了的剽窃。在《教程》中，作者把"大土地占有者"放在文明民族的历史的开端，而对于真正是全部历史出发点的氏族公社和农村公社的土地公有制则一无所知——这种在今天看来几乎是难以理解的无知，几乎又被《批判史》中以"历史眼光的广博远大"自诩的无知所超越，关于这种无知，我们在上面只举出几个惊人的例子。一句话：最初为自我吹嘘、大吹大擂、许下一个胜似一个的诺言付出了巨大的"耗费"，而后来的"成果"却等于零。

恩格斯：《反杜林论》（1876年9月—1878年6月），摘自《马克思恩格斯文集》第9卷，人民出版社2009年版，第270—271页。

杜林先生登上舞台，要从他的至上的头脑中，从他的孕育着"最后真理"的理性中，构想出一个新的社会制度的"标准"体系，而不是根据现有的历史地发展起来的材料，不是作为这些材料的必然结果来阐述这个体系，那么，到处嗅出模仿者的杜林先生本人则只不过是空想主义者的模仿者，最新的空想主义者。他把伟大的空想主义者称为"社会炼金术士"。

———————————

①　参看蒲鲁东《什么是财产?》1840年巴黎版。——编者注

就算是这样吧，炼金术在当时还是必要的。但是从那时以来，大工业已经把潜伏在资本主义生产方式中的矛盾发展为如此明显的对立，以致这种生产方式的日益迫近的崩溃可说是用手就可以触摸到了；只有采用同生产力的现在的发展程度相适应的新的生产方式，新的生产力本身才能保存并进一步发展；由以往的生产方式所造成的并在日益尖锐的对立中不断再生产的两个阶级之间的斗争，遍及一切文明国家并且日益剧烈；而且人们也已经了解这种历史的联系，了解由于这种联系而成为必然的社会改造的条件，了解同样由这种联系所决定的这种改造的基本特征。如果说杜林先生现在不是根据现有的经济材料，而是从自己至上的脑袋中硬造出一种新的空想的社会制度，那么，他就不仅仅是在从事简单的"社会炼金术"了。他的行为倒像是这样一种人，这种人在现代化学的各种规律被发现和确立以后，还想恢复旧的炼金术，并想利用原子量、分子式、原子价、晶体学、光谱分析，其唯一的目的是要发现——**哲人之石**。

> 恩格斯：《反杜林论》（1876 年 9 月—1878 年 6 月），摘自《马克思恩格斯文集》第 9 卷，人民出版社 2009 年版，第 282—283 页。

让我们同我们这个确实常常是枯燥无味的和令人不快的题目和和气气地、高高兴兴地告别吧。在我们不得不讨论各个争论之点的时候，判断总是受到客观的无可置疑的事实的制约；根据这些事实得出的结论，常常不免是尖锐的，甚至是无情的。现在，当我们谈完哲学、经济学和共同社会的时候，当我们不得不逐点加以评论的这位著作家的全貌已经呈现在我们眼前的时候，就可以直截了当地摆出对他这个人的看法了；现在我们可以把他的许多本来无法理解的科学上的谬误和武断归结为个人的原因，而把我们对杜林先生的全部判断概括为一句话：**无责任能力来自自大狂**。

> 恩格斯：《反杜林论》（1876 年 9 月—1878 年 6 月），摘自《马克思恩格斯文集》第 9 卷，人民出版社 2009 年版，第 343 页。

杜林也是一个无神论者；他甚至提议在他的"共同社会的"制度里禁止宗教。尽管这样，恩格斯完全正确地指出，杜林的"体系"如果没有宗教便不能自圆其说。

> 列宁：《唯物主义和经验批判主义》（1908 年下半年），摘自《列宁选集》第 2 卷，人民出版社 1972 年版，第 234 页。

为什么恩格斯在这里要讲到这些"陈词滥调"呢？因为他是要驳斥和

嘲笑不会在绝对真理和相对真理的关系问题上应用辩证法的、独断的、形
而上学的唯物主义者杜林。当一个唯物主义者，就要承认感官给我们揭示
的客观真理。承认客观的即不依赖于人和人类的真理，也就是这样或那样
地承认绝对真理。正是这个"这样或那样"，就把形而上学的唯物主义者
杜林同辩证唯物主义者恩格斯区别开来了。在一般科学、特别是历史科学
的最复杂的问题上，杜林到处滥用最后真理、终极真理、永恒真理这些字
眼。恩格斯嘲笑了他，回答说：当然，永恒真理是有的，但是在简单的事
物上用大字眼（gewaltige Worte）是不聪明的。为了向前推进唯物主义，必
须停止对"永恒真理"这个字眼的庸俗的玩弄，必须善于辩证地提出和解
决绝对真理和相对真理的关系问题。

> 列宁：《唯物主义和经验批判主义》（1908 年 2—10 月），摘自《列宁
> 专题文集·论辩证唯物主义和历史唯物主义》，人民出版社 2009 年
> 版，第38—39 页。

论倍倍尔①

他②是德国（可以说是"欧洲"）工人阶级中罕见的人物。

> 马克思：《致恩格斯》（1882 年 9 月 16 日），摘自《马克思恩格斯全
> 集》第35 卷，人民出版社 1971 年版，第92 页。

你说倍倍尔在夏天看望过你，我听了很高兴。你对他的看法同我完全
一样。他是整个德国党内头脑最清楚的人，而且绝对可靠，从不茫然失措。
特别难得的是：他那杰出的演说家的才能是一切市侩都公认的，而且是心
悦诚服的，甚至俾斯麦都曾对他的造纸厂合伙人贝伦斯说过，倍倍尔是整
个国会中独一无二的演说家，可是这个才能丝毫没有使他变得浅薄。这是
从狄摩西尼以来未曾有过的。所有其他的演说家都是浅薄的。

> 恩格斯：《致约·菲·贝克尔》（1884 年 10 月 25 日），摘自《马克思
> 恩格斯全集》第36 卷，人民出版社 1974 年版，第218 页。

---

① 倍倍尔，奥古斯特（1840—1913 年），德国工人运动和国际工人运动的杰出活动家，职业
是施工；从 1867 年起领导德意志工人协会联合会，第一国际会员，从 1867 年起为国会议员，德国
社会民主党创始人和领袖之一，1889 年、1891 年和 1893 年国际社会主义工人代表大会代表；马克
思和恩格斯的朋友和战友；第二国际的活动家。——编者注

② 指倍倍尔。——编者注

奥古斯特·倍倍尔本身是工人，他通过顽强的斗争使自己树立了社会主义世界观，他把自己全部充沛的精力毫无保留地用来为社会主义的目的服务，数十年来他一直同日益成长和壮大的德国无产阶级携手并进，他成了欧洲最有才干的国会议员，最有天才的组织家和策略家，成了国际反对改良主义和机会主义的社会民主运动中最有威信的领袖。

> 列宁：《奥古斯特·倍倍尔》（1913 年 8 月 8 日），摘自《列宁全集》第 19 卷，人民出版社 1959 年版，第 291 页。

新的机会主义思潮在工人运动的官僚中和在知识分子中找到了很多拥护者。

倍倍尔拿出全副精力来反对这种思潮，他表达了工人群众的情绪和他们一定要为实现不折不扣的口号而斗争的坚强信心。他在汉诺威和德勒斯顿举行的党的代表大会上所作的反对机会主义者的演说，在很长时期内成为捍卫马克思主义观点和为工人政党的真正社会主义性质而斗争的典范。准备和集合工人阶级力量的时期，是各国在发展世界无产阶级解放斗争事业中所必经的阶段。没有一个人象奥古斯特·倍倍尔那样明显地体现出这个时期的特点和任务。他本身是工人，他能够树立对社会主义的坚定信仰，他能够成为工人领袖的典范，他能够成为资本的雇佣奴隶为争取人类社会最美好的制度所进行的群众斗争中的代表人物和参加者的典范。

> 列宁：《奥古斯特·倍倍尔》（1913 年 8 月 8 日），摘自《列宁全集》第 19 卷，人民出版社 1959 年版，第 295—296 页。

倍倍尔具有杰出的理论才能，但党的实际工作只能让他在运用理论到实际活动中去这方面表现他的这种优良素质。

> 恩格斯：《致康·施米特》（1889 年 10 月 17 日），摘自《马克思恩格斯全集》第 37 卷，人民出版社 1971 年版，第 283 页。

论威廉·李卜克内西[①]

李卜克内西使我十分愉快。这真是幸运，他还保留了不少南德意志联

---

① 威廉·李卜克内西（1826—1900 年），德国工人运动和国际工人运动的著名活动家；1848—1849 年革命的参加者，共产主义者同盟盟员，第一国际会员，1867 年起为国会议员；德国社会民主党创始人和领袖之一；1889 年、1891 年和 1893 年国际社会主义工人代表大会代表；马克思和恩格斯的朋友和战友。——编者注

邦的观点，所以他才能抱着非常明确的目的，并且以无比的义愤来反对俾斯麦的制度。比较带有批判性的辩证的观点，只会在他头脑中引起混乱，使他困惑不解。他显然模仿了鲁普斯在法兰克福议会中的行为，并且也光荣地赢得了要他遵守秩序的叫喊，因为他把国会骂作是赤裸裸的专制主义的遮羞布。你当然已经读到，他在关于联合的法律中加进了保护童工的一段文字。

恩格斯：《致马克思》（1867 年 10 月 22 日），摘自《马克思恩格斯全集》第 31 卷，人民出版社 1972 年版，第 376 页。

关于李卜克内西，你谈的那些话，大概是你老早的意见了吧。我们认识他已经多年了。对他来说，受人欢迎是生存的条件。因此，他**不得不**用调和和粉饰的办法来延迟危机。加之他按其本性来说是一个乐观主义者，把一切事情都看得很美妙。这种情况使他生气勃勃，这是他受人欢迎的主要原因，不过这里也有他的阴暗面。在我和他一个人通信的时候，他不仅把一切消息以他惯用的美妙口吻加以渲染，而且把一切不愉快的事情向我们隐瞒起来，而对我们的询问却回答得那样轻率和马虎，总是令人非常恼火：他竟把我们当成可以任意捉弄的傻瓜！同时，他那种孜孜不倦的进取精神，对日常的鼓动工作无疑是很有好处的，然而在这里却给我们增添了大量无谓的笔墨；他那永无休止的空洞方案加重了**别人的**工作负担。简单说来，你也明白，在这种情况下，要象我多年来同你和伯恩施坦那样，进行一种真正工作上的通信，是完全不可能的。因此，就出现了永无休止的争论，为此他和我开过玩笑，赐给我一个光荣称号——欧洲第一号粗暴汉。我给他的信确实常常是粗暴的，但这种粗暴也是由他信中的内容造成的。这一点，谁都没有马克思知道得更清楚。

其次，具有许多可贵品质的李卜克内西，还是一个天生的学校教师。如果一个工人议员在国会里把"第四格的我字"说成"第三格的我字"，或者把拉丁语的短母音说成长母音，而遭到资产者嘲笑的话，他就会灰心丧气。因此，他在国会里就需要象饭桶菲勒克那样的"有教养的人"，但是这帮人在国会中只要发表**一篇**演说，就会比两千个不合语法的"第三格的我字"给我们造成更大的损害。此外，他还不善于等待。在他看来，立刻取得成就，比世上一切都重要，即使为此牺牲将来重大得多的成就，也在所不惜。你们**在**弗里茨舍和菲勒克**之后**到美国去，一定会在那里体会到这一点。当时把他们派到那里去，如同跟拉萨尔派过早实行合并一样，都是失策的；因为半年之后，这些拉萨尔派自己就会去找你们，——不过是作为一帮瓦解的人，摆脱了声誉扫地的头头而去找你们。

你知道，我同你谈的是由衷之言，是十分坦率的。但是我也认为，你如能对李卜克内西的花言巧语给以坚决的反击，那就做了一件好事。那时，他大概就会让步。如果把抉择真正摆在他的面前，他无疑会走上正确的道路。但是，这一点他宁可明天做，而不在今天做，而且最好不是明天做，而是过了一年以后做。

恩格斯：《致奥·倍倍尔》（1883 年 5 月 10—11 日），摘自《马克思恩格斯全集》第 36 卷，人民出版社 1974 年版，第 24—25 页。

李卜克内西在说话的时候，总是相信自己的话有道理，可是一同别的什么人说话，又相信别的了。他一会儿十分革命，一会儿十分谨慎。这不会妨碍他在决定性的日子同我们站在一起，并且对我们说：我一向就是对你们这样说的！

恩格斯：《致保尔·拉法格》（1885 年 5 月 19 日），摘自《马克思恩格斯全集》第 36 卷，人民出版社 1974 年版，第 315 页。

纲领中这些含糊和混乱的词句是从哪里来的，你感到奇怪。其实，所有这些词句正是李卜克内西的化身。为此，我们跟他已争论了多年，他却沉醉于这些词句中。他在理论问题上从来是含糊不清的，而我们的尖锐措辞直到今天还使他感到恐惧。可是，他作为人民党的前党员，至今仍然喜欢那些包罗万象而又空洞无物的响亮词句。过去，那些头脑不清楚的法国人、英国人和美国人，由于不善于更好地表达自己的思想，谈到"劳动的解放"而没有谈到工人**阶级**的解放，甚至国际的文件有些地方也不得不使用文件对象的语言，这就成了李卜克内西强使德国党沿用这种陈旧用语的充足根据。绝对不能说他这是"违背自己的见解"，因为他确实也没有更多的见解，而且他现在是否就不处于这种状态，我也没有把握。总之，他至今还常常使用那些陈旧的含糊不清的术语，——自然，这种术语用来夸夸其谈倒是方便得多。由于他自以为十分通晓的基本民主要求对他而言至少像他不完全懂得的经济学原理同样重要，所以，他的确真诚地相信：他同意接受拉萨尔信条，以换取基本民主要求，是做了一桩好买卖。

恩格斯：《恩格斯致奥古斯特·倍倍尔》（1891 年 5 月 1—2 日），摘自《马克思恩格斯文集》第 10 卷，人民出版社 2009 年版，第 610—611 页。

论拉法格①

保尔的"善良的上帝"和他的讲稿②的导言一样，好极了。对他的听众来说，叙述得也是极其引人入胜的，我倒并不因为他的成就而惊奇。不过，除了那段从李比希那儿弄来的关于征兵身高的旧引文以外，他本来能够不时地从《资本论》中向他们提供**新的**例证，并且也不必谈到（1）竞争和（2）供求（这不过又把竞争讲一遍）。如果说我对他要求严格，那只是因为我认为这对他有好处，因为不时地给予一些严肃批评，他就会有显著的进步；他最近的一些表现确实证明他大有进展。只要他更加注意一些理论上的问题（主要是对一些细节），那他就会成为巴黎这个光明之城的一盏明灯。

恩格斯：《致劳·拉法格》（1884 年 2 月 21 日），摘自《马克思恩格斯全集》第 36 卷，人民出版社 1974 年版，第 117—118 页。

保尔登在《新时代》上的文章③整个说来**很好**，其中对历史事件的某些评价是值得赞扬的。对法国 1871 年以后的历史的因果联系的揭示和对这段历史进程的阐述，是我读过的东西中写得最好的；我从中吸取了很多东西。

恩格斯：《致劳·拉法格》（1894 年 9 月下半月），摘自《马克思恩格斯全集》第 39 卷，人民出版社 1974 年版，第 286 页。

邮包把我埋住了。但我还是把您的书④看完了。全书文笔漂亮，历史事例非常鲜明，见解正确并有独到之处，而最大的优点是，它不象德国教

---

①　拉法格，保尔（1842—1911 年），法国工人运动和国际工人运动的著名活动家，马克思主义宣传家和政论家，国际总委员会委员，西班牙通讯书记（1866—1869 年），曾参加建立国际在法国的支部（1869—1870 年），在西班牙和葡萄牙的支部（1871—1872 年）；海牙代表大会（1872 年）代表；法国工人党创始人之一（1879 年）；1889 年国际社会主义工人代表大会的组织者之一和代表；马克思和恩格斯的学生和战友；马克思的女儿劳拉的丈夫。——编者注

②　指专门阐述马克思的共产主义理论的讲座。这个讲座是由法国工人党社会主义图书馆所属的一个小组举办的，自 1884 年 1 月 23 日起每个星期日由拉法格和杰维尔宣讲，并将讲稿在报上发表。

恩格斯所说的"善良的上帝"，指的是拉法格在第一讲《历史上的唯心主义和唯物主义》中对唯心主义世界观进行的驳斥。——编者注

③　指保·拉法格《法兰西阶级斗争》。——编者注

④　指保尔·拉法格的著作《财产的起源与发展》。——编者注

授写的书那样：正确的见解不是独到的，独到的见解却不正确。主要的缺点是您似乎结束得太仓促了；这本书的文字，尤其是关于封建的和资本主义的所有制的那几章，可以更严谨些，特别是考虑到巴黎的读者习惯于轻松读物，甚至是适合于懒惰读者的轻松读物；"巴黎人"也是坚持自己的懒惰权的。不少很好的段落可能失去一部分效果，因为它们好象被放在括弧里一样，要么就是因为您过多地让读者自己去作结论和总结。

至于内容本身，我主要对氏族共产主义一章有不同意见……

这是个还需要好好研究的问题。我从您那里了解到法国的氏族共产主义的这种独特性质，既然您全心全意埋头于此，那您就只有把这一很有希望的研究继续下去。

　　　　恩格斯：《致保尔·拉法格》（1895 年 4 月 3 日），摘自《马克思恩格斯全集》第 39 卷，人民出版社 1974 年版，第 434—435 页。

论梅林①

前几天我得到了一本梅林的《德国社会民主党》第三版，我看了一下历史部分。他在《资本和报刊》一书中，由于一件有名的怪事实现了他的转变，当然是有些轻率。但这使**我们**很满意；**我们**没有什么要责备他的，而他本人对自己是否会有什么要责备的，那是他的事，与我们无关。如果**我**处在他的地位，就会公开声明我的立场的转变；这丝毫没有什么可耻的，而且可以避免很多纠纷，避免气恼和浪费时间。不管怎样，他如果真的要脱离政治，那是荒谬的；他这样做只能为当权者和资产阶级帮忙。他为《新时代》撰写的社论确实是十分精彩的，我们每次都以迫不及待的心情等待这些社论。绝不能让这样一支犀利的笔销声匿迹，或者浪费在对一些鄙俗的小说家的批评上。

　　　　恩格斯：《致奥·倍倍尔》（1892 年 3 月 8 日），摘自《马克思恩格斯全集》第 38 卷，人民出版社 1972 年版，第 297 页。

---

　　① 梅林，弗兰茨（1846—1919 年），杰出的德国工人运动活动家、历史学家和政论家；八十年代成为马克思主义者；写有许多关于德国和德国社会民主党历史的著作，《马克思传》的作者；《新时代》杂志编辑之一；德国社全民主党左翼领袖和理论家之一；在创建德国共产党时起过卓越的作用。——编者注

我从您①发表在《新时代》上的文章中的一些引证和对过去的回顾清楚地看到，您对 1848 年以前的时期有很透彻的研究。由您担任对德国历史的这个时期以及此后时期的研究工作，我很高兴。

> 恩格斯：《致弗·梅林》（1895 年 4 月），摘自《马克思恩格斯全集》第 39 卷，人民出版社 1974 年版，第 454 页。

梅林不仅是一个愿意当马克思主义者的人，而且是一个善于当马克思主义者的人。

> 列宁：《唯物主义和经验批判主义》（1908 年下半年），摘自《列宁选集》第 2 卷，人民出版社 1972 年版，第 363 页。

弗·梅林在他的《与左尔格通信集》一文中竭力缓和马克思以及后来恩格斯对机会主义者的抨击，而且做得我们认为有点过分。例如，在谈到赫希柏格之流的时候，梅林固执己见，认为马克思对于拉萨尔和拉萨尔派的评价不正确。但是我们再说一遍，这里我们认为重要的，并不是从历史上来评价马克思对于某些社会主义者的抨击是否正确或者是否过分，而是马克思对于整个社会主义运动中某些**派别**所作的**原则性的**评价。

> 列宁：《〈约·菲·贝克尔、约·狄慈根、弗·恩格斯、卡·马克思等致弗·阿·左尔格等书信集〉俄译本序言》（1907 年 4 月 6 日〔19 日〕），摘自《列宁专题文集·论马克思主义》，人民出版社 2009 年版，第 118 页。

论卡尔·李卜克内西②、卢森堡③

这派最有名的代表，在德国是"斯巴达克派"或"国际派"，卡尔·李卜克内西就是它的成员之一。卡尔·李卜克内西是这一派别和真正无产阶级的**新国际**的最有名的代表。

卡尔·李卜克内西号召德国的工人和士兵把**枪口转向本国**政府。卡尔·李卜克内西曾在国会的讲台上公开发出这一号召。后来，他又到柏林

---

① 指梅林。——编者注
② 卡尔·李卜克内西（1871—1919 年），德国和国际工人革命运动的卓越活动家，德国共产党创始人之一。1919 年 1 月与卢森堡一起被反动政府杀害。——编者注
③ 罗莎·卢森堡（1871—1919 年），德国和波兰工人运动的杰出活动家、德国社会民主党左派和第二国际左派代表之一，德国共产党的创始人之一。——编者注

一个最大的广场——波茨坦广场上，向示威群众散发秘密印出的传单，号召"打倒政府"。他因此被逮捕并被判处**苦役**。他现在被关在德国的苦役监狱里。在德国有**几百个**甚至几千个**真正的**社会主义者，都因反对战争而被监禁起来。

卡尔·李卜克内西在他的演说和信件中，不仅**同本国的**普列汉诺夫、波特列索夫之流（即谢德曼、列金、大卫之流）作无情的斗争，**而且同本国的中派**即同本国的齐赫泽、策烈铁里之流（即考茨基、哈阿兹、累德堡之流）作无情的斗争。

在一百一十个议员中，只有卡尔·李卜克内西和他的朋友奥托·吕勒两个人破坏了纪律，破坏了同"中派"和沙文主义者的"统一"，**反对全体议员**。只有李卜克内西**一人代表社会主义**，代表无产阶级事业，代表无产阶级革命。此外，**整个**德国社会民主党，正象罗莎·卢森堡（她也是"斯巴达克派"的成员和领袖之一）正确地形容的那样，已变成了**臭尸**。

　　　　　列宁：《无产阶级在我国革命中的任务》（1917 年 4 月 10 日），摘自
　　　　　《列宁选集》第 3 卷，人民出版社 1972 年版，第 55—56 页。

有人对我们说："在许多国家中，一切处于睡眠状态。在德国，所有社会主义者都拥护战争，只有李卜克内西一人反对战争。"我回答说：这一个李卜克内西代表着整个工人阶级，全国人民的希望正是寄托在他一个人身上，寄托在拥护他的人们身上，寄托在德国无产阶级身上。你们不相信吗？你们就继续进行战争吧！别的道路是没有的。如果你们不相信李卜克内西，不相信工人革命，不相信革命正在成熟，你们就相信资本家吧！

　　　　　列宁：《战争与革命》（1917 年 5 月 14 日〔27 日〕），摘自《列宁选
　　　　　集》第 3 卷，人民出版社 1972 年版，第 91—92 页。

李卜克内西是各国工人都知道的名字。在任何地方，特别是在协约国，这个名字象征着一个领袖对无产阶级的利益和社会主义革命无限忠诚，象征着真诚地不惜一切牺牲地去同资本主义作无情的斗争，象征着不是在口头上而是在行动上同帝国主义作不调和的斗争，而且正是在帝国主义的胜利把"自己的"国家弄得乌烟瘴气的时候，不惜一切牺牲地去进行这种斗争。德国社会主义者中一切忠实的真正革命的人，无产阶级中一切优秀的坚定的人，一切义愤填膺和日益具有革命决心的被剥削群众，都是同李卜克内西和"斯巴达克派"一起前进的。

列宁：《给欧美工人的信》（1919 年 1 月 21 日），摘自《列宁全集》第 28 卷，人民出版社 1956 年版，第 410 页。

这一时期的群众性革命斗争创造了世界史上前所未见的组织，例如**工人代表苏维埃**，以及随之而起的士兵代表苏维埃、农民委员会等等。可见，现在全世界觉悟工人所注意的那些基本问题（苏维埃政权和无产阶级专政），在 1905 年年底就实际地提出来了。象罗莎·卢森堡那样的革命无产阶级的真正马克思主义的杰出代表，马上就看出了这个实际经验的重要意义，在会议上和刊物上批判地分析了这个经验，可是，正式的社会民主党和社会党的绝大多数正式代表，其中包括改良主义者和后来的"考茨基分子"、"龙格分子"以及美国的希尔奎特的信徒之类的人，却表现出完全不能了解这个经验的意义，完全不能尽到**革命家**所担负的研究和宣传这个经验的教训的责任。

列宁：《关于专政问题的历史》（1920 年 10 月 20 日），摘自《列宁全集》第 31 卷，人民出版社 1958 年版，第 306—307 页。

如果说有错误的话，那只是在于：夸大了这个真理，离开了必须具体这个马克思主义的要求，把对这场战争的估计搬到了帝国主义下可能发生的一切战争上去，忘记了**反对**帝国主义的民族运动。为"再也不可能有民族战争"这个论点辩护的唯一理由是：世界已经被极少数帝国主义"大"国瓜分完了，因此任何战争，即使起初是民族战争，也会由于触犯某一帝国主义大国或帝国主义联盟的利益而**转化**为帝国主义战争（尤尼乌斯的小册子第 81 页）。

这个理由显然是不正确的。不言而喻，马克思主义辩证法的基本原理是：自然界和社会中的一切界限都是有条件的和可变动的，没有**任何一种**现象不能在一定条件下转化为自己的对立面。民族战争**可能**转化为帝国主义战争，**反之亦然**。例如，法国大革命的几次战争起初是民族战争，而且确实是这样的战争。这些战争是革命的：保卫伟大的革命，反对反革命君主国联盟。但是，当拿破仑建立了法兰西帝国，奴役欧洲许多早已形成的、大的、有生命力的民族国家的时候，法国的民族战争便成了帝国主义战争，而这种帝国主义战争**又反过来**引起了**反对**拿破仑帝国主义的民族解放战争。

列宁：《论尤尼乌斯的小册子》（1916 年 7 月），摘自《列宁专题文集·论辩证唯物主义和历史唯物主义》，人民出版社 2009 年版，第 262 页。

　　尤尼乌斯说阶级斗争是对付入侵的最好手段，这只是运用了马克思辩证法的一半，他在正确的道路上迈出一步之后，马上又偏离了这条道路。马克思的辩证法要求对每一特殊的历史情况进行具体的分析。说阶级斗争是对付入侵的最好手段，这**无论**对推翻封建制度的资产阶级**或**对推翻资产阶级的无产阶级来说，都是正确的。正因为这对任何阶级压迫来说都是正确的，所以这**太一般化**，因而用在目前这种**特殊**的场合就**不够**了。反对资产阶级的国内战争**也是**一种阶级斗争，只有这种阶级斗争才会使欧洲（整个欧洲，而不是一个国家）避免入侵的危险……

　　尤尼乌斯几乎得出了正确的答案和正确的口号：要进行争取社会主义、反对资产阶级的国内战争，但他似乎害怕彻底说出全部真理，而**向后转**了，陷入了在 1914、1915、1916 年间进行的“民族战争”的幻想。如果不从理论方面，而纯粹从实践方面来看问题，那么尤尼乌斯的错误也是很明显的。

　　　　列宁：《论尤尼乌斯的小册子》（1916 年 7 月），摘自《列宁专题文
　　　　集·论辩证唯物主义和历史唯物主义》，人民出版社 2009 年版，第
　　　　269—270 页。

论伯恩施坦①

　　曾经是正统的马克思主义者的伯恩施坦，在十九世纪末采取了彻头彻尾的机会主义即改良主义的观点。

　　　　列宁：《奥古斯特·倍倍尔》（1913 年 8 月 8 日），摘自《列宁全集》
　　　　第 19 卷，人民出版社 1959 年版，第 295 页。

　　伯恩施坦依然来信说他想离开《社会民主党人报》，并且建议现在让克格尔参加，然后使之成为他的继任者。我认为任何变动都是有害的。伯恩施坦出乎意料地如此称职（例如，他的论“知识分子”的文章，除了一些无关紧要的地方以外，写得很出色，而且采取了完全正确的方针），以致很难找到更合适的人。克格尔在**这**方面至少还没有经过考验，而情况又是这么摆着：应该避免任何试验。我已力请伯恩施坦留任，我认为最好由你们来说服他。在他主持之下，报纸愈办愈好，他本人也变得更好了。他具

---

　　① 伯恩施坦，爱德华（1850—1932 年），德国社会民主党人，《社会民主党人报》编辑；1895 年恩格斯逝世后，从改良主义立场提出修正马克思主义；第二国际首领之一。——编者注

有真正的机智，能迅速领悟，这和考茨基截然不同；后者是一个很不错的青年，但却是一个天生的学究和搞烦琐哲学的人，他不是把复杂的问题简单化，而是把简单的问题复杂化。

> 恩格斯：《致奥·倍倍尔》（1881 年 8 月 25 日），摘自《马克思恩格斯全集》第 35 卷，人民出版社 1971 年版，第 211—212 页。

他们二人①都是很正派和有用的人。爱德在理论上思路很开阔，而且敏锐机智。他就是缺乏自信心，这在今天真是少有的现象。在甚至微不足道的笨蛋学者都普遍具有夸大狂的时候，在一定意义上说，这还是个优点。考茨基在几个大学里，什么乱七八糟的东西都学过，但他正在竭力设法把它们忘掉。他们二人都经得住坦率的批评，正确领会最主要的东西，值得信赖。和那种粘在党身上的糟糕透顶的青年文人相比，这两个人倒是真珠子。

> 恩格斯：《致奥·倍倍尔》（1885 年 6 月 22—24 日），摘自《马克思恩格斯全集》第 36 卷，人民出版社 1974 年版，第 335 页。

你认为伯恩施坦有时轻率从事，这个看法是正确的。不过在这方面他并不是独一无二的。

> 恩格斯：《致马克思》（1882 年 12 月 22 日），摘自《马克思恩格斯全集》第 35 卷，人民出版社 1971 年版，第 131 页。

修正主义或"修改"马克思主义是目前资产阶级影响无产阶级和腐蚀无产者的主要表现之一，甚至是最主要的表现。正因为如此，机会主义者的领袖爱德华·伯恩施坦才扬名（臭名）全世界的。

> 列宁：《图快出丑》（发表于 1914 年 5 月），摘自《列宁全集》第 20 卷，人民出版社 1958 年版，第 322 页。

马克思主义创立以后的第二个 50 年（从 19 世纪 90 年代起）一开始就是同马克思主义内部的一个反马克思主义派别进行斗争。

这个派别因前正统的马克思主义者伯恩施坦而得名，因为伯恩施坦叫嚣得最厉害，最完整地表达了对马克思学说的修正，对马克思学说的修改，即修正主义。

> 列宁：《马克思主义和修正主义》（1908 年 4 月 3 日〔16 日〕以前），摘自《列宁专题文集·论马克思主义》，人民出版社 2009 年版，第 149—150 页。

---

① 指伯恩施坦和考茨基。——编者注

修正主义对社会主义运动的最终目的所抱的态度，是它的经济倾向和政治倾向的自然补充。"运动就是一切，最终目的算不了什么"，伯恩施坦的这句风行一时的话，要比许多长篇大论更能表明修正主义的实质。临时应付，迁就眼前的事变，迁就微小的政治变动，忘记无产阶级的根本利益，忘记整个资本主义制度、整个资本主义演进的基本特点，为了实际的或假想的一时的利益而牺牲无产阶级的根本利益，——这就是修正主义的政策。

> 列宁：《马克思主义和修正主义》（1908 年 4 月 3 日〔16 日〕以前），摘自《列宁专题文集·论马克思主义》，人民出版社 2009 年版，第 154 页。

论考茨基①

脚踏两只船是考茨基一生的命运。他装做在理论上完全不同意机会主义者的样子，其实他**在实践上**，在一切重大问题（即一切同革命有关的问题）方面都是同意机会主义者的。

> 列宁：《无产阶级革命和叛徒考茨基》（1918 年 10—11 月），摘自《列宁选集》第 3 卷，人民出版社 1972 年版，第 649 页。

认为机会主义是不走"极端"的统一的政党中的"合法派别"的这种旧理论，现在已成为对工人的最大欺骗和对工人运动的最大障碍了。会使自己立刻失去工人群众的公开的机会主义，倒不象这种中庸论那么可怕和有害，因为后者用马克思主义的词句来替机会主义的实践辩护，用一连串的诡辩来证明革命行动的不合时宜等等。这个理论的著名代表和第二国际的著名权威考茨基，就是头号伪君子和糟蹋马克思主义的能手。在拥有百万党员的德国党内，凡是比较忠诚、比较觉悟和比较革命的社会民主党人，都无不愤懑地唾弃这个为休特古姆和谢德曼之流所热烈拥护的"权威"。

> 列宁：《第二国际的破产》（1915 年 5—6 月），摘自《列宁选集》第 2 卷，人民出版社 1972 年版，第 663 页。

"中派"专讲小资产阶级的善良空话，口头上是国际主义，实际上是胆怯的机会主义，向社会沙文主义者讨好。

问题的关键在于"中派"不相信用革命来反对本国政府的必要性，不

---

① 考茨基（1854—1939 年），德国社会民主党人，最早曾是马克思主义的宣传者，以后成为第二国际的领袖之一。——编者注

宣传革命，不进行忘我的革命斗争，而捏造各种最卑鄙的——听起来好象是绝顶"马克思主义"的——**借口**来躲避革命。

社会沙文主义者是我们的**阶级敌人**，是工人运动中的**资产者**……

"中派"是被腐朽的合法性侵蚀了的，被议会制度等等环境败坏了的顽固派，是惯于找个安乐窝和"稳当的"工作的官吏……

"中派"的主要领袖和代表卡尔·考茨基，是第二国际（1889—1914年）中最有威望的人物，是彻底毁坏马克思主义、毫无气节、从1914年8月起就非常可鄙地动摇和叛变的典型。

> 列宁：《无产阶级在我国革命中的任务》（1917年4月10日），摘自
> 《列宁选集》第3卷，人民出版社1972年版，第54页。

考茨基这位第二国际最有威望的人物，是一个从口头上承认马克思主义弄到实际上把马克思主义变成"司徒卢威主义"[①] 或"布伦坦诺主义"[②]的最典型最鲜明的例子。我们从普列汉诺夫的例子也看到了这一点。他们用明显的诡辩阉割马克思主义的活生生的革命的灵魂，他们承认马克思主义中的**一切**，就是**不**承认革命的斗争手段，**不**承认宣传和准备这种斗争手段并用这种精神教育群众。考茨基把以下两者无原则地"调和起来"：一方面是社会沙文主义的基本思想——承认在这次战争中保卫祖国，另一方面是对左派作外交式的表面的让步，如在表决军事拨款时弃权，在口头上承认自己采取反对派立场等等……

工人阶级不进行无情的战斗，来反对这种叛徒行径、这种没有气节、向机会主义献媚、从理论上把马克思主义空前庸俗化的行为，便不能实现它的世界革命的任务。考茨基主义不是偶然现象，而是第二国际矛盾的社

---

① 司徒卢威主义即"合法马克思主义"，是对马克思主义所作的改良主义的歪曲。彼·别·司徒卢威及其他"合法马克思主义者"企图利用马克思主义的旗帜和工人运动来为资产阶级的利益服务。列宁在自己的著作里揭露了司徒卢威主义是国际机会主义和后来采取伯恩施坦主义和考茨基主义形式的修正主义的萌芽；指出司徒卢威主义必然发展为资产阶级的民族自由主义。在第一次世界大战期间，司徒卢威是俄国帝国主义的思想家之一；他用马克思主义的词句作掩护，坚持社会沙文主义，并为掠夺战争、兼并和民族压迫作辩护，他的虚假的借口就是"我国的胜利会加速国内资本主义的发展，也就是说，会加速社会主义的到来"。——编者注

② 布伦坦诺主义是一种"承认无产阶级不革命的'阶级'斗争的自由资产阶级学说"，因路·布伦坦诺而得名。路·布伦坦诺是德国经济学家，所谓"国家社会主义"的拥护者。他企图证明在资本主义范围内，通过改良，通过调和资本家和工人的利益，是可以实现社会平等的。——编者注

会产物，是口头上忠实于马克思主义而实际上屈服于机会主义的社会产物。

> 列宁：《社会主义与战争》（1915 年 7—8 月），摘自《列宁选集》第
> 2 卷，人民出版社 1972 年版，第 680 页。

对无产阶级的**思想**独立来说，目前世界上**没有什么东西**能比考茨基的这种丑恶的自鸣得意和卑劣的伪善态度更有害和更危险的了，他想蒙蔽一切和掩盖一切，想用诡辩和似乎是博学的废话来平息工人的已经觉醒了的心。考茨基如果在这一点上能够得逞，那他就会沦为资产阶级破烂在工人运动中的主要代表。

> 列宁：《给亚·施略普尼柯夫》（1914 年 10 月 27 日），摘自《列宁全
> 集》第 35 卷，人民出版社 1959 年版，第 152 页。

机会主义者（和资产阶级）所需要的正是目前**联合**右翼和左翼并以考茨基为正式代表的政党，因为考茨基善于用漂亮的和"纯粹马克思主义的"辞令使宇宙万物调和起来。在口头上，在人民、群众和工人面前，是社会主义和革命性；在事实上，却是休特古姆①主义，即在一切严重的危机关头投靠资产阶级。

> 列宁：《第二国际的破产》（1915 年 5—6 月），摘自《列宁选集》第
> 2 卷，人民出版社 1972 年版，第 655 页。

考茨基的著作译成俄文的无疑比译成其他各国文字的要多得多。难怪有些德国社会民主党人开玩笑说，在俄国读考茨基著作的人比在德国还多（附带说一说，在这个玩笑里含有比开这个玩笑的人所料到的更深刻得多的历史内容：俄国工人在 1905 年对世界最优秀的社会民主主义文献中的最优秀的著作表现了空前强烈的、前所未见的需求，他们得到的这些著作的译本和版本也远比其他各国多，这样就把一个比较先进的邻国的丰富经验加速地移植到我国无产阶级运动这块所谓新垦的土地上来了）。

考茨基在俄国特别出名，是因为他除了对马克思主义作了通俗的解释，还同机会主义者及其首领伯恩施坦进行了论战。但是有一个事实几乎是没有人知道的，而如果想要考察一下考茨基在 1914—1915 年危机最尖锐时期

---

① 休特古姆，阿尔伯特（1871—1944 年），德国社会民主党机会主义首领之一。1900—1918 年是帝国国会议员。世界大战期间是狂热的社会沙文主义者。在殖民地问题上宣扬帝国主义观点，反对工人阶级的革命运动。1918—1920 年任普鲁士财政大臣。列宁在一些著作中曾痛斥休特古姆，把他及其信徒称作"德皇和资产阶级的卑鄙走狗"组成的匪帮。"休特古姆"一词成为刻画极端机会主义者和社会沙文主义者典型的名词。——编者注

怎样堕落到最可耻地表现出张皇失措和替社会沙文主义辩护的地步，那又不能放过这个事实。这个事实就是：考茨基在起来反对法国最著名的机会主义代表（米勒兰和饶勒斯）和德国最著名的机会主义代表（伯恩施坦）之前，表现过很大的动摇……

但是另一件事情的意义更重大得多，这就是：现在，当我们来研究考茨基最近背叛马克思主义的**经过**的时候，就从他同机会主义者的论战本身来看，从他提问题和解释问题的方法来看，我们也看到，他恰恰是在国家问题上一贯倾向于机会主义。

列宁：《国家与革命》（1917 年 8—9 月），摘自《列宁专题文集·论马克思主义》，人民出版社 2009 年版，第 275—276 页。

既然考茨基作为理论家完全背弃了马克思主义……我们从考茨基的很多著作中知道，他是**能够**做一个马克思主义的历史学家的，虽然他后来成了叛徒，他的**那些**著作始终是无产阶级的可靠的财富。

列宁：《无产阶级革命和叛徒考茨基》（1918 年 10—11 月），摘自《列宁选集》第 3 卷，人民出版社 1972 年版，第 653 页。

运动的浪潮愈高，反动派在反对革命的斗争中就武装得愈卖力、愈坚决。1905 年的俄国革命，证实了卡·考茨基于 1902 年在他的《社会革命》一书中所阐明的观点（顺便说一下，考茨基在那时还是一个革命的马克思主义者，而不是现在社会爱国主义者和机会主义者的辩护人）。

列宁：《关于 1905 年革命的报告》（1917 年 1 月 9 日以前），摘自《列宁全集》第 23 卷，人民出版社 1958 年版，第 255 页。

论普列汉诺夫[①]

您征求我对普列汉诺夫的《我们的意见分歧》一书的意见。为此我得把书看一遍。如果我有一个星期对俄语下一点功夫，我读起来就会相当容易，可是我往往一连半年都找不到这样的机会；于是语言就生疏了，我不得不重新学习。看《意见分歧》一书的情况就是这样……

但是，我想，这本书就我所看过的这么一点也足以使我多少知道所谈

---

① 普列汉诺夫（1856—1918 年），俄国早期马克思主义者。——编者注

的①意见分歧了。

首先，我再对您说一遍，我感到自豪的是，在俄国青年中有一派真诚地、无保留地接受了马克思的伟大的经济理论和历史理论，并坚决地同他们前辈的一切无政府主义的和带有一点泛斯拉夫主义的传统决裂。如果马克思能够多活几年，那他本人也同样会以此自豪的。这是一个对俄国革命运动发展具有重大意义的进步。在我看来，马克思的历史理论是任何**坚定不移**和**始终一贯**的革命策略的基本条件；为了找到这种策略，需要的只是把这一理论应用于本国的经济条件和政治条件。

> 恩格斯：《致维·伊·查苏利奇》（1885 年 4 月 23 日），摘自《马克思恩格斯全集》第 36 卷，人民出版社 1974 年版，第 300—301 页。

俄国社会民主党的建立，是"劳动解放社"即普列汉诺夫、阿克雪里罗得和他们的朋友们的主要功绩。

> 列宁：《俄国社会民主党中的倒退倾向》（1899 年），摘自《列宁全集》第 4 卷，人民出版社 1958 年版，第 226 页。

俄国社会民主党创始人和领袖之一的普列汉诺夫，对伯恩施坦的最时髦的"批判"作了无情的批判，他做得完全正确……

> 列宁：《我们的纲领》（不早于 1899 年 10 月），摘自《列宁专题文集·论马克思主义》，人民出版社 2009 年版，第 95 页。

普列汉诺夫的这些话，是针对德国激进派说的。他能看到德国人的小错误，却看不到他自己的大错误。这是他的个性。最近十年来，即在普列汉诺夫在理论上是激进主义、在实践上是机会主义的时期，我们已经非常熟悉他的这种特点了。

> 列宁：《死去的沙文主义和活着的社会主义》（1914 年 12 月 12 日），摘自《列宁全集》第 21 卷，人民出版社 1959 年版，第 82 页。

该摘掉假面具了，不然工人也许会不客气地把它扯下来！可怜的普列汉诺夫不知不觉地滚进了**反马克思主义**的知识分子小集团，滚进了资产阶级民主派的废墟，这个地方是一片混乱和涣散的状态，是进行派别活动的场所，他们想破坏团结了两年的真理派的数千个工人团体的统一。

我们对普列汉诺夫表示惋惜，因为凭他同机会主义者、民粹主义者、马赫主义者以及取消派的斗争本应该得到更好的结果的。

---

① 草稿中这里删去了："你们这一派和民意党人之间的"。——编者注

列宁：《不知道自己希望什么的普列汉诺夫》（1914 年 5 月 25 日），

摘自《列宁全集》第 20 卷，人民出版社 1958 年版，第 311 页。

德国公开的机会主义者威廉·科尔布的小册子《处在十字路口上的社会民主党》（1915 年卡尔斯卢厄版）正好是在普列汉诺夫的文集《战争》出版之后问世的……

谁想认真思索一下第二国际破产的意义，我们劝他去比较一下科尔布和普列汉诺夫的**思想**立场。他们两个人（同考茨基一样）**在基本问题上**是一致的：反对和讥笑借这次战争的机会采取革命行动的思想；他们两个人都用普列汉诺夫分子爱用的字眼"失败主义"来责备革命的社会民主党人。普列汉诺夫把借这次战争的机会进行革命的思想叫作"可笑的空想"，申斥"革命的高调"。科尔布乱骂"革命的空谈"、"革命的幻想"、"激进派（Radikalinski）—歇斯底里病患者"、"宗派主义"等等。科尔布和普列汉诺夫在主要问题上是一致的，他们两个人都反对革命。至于科尔布完全反对革命，而普列汉诺夫和考茨基"完全赞成"革命，这不过是色彩上、文字上的差别：实际上普列汉诺夫和考茨基都是科尔布的走狗。

列宁：《威廉·科尔布和格奥尔基·普列汉诺夫》（1916 年 2 月 29

日），摘自《列宁全集》第 22 卷，人民出版社 1958 年版，第 135 页。

这就是我们对考茨基和普列汉诺夫的意见的权威性的看法。普列汉诺夫的理论著作（主要是批判民粹主义者和机会主义者）仍然是全俄国社会民主党的牢固的成果，任何"派别活动"都不能混淆视听，不能使稍微有些"理智"的人忘记或者否定这些成果的重要性。但是作为俄国资产阶级革命中俄国社会民主党的政治领袖，作为一个策略家，普列汉诺夫却经不起任何批判。他在这方面表现的机会主义给俄国社会民主主义的工人带来的危害性，要比伯恩施坦的机会主义给德国工人带来的危害性大百倍。我们必须向普列汉诺夫这种立宪民主党式的政策展开最无情的斗争，因为他已经回到 1899—1900 年从社会民主党中清除出去的普罗柯波维奇先生之流的怀抱里去了。

列宁：《卡·考茨基〈俄国革命的动力和前途〉一书的俄译本序言》

（1906 年 12 月），摘自《列宁全集》第 11 卷，人民出版社 1959 年

版，第 398 页。

我们仅仅指出，在国际社会民主党中，普列汉诺夫是从彻底的辩证唯

物主义观点批判过修正主义者在这方面大肆散播的庸俗不堪的滥调的唯一马克思主义者。坚决地着重指出这一点现在尤其必要，因为现在有些人极其错误地企图以批判普列汉诺夫在策略上的机会主义为幌子来偷运陈腐反动的哲学垃圾①。

> 列宁：《马克思主义和修正主义》（1908 年 4 月 3 日〔16 日〕以前），摘自《列宁专题文集·论马克思主义》，人民出版社 2009 年版，第 151 页。

我觉得在这里应当附带向年轻的党员指出一点：不研究——正是**研究**——普列汉诺夫所写的全部哲学著作，就**不能**成为一个自觉的、**真正的**共产主义者，因为这些著作是整个国际马克思主义文献中的优秀作品②。

> 列宁：《再论工会、目前局势及托洛茨基同志和布哈林同志的错误》（1921 年 1 月 25 日），摘自《列宁专题文集·论辩证唯物主义和历史唯物主义》，人民出版社 2009 年版，第 314 页。

论赫拉克利特③

当我们深思熟虑地考察自然界或人类历史或我们自己的精神活动的时候，首先呈现在我们眼前的，是一幅由种种联系和相互作用无穷无尽地交织起来的画面，其中没有任何东西是不动的和不变的，而是一切都在运动、变化、产生和消失。这个原始的、素朴的但实质上正确的世界观是古希腊哲学的世界观，而且是由赫拉克利特第一次明白地表述出来的：一切都存在，同时又不存在，因为一切都在**流动**，都在不断地变化，不断地产生和

---

① 见波格丹诺夫、巴扎罗夫等人合著的《关于马克思主义哲学的论丛》。分析这本书不是本文的任务，我现在只声明一点：在最近的将来，我要写几篇论文或专门写一本小册子来说明，本文中关于新康德派修正主义者所说的一切，实质上也适用于这些"新的"新休谟派和新贝克莱派修正主义者。（见《列宁全集》第 18 卷，人民出版社 1959 年版，第 5—379 页。——编者注）

② 顺便说一下，不能不希望：第一，现在正在出版的普列汉诺夫文集应把他的所有哲学论文汇编成一卷或几卷全集，并且附上极详细的索引等等。这是因为这些专集应当成为必读的共产主义教科书。第二，我认为工人国家应当对哲学教授提出要求，要他们了解普列汉诺夫对马克思主义哲学的阐述，并且善于把这些知识传授给学生。不过这些话都已经离开了"宣传"而转向"行政手段"了。

③ 赫拉克利特（约公元前 540—480 年），古希腊著名哲学家，辩证法的奠基人之一。——编者注

消失。但是，这种观点虽然正确地把握了现象的总画面的一般性质，却不足以说明构成这幅总画面的各个细节；而我们要是不知道这些细节，就看不清总画面。

恩格斯：《反杜林论》（1876 年 9 月—1878 年 6 月），摘自《马克思恩格斯选集》第 3 卷，人民出版社 1972 年版，第 60 页。

谢谢你的《赫拉克利特》①。我对这位哲学家一向很感兴趣，在古代的哲学家中，我认为他仅次于亚里士多德。

马克思：《致斐·拉萨尔》（1857 年 12 月 21 日），摘自《马克思恩格斯全集》第 29 卷，人民出版社 1972 年版，第 527 页。

拉萨尔在这本著作②中完全不知道分寸，他竟把赫拉克利特**淹没在黑格尔那里**。这很可惜。**如果恰如其分地阐述赫拉克利特**，把他作为辩证法的奠基人之一，那是非常有益的：应当把拉萨尔的八百五十页精简成八十五页，并译成俄文："赫拉克利特是辩证法的奠基人之一（在拉萨尔看来）。"这样就会成为有用的东西！

列宁：《拉萨尔〈爱非斯的晦涩哲人赫拉克利特的哲学〉一书摘要》（1915 年），摘自《列宁全集》第 28 卷，人民出版社 1956 年版，第 390—391 页。

古代哲学家赫拉克利特持着唯物主义的观点，认为"世界是包括一切的整体，它不是由任何神或任何人所创造的，它过去、现在和将来都是按规律燃烧着，按规律熄灭着的永恒的活火"。列宁在谈到这个唯物主义观点时说："这是对辩证唯物主义原则的绝妙的说明。"

斯大林：《论辩证唯物主义和历史唯物主义》（1938 年 9 月），摘自《列宁主义问题》，人民出版社 1964 年版，第 636 页。

论德谟克利特③

了解德谟克利特哲学所依靠的真正的史料是亚里士多德的著作，而不是第欧根尼·拉尔修的几条轶闻；德谟克利特不仅不排斥世界，反而是经

---

① 斐·拉萨尔《爱非斯的晦涩哲人赫拉克利特的哲学》。——编者注
② 指《爱非斯的晦涩哲人赫拉克利特的哲学》一书。——编者注
③ 德谟克利特（约公元前 460—370 年），古希腊的唯物主义哲学家。——编者注

验的自然科学家和希腊人中第一个百科全书式的学者；他的几乎无人知道的伦理学只有几条意见，这些意见是一个游历甚广的老年人**可能**提出来的；他的自然科学著作只是被 Per abusum〔牵强附会地〕列入哲学的，因为他所谓的原子跟伊壁鸠鲁的不同，他所谓的原子仅仅是物理假设，用以解释事实的辅助工具，这完全象原子在近代化学（道尔顿等）解释化合比例方面所起的作用一样；——所有这一切都不合乡下佬雅各的胃口。德谟克利特一定被"唯一地"理解了，德谟克利特说到"宁静"，也就是说到"精神的安静"，也就是说到"返回自身"，也就是说到"排斥世界"；德谟克利特是一个斯多葛主义者，他和口念《Brahm》（应该说《OM》〔"唵"〕）的印度头陀的差别不过是象比较级和最高级之间的差别一样，即"只有**程度上的**"差别。

马克思、恩格斯：《德意志意识形态》（1845—1846 年），摘自《马克思恩格斯全集》第 3 卷，人民出版社 1960 年版，第 146 页。

黑格尔完全象后母那样①对待②德谟克利特，全部的话都在第 378—380 页③[270—272]④上！唯心主义者忍受不了唯物主义的精神!! 引述了德谟克利特的话（第 379 页[272]）：

《依照意见（νόμψ）存在着温暖，依照意见存在着寒冷，依照意见存在着颜色、甜味、苦味；但依照真理（ετεή）则只有不可分的东西和虚空。》（Sextus Empiricus. Adversus Mathematicos⑤ 第 7 篇第 135 节）

并得出这样的结论：

……《这样，我们看到，德谟克利特更确定地说出了自在的存在和为他的存在这两个环节的区别》……（第 380 页）[272]

---

① 这里俄文版用的是：stiefmütterlich。——译者注
② 这里俄文版用的是：behandelt。——译者注
③ 指《黑格尔全集》1833 年柏林德文版第 13 卷的页码。——编者注
④ 指《黑格尔全集》1932 年俄文版第 9 卷的页码。——编者注
⑤ 指塞克斯都－恩披里柯《反对数学家》，该书共分十一册，其中六册是批判文法、修辞学、几何学、算术、天文学和音乐的，还有五册（《反对独断论者》）是批判逻辑学、物理学和伦理学的。——编者注

列宁：《黑格尔〈哲学史讲演录〉一书摘要》（1915 年），摘自《列宁全集》第 38 卷，人民出版社 1959 年版，第 294 页。

论苏格拉底①、柏拉图②

在伯利克里时代，诡辩学派、称得上哲学化身的苏格拉底、艺术以及修辞学等排斥了宗教。

马克思：《第 179 号〈科伦日报〉社论》（1842 年 6—7 月），摘自《马克思恩格斯全集》第 1 卷，人民出版社 1956 年版，第 113 页。

很妙！

苏格拉底称自己的方法为**助产术**③（第 64 页④[48]⑤）（据说他母亲传给他的）（（苏格拉底的母亲 = 助产士））——帮助思想产生出来。

列宁：《黑格尔〈哲学史讲演录〉一书摘要》（1915 年），摘自《列宁全集》第 38 卷，人民出版社 1959 年版，第 304 页。

在柏拉图的理想国中，分工被说成是国家的构成原则，就这一点说，他的理想国只是埃及种姓制度在雅典的理想化……

马克思：《资本论》第 1 卷（发表于 1867 年 9 月），摘自《马克思恩格斯文集》第 5 卷，人民出版社 2009 年版，第 424 页。

古典古代对于分工的见解，是同现代的见解"截然相反"的。⑥——柏拉图把分工描述为城市的（在希腊人看来，城市等于国家）自然基础⑦，对这种在当时说来是天才的描述……

恩格斯：《反杜林论》（1876 年 9 月—1878 年 6 月），摘自《马克思恩格斯文集》第 9 卷，人民出版社 2009 年版，第 241 页。

---

① 苏格拉底（约公元前 469—399 年），古希腊著名哲学家、思想家。——编者注
② 柏拉图（约公元前 427—347 年），古希腊著名哲学家、思想家。——编者注
③ 这里俄文版用的是：Hebammenkunst。——译者注
④ 指《黑格尔全集》1833 年柏林德文版第 14 卷的页码。——编者注
⑤ 指《黑格尔全集》1932 年莫斯科俄文版第 10 卷的页码。——编者注
⑥ 参看马克思《资本论》第 1 卷，《马克思恩格斯文集》第 5 卷第 422—425 页。——编者注
⑦ 参看柏拉图《理想国》第 2 册，见《柏拉图全集》1840 年苏黎世版第 13 卷。——编者注

论亚里士多德①

古希腊的哲学家都是天生的自发的辩证论者，他们中最博学的人物亚里士多德就已经研究了辩证思维的最主要的形式②。

恩格斯：《反杜林论》（1876 年 9 月—1878 年 6 月），摘自《马克思恩格斯文集》第 9 卷，人民出版社 2009 年版，第 22 页。

形式逻辑本身自亚里士多德以来直到现在仍是激烈争辩的领域。而辩证法直到今天也只有两位思想家曾作过较仔细的研究，这就是亚里士多德和黑格尔。然而对于现今的自然科学来说，辩证法恰好是最重要的思维形式，因为只有辩证法才为自然界中出现的发展过程，为各种普遍的联系，为一个研究领域向另一个研究领域过渡提供类比，从而提供说明方法。

恩格斯：《自然辩证法》（1873—1882 年），摘自《马克思恩格斯文集》第 9 卷，人民出版社 2009 年版，第 436 页。

感觉和认识 亚里士多德紧密地接近唯物主义	Aristoteles.《De anima》③ 第 2 篇第 5 章： 《区别》（感觉和认识之间的）《就在于：那引起感觉的东西是外在的。其原因是：感觉的活动是针对单一的东西的，相反地，认识则是针对普遍的东西的；而这普遍的东西在某种意义上是作为实体而存在于灵魂自身中。因此，每个人只要愿意，他自己就能思想……而感觉则是不由他作主的，——要感觉，就必须有被感觉的东西。》（第 377 页）④[286]⑤

列宁：《黑格尔〈哲学史讲演录〉一书摘要》（1915 年），摘自《列宁全集》第 38 卷，人民出版社 1959 年版，第 318 页。

---

①　亚里士多德（公元前 384—322 年），古希腊著名哲学家，辩证论者。——编者注
②　在《引论》的草稿中，这句话是这样写的："古希腊的哲学家都是天生的自发的辩证论者，亚里士多德，古代世界的黑格尔，就已经研究了辩证思维的最主要的形式。"——编者注
③　亚里士多德《论灵魂》。——编者注
④　指《黑格尔全集》1833 年柏林德文版第 14 卷的页码。——编者注
⑤　指《黑格尔全集》1932 年莫斯科俄文版第 10 卷的页码。——编者注

通常认为亚里士多德的哲学是和柏拉图的**唯心主义**不同的"**实在论**"、"**经验论**"（第 299 页）①[255]②，同上第 311 页[237]，这个见解是不正确的。（（这里黑格尔显然又把许多东西牵强附会地**说成是唯心主义**。））

注意

注意

在叙述亚里士多德同柏拉图的学生们关于理念的争论时，黑格尔**抹杀**它的唯物主义的特征。（参看第 322—323 页[244-245]及其他各页。）

（（只要倒转过来））正是这样！

他失言了：《把亚历山大》（马其顿的亚历山大，亚里士多德的学生）……《奉为神，这是不足为奇的…… 神和人根本不是如此格格不入的》……（第 305 页）[231]

黑格尔认为亚里士多德的唯心主义就在他的神的观念中（第 326 页）[247]（（当然，这是唯心主义，但比起柏拉图的唯心主义来，它客观一些，**离得远一些，一般化一些**，因而在自然哲学中就比较经常地 = 唯物主义。））

黑格尔把亚里士多德对柏拉图的"理念"的批判完全弄糟了

> 列宁：《黑格尔〈哲学史讲演录〉一书摘要》（1915 年），摘自《列宁全集》第 38 卷，人民出版社 1959 年版，第 313 页。

黑格尔因亚里士多德的"真正思辨的概念"（第 373 页[283]关于"灵魂"和其他许多东西）而对他大肆吹捧，并渲染明显的唯心主义的（ = 神秘主义的）胡说八道，读到这里实在是令人厌恶。

亚里士多德在唯心主义和唯物主义之间**动摇**的**一切**地方，都被掩饰起来了！！！

> 列宁：《黑格尔〈哲学史讲演录〉一书摘要》（1915 年），摘自《列宁全集》第 38 卷，人民出版社 1959 年版，第 317 页。

亚里士多德**如此**无力地抬出神来**反对**唯物主义者留基伯和唯心主义者柏拉图。亚里士多德在这里有折衷主义。

---

① 指《黑格尔全集》1833 年柏林德文版第 14 卷的页码。——编者注

② 指《黑格尔全集》1932 年莫斯科俄文版第 10 卷的页码。——编者注

列宁：《黑格尔〈哲学史讲演录〉一书摘要》（1915 年），摘自《列宁全集》第 38 卷，人民出版社 1959 年版，第 314 页。

在《形而上学》①的开始部分，最具有特色和最有趣的地方就是同柏拉图的论战以及因唯心主义的胡说而发生的绝顶天真的"困惑的"问题和怀疑。而所有这一切又在关于**基本的东西**、即概念和个别东西这个问题上陷入毫无办法的混乱。

注意：《形而上学》这本书在开头的地方**坚决**反对赫拉克利特、反对存在和非存在同一的思想（希腊哲学家们接近这种思想，但他们没有掌握这种思想，没有掌握辩证法）。最典型的特征就是处处、到处都显露出辩证法的活的萌芽和**探索**……

亚里士多德**处处**都把客观逻辑和主观逻辑**混合**起来，而且混合得处处都**显出**客观逻辑来。对于认识的客观性没有怀疑。对于理性的力量，对于认识的力量、能力和客观真理性抱着天真的信仰。并且在一般与个别的**辩证法**，即概念与感觉得到的个别对象、事物、现象的实在性的**辩证法**上陷入稚气的**混乱状态**，陷入毫无办法的困窘的混乱状态。

经院哲学和僧侣主义抓住了亚里士多德学说中僵死的东西，而不是**活生生的东西：寻求**、探索、迷宫，人迷了路。

亚里士多德的逻辑学是寻求、探索，它接近于黑格尔的逻辑学，但是，亚里士多德（他**到处**，在每一步上所提出的问题**正是关于辩证法**的问题）的逻辑学却被变成僵死的经院哲学，它的一切探索、动摇和提问题的方法都被抛弃。而这些提问题的方法就是希腊人所用的那一套**试探**方式，就是在亚里士多德学说中卓越地反映出来的质朴的意见分歧。

列宁：《亚里士多德〈形而上学〉一书摘要》（1915 年），摘自《列宁全集》第 38 卷，人民出版社 1959 年版，第 416—417 页。

论伊壁鸠鲁②

伊壁鸠鲁则相反，他是古代真正激进的启蒙者，他公开地攻击古代的

---

① 指亚里士多德的著作《形而上学》。——编者注
② 伊壁鸠鲁（约公元前 341—前 270 年），杰出的古希腊唯物主义哲学家，无神论者。——编者注

宗教，如果说罗马人有过无神论，那末这种无神论就是由伊壁鸠鲁奠定的。因此卢克莱修歌颂伊壁鸠鲁是最先打倒众神和脚踹宗教的英雄；因此从普卢塔克直到路德，所有的圣师都把伊壁鸠鲁称为头号无神哲学家，称为猪。也正因为这一点，亚历山大里亚的克雷门才说，当保罗激烈反对哲学时，他所指的只是伊壁鸠鲁的哲学（《地毯集》1688 年科伦出版社版第 1 卷第 295 页）。我们由此可以看出，这位公开的无神论者在公然进攻世界的宗教的时候是如何"狡猾、诡谲"和"聪明"地对付世界；而斯多葛派却使古宗教去适应自己的思辨，怀疑论派则是用他们的"假象"概念作为借口，使他们的一切判断都带有 reservatio mentalis〔精神上的保留〕。

> 马克思、恩格斯：《德意志意识形态》（1845—1846 年），摘自《马克思恩格斯全集》第 3 卷，人民出版社 1960 年版，第 147 页。

自从物理学和化学再一次几乎专门从事于分子和原子的研究以来，古希腊的原子论哲学必然重新受到人们的重视。但是，甚至最优秀的自然科学家对这种哲学所作的研究也是何等肤浅！例如，凯库勒指出（《化学的目的和成就》），原子论哲学的创始人不是留基伯，而是德谟克利特，并且断言，道尔顿最先假定了不同质的元素原子的存在，并且最先认定不同元素具有各自特有的不同重量。可是，我们在第欧根尼·拉尔修的著作（第 10 卷第 43—44 和 61 节）中可以看到：伊壁鸠鲁早已认定原子不仅在大小上和形态上不相同，而且在**重量**上也不相同，也就是说，他早就按照自己的方式认识了原子量和原子体积。

> 恩格斯：《自然辩证法》（1873—1882 年），摘自《马克思恩格斯文集》第 9 卷，人民出版社 2009 年版，第 436—437 页。

这也是① 令人惊奇的!!!! 伊壁鸠鲁（公元**前** 341—270），洛克（1632—1704）差别② ＝两千年

在伊壁鸠鲁看来，灵魂是原子的"某种"集合。《这一点洛克也说过（!!!）……这都是些空话》……（第 488 页）[372—373]（（不，这是天才的猜测，是为**科学**而不是为僧侣主义**指示**途径的路标。））

> 列宁：《黑格尔〈哲学史讲演录〉一书摘要》（1915 年），摘自《列宁全

---

① 这里俄文版用的是：auch。——译者注
② 这里俄文版用的是：Differenz。——译者注

集》第 38 卷，人民出版社 1959 年版，第 327 页。

论伊里吉纳[①]

　　同时，在整个欧洲，爱尔兰更以学问的发源地见称，这种见解在当时可说是根深蒂固，查理大帝就曾经请爱尔兰教士阿尔宾到帕维亚去任教，以后又由另一爱尔兰人敦加尔代替了他的职位。在当时起过重要作用，但现在已多半被人遗忘的许多爱尔兰学者中间，最卓越的是被称为"中世纪哲学之父"或被艾尔德曼称为"中世纪哲学的 Carolus Magnus〔查理大帝〕"的**约翰·司各特·伊里吉纳**。黑格尔在论及他时这样说："他是当时第一个开创真正的哲学的人。"在九世纪的西欧人中他是唯一懂得希腊文的，他翻译了被认为是迪奥尼修斯法官的著作，从而重新建立了和古代哲学的最近一代人的联系，和亚历山大里亚新柏拉图学派的联系。他的学说在当时来说是特别大胆的；他否定"永恒的诅咒"，甚至对于魔鬼也如此主张，因而十分接近于泛神论；因此，当时正统思想的代表人物对他就不乏恶意的攻击。直到整整两个世纪之后，伊里吉纳所奠基的科学才有了坎特伯雷的安瑟伦这样一个继承人。[②]

　　　　恩格斯：《爱尔兰史——古代的爱尔兰》（1870 年 5—7 月），摘自《马克思恩格斯全集》第 16 卷，人民出版社 1964 年版，第 563 页。

---

　　① 伊里吉纳，约翰·司各特（约 810—877 年），爱尔兰人，中世纪哲学家、神学家和翻译家。——编者注

　　② 伊里吉纳的详细学说和著作见艾尔德曼著《哲学史纲》1869 年柏林第 2 版第 1 卷第 241—247 页（《Grundriss der Geschichte der Philosophie》，2. Aufl.，Berlin，1869，Bd. I，S. 241—247）。从伊里吉纳（他绝非什么宗教人物）身上，我们可以看到爱尔兰人所特有的那种灵敏机智。一次，法国国王秃头查理和他隔一张桌子坐着，查理问他，苏格人（scot）和笨蛋（sot）相差多少，伊里吉纳答道："相差一张桌子那么远。"

论培根①、霍布斯②、洛克③

真正的自然科学只是从 15 世纪下半叶才开始，从这时起它就获得了日益迅速的进展。把自然界分解为各个部分，把各种自然过程和自然对象分成一定的门类，对有机体的内部按其多种多样的解剖形态进行研究，这是最近 400 年来在认识自然界方面获得巨大进展的基本条件。但是，这种做法也给我们留下了一种习惯：把各种自然物和自然过程孤立起来，撇开宏大的总的联系去进行考察，因此，就不是从运动的状态，而是从静止的状态去考察；不是把它们看做本质上变化的东西，而是看做固定不变的东西；不是从活的状态，而是从死的状态去考察。这种考察方式被培根和洛克从自然科学中移植到哲学中以后，就造成了最近几个世纪所特有的局限性，即形而上学的思维方式。

> 恩格斯：《反杜林论》（1876 年 9 月—1878 年 6 月），摘自《马克思恩格斯文集》第 9 卷，人民出版社 2009 年版，第 23—24 页。

维鲁拉姆男爵培根把神学的物理学称为献给上帝的永不生育的少女；他把物理学从神学里解放出来，于是物理学就变成一门有成果的科学了。

> 马克思：《第 179 号〈科伦日报〉社论》（1842 年 6—7 月），摘自《马克思恩格斯全集》第 1 卷，人民出版社 1956 年版，第 127—128 页。

"……

英国唯物主义的真正始祖是培根。在他看来，自然哲学才是真正的哲学，而以感性经验为基础的物理学则是自然哲学的最重要的部分。提出种子说的阿那克萨哥拉和提出原子论的德谟克利特，都常常被他当做权威来引证。按照他的学说，感觉是确实可靠的，是一切知识的源泉。科学都是以经验为基础的，科学就在于把理性的研究方法运用于感官所提供的材料。归纳、分析、比较、观察和实验是理性方法的主要形式。在物质固有的特

---

① 培根，弗兰西斯，维鲁拉姆男爵（1561—1626 年），杰出的英国哲学家，英国唯物主义的创始人；自然科学家和历史学家。——编者注

② 霍布斯，托马斯（1588—1679 年），著名的英国哲学家，机械唯物主义的代表人物，他的社会政治观点具有鲜明的反民主的倾向。——编者注

③ 洛克，约翰（1632—1704 年），著名的英国哲学家，政治经济学家。——编者注

性中，第一个特性而且是最重要的特性是运动，它不仅表现为物质的机械的和数学的运动，而且主要表现为物质的冲动、活力、张力，或者用雅科布·伯麦的话来说，是物质的'痛苦'①［'Qual']②。

　　唯物主义在它的第一个创始人培根那里，还包含着全面发展的萌芽。一方面，物质带着诗意的感性光辉对整个人发出微笑。另一方面，那种格言警句式的学说却还充满了神学的不彻底性。

　　唯物主义在以后的发展中变得片面了。霍布斯把培根的唯物主义系统化了。以感觉为基础的知识失去了诗情画意，变成了数学家的抽象经验③；几何学被宣布为科学的女王。唯物主义变得漠视人了。为了能够在对手，即漠视人的、毫无血肉的唯灵论的领域制服这种唯灵论，唯物主义就不得不扼杀自己的肉欲，成为禁欲主义者。这样，它就从感性之物变成理智之物；可是，它因此也就发展了理智所特有的无所顾忌的全部彻底性。

　　作为培根的继承者，霍布斯声称，既然感性给人提供一切知识，那么我们的概念和观念就无非是摆脱了感性形式的现实世界的幻影。哲学只能为这些幻影命名。一个名称可以用于若干个幻影。甚至还可以有名称的名称。但是，一方面认为一切观念都起源于感性世界，另一方面又硬说一个词的意义不只是一个词，除了我们通过感官而知道的存在物，即全都是个别的存在物之外，还有一般的、非个别的存在物，这就是一个矛盾。无形体的实体和无形体的形体同样是荒唐的。形体、存在、实体只是同一种实在的不同名称。**不能把思维同思维着的物质分开。**物质是世界上发生的一切变化的基础。如果'无限的'这个词不表示我们的精神具有无限增添补充的能力，这个词就毫无意义。因为只有物质的东西才是可以被我们感知的，所以我们对神的存在就一无所知了。只有我自己的存在才是确实可信

　　① 在德译文中，在"痛苦"一词后面，又从《神圣家族》中援引了英文版中删去的一句话："物质的原始形式是物质内部所固有的、活生生的、本质的力量，这些力量使物质获得个性，并造成各种特殊的差异。"——编者注

　　② 恩格斯在这里加了一个注，而发表在《新时代》杂志上的德译文中此注被删去："'Qual'是哲学上的双关语。'Qual'按字面的意思是苦闷，是一种促使采取某种行动的痛苦；同时，神秘主义者伯麦把拉丁语'qualitas'［质］的某些意义加进这个德国词；他的'Qual'和外来的痛苦相反，是能动的本原，这种本原从受'Qual'支配的事物、关系或个人的自发展中产生出来，而反过来又推进这种发展。"——编者注

　　③ 在德译文中，这句话是："它变成了几何学家的抽象的经验"；在这句话之后又援引了英文版中删去的一句话："物理运动成为机械运动或数学运动的牺牲品。"——编者注

的。人的一切激情都是有始有终的机械运动。欲求的对象是所谓的善。人和自然都服从于同样的规律。强力和自由是同一的。

霍布斯把培根的学说系统化了，但是他没有论证培根关于人类的全部知识起源于感性世界的基本原理。洛克在他的《人类理智论》中对此作了论证。

霍布斯消除了培根唯物主义中的有神论的偏见；柯林斯、多德威尔、考尔德、哈特莱、普利斯特列也同样地消除了洛克感觉论的最后的神学藩篱。无论如何，自然神论对实际的唯物主义者来说不过是一种摆脱宗教的简便易行的方法罢了。"①

关于现代唯物主义起源于英国，卡尔·马克思就是这样写的。如果现在英国人对他这样赞许他们的祖先并不十分高兴，那真是太遗憾了。可是不能否认，培根、霍布斯和洛克都是杰出的法国唯物主义者学派的前辈，法国人在陆上和海上的历次战争中尽管败于德国人和英国人，但这些法国唯物主义者却使18世纪成为一个以法国为主角的世纪，这甚至比圆满结束那个世纪的法国革命还要早；这次革命的成果，我们这些身在英国和德国的局外人还总想移植哩。

> 恩格斯：《〈社会主义从空想到科学的发展〉1892年英文版导言》
> (1892年4月20日)，摘自《马克思恩格斯文集》第3卷，人民出版
> 社2009年版，第502—505页。

英国的政治活动、出版自由、海上霸权以及规模宏大的工业，几乎在每一个人身上都充分发展了民族特性所固有的毅力、果敢的求实精神、还有冷静无比的理智，这样一来，大陆上的各个民族在这方面也远远地落在英国人后面了……能够和英国文学媲美的恐怕只有古希腊文学和德国文学了；在哲学方面，英国至少能举出两位巨匠——培根和洛克，而在经验科学方面享有盛名的则不计其数。如果有人问，**贡献**最多的是哪一个民族，那谁也不会否认是英国。

> 恩格斯：《英国状况。英国宪法》(1844年3月)，摘自《马克思恩格
> 斯全集》第1卷，人民出版社1956年版，第679页。

霍布斯是第一个现代唯物主义者（18世纪意义上的），但是当专制君

---

① 马克思和恩格斯《神圣家族》1845年美因河畔法兰克福版第201—204页。

主制在整个欧洲处于全盛时期，并在英国开始和人民进行斗争的时候，他是专制制度的拥护者。洛克在宗教上和政治上都是 1688 年的阶级妥协的产儿。

> 恩格斯：《恩格斯致康拉德·施米特》（1890 年 10 月 27 日），摘自《马克思恩格斯文集》第 10 卷，人民出版社 2009 年版，第 599 页。

一般说来，英国早期的经济学家都把培根和霍布斯当做自己的哲学家，而后来洛克成了英国、法国、意大利的政治经济学的主要"哲学家"。

> 马克思：《资本论》第 1 卷（发表于 1867 年 9 月），摘自《马克思恩格斯文集》第 5 卷，人民出版社 2009 年版，第 448 页注（111）。

因为洛克是同封建社会相对立的资产阶级社会的法权观念的经典表达者；此外，洛克哲学成了以后整个英国政治经济学的一切观念的基础，所以他的观点就更加重要。［XX—1293a］①

> 马克思：《剩余价值理论》（第一册）（1861 年 8 月—1863 年 7 月），摘自《马克思恩格斯全集》第 26 卷（一），人民出版社 1972 年版，第 393 页。

那时，人们除了要对神学和 17 世纪形而上学进行否定性的批驳之外，还需要有一个**肯定性的、反形而上学**的体系。人们需要一部把当时的生活实践归纳为一个体系并从理论上加以论证的书。这时，**洛克**关于人类理智起源的著作②适时地在海峡那边出现了，这部著作就像人们翘首以待的客人一样受到了热烈的欢迎。

> 马克思、恩格斯：《神圣家族，或对批判的批判所做的批判》（1844 年 9—11 月），摘自《马克思恩格斯文集》第 1 卷，人民出版社 2009 年版，第 330 页。

约翰·洛克是一切形式的新兴资产阶级的代表，他代表工厂主反对工人阶级和贫民，代表商人反对旧式高利贷者，代表金融贵族反对作为债务人的国家，他在自己的一本著作中甚至证明资产阶级的理智是人类的正常理智，他也接受了朗兹的挑战。

> 马克思：《政治经济学批判》（1858 年 8 月—1859 年 1 月），摘自

---

① 方括号中的罗马数字和阿拉伯数字表示马克思手稿的稿本编号和页码。——编者注
② 约·洛克：《人类理智论》1690 年伦敦版。——编者注

《马克思恩格斯全集》第 13 卷，人民出版社 1962 年版，第 67—68 页。

论贝克莱①

贝克莱主教是英国哲学中神秘唯心主义的代表，他给观念的货币计量单位学说加上了讲求实际的"财政部秘书长"所忽略的理论气质，这是合乎常理的。

马克思：《政治经济学批判》（1858 年 8 月—1859 年 1 月），摘自《马克思恩格斯全集》第 13 卷，人民出版社 1962 年版，第 69 页。

他②说，我完全不能理解，怎么能撇开人的感知来谈物的绝对存在呢？存在就是被感知（their，即物的 esse is percipi，第 3 节，——这是哲学史教科书中常常引用的贝克莱的一句名言）。"在人们中间奇怪地流行着这样一种见解：房屋、山岳、江河，一句话，一切感性实物都有一种自然的或真实的存在，这种存在不同于理性所感知的那种存在。"（第 4 节）贝克莱说，这个见解含有一个"明显的矛盾"。"因为，上面所说的那些对象若不是我们凭感官感知的物，那究竟是什么呢？我们所感知的若不是我们自己的观念或感觉（ideas or sensations），那又是什么呢？认为任何观念、感觉或它们的组合能够不被感知而存在着，这岂不是非常荒谬吗？"（第 4 节）

贝克莱现在把观念的集合换成了**感觉的组合**这个在他看来是含义相同的说法，责备唯物主义者"妄"想更进一步去找出这种复合……即这种感觉的组合的某个泉源。在第五节里，他责备唯物主义者玩弄抽象，因为在贝克莱看来，把感觉和对象分开，这是空洞的抽象……

贝克莱在否定客体的"绝对"存在即物在人类认识之外的存在时，直截了当地说明他的敌人的观点是承认"自在之物"。在第二十四节里，贝克莱加上着重号写道，他所驳斥的那种看法承认"**自在的感性客体**（objects in themselves）**或心外的感性客体的绝对存在**"（前引书第 167—168 页）。在这里，哲学观点的两条基本路线被直率、清楚、明确地描绘出来

---

① 贝克莱，乔治（1684—1753 年），爱尔兰的克罗茵主教，英国唯灵论哲学家，主观唯心主义的奠基人。——编者注

② 指贝克莱。——编者注

了。这一点是古典哲学著作家不同于当代"新"体系的制造者的地方。唯物主义承认"自在客体"或心外客体，认为观念和感觉是这些客体的复写或反映。与此相反的学说（唯心主义）认为，客体不存在于"心外"；客体是"感觉的组合"。

列宁：《唯物主义和经验批判主义》（1908 年下半年），摘自《列宁选集》第 2 卷，人民出版社 1972 年版，第 19—20 页。

贝克莱不只是直言不讳地说出他的哲学倾向，他也竭力掩盖他的哲学的唯心主义真面目，把它说成没有荒谬见解的并为"常识"所能接受的。他本能地保护自己，使自己不被人责难为现在所谓的主观唯心主义者和唯我论者。他说，我们的哲学"没有使我们失去自然界中的任何一物"（第 34 节）。自然界依然存在着，实物和幻想的区别也依然存在着，不过"两者同样地都存在于意识中"。"我决不对我们通过感觉或思考能够认识到的任何一物的存在提出异议。我用眼睛看到的和用手触到的那些物是存在的，是真实存在的，这一点我毫不怀疑。我们否定其存在的唯一的物，是**哲学家们**〈着重号是贝克莱加的〉叫作物质或有形实体的东西。否定它，不会给其余的人类带来任何损害；我敢说，他们任何时候都不会觉察出缺少了它……无神论者的确需要这个徒有其名的幽灵来作为他们的不信神的根据……"

列宁：《唯物主义和经验批判主义》（1908 年下半年），摘自《列宁选集》第 2 卷，人民出版社 1972 年版，第 23 页。

论笛卡儿[①]

"在**直白的意义上明确地说**"，**法国唯物主义**有**两个派别**：一派起源于**笛卡儿**，一派起源于**洛克**。后一派**主要**是**法国**有教养的分子，它直接导向**社会主义**。前一派是**机械唯物主义**，它汇入了真正的法国**自然科学**。这两个派别在发展过程中是相互交错的。我们没有必要来详细考察直接起源于**笛卡儿**的法国唯物主义，同样，我们也没有必要来详细考察法国的**牛顿**学派和法国一般自然科学的发展。

因此，我们只指出如下的几点：

---

① 笛卡儿，勒奈（1596—1650 年），杰出的法国哲学家，二元论者，解析几何学的首创者。——编者注

笛卡儿在其**物理学**中认为**物质**具有自主创造的力量，并把**机械**运动看做是物质的生命活动。他把他的**物理学**和他的**形而上学**完全分开。在他的物理学的范围内，**物质**是唯一的**实体**，是存在和认识的唯一根据。

法国的**机械唯物主义**附和**笛卡儿**的**物理学**而同他的形而上学相对立。他的学生按职业来说都是**反形而上学者**，即**物理学家**。

> 马克思、恩格斯：《神圣家族，或对批判的批判所做的批判》（1844
> 年9—11月），摘自《马克思恩格斯文集》第1卷，人民出版社2009
> 年版，第327—328页。

论爱尔维修①、拉美特利②、霍尔巴赫③

爱尔维修同样也是以洛克的学说为出发点的，在他那里唯物主义获得了真正法国的性质。爱尔维修立即把唯物主义运用到社会生活方面（爱尔维修《论人》④）。感性的特性和自尊、享乐和正确理解的个人利益，是全部道德的基础。人的智力的天然平等、理性的进步和工业的进步的一致、人的天然的善良和教育的万能，这就是他的体系中的几个主要因素。

> 马克思、恩格斯：《神圣家族，或对批判的批判所做的批判》（1844
> 年9—11月），摘自《马克思恩格斯文集》第1卷，人民出版社2009
> 年版，第333页。

拉美特利的著作是笛卡儿唯物主义和英国唯物主义的结合。拉美特利详尽地利用了笛卡儿的物理学。他的《人是机器》⑤一书是模仿笛卡儿的动物是机器的模式写成的。在霍尔巴赫的《自然体系》⑥中，物理学部分也是由法国唯物主义和英国唯物主义的结合构成的，而道德部分实质上则

---

① 爱尔维修，克劳德·阿德里安（1715—1771年），杰出的法国哲学家，机械唯物主义的代表人物。——编者注

② 拉美特利，朱利安（1709—1751年），法国医生，哲学家，机械唯物主义的代表人物。——编者注

③ 霍尔巴赫，保尔·昂利（1723—1789年），杰出的法国哲学家，机械唯物主义的代表人物。——编者注

④ 爱尔维修《论人的理智能力和教育》1775年伦敦版。第1版于1773年在海牙出版。——编者注

⑤ 茹·拉美特利《人是机器》1751年伦敦版。——编者注

⑥ 保·霍尔巴赫《自然体系，或物质世界和精神世界的规律》1770年伦敦版。——编者注

是以爱尔维修的道德论为依据的。还同形而上学保持着最密切联系并为此受到黑格尔赞许的法国唯物主义者**罗比耐**（《自然论》①），和**莱布尼茨**的学说有着明显的关系。

> 马克思、恩格斯：《神圣家族，或对批判的批判所做的批判》（1844年9—11月），摘自《马克思恩格斯文集》第1卷，人民出版社2009年版，第333—334页。

政治经济学是这种功利论的真正科学；它在重农学派那里获得了自己的真正的内容，因为重农学派最先把政治经济学变成一个体系。我们看到，爱尔维修和霍尔巴赫已经把这种学说理想化了，这种做法是和法国资产阶级在革命前的反封建的作用完全一致的。在霍尔巴赫那里，个人在相互交往中的一切活动，例如谈话、爱情等等都被描写成功利关系和利用关系。

> 马克思、恩格斯：《德意志意识形态》（1845—1846年），摘自《马克思恩格斯全集》第3卷，人民出版社1960年版，第479页。

由此可见，霍尔巴赫的理论是关于当时法国的新兴资产阶级的有正当历史根据的哲学幻想，当时资产阶级的剥削欲望还可以被描写成个人在已经摆脱旧的封建羁绊的交往条件下获得充分发展的欲望。但是，在十八世纪，资产阶级所理解的解放，即竞争，就是给个人开辟比较自由的发展的新活动场所的唯一可能的方式。在理论上宣布符合于这种资产阶级实践的意识、相互剥削的意识是一切个人之间普遍的相互关系，——这也是一个大胆的公开的进步，这是一种**启蒙**，它揭示了披在封建剥削上面的政治、宗法、宗教和闲逸的外衣的世俗意义，这些外衣符合于当时的剥削形式，而君主专制的理论家们特别把它系统化了。

> 马克思、恩格斯：《德意志意识形态》（1845—1846年），摘自《马克思恩格斯全集》第3卷，人民出版社1960年版，第480页。

在爱尔维修和霍尔巴赫面前，不仅已经出现了英国的理论以及荷兰和英国资产阶级的已有的发展，而且还出现了正为自己自由发展而斗争的法国资产阶级。作为整个十八世纪的特征的商业精神特别是在法国以投机的形式笼罩了一切阶级。当时政府的财政困难以及因此发生的关于课税的辩论遍及整个法国。此外还有一种情况：巴黎是十八世纪唯一的世界城市，是各国人物在此进行个人交往的唯一城市。所有这些前提，再加上法国人

---

① 让·巴·罗比耐《自然论》1763—1766年阿姆斯特丹新版第1—4卷。——编者注

一般所具有的比较通达的特征，使爱尔维修和霍尔巴赫的理论带有独特的无所不包的色彩，但同时使它失去了我们还可以在英国人那里找到的实证的经济内容。在英国人那里，理论是单纯地肯定事实，可是在法国人那里，却变成了哲学体系。我们从爱尔维修和霍尔巴赫那里看到的这种没有实证内容的一般观点，是同最初表现在边沁和穆勒学说里的充实的内容有本质区别的。前一种理论同正在进行斗争的而尚不发达的资产阶级相适应的，而后一种理论是同占统治地位的发达的资产阶级相适应的。

> 马克思、恩格斯：《德意志意识形态》（1845—1846 年），摘自《马克思恩格斯全集》第 3 卷，人民出版社 1960 年版，第 482 页。

论培尔①

使 17 世纪的形而上学和一切形而上学**在理论上威信扫地**的人是**皮埃尔·培尔**。他的武器是用形而上学本身的符咒锻造而成的怀疑论。他本人起初是从笛卡儿的形而上学出发的。正像反对思辨神学的斗争把**费尔巴哈**推向反对**思辨哲学**的斗争，就是因为他认为思辨是神学的最后支柱，因为他不得不迫使神学家从伪科学逃回到**粗野的**、可恶的**信仰**，同样，对宗教的怀疑引起了培尔对作为这种信仰的支柱的形而上学的怀疑。因此，他批判了形而上学的整个历史发展过程。他为了撰写形而上学的灭亡史而成了形而上学的历史编纂学家。他主要是驳斥了**斯宾诺莎和莱布尼茨**。

皮埃尔·培尔不仅用怀疑论摧毁了形而上学，从而为在法国接受唯物主义和合乎健全理智的哲学作了准备，而且他还**证明**，由清一色的无神论者所组成的社会是**能够**存在的，无神论者**能够**成为可敬的人，玷辱人的尊严的不是无神论，而是迷信和偶像崇拜，通过这种**证明**，他宣告了不久将要开始存在的**无神论社会**的来临。

用一位法国作家的话来说，**皮埃尔·培尔"是 17 世纪意义上的最后一个形而上学者，也是 18 世纪意义上的第一个哲学家"**。

> 马克思、恩格斯：《神圣家族，或对批判的批判所做的批判》（1844 年 9—11 月），摘自《马克思恩格斯文集》第 1 卷，人民出版社 2009

---

① 皮埃尔·培尔（1647—1706 年），法国怀疑论派哲学家，宗教独断论的批评者。——编者注

年版，第 329—330 页。

在法国，1685 年加尔文教派中的少数派曾遭到镇压，被迫皈依天主教或者被驱逐出境。但是这有什么用处呢？那时自由思想家皮埃尔·培尔已经在忙于从事活动，而 1694 年伏尔泰也诞生了。路易十四的暴力措施只是使法国的资产阶级更便于以唯一同已经发展起来的资产阶级相适应的、非宗教的、纯粹政治的形式进行自己的革命。出席国民议会的不是新教徒，而是自由思想家了。

> 恩格斯：《路德维希·费尔巴哈和德国古典哲学的终结》（1886 年初），摘自《马克思恩格斯文集》第 4 卷，人民出版社 2009 年版，第 311 页。

论休谟①

此外，还有其他一些哲学家否认认识世界的可能性，或者至少是否认彻底认识世界的可能性。在近代哲学家中，休谟和康德就属于这一类，而他们在哲学的发展上是起过很重要的作用的。

> 恩格斯：《路德维希·费尔巴哈和德国古典哲学的终结》（1886 年初），摘自《马克思恩格斯文集》第 4 卷，人民出版社 2009 年版，第 279 页。

由于培根未能用**他的**理性解决唯心主义和实在论的矛盾，人们就认为理性根本不能解决这个矛盾，干脆把唯心主义丢到一边，而把经验看做是唯一的拯救良方。对认识能力的批判和一般的心理倾向也正是从同一源泉产生的。英国哲学从一开始就只是在这种倾向的范围内兜圈子，在为解决矛盾而进行了一切徒劳的尝试以后，英国哲学最终宣称矛盾是不可解决的，理性是不能胜任的，它不是求救于宗教信仰就是求救于经验。休谟的怀疑论今天仍然是英国一切非宗教的哲学推理的形式。持这种看法的人声称：我们无法知道上帝是否存在；即使上帝存在，他也不可能和我们有任何交往；因此，我们不妨按照上帝并不存在这一假设来安排自己的实践活动。我们无法知道，灵魂是否能同肉体分开，灵魂是否不死；因此，我们就按

---

① 大卫·休谟（1711—1776 年），英国哲学家，主观唯心主义者；历史学家和经济学家，重商主义的反对者，货币数量论的早期代表人物之一。——编者注

照这辈子是我们仅有的一生这个想法来生活，而不用那些超出我们的理解力的事物来折磨自己。简单地说，这种怀疑论在实践上恰好是法国的唯物主义；但是，它由于无法明确作出判断，因而仍停留于形而上学的理论。

> 恩格斯：《英国状况。十八世纪》（1844年1月初—2月初），摘自《马克思恩格斯文集》第1卷，人民出版社2009年版，第90—91页。

休谟所谓的怀疑论，是指不用物、精神等等的作用来说明感觉，即一方面不用外部世界的作用来说明知觉，另一方面不用神或未知的精神的作用来说明知觉。

> 列宁：《唯物主义和经验批判主义》（1908年下半年），摘自《列宁选集》第2卷，人民出版社1972年版，第29页。

贝克莱认为外部世界就是我的感觉，休谟把我的感觉之外是否有什么东西存在的问题取消了。而这个不可知论的观点注定要动摇于唯物主义和唯心主义之间。

> 列宁：《唯物主义和经验批判主义》（1908年下半年），摘自《列宁选集》第2卷，人民出版社1972年版，第62页。

尽管杜林先生给休谟以特许证，休谟在政治经济学领域中也还是一位值得尊重的人物，但是在这里，他不能被认为是有创见的研究者，更不是什么划时代的人物。他的经济学论丛之所以能影响当时的知识界，不仅是因为卓越的表达方法，而且更多地还是因为他的论丛是对当时繁荣起来的工商业作了进步的和乐观的赞扬，换句话说，也就是对当时英国迅速发展的资本主义社会作了进步的和乐观的赞扬，因而他的论丛自然要博得资本主义社会的"赞许"。

> 恩格斯：《反杜林论》（1876年9月—1878年6月），摘自《马克思恩格斯文集》第9卷，人民出版社2009年版，第255—256页。

论康德①

在这种僵化的自然观上打开第一个突破口的，不是一位自然科学家，而是一位哲学家。1755年，**康德的《自然通史和天体论》**出版。关于第一

---

① 康德（1724—1804年），德国古典哲学的创始人，二元论者。他在早期创立了太阳系起源于星云的假说，对自然科学的发展作出了贡献。——编者注

推动的问题被排除了；地球和整个太阳系表现为某种在时间的进程中**生成的东西**。如果大多数自然科学家对于思维并不像牛顿在"物理学，当心形而上学啊！"① 这个警告中那样表现出厌恶，那么他们一定会从康德的这个天才发现中得出结论，从而避免无穷无尽的弯路，省去在错误方向上浪费的无法估算的时间和劳动，因为在康德的发现中包含着一切继续进步的起点。如果地球是某种生成的东西，那么它现在的地质的、地理的和气候的状况，它的植物和动物，也一定是某种生成的东西，它不仅在空间中必然有彼此并列的历史，而且在时间上也必然有前后相继的历史。如果当时立即沿着这个方向坚决地继续研究下去，那么自然科学现在就会大大超过它目前的水平。但是哲学能够产生什么成果呢？康德的著作没有产生直接的成果，直到很多年以后拉普拉斯和赫歇尔才充实了这部著作的内容，并且作了更详细的论证，因此才使"星云假说"逐渐受人重视。进一步的一些发现使他终于获得了胜利；其中最重要的发现是：恒星的自行，宇宙空间中具有阻抗的介质得到证实；宇宙物质的化学同一性以及康德所假定的炽热星云团的存在通过光谱分析得到证明②。

> 恩格斯：《自然辩证法》（1873—1882 年），摘自《马克思恩格斯文集》第 9 卷，人民出版社 2009 年版，第 414—415 页。

自从人们发现康德是两个天才假说的首创者以来，他在自然科学家当中重新获得了应有的荣誉。这两个假说就是先前曾归功于拉普拉斯的太阳系起源理论和地球自转由于潮汐而受到阻碍的理论。没有这两个假说，今天的理论自然科学简直就不能前进一步。但是，自从黑格尔著作中已提出一个虽然是从完全错误的出发点阐发的、却无所不包的辩证法纲要以后，

---

① 指伊·牛顿在他的基本著作《自然哲学的数学原理》第 2 版第 3 册的结尾部分《总识》中所表达的思想。牛顿写道："到目前为止，我已用重力说明了天体现象和海洋的潮汐。但是我没有指出重力本身的原因。"接着他在列举了重力的某些性质以后，继续说："至今我还不能从种种现象中推论出重力的这些性质的原因，假说这个东西我是不考虑的〔hypotheses non fingo〕。凡不是从现象中推论出来的，都应该叫做假说；凡是假说，不管它是形而上学的或物理学的，力学的或隐蔽性质的，都不能用于实验哲学之中。在这种哲学中，一切定理都由现象推论而来，并用归纳法概括。"

黑格尔也注意到牛顿的这种意见，他在《哲学全书》第 93 节附释 1 中指出："牛顿……直接警告物理学，不要陷入形而上学……"。——编者注

② 恩格斯在此处页边上写着："同样是由康德发现的潮汐对地球自转的阻碍作用现在才被认识。"——编者注

要向康德学习辩证法，就是一件费力不讨好的和收效甚微的事情。

> 恩格斯：《自然辩证法》（1873—1882 年），摘自《马克思恩格斯文集》第9卷，人民出版社2009年版，第439页。

康德一开始他的学术生涯，就把牛顿的稳定的太阳系和太阳系经过有名的第一次推动后就永恒的存在变成了历史的过程，即太阳和一切行星由旋转的星云团产生的过程。同时，他已经作出了这样的结论：太阳系的产生也预示着它将来的不可避免的灭亡。过了半个世纪，他的观点由拉普拉斯从数学上作出了证明；又过了半个世纪，分光镜证明了，在宇宙空间存在着凝聚程度不同的炽热的气团。

> 恩格斯：《反杜林论》（1876年9月—1878年6月），摘自《马克思恩格斯文集》第9卷，人民出版社2009年版，第26页。

康德关于所有现在的天体都从旋转的星云团产生的学说，是从哥白尼以来天文学取得的最大进步。认为自然界在时间上没有任何历史的那种观念，第一次被动摇了。在这之前，人们都认为，各个天体从最初起就始终在同一轨道上并且保持同一状态；即使在单个天体上单个有机体会消亡，人们总认为类和种是不变的。虽然自然界明显地处在永恒的运动中，但是这一运动看起来好像是同一过程的不断重复。康德在这个完全适合于形而上学思维方式的观念上打开了第一个突破口，而且用的是很科学的方法，以致他所使用的大多数论据，直到现在还有效。当然，严格地说，康德的学说直到现在还是一个假说。但是哥白尼的宇宙体系直到今天也不过是一个假说，而自从分光镜驳倒一切异议，证明星空有这种炽热的气团以来，科学界对于康德学说的反对沉默下来了。

> 恩格斯：《反杜林论》（1876年9月—1878年6月），摘自《马克思恩格斯文集》第9卷，人民出版社2009年版，第61页。

康德哲学的基本特征是调和唯物主义和唯心主义，使二者妥协，使各种相互对立的哲学派别结合在一个体系中。当康德承认在我们之外有某种东西、某种自在之物同我们表象相符合的时候，他是唯物主义者；当康德宣称这个自在之物是不可认识的、超验的、彼岸的时候，他是唯心主义者。在康德承认经验、感觉是我们知识的唯一泉源时，他是在把自己的哲学引向感觉论，并且在一定的条件下通过感觉论而引向唯物主义。在康德承认空间、时间、因果性等等的先验性时，他就把自己的哲学引向唯心主义。

由于康德的这种不彻底性，不论是彻底的唯物主义者，或是彻底的唯心主义者（以及"纯粹的"不可知论者即休谟主义者），都同他进行了无情的斗争。唯物主义者责备康德的唯心主义，驳斥他的体系的唯心主义特征，证明自在之物是可知的、此岸的，证明自在之物和现象之间没有原则的差别，证明不应当从先验的思维规律中而应当从客观现实中引出因果性等等。不可知论者和唯心主义者责备康德承认自在之物，认为这是向唯物主义、"实在论"或"素朴实在论"让步。

> 列宁：《唯物主义和经验批判主义》（1908 年下半年），摘自《列宁选集》第 2 卷，人民出版社 1972 年版，第 200 页。

在古典作家中，您以前主要研究的恰好就是康德，而康德由于他那个时代的德国哲学研究的状况，由于同学究气十足的沃尔弗式的莱布尼茨主义的对立，也就或多或少地被迫在形式上对这种沃尔弗式的思辨作一些表面的让步。

> 恩格斯：《恩格斯致康拉德·施米特》（1895 年 3 月 12 日），摘自《马克思恩格斯文集》第 10 卷，人民出版社 2009 年版，第 692—693 页。

论费希特①、谢林②

事实上，在德国古典哲学的发展过程中，紧跟着康德之后就产生了对康德主义的批判，这种批判和阿芬那留斯的批判正好是**同一方向**。在德国古典哲学里，这种方向的代表是休谟的不可知论的信徒舒尔兹－埃奈西德穆和贝克莱主义即主观唯心主义的信徒费希特。1792 年舒尔兹－埃奈西德穆批判过康德，**就是**因为康德承认先验主义和自在之物。舒尔兹说道，我们这些怀疑论者或休谟的信徒摈弃超出"一切经验界限"的自在之物……

主观唯心主义者费希特也这样批判康德，不过更坚决些。他说，康德承认不依存于我们的**自我**的自在之物，这是"**实在论**"（《费希特全集》第

---

① 费希特，约翰·哥特利勃（1762—1814 年），德国主观唯心主义哲学家，十八世纪末十九世纪初德国唯心主义的代表人物。——编者注
② 谢林，弗里德里希·威廉（1775—1854 年），德国古典哲学的代表人物，客观唯心主义者。——编者注

1 卷第 483 页）；康德"没有明确地"把"实在论"同"唯心主义"区别开来。费希特认为康德和康德主义者最不彻底的地方就在于他们承认自在之物是"客观实在的基础"（第 480 页），因此他们便陷入和批判唯心主义相矛盾的境地。

列宁：《唯物主义和经验批判主义》（1908 年下半年），摘自《列宁选集》第 2 卷，人民出版社 1972 年版，第 197—199 页。

在我们所考察的马赫和阿芬那留斯的学说中，除了重弹主观唯心主义的老调外，没有任何别的东西。他们妄想凌驾于唯物主义和唯心主义之上，消除从物到意识和从意识到物这两种观点之间的对立，然而这是刷新了的费希特主义的痴心妄想。费希特也以为：他把"自我"和"环境"、意识和物"不可分割地"联系起来了；他用人不能超出自己的范围这种说法把问题"解决了"。换句话说，这是在重复贝克莱的论据：我感觉的只是我自己的感觉，我没有权利假定在我的感觉之外有"自在客体"。贝克莱在1710 年，费希特在 1801 年，阿芬那留斯在 1891—1894 年所使用的不同表达方式，丝毫没有改变问题的本质，即主观唯心主义的基本哲学路线。世界是我的感觉；非我是由我们的自我"规定"（创造、产生）的；物和意识是不可分割地联系着的；我们的自我和环境的不可分割的同格是经验批判主义的原则同格，——所有这一切都是同一个论点，都是同样的破烂货色，只不过挂上了略加粉饰或重新油漆过的招牌而已。

列宁：《唯物主义和经验批判主义》（1908 年下半年），摘自《列宁选集》第 2 卷，人民出版社 1972 年版，第 64—65 页。

谢林先生曾经多么巧妙地使法国人——起初是懦弱的折中主义者库辛，稍后甚至是天才的勒鲁——中了圈套！就是说，在皮埃尔·勒鲁等人眼里，谢林一直是一个讲究理性的现实主义，而不是先验的唯心主义，讲究有血有肉的思想，而不是抽象的思想，讲究世界哲学，而不是行帮哲学的人！谢林向法国的浪漫主义者和神秘主义者说："我把哲学和神学结合起来了！"向法国的唯物主义者说："我把肉体和观念结合起来了"，向法国的怀疑论者说："我把独断主义摧毁了"。一句话："我……谢林！"谢林不仅善于把哲学和神学结合起来，而且善于把哲学和外交结合起来。他把哲学变成了一般的外交学，变成了应付一切场合的外交手腕。因此，对谢林的抨击就是间接地对我们全部政治的批判，特别是对普鲁士政治的抨击。谢林的哲学就是哲学掩盖下的普鲁士政治。

> 马克思:《马克思致路德维希·费尔巴哈》(1843 年 10 月 3 日),摘
> 自《马克思恩格斯文集》第 10 卷,人民出版社 2009 年版,第 11—
> 12 页。

至于谢林的真诚的青春思想——我们也应该相信我们对手好的一面,不过他要实现这一思想,已经除了想象以外没有任何能力,除了虚荣以外没有任何力量,除了鸦片以外没有任何刺激剂,除了容易激动的女性感受力以外没有任何感觉器官了,谢林的这种真诚的青春思想,在他那里只是一场异想天开的青春梦……

> 马克思:《马克思致路德维希·费尔巴哈》(1843 年 10 月 3 日),摘
> 自《马克思恩格斯文集》第 10 卷,人民出版社 2009 年版,第 12 页。

论黑格尔①

在法国发生政治革命的同时,德国发生了哲学革命。这个革命是由康德开始的。他推翻了前世纪末欧洲各大学所采用的陈旧的莱布尼茨的形而上学体系。费希特和谢林开始了哲学的改造工作,黑格尔完成了新的体系。从人们有思维以来,还从未有过象黑格尔体系那样包罗万象的哲学体系。逻辑学、形而上学、自然哲学、精神哲学、法哲学、宗教哲学、历史哲学,——这一切都结合成为一个体系,归纳成为一个基本原则。

> 恩格斯:《大陆上社会改革运动的进展》(1843 年 10 月 23 日—11 月
> 初),摘自《马克思恩格斯全集》第 1 卷,人民出版社 1956 年版,第
> 588—589 页。

同 18 世纪的法国哲学并列和继它之后,近代德国哲学产生了,并且在黑格尔那里完成了。它的最大的功绩,就是恢复了辩证法这一最高的思维形式。

> 恩格斯:《反杜林论》(1876 年 9 月—1878 年 6 月),摘自《马克思
> 恩格斯文集》第 9 卷,人民出版社 2009 年版,第 22 页。

黑格尔的思维方式不同于所有其他哲学家的地方,就是他的思维方式

① 黑格尔(1770—1831 年),德国古典哲学的代表人物之一,唯心主义哲学家和辩证论者。——编者注

有巨大的历史感做基础。形式尽管是那么抽象和唯心，他的思想发展却总是与世界历史的发展平行着，而后者按他的本意只是前者的验证。真正的关系因此颠倒了，头脚倒置了，可是实在的内容却到处渗透到哲学中；何况黑格尔不同于他的门徒，他不像他们那样以无知自豪，而是所有时代中最有学问的人物之一。他是第一个想证明历史中有一种发展、有一种内在联系的人，尽管他的历史哲学中的许多东西现在在我们看来十分古怪，如果把他的前辈，甚至把那些在他以后敢于对历史作总的思考的人同他相比，他的基本观点的宏伟，就是在今天也还值得钦佩。在《现象学》、《美学》、《哲学史》中，到处贯穿着这种宏伟的历史观，到处是历史地、在同历史的一定的（虽然是抽象地歪曲了的）联系中来处理材料的。

　　这个划时代的历史观是新的唯物主义世界观的直接的理论前提，单单由于这种历史观，也就为逻辑方法提供了一个出发点。如果这个被遗忘了的辩证法从"纯粹思维"的观点出发就已经得出这样的结果，而且，如果它轻而易举地就结束了过去的全部逻辑学和形而上学，那么，在它里面除了诡辩和烦琐言辞之外一定还有别的东西。但是，对这个方法的批判不是一件小事，全部官方哲学过去害怕而且现在还害怕干这件事。

　　　　恩格斯：《卡尔·马克思〈政治经济学批判。第一分册〉》（1859 年 8
　　　　月 3—15 日），摘自《马克思恩格斯文集》第 2 卷，人民出版社 2009
　　　　年版，第 602 页。

　　人类既然通过黑格尔这个人想出了绝对观念，那么在实践上也一定达到了能够在现实中实现这个绝对观念的地步。因此，绝对观念对同时代人的实践的政治的要求不可提得太高。因此，我们在《法哲学》的结尾发现，绝对观念应当在弗里德里希－威廉三世①向他的臣民再三许诺而又不予兑现的那种等级君主制中得到实现，就是说，应当在有产阶级那种适应于当时德国小资产阶级关系的、有限的和温和的间接统治中得到实现；在这里还用思辨的方法向我们论证了贵族的必要性。

　　可见，单是体系的内部需要就足以说明，为什么彻底革命的思维方法竟产生了极其温和的政治结论。这个结论的特殊形式当然是由下列情况造成的：黑格尔是一个德国人，而且和他的同时代人歌德一样，拖着一根庸

————————

　　① 弗里德里希－威廉三世（1770—1840 年），普鲁士国王。——编者注

人的辫子。歌德和黑格尔在各自的领域中都是奥林波斯山上的宙斯，但是两人都没有完全摆脱德国庸人的习气。

> 恩格斯：《路德维希·费尔巴哈和德国古典哲学的终结》（1886 年
> 初），摘自《马克思恩格斯文集》第 4 卷，人民出版社 2009 年版，第
> 271—272 页。

黑格尔的整个学说，如我们所看到的，为容纳各种极不相同的实践的党派观点留下了广阔场所；而在当时的理论的德国，有实践意义的首先是两种东西：宗教和政治。特别重视黑格尔的**体系**的人，在两个领域中都可能是相当保守的；认为辩证**方法**是主要的东西的人，在政治上和宗教上都可能属于最极端的反对派。黑格尔本人，虽然在他的著作中相当频繁地爆发出革命的怒火，但是总的说来似乎更倾向于保守的方面；他在体系上所花费的"艰苦的思维劳动"倒比他在方法上所花费的要多得多。

> 恩格斯：《路德维希·费尔巴哈和德国古典哲学的终结》（1886 年
> 初），摘自《马克思恩格斯文集》第 4 卷，人民出版社 2009 年版，第
> 273 页。

如果不是先有德国哲学，特别是黑格尔哲学，那么德国科学社会主义，即过去从来没有过的唯一科学的社会主义，就决不可能创立。

> 恩格斯：《〈德国农民战争〉1870 年第二版序言的补充》（1874 年 7
> 月 1 日），摘自《马克思恩格斯文集》第 2 卷，人民出版社 2009 年
> 版，第 217 页。

论费尔巴哈①

费尔巴哈是个杰出的哲学家。但是，不仅哲学这一似乎凌驾于一切专门科学之上并把它们包罗在内的科学的科学，对他来说，仍然是不可逾越的屏障，不可侵犯的圣物，而且作为一个哲学家，他也停留在半路上，他下半截是唯物主义者，上半截是唯心主义者；他没有批判地克服黑格尔，而是简单地把黑格尔当做无用的东西抛在一边，同时，与黑格尔体系的百科全书式的丰富内容相比，他本人除了矫揉造作的爱的宗教和贫乏无力的

---

① 费尔巴哈（1804—1872 年），德国古典哲学的代表人物之一，唯物主义哲学家、思想家。——编者注

道德以外，拿不出什么积极的东西。

恩格斯：《路德维希·费尔巴哈和德国古典哲学的终结》（1886 年
初），摘自《马克思恩格斯文集》第 4 卷，人民出版社 2009 年版，第
296 页。

和黑格尔比起来，费尔巴哈是极其贫乏的。但是，**他在**黑格尔**以后**起了划时代的作用，因为他**强调了**为基督教意识所厌恶而对于批判的进步却很重要的某几个论点，而这些论点是被黑格尔留置在神秘的朦胧状态中的。

马克思：《论蒲鲁东（给约·巴·施韦泽的信）》（1865 年 1 月 24
日），摘自《马克思恩格斯文集》第 3 卷，人民出版社 2009 年版，第
17 页。

费尔巴哈的发展进程是一个黑格尔主义者（诚然，他从来不是完全正统的黑格尔主义者）走向唯物主义的发展进程，这一发展使他在一定的阶段上同自己的这位先驱者的唯心主义体系完全决裂了。他势所必然地终于认识到，黑格尔的"绝对观念"之先于世界的存在，在世界之前就有的"逻辑范畴的预先存在"，不外是对世界之外的造物主的信仰的虚幻残余；我们自己所属的物质的、可以感知的世界，是唯一现实的；而我们的意识和思维，不论它看起来是多么超感觉的，总是物质的、肉体的器官即人脑的产物。物质不是精神的产物，而精神本身只是物质的最高产物。这自然是纯粹的唯物主义。但是费尔巴哈到这里就突然停止不前了。

恩格斯：《路德维希·费尔巴哈和德国古典哲学的终结》（1886 年
初），摘自《马克思恩格斯文集》第 4 卷，人民出版社 2009 年版，第
281 页。

唯物主义把自然界看做唯一现实的东西，而在黑格尔的体系中自然界只是绝对观念的"外化"，可以说是这个观念的下降；无论如何，思维及其思想产物即观念在这里是本原的，而自然界是派生的，只是由于观念的下降才存在。他们就在这个矛盾中彷徨，尽管程度各不相同。

这时，费尔巴哈的《基督教的本质》出版了。它直截了当地使唯物主义重新登上王座，这就一下子消除了这个矛盾。自然界是不依赖任何哲学而存在的；它是我们人类（本身就是自然界的产物）赖以生长的基础；在自然界和人以外不存在任何东西，我们的宗教幻想所创造出来的那些最高存在物只是我们自己的本质的虚幻反映。魔法被破除了；"体系"被炸开并被抛在一旁了，矛盾既然仅仅是存在于想象之中，也就解决了。——这部书的解放作用，只有亲身体验过的人才能想象得到。那时大家都很兴奋：我们一时都成为费尔巴哈派了。马克思曾经怎样热烈地欢迎这种新观点，而这种新观点又是如何强烈地影响了他（尽管还有种种批判性的保留意见），这可以从《神圣家族》中看出来。

恩格斯：《路德维希·费尔巴哈和德国古典哲学的终结》（1886 年初），摘自《马克思恩格斯文集》第 4 卷，人民出版社 2009 年版，第 275 页。

从未逃出黑格尔派考察方式的樊笼的绝对批判，在这里对着它的监狱的铁槛和围墙狂呼乱叫。"简单概念"、术语、哲学的全部思维方式，甚至整个哲学在这里都遭到鄙弃。"**人的关系的现实丰富性**"、"**历史的惊人的内容**"、"**人的意义**"等等突然把它们取代了。人们宣告"**体系的秘密**""**已被揭露**"。

然而，到底是谁揭露了"体系"的秘密呢？是**费尔巴哈**。是谁摧毁了概念的辩证法即仅仅为哲学家们所熟悉的诸神的战争呢？是**费尔巴哈**。是谁不是用"**人的意义**"（好像人除了是人之外还有什么其他的意义似的！）而是用"人"本身来代替包括"无限的自我意识"在内的破烂货呢？是**费尔巴哈**，而且仅仅是**费尔巴哈**。他所做的事情比这还要多。他早已摧毁了现今正被"**批判**"滥用的那些范畴："人的关系的现实丰富性、历史的惊人的内容、历史的斗争、群众和精神的斗争"等等。

在认识到人是本质、是人的全部活动和全部状况的基础之后，唯有"**批判**"还能够发明出**新的范畴**来，并像它正在做的那样，重新把人本身变成一个范畴，变成一整套范畴的原则。当然，这样"批判"就走上了最后的求生之路，因为对惊慌不安和受到查究的**神学的**非人性说来已别无他路可走了。**历史什么事情**也没有做，它"不拥有**任何惊人的**丰富性"，它"没有进行**任何战斗**"！其实，正是**人**，现实的、活生生的人在创造这一切，拥有这一切并且进行战斗。并不是"历史"把人当做手段来达到**自己**——仿佛历史是一个独具魅力的人——的目的。历史**不过是**追求着自己目的的人的活动而已。

马克思、恩格斯：《神圣家族，或对批判的批判所做的批判》（1844 年 9—11 月），摘自《马克思恩格斯文集》第 1 卷，人民出版社 2009 年版，第 294—295 页。

　　诚然，费尔巴哈与"纯粹的"唯物主义者相比有很大的优点：他承认人也是"感性对象"。但是，他把人只看做是"感性对象"，而不是"感性活动"，因为他在这里也仍然停留在理论领域，没有从人们现有的社会联系，从那些使人们成为现在这种样子的周围生活条件来观察人们——这一点且不说，他还从来没有看到现实存在着的、活动的人，而是停留于抽象的"人"，并且仅仅限于在感情范围内承认"现实的、单个的、肉体的人"，也就是说，除了爱与友情，而且是理想化了的爱与友情以外，他不知道"人与人之间"还有什么其他的"人的关系"。① 他没有批判现在的爱的关系。可见，他从来没有把感性世界理解为构成这一世界的个人的全部活生生的感性**活动**，因而比方说，当他看到的是大批患瘰疬病的、积劳成疾的和患肺痨的穷苦人而不是健康人的时候，他便不得不求助于"最高的直观"和观念上的"类的平等化"，这就是说，正是在共产主义的唯物主义者看到改造工业和社会结构的必要性和条件的地方，他却重新陷入唯心主义。

　　当费尔巴哈是一个唯物主义者的时候，历史在他的视野之外；当他去探讨历史的时候，他不是一个唯物主义者。在他那里，唯物主义和历史是彼此完全脱离的。

马克思、恩格斯：《德意志意识形态》（1845—1846 年），摘自《马克思恩格斯文集》第 1 卷，人民出版社 2009 年版，第 530 页。

　　可是爱啊！——真的，在费尔巴哈那里，爱随时随地都是一个创造奇迹的神，可以帮助克服实际生活中的一切困难——而且这是在一个分裂为利益直接对立的阶级的社会里。这样一来，他的哲学中的最后一点革命性也消失了，留下的只是一个老调子：彼此相爱吧！不分性别、不分等级地互相拥抱吧！——大家都陶醉在和解中了！

　　简单扼要地说，费尔巴哈的道德论是和它的一切前驱者一样的。它是为一切时代、一切民族、一切情况而设计出来的；正因为如此，它在任何时候和任何地方都是不适用的，而在现实世界面前，是和康德的绝对命令一样软弱无力的。

恩格斯：《路德维希·费尔巴哈和德国古典哲学的终结》（1886 年初），

---

① 马克思加了边注："费［尔巴哈］"。——编者注

摘自《马克思恩格斯文集》第 4 卷，人民出版社 2009 年版，第 294 页。

论狄慈根①

值得注意的是，不仅我们发现了这个多年来已成为我们最好的工具和最锐利的武器的唯物主义辩证法，而且德国工人约瑟夫·狄慈根不依靠我们，甚至不依靠黑格尔也发现了它。②

恩格斯：《路德维希·费尔巴哈和德国古典哲学的终结》（1886 年初），摘自《马克思恩格斯文集》第 4 卷，人民出版社 2009 年版，第 298 页。

狄慈根的作用在于，他是一个独立地达到了辩证唯物主义，即达到了马克思的哲学的工人。狄慈根并不认为自己是一个学派的创始人，这一点对于评价工人出身的狄慈根是非常重要的。

列宁：《纪念约瑟夫·狄慈根逝世二十五周年》（1913 年 5 月 5 日〔18 日〕），摘自《列宁专题文集·论辩证唯物主义和历史唯物主义》，人民出版社 2009 年版，第 240 页。

工人们要想成为有觉悟的人，应该阅读约·狄慈根的著作，但一刻也**不要忘记**，他阐述马克思和恩格斯的学说**并不总是正确的**，只有从马克思和恩格斯那里才能**学到哲学**。

列宁：《纪念约瑟夫·狄慈根逝世二十五周年》（1913 年 5 月 5 日〔18 日〕），摘自《列宁专题文集·论辩证唯物主义和历史唯物主义》，人民出版社 2009 年版，第 240 页。

和恩格斯不同，狄慈根暧昧、模糊、混乱地表达自己的思想。但是，撇开他的叙述的缺点和个别的错误不谈，他很好地捍卫了"**唯物主义认识论**"（第 222 页及第 271 页）③ 和"**辩证唯物主义**"（第 224 页）。狄慈根说："唯物主义认识论在于承认：人的认识器官并不放出任何形而上学的光，而是自然界的一部分，它反映自然界的其他部分。"（第 222—223 页）"认识能力不是什么超自然的真理泉源，而是反映世界的物或自然界的类似镜子的工具。"（第 243 页）我们的深思熟虑的马赫主义者们回避研究狄慈

---

① 约瑟夫·狄慈根（1828—1888 年），制革工人，德国社会民主党人，唯物主义哲学家，国际海牙代表大会代表。——编者注

② 见《人脑活动的实质。一个手艺人的描述》汉堡迈斯纳出版社版。

③ 狄慈根《人脑活动的实质》1903 年版的页码。——编者注

根的每一个个别的**唯物主义认识论的**论点，而抓着他**离开**唯物主义认识论的地方，抓着他的模糊、混乱的地方。狄慈根会为反动哲学家们所喜欢，是因为他有某些混乱的地方。

> 列宁：《唯物主义和经验批判主义》（1908 年下半年），摘自《列宁选集》第 2 卷，人民出版社 1972 年版，第 251—252 页。

要对这本书①作出完全确定的评价是困难的；这个人不是天生的哲学家，而且一半是靠自学出来的。从他使用的术语上一下子就可以看出他的一部分知识来源（例如，费尔巴哈、你的书②和关于自然科学的各种毫无价值的通俗读物），很难说他此外还读过什么东西。术语自然还很混乱，因此缺乏精确性，并且常常用不同的术语重复同样的东西。其中也有辩证法，但多半是星星点点，没有什么关联。关于自在之物是想象之物的描述，如果能够**肯定这是他自己的**创造，那么这种描述应当说是很出色的，甚至是天才的。他这本著作中有许多地方很机智，而且，尽管语法上有缺点，但是表现了出色的写作才能。总的说来，他有一种值得注意的本能，能够在这样缺乏基础性研究的情况下苦思冥想出这么多正确的东西……

> 恩格斯：《恩格斯致马克思》（1868 年 11 月 6 日），摘自《马克思恩格斯文集》第 10 卷，人民出版社 2009 年版，第 296—297 页。

狄慈根是一个辩证唯物主义者。我们在下面将指出：他的表达方式往往不确切，他常常陷入混乱，而各式各样无知的人（包括约·狄慈根）就把这些东西抓住不放，当然我们的马赫主义者也不例外。然而，他们不花一点力气或者没有本事去分析他的哲学的主要路线，把唯物主义和其他因素分别清楚。

狄慈根在他的著作《人脑活动的实质》（1903 年德文版第 65 页）中说道：“我们如果把世界看作是‘自在之物’，那就容易了解：‘**自在**世界’和**显现在**我们面前的世界、即世界的现象之间的相互差别，不过是整体和部分之间的差别而已。”“现象和显现者之间的差别，正象十哩路程和全程之间的差别一样。”（第 71—72 页）在这里并没有而且也不会有任何原则的差别、任何“超越”、任何“天生的不一致”。但是，差别当然是有的，因为这里有着**超出**感性知觉的**界限**向我们之外的物的**存在**的过渡。

---

① 约·狄慈根《人脑活动的实质》。——编者注
② 马克思《资本论》第一卷。——编者注

狄慈根在《一个社会主义者在认识论领域中的漫游》这篇文章中说道:"我们知道〈erfahren,体验到〉,任何经验都是那种超出任何经验界限的东西(用康德的话来讲)的一部分。""对于意识到自己的本质的意识来说,任何微粒,不论是灰尘、石头或木头的微粒,都是一种**不能彻底认识的东西**(Unauskenntliches),这就是说,每一个微粒都是人的认识能力所不可穷尽的材料,因而是一种超出经验界限的东西。"(第 199 页)

你们看:在狄慈根**用康德的话来讲**的时候,也就是说,在仅仅为了通俗化和对比的目的而采用康德的**错误的**混乱的术语的时候,他承认超出"经验界限"。这就是马赫主义者在从唯物主义转到不可知论时抓住不放的一个好例子,他们说:我们不愿意超出"经验界限",在我们看来,"感性**表象也就是**存在于我们之外的现实"。

狄慈根正反对这种哲学,他说:"不健康的神秘主义反科学地把绝对真理和相对真理分开。它把显现着的物和'自在之物',即把现象和真理变为两个彼此 toto coelo〈完全地、根本地、原则地〉不同的并且不包括在任何一般范畴中的范畴。"(第 200 页)

列宁:《唯物主义和经验批判主义》(1908 年下半年),摘自《列宁选集》第 2 卷,人民出版社 1972 年版,第 118—119 页。

约·狄慈根是在简单化的、庸俗的**唯物主义**传播最广的时期从事写作的。所以,约·狄慈根特别强调唯物主义的历史演变,强调唯物主义的**辩证性质**,即强调必须从发展的观点出发,必须懂得人的每一种认识的相对性,必须懂得世界上一切现象的全面联系和相互依存,必须把自然历史的唯物主义提高到唯物主义历史观。

约·狄慈根在强调人的认识的相对性时往往陷于混乱,以至错误地向唯心主义和不可知论作了让步。哲学中的唯心主义是在或多或少巧妙地维护僧侣主义,僧侣主义则是一种认为信仰高于科学或者同科学平分秋色,或者总是给信仰让出一席之地的学说。不可知论(来自希腊文,"α"是**不**的意思,"γιγνωσκω"是**知**的意思)是在唯物主义和唯心主义之间摇摆,实际上也就是在唯物主义科学和僧侣主义之间摇摆。康德的拥护者(康德主义者)、休谟的拥护者(实证论者、实在论者等等)和现代的"马赫主义者"都属于不可知论者。因此某些最反动的资产阶级哲学家,如彻头彻尾的蒙昧主义者和僧侣主义的公开拥护者,都曾试图"利用"约·狄慈根的错误。

但是整个说来，约·狄慈根是唯物主义者。狄慈根是僧侣主义和不可知论的敌人。约·狄慈根写道："我们同过去的唯物主义者只有一个共同点：承认物质是观念的前提或基原。"这个"只有"也就是哲学唯物主义的**实质**。

约·狄慈根写道："唯物主义认识论在于承认：人的认识器官并不放出任何形而上学的光，而是自然界的一部分，这一部分反映自然界的其他部分。"这也就是人在认识永恒运动着的和变化着的物质方面的唯物主义**反映**论，——这个理论引起了整个御用教授哲学的仇恨和恐惧，诽谤和歪曲。约·狄慈根怀着多么深厚的真正革命者的热情抨击并痛斥了唯心主义者教授们和实在论者等等这些"僧侣主义的有学位的奴仆们"啊！约·狄慈根关于哲学的"党派"，即关于唯物主义和唯心主义公正地写道："在所有的党派中，最卑鄙的就是中间党派。"

列宁：《纪念约瑟夫·狄慈根逝世二十五周年》（1913年5月5日〔18日〕），摘自《列宁专题文集·论辩证唯物主义和历史唯物主义》，人民出版社2009年版，第240—241页。

约·狄慈根不管在阐述辩证唯物主义时曾犯过一些什么样的局部性的错误，但他充分重视并接受了他的导师的这个最伟大和最宝贵的传统。约·狄慈根由于发表一些欠妥的违背唯物主义的言论而犯了许多错误，可是他从来没有企图在原则上脱离唯物主义而独树"新的"旗帜，在紧要关头他总是毅然决然地声明：我是唯物主义者，我的哲学是唯物主义哲学。我们的约瑟夫·狄慈根公正地说道："在一切党派之中，最可鄙的就是中间党派……正如政治上各党派日益集成两个阵营一样……科学也正在划分为两个基本集团（Generalklassen）：一边是形而上学者①，另一边是物理学家或唯物主义者。名目繁多的中间分子和调和派的骗子，如唯灵论者、感觉论者、实在论者等等，在他们的路途上一会儿卷入这个潮流，一会儿又卷入那个潮流。我们要求坚决性，我们要求明确性。反动的蒙昧主义者（Retraitebl？ser②）称自己为唯心主义者③，而所有那些竭力把人类理智从形而上学的荒诞思想中解放出来的人应当称为唯物主义者……如果我们把这两

---

① 这又是一个欠妥的、不确切的说法，不应当用"形而上学者"，而应当用"唯心主义者"。约·狄慈根本人在其他地方是把形而上学者和辩证论者对立起来的。

② 直译是：吹倒退号的人。——编者注

③ 请注意，约·狄慈根已经改正了错误，并且更确切地说明了谁是唯物主义的敌对派。

个党派比做固体和液体，那么中间就是一摊糊状的东西。"①

正是如此！

> 列宁：《唯物主义和经验批判主义》（1908 年 2—10 月），摘自《列宁
> 专题文集·论辩证唯物主义和历史唯物主义》，人民出版社 2009 年
> 版，第 121—122 页。

论孔德②

我现在顺便研究孔德，因为英国人和法国人都对这个家伙大肆渲染。使他们受迷惑的是他的著作简直像百科全书，包罗万象。但是这和黑格尔比起来却非常可怜（虽然孔德作为专业的数学家和物理学家要比黑格尔强，就是说在细节上比他强，但是整个说来，黑格尔甚至在这方面也比他不知道伟大多少倍）。而且这种实证主义破烂货是出版于 1832 年！

> 马克思：《马克思致恩格斯》（1866 年 7 月 7 日），摘自《马克思恩格
> 斯文集》第 10 卷，人民出版社 2009 年版，第 239 页。

您对奥古斯特·孔德的评述使我很感兴趣。谈到这位"哲学家"，我认为还有一件很重要的工作要做。孔德曾经给圣西门做过五年秘书，而且是他的挚友。圣西门确实吃了思想丰富的苦头；他既是天才，又是神秘主义者。明确透彻的表述，条理化、系统化，非他的能力所及。因此，他就为自己找到了孔德，此人在师父死后应能把这些盈盈欲溢的思想条理化而后公之于世；和其他喜爱幻想的学生相反，孔德的数学修养和思维方式看来特别适于完成此项工作。可是，孔德突然和"师父"决裂，退出了这个学派；过了很长一段时间，他才以他的《实证哲学》显露了头角。

在这个体系中有三个突出的因素：（1）有许多天才思想，但是几乎照例都或多或少地遭到损害；这是由于（2）狭隘的庸人世界观和这种天才处于完全对立地位，使这些思想得不到充分的阐述；（3）一部完全来自圣西门主义而又摆脱任何神秘主义的宗教宪章，它是极其荒诞地按教阶制度

---

① 见他在 1876 年写的论文《社会民主党的哲学》，载于《短篇哲学著作集》1903 年版第
135 页。

② 奥古斯特·孔德（1798—1857 年），法国著名哲学家和社会学家，实证论的创始人。——
编者注

编制起来并以一个合法的教皇为首脑，这就使得赫胥黎谈到孔德时说，孔德主义是没有基督教的天主教。

　　我敢说，第三点为我们提供了一个办法来解决其他办法不能解决的第一点和第二点之间的矛盾；孔德的全部天才思想都是从圣西门那里接受过来的，但是他在按照他个人的观点分类整理时把这些思想糟蹋了：他剥去这些思想特有的神秘主义外衣，同时也就把它们降到更低的水平，尽自己的力量按庸人的方式把它们加以改作。从许多地方都可以很容易地证明这些思想是来自圣西门，而且我坚信，如果有人认真地从事这个工作，一定还能够在其他方面发现这种情况。如果不是圣西门本人的著作在 1830 年以后被圣西门的学派和教义的喧声所湮没的话，这种情况一定早就发现了，它们把"师父"的学说的个别方面加以强调和发挥，却牺牲了他的整个宏伟的思想。

恩格斯：《致菲·滕尼斯》（1895 年 1 月 24 日），摘自《马克思恩格斯全集》第 39 卷，人民出版社 1974 年版，第 374—375 页。

　　孔德绝不可能是他的从圣西门那里抄来的百科全书式的自然科学整理法的创造者，这从下列事实就可以看出：这套整理法在他那里只是为了**安排教材**和**教学**，因而就导致那种愚蠢的全科教育，在那里，不到一门科学完全教完之后不教另一门科学，在那里，一个基本上正确的思想被数学地夸大成胡说八道。

恩格斯：《自然辩证法》（1873—1883 年），摘自《马克思恩格斯全集》第 20 卷，人民出版社 1971 年版，第 593 页。

　　如果说工人的发展现在已经越过了社会主义宗派纷争的时期，那么不应忘记，工人从来也不曾被孔德派操纵过。这个宗派所给予**国际**的，不过是大约六七个人的一个**支部**，这个支部的纲领被总委员会拒绝。巴黎工人知道：孔德在政治方面是帝国制度（个人**独裁**）的代言人；在政治经济学方面是资本家统治的代言人；在人类活动的所有范围内，甚至在科学范围内是等级制度的代言人。巴黎工人还知道：他是一部新的教义问答①的作者，这部新的教义问答用新的教皇和新的圣徒代替了旧教皇和旧圣徒。

　　如果说，孔德的信徒在英国比在法国更受欢迎，那倒不是由于他们鼓吹了他们的宗派教义，而是由于他们个人的优秀品质，还由于他们接受了

---

①　奥·孔德：《实证哲学教程》1830—1842 年巴黎版第 1—6 卷。——编者注

那些不是由他们创造的工人阶级的阶级斗争的形式，例如英国的工联和罢工。顺便提一下，这些斗争形式是被他们在巴黎的同宗道友们斥为异端的。

马克思：《〈法兰西内战〉初稿》（1871 年 4 月中—5 月上半月），摘自《马克思恩格斯文集》第 3 卷，人民出版社 2009 年版，第 206 页。

论马赫①、阿芬那留斯②

马赫是现今最有名望的经验批判主义的代表，这在哲学著作中是公认的……

列宁：《唯物主义和经验批判主义》（1908 年下半年），摘自《列宁选集》第 2 卷，人民出版社 1972 年版，第 16—17 页。

自然科学家马赫的哲学对于自然科学，就象基督徒犹大的接吻对于耶稣一样。马赫也同样地把自然科学出卖给信仰主义，因为他实质上转到哲学唯心主义方面去了。马赫对自然科学的唯物主义的背弃，从各方面来看，都是一种反动现象。

列宁：《唯物主义和经验批判主义》（1908 年下半年），摘自《列宁选集》第 2 卷，人民出版社 1972 年版，第 355—356 页。

关于阿芬那留斯，他的门徒卡斯坦宁说，他在一次私人谈话中表示："我既不知道物理的东西，也不知道心理的东西，只知道第三种东西。"有一位著作家指出，阿芬那留斯没有提出这个第三种东西的概念。彼得楚尔特回答说："我们知道他为什么不能提出这样的概念。因为第三种东西没有对立概念〈Gegenbegriff，相关概念〉……什么是第三种东西这个问题提得不合逻辑。"（《纯粹经验哲学引论》第 2 卷第 329 页）不可能给这个概念下定义，这一点彼得楚尔特是懂得的。但是他不懂得，援用"第三种东西"不过是一种狡辩，因为我们每个人都知道什么是物理的东西，什么是心理的东西，可是目前谁也不知道什么是"第三种东西"。阿芬那留斯只是用这种狡辩掩盖痕迹，**事实上**他在宣称**自我**是第一性的（中心项），自

---

① 马赫·恩斯特（1838—1916 年），奥地利的物理学家和哲学家，经验批判主义的创始人之一。——编者注

② 阿芬那留斯·理查（1843—1896 年），著名的德国哲学家，经验批判主义的创始人之一，从 1877 年起担任苏黎世大学的教授。——编者注

然界（环境）是第二性的（对立项）。

当然，就是物质和意识的对立，也只是在非常有限的范围内才有绝对的意义，在这里，仅仅在承认什么是第一性的和什么是第二性的这个认识论的基本问题的范围内才有绝对的意义。超出这个范围，这种对立无疑是相对的。

列宁：《唯物主义和经验批判主义》（1908 年 2—10 月），摘自《列宁专题文集·论辩证唯物主义和历史唯物主义》，人民出版社 2009 年版，第 54—55 页。

现在我们从哲学的党派观点来看一看马赫、阿芬那留斯以及他们的学派。这些先生们**以无党性自夸**；如果说他们有什么死对头，那么只有一个，**只有……唯物主义者**。在**一切**马赫主义者的**一切**著作中，像一根红线那样贯穿着一种愚蠢奢望："凌驾"于唯物主义和唯心主义之上、超越它们之间"陈旧的"对立。而**事实上这帮人每时每刻**地都在陷入唯心主义，同唯物主义进行不断的和始终不渝的斗争。像阿芬那留斯这类人精心制造出来的认识论的怪论，不过是教授们的虚构，创立"自己的"哲学小宗派的企图而已。**其实**，在现代社会的各种思想和派别互相斗争的总的形势下，这些认识论的诡计所起的**客观**作用却只有一个，就是给唯心主义和信仰主义扫清道路，替它们忠实服务。因此，华德之流的英国唯灵论者、赞扬马赫攻击唯物主义的法国新批判主义者以及德国的内在论者，都拼命地抓住这个小小的经验批判主义者学派，这实在不是偶然的！约·狄慈根所谓的"信仰主义的有学位的奴仆"这一说法，正是击中了马赫、阿芬那留斯以及他们的整个学派的要害。①

列宁：《唯物主义和经验批判主义》（1908 年 2—10 月），摘自《列宁

---

① 还可以举出一个例子来说明马赫主义事实上正在为那些广泛流行的反动资产阶级哲学流派所利用。在最新的美国哲学中，"最时髦的东西"可以说是"实用主义"了（"实用主义"来自希腊文 pragma——行为、行动，即行动哲学）。在哲学杂志上谈论得最多的恐怕也要算是实用主义了。实用主义既嘲笑唯物主义的形而上学，也嘲笑唯心主义的形而上学；它宣扬经验而且仅仅宣扬经验；认为实践是唯一的标准；依靠一般实证论思潮，**特别是依靠奥斯特瓦尔德、马赫、毕尔生、彭加勒、杜恒**，依靠科学不是"实在的绝对复写"的说法；并且……极其顺利地从这一切中推演出上帝，这是为了实践的目的，而且仅仅为了实践，这里没有任何形而上学，也没有丝毫超越经验界限（参看**威廉·詹姆斯**《实证主义。某些旧思想方法的新名称》1907 年纽约和伦敦版，特别是第 57 和第 106 页）。从唯物主义的观点看来，马赫主义和实用主义之间的差别，就像经验批判主义和经验一元论之间的差别一样，是微不足道的和极不重要的。请比较一下波格丹诺夫的真理定义和实用主义者的真理定义："在实用主义者看来，真理就是经验中的各种特定作业价值（working - values）的类概念。"（同上，第 68 页）

专题文集·论辩证唯物主义和历史唯物主义》，人民出版社 2009 年版，第 123—124 页。

马赫和阿芬那留斯都是从康德开始，可是他们并没有从他走向唯物主义，而是朝着相反的方向走向休谟和贝克莱。阿芬那留斯以为自己全盘地"清洗经验"，其实他只是把康德主义从不可知论中清洗出去。马赫和阿芬那留斯的整个学派愈来愈明确地走向唯心主义，它和最反动的唯心主义学派之一、即所谓内在论派密切结合起来了。

> 列宁：《唯物主义和经验批判主义》（1908 年 2—10 月），摘自《列宁专题文集·论辩证唯物主义和历史唯物主义》，人民出版社 2009 年版，第 129 页。

我们已经看到，马赫和阿芬那留斯的哲学是大杂烩，是一些矛盾的没有联系的认识论命题的堆砌。

> 列宁：《唯物主义和经验批判主义》（1908 年下半年），摘自《列宁选集》第 2 卷，第 221 页。

糟糕的是，波格丹诺夫（以及所有的俄国马赫主义者）没有深刻研究马赫和阿芬那留斯的最初的唯心主义观点，没有认清他们的基本的唯心主义前提，因而就没有看出他们后来想偷运唯物主义这一企图的非法性和折衷性。但是，正如在哲学文献中大家公认马赫和阿芬那留斯的最初的唯心主义一样，大家也公认后来经验批判主义力图转向唯物主义。

> 列宁：《唯物主义和经验批判主义》（1908 年下半年），摘自《列宁选集》第 2 卷，人民出版社 1972 年版，第 55 页。

论配第①

把商品归结于二重形式的劳动，即把使用价值归结于实在劳动或合乎目的的生产活动，把交换价值归结于劳动时间或相同的社会劳动，是古典政治经济学一个半世纪以上的研究得出的批判性的最后成果；古典政治经济学在英国从威廉·配第开始，到李嘉图结束，在法国从布阿吉尔贝尔开始，到西斯蒙第结束。

---

① 威廉·配第（1623—1687 年），杰出的英国经济学家和统计学家，英国古典政治经济学的创始人。——编者注

马克思:《政治经济学批判》（1858 年 8 月—1859 年 1 月），摘自
《马克思恩格斯全集》第 13 卷，人民出版社 1962 年版，第 41 页。

配第也把**分工**当作生产力来阐述，而且他的构想比亚当·斯密还要宏
大……配第的著作几乎是书肆珍品，只散见于陈旧拙劣的版本；这一点尤
其值得奇怪的是，威廉·配第不仅是英国政治经济学之父，并且还是别号
兰斯唐侯爵的英国辉格党的奈斯托尔——亨利·配第的先祖。

马克思:《政治经济学批判》（1858 年 8 月—1859 年 1 月），摘自
《马克思恩格斯全集》第 13 卷，人民出版社 1962 年版，第 42—43 页
注。

洛克和诺思的例子向我们提供了证明：配第在政治经济学的几乎一切
领域中所作的最初的勇敢尝试，是如何——为他的英国的后继者所接受并
且作了进一步的研究的。这一过程在 1691 年到 1752 年这段时期的踪迹，
就是对于最肤浅的观察者说来，也是十分明显的，因为这一时期比较重要
的经济学著作，无论赞成或者反对配第，总是从配第出发的。因此，这个
充满有创见的思想家的时期，对研究政治经济学的逐渐产生来说是最重要
的时期。

恩格斯:《反杜林论》（1876 年 9 月—1878 年 6 月），摘自《马克思
恩格斯文集》第 9 卷，人民出版社 2009 年版，第 250 页。

配第在他的《赋税论》（1662 年第 1 版）中，对商品的价值量作了十
分清楚的和正确的分析。他首先用耗费同样多的劳动来生产的贵金属和谷
物具有同等价值的例子来说明价值量，这样他就为贵金属的价值下了第一
个也是最后一个"理论上的"定义。而且他还明确而概括地谈到商品的价
值是由**等量劳动**（equal labour）来计量的。他把自己的发现用来解决各种
不同的和一部分非常复杂的问题，并且有时在各个场合和各种著作中，甚
至在没有重复这个主要论点的地方，从这个主要论点作出重要的结论。但
是他在自己的第一部著作中就已经说道：

"我断定，这一点〈通过等量劳动进行估价〉是平衡和衡量各个价值
的基础；但是在它的上层建筑和实际应用中，我承认情况是多种多样的和
错综复杂的。"①

可见，配第已经意识到他的发现的重要性及其在具体应用上的困难。

---

① 见威廉·配第《赋税论》1662 年伦敦版第 24—25 页。——编者注

因此，为了达到某些具体的目的，他也试走另一条道路。

必须找出土地和劳动之间的自然的等同关系（a natural Par），使价值可以随意"在二者之一，或者更好是在这二者中"表现出来。

这个迷误本身是天才的。

> 恩格斯：《反杜林论》（1876 年 9 月—1878 年 6 月），摘自《马克思恩格斯文集》第 9 卷，人民出版社 2009 年版，第 244—245 页。

论魁奈①

法国最末一个专制君主和法兰西王朝没落的代表路易十五有一个御医，这个人又是法国的第一个经济学家。这位御医，这位经济学家是法国资产阶级即将取得必然胜利的代表。魁奈医生使政治经济学成为一门科学；他在自己的著名的**《经济表》**中概括地叙述了这门科学。除了已经有的对该表的 1001 个注解以外，我们还找到医生本人作的一个注解。这就是附有"七个**重要说明**"的《经济表分析》。

> 马克思：《哲学的贫困》（1847 年上半年），摘自《马克思恩格斯文集》第 1 卷，人民出版社 2009 年版，第 597 页。

大家知道，重农学派把社会分成三个阶级：（一）生产阶级，即真正从事农业的阶级，租地农场主和农业工人；他们之所以被称为生产阶级，是因为他们的劳动提供剩余——地租。（二）占有这种剩余的阶级，包括土地占有者和依附于他们的家仆，君主以及所有由国家付给薪俸的官吏，最后还有以什一税占者这一特殊身份出现的教会。为简便起见，我们以后把第一个阶级简称为"租地农场主"，把第二个阶级简称为"土地所有者"。（三）从事工商业的或 sterile（不结果实的）阶级，他们之所以被称为不结果实的，是因为从重农学派的观点看来，他们在生产阶级供给他们的原料中所加上的价值，只是等于他们在生产阶级供给他们的生活资料上消费掉的价值。魁奈的《经济表》就是要通过图解来清楚地说明：一个国家（实际上就是法国）每年的总产品，怎样在这三个阶级之间流通，怎样为每年的再生产服务。

---

① 弗朗斯瓦·魁奈（1694—1774 年），法国著名经济学家，重农学派的创始人，职业为医生。——编者注

> 恩格斯：《反杜林论》（1876 年 9 月—1878 年 6 月），摘自《马克思恩格斯文集》第 9 卷，人民出版社 2009 年版，第 262 页。

重农学派最大的功劳，就在于他们在自己的《经济表》① 中，首次试图画出一幅通过流通表现出来的年生产的图画。②

> 马克思：《资本论》第 1 卷（发表于 1867 年 9 月），摘自《马克思恩格斯文集》第 5 卷，人民出版社 2009 年版，第 681 页。

亚·斯密带着几分讽刺意味引用了米拉波侯爵的夸张说法：

> "自从世界形成以来，有三大发明……第一是**文字**的发明……第二是**货币的发明**〈！〉……第三是《经济表》，这个表是前两者的结果和完成。"（**加尔涅**的译本，第 3 卷第 4 篇第 9 章第 540 页）

但是，实际上，这是一种尝试：把资本的整个生产过程表现为**再生产过程**，把流通表现为仅仅是这个再生产过程的形式；把货币流通表现为仅仅是资本流通的一个要素；同时，把收入的起源、资本和收入之间的交换、再生产消费对最终消费的关系都包括到这个再生产过程中，把生产者和消费者之间（实际上是资本和收入之间）的流通包括到资本流通中；最后，把生产劳动的两大部门——原料生产和工业——之间的流通表现为这个再生产过程的要素，而且把这一切总结在一张《表》上，这张表实际上只有五条线，连结着六个出发点或归宿点。这个尝试是在十八世纪三十至六十年代政治经济学幼年时期做出的，这是一个极有天才的思想，毫无疑问是政治经济学至今所提出的一切思想中最有天才的思想。

至于资本流通、资本的再生产过程、资本在这个再生产过程中采取的各种不同的形式、资本流通同一般流通的联系，也就是说，不仅资本同资本的交换，而且资本同收入的交换，那末，斯密实际上只是接受了重农学派的遗产，对财产目录的各个项目作了更严格的分类和更详细的描述，但

---

① 《经济表》——重农学派魁奈在《经济表》中第一次说明社会总资本的再生产和流通的图表。——编者注

② 亚·斯密在叙述再生产过程从而积累时，与他的前辈特别是重农学派相比，在很多方面不仅没有进步，而且还有决定性的退步。同本文中所提到的他的错觉有关的，是同样由他遗留给政治经济学的极其荒谬的教条：商品的价格由工资、利润（利息）和地租构成，也就是仅仅由工资和剩余价值构成。从这个基础出发，至少有施托尔希幼稚地承认："把必要价格分解为它的最简单地要素是不可能的"（施托尔希《政治经济学教程》1815 年彼得堡版第 2 卷第 141 页注）。宣称商品价格不可能分解为它的最简单的要素，这是多么妙的经济科学！关于这一点，我将在第二册第三篇和第三册第七篇更详细地谈到。

是对于过程的整体未必叙述和说明得象《经济表》大体上描绘的那样正确，尽管魁奈的前提是错误的。

马克思：《剩余价值理论》（第一册）（1861 年 8 月—1863 年 7 月），摘自《马克思恩格斯全集》第 26 卷（一），人民出版社 1972 年版，第 365—366 页。

重农学派的重大功绩在于，他们①在资产阶级视野以内对**资本**进行了分析。正是这个功绩，使他们成为现代政治经济学的真正鼻祖。首先，他们分析了资本在劳动过程中借以存在并分解成的各种**物质组成部分**。决不能责备重农学派，说他们和他们所有的后继者一样，把资本存在的这些物质形式——工具、原料等等，当作跟它们在资本主义生产中出现时的社会条件脱离的资本来理解，简言之，不管劳动过程的社会形式如何，只从它们是一般劳动过程的要素这个形式来理解；从而，把生产的资本主义形式变成生产的一种永恒的自然形式。对于他们来说，生产的资产阶级形式必然以生产的自然形式出现。重农学派的巨大功绩是，他们把这些形式看成社会的生理形式，即从生产本身的自然必然性产生的，不以意志、政策等等为转移的形式。这是物质规律；错误只在于，他们把社会的一个特定历史阶段的物质规律看成同样支配着一切社会形式的抽象规律。

马克思：《剩余价值理论》（第一册）（1861 年 8 月—1863 年 7 月），摘自《马克思恩格斯全集》第 26 卷（一），人民出版社 1972 年版，第 15 页。

论富兰克林②

第一次有意识地、明白而浅显地把交换价值归结于劳动时间的分析，我们是在新世界的一个人那里发现的，在新世界，资产阶级生产关系同它的承担者一起输入进来，并且在这块由于土质肥沃而补救了历史传统贫乏的土地上迅速生长起来。这个人就是**本杰明·富兰克林**，他在 1719 年所写而在 1721 年付印的一本青年时代的著作中，表述了现代政治经济学的基本

① 指魁奈等。——编者注
② 本杰明·富兰克林（1706—1790 年），杰出的美国政治活动家和外交家，北美独立战争的参加者，著名学者，物理学家和经济学家。——编者注

规律。他说必须撇开贵金属而寻找另一种价值尺度。这种尺度就是劳动。

> 马克思：《政治经济学批判》（1858 年 6 月—1859 年 1 月），摘自
> 《马克思恩格斯全集》第 13 卷，人民出版社 1962 年版，第 45 页。

　　最早的经济学家之一、著名的富兰克林，继威廉·配第之后看出了价值的本质，他说："因为一般说来贸易无非是一种劳动同另一种劳动的交换，所以一切物的价值用劳动来估计是最正确的"（斯帕克斯编《富兰克林全集》1836 年波士顿版第 2 卷第 267 页）。富兰克林没有意识到，既然他"用劳动"来估计一切物的价值，他也就抽掉了各种互相交换的劳动的差别，这样就把这些劳动化为相同的人类劳动。他虽然没有意识到这一点，却把它说了出来。他先说"一种劳动"，然后说"另一种劳动"，最后说的是没有进一步限定的"劳动"，也就是作为一切物的价值实体的劳动。

> 马克思：《资本论》第 1 卷（发表于 1867 年 9 月），摘自《马克思恩
> 格斯文集》第 5 卷，人民出版社 2009 年版，第 65 页注（17a）。

　　确切地说，亚里士多德所下的定义是：人天生是城市的市民。这个定义标志着古典古代的特征，正如富兰克林所说的人天生是制造工具的动物这一定义标志着美国社会的特征一样。

> 马克思：《资本论》第 1 卷（发表于 1867 年 9 月），摘自《马克思恩
> 格斯文集》第 5 卷，人民出版社 2009 年版，第 379 页注（13）。

论亚当·斯密、大卫·李嘉图[①]

　　马克思以前的古典政治经济学是在最发达的资本主义国家英国形成的。亚当·斯密和大卫·李嘉图通过对经济制度的研究奠定了**劳动价值论**的基础。马克思继续了他们的事业。

> 列宁：《马克思主义的三个来源和三个组成部分》（1913 年 3 月），摘
> 自《列宁专题文集·论马克思主义》，人民出版社 2009 年版，第
> 69 页。

　　古典派如亚当·斯密和李嘉图，他们代表着一个还在同封建社会的残余进行斗争、力图清洗经济关系上的封建污垢、提高生产力、使工商业获

---

　　① 亚当·斯密（1723—1790 年）、大卫·李嘉图（1772—1823 年）都是英国经济学家，资产阶级古典政治经济学的著名代表人物。——编者注

得新的发展的资产阶级。而参加这一斗争并专心致力于这一狂热活动的无产阶级只经受着暂时的、偶然的苦难,并且它自己也认为这些苦难是暂时的、偶然的。亚当·斯密和李嘉图这样的经济学家是这一时代的历史学家,他们的使命只是表明在资产阶级生产关系下如何获得财富,只是将这些关系表述为范畴、规律并证明这些规律、范畴比封建社会的规律和范畴更有利于财富的生产。在他们看来,贫困只不过是每一次分娩时的阵痛,无论是自然界还是工业都要经历这种情况。

> 马克思:《哲学的贫困》(1847 年上半年),摘自《马克思恩格斯文集》第 1 卷,人民出版社 2009 年版,第 615 页。

虽然到 17 世纪末,狭义的政治经济学已经在一些天才的头脑里产生了,可是由重农学派和亚当·斯密作了正面阐述的狭义的政治经济学,实质上是 18 世纪的产儿,它可以和同时代的伟大法国启蒙学者的成就媲美,并且也带有那个时代的一切优点和缺点。我们关于启蒙学者所说的话①,也适用于当时的经济学家。在他们看来,新的科学不是他们那个时代的关系和需要的表现,而是永恒的理性的表现,新的科学所发现的生产和交换的规律,不是这些活动的历史地规定的形式的规律,而是永恒的自然规律;它们是从人的本性中引申出来的。但是,仔细观察一下,这个人就是当时正在向资产者转变的中等市民,而他的本性就是在当时的历史地规定的关系中从事工业和贸易。

> 恩格斯:《反杜林论》(1876 年 9 月—1878 年 6 月),摘自《马克思恩格斯文集》第 9 卷,人民出版社 2009 年版,第 157—158 页。

亚当·斯密大大地前进了一步,他抛开了创造财富的活动的一切规定性,——干脆就是劳动,既不是工业劳动、又不是商业劳动、也不是农业劳动,而既是这种劳动,又是那种劳动。有了创造财富的活动的抽象一般性,也就有了被规定为财富的对象的一般性,这就是产品一般,或者说又是劳动一般,然而是作为过去的、物化的劳动。这一步跨得多么艰难,多么远,只要看看连亚当·斯密本人还时时要回到重农学派的观点上去,就可想见了。

> 马克思:《〈政治经济学批判〉导言》(1857 年 8—9 月),摘自《马

---

① 见本卷第 19—20 页。——编者注

克思恩格斯选集》第 2 卷，人民出版社 1972 年版，第 106 页。

我们看到，在对剩余价值的分析上，因而在对资本的分析上，亚·斯密比重农学派前进了一大步。在重农学派的著作中，创造剩余价值的，仅仅是一个特定种类的实在劳动——农业劳动。因此，他们考察的是劳动的使用价值，而不是劳动时间，不是作为价值的唯一源泉的一般社会劳动。而在这特定种类的劳动中，实际上创造剩余价值的又是**自然**，是土地，剩余价值被理解为物质（有机物质）的量的增加，理解为生产出来的物质超过消费了的物质的余额。他们还只是在十分狭隘的形式中考察问题，因而夹杂着空想的观念。相反，在亚·斯密的著作中，创造价值的，是一般社会劳动（不管它表现为哪一种使用价值），仅仅是必要劳动的量。剩余价值，无论它表现为利润、地租的形式，还是表现为派生的利息形式，都不过是劳动的物质条件的所有者在同活劳动交换过程中占有的这种必要劳动的一部分。因此，在重农学派看来，剩余价值只表现为地租形式，而在亚·斯密看来，地租、利润和利息都不过是剩余价值的不同形式。

马克思：《剩余价值理论》（第一册）（1861 年 8 月—1863 年 7 月），摘自《马克思恩格斯全集》第 26 卷（一），人民出版社 1972 年版，第 64 页。

亚当虽然实质上是考察剩余价值，但是他没有清楚地用一个不同于剩余价值特殊形式的特定范畴来阐明剩余价值，因此，后来他不通过任何中介环节，直接就把剩余价值同更发展的形式即利润混淆起来了。这个错误，在李嘉图和以后的所有经济学家的著作中，仍然存在。由此就产生了一系列不一贯的说法、没有解决的矛盾和荒谬的东西（在李嘉图的著作中，这种情况更加突出，因为他更加系统而一致地、始终如一地贯彻了价值的基本规律，所以不一贯的说法和矛盾表现得更为突出），对于这一切，李嘉图学派企图用烦琐论证的办法，靠玩弄词句来加以解决（我们在后面关于利润那一篇中将会看到这一点）。粗俗的经验主义变成了虚伪的形而上学，变成了烦琐哲学，它绞尽脑汁，想用简单的形式抽象，直接从一般规律中得出不可否认的经验现象，或者巧妙地使经验现象去迁就一般规律。

马克思：《剩余价值理论》（第一册）（1861 年 8 月—1863 年 7 月），摘自《马克思恩格斯全集》第 26 卷（一），人民出版社 1972 年版，第 69—71 页。

英国古典政治经济学是属于阶级斗争不发展的时期的。它的最后的伟大的代表李嘉图，终于有意识地把阶级利益的对立、工资和利润的对立、利润和地租的对立当做他的研究的出发点，因为他天真地把这种对立看做社会的自然规律。这样，资产阶级的经济科学也就达到了它的不可逾越的界限。

> 马克思：《〈资本论〉第一卷第二版跋》（1873 年 1 月 24 日），摘自
> 《马克思恩格斯文集》第 5 卷，人民出版社 2009 年版，第 16 页。

作为古典政治经济学的完成者，李嘉图把交换价值决定于劳动时间这一规定作了最透彻的表述和发挥，经济学界发生的争论自然就集中到他身上。

> 马克思：《政治经济学批判》（1858 年 8 月—1859 年 1 月），摘自
> 《马克思恩格斯全集》第 13 卷，人民出版社 1962 年版，第 51 页。

由此可见，李嘉图的毫无顾忌不仅是**科学上的诚实**，而且从他的立场来说也是**科学上的必要**。因此对李嘉图来说，生产力的进一步发展究竟是毁灭土地所有权还是毁灭工人，这是无关紧要的。如果这种进步使工业资产阶级的资本贬值，李嘉图也是欢迎的。如果劳动生产力的发展使**现有的**固定资本贬值一半，那将怎样呢？——李嘉图说，——要知道人类劳动生产率却因此提高了一倍。这就是**科学上的诚实**。如果说李嘉图的观点整个说来符合**工业资产阶级**的利益，这只是**因为**工业资产阶级的利益符合生产的利益，或者说，符合人类劳动生产率发展的利益，并且**以此为限**。凡是资产阶级同这种发展发生矛盾的场合，李嘉图就**毫无顾忌地**反对资产阶级，就象他在别的场合反对无产阶级和贵族一样。

> 马克思：《剩余价值理论》（第二册）（1861 年 8 月—1863 年 7 月），
> 摘自《马克思恩格斯全集》第 26 卷（二），人民出版社 1973 年版，
> 第 124—125 页。

李嘉图从来没有考虑到剩余价值的起源。他把剩余价值看做资本主义生产方式固有的东西，而资本主义生产方式在他看来是社会生产的自然形式。他在谈到劳动生产率的时候，不是在其中寻找剩余价值存在的原因，而只是寻找决定剩余价值量的原因。相反，他的学派公开宣称，劳动生产力是利润（应读做剩余价值）产生的原因。这无论如何总比重商主义者前进了一步，因为重商主义者认为，产品的价格超过产品生产费用而形成的

余额是从交换中，从产品高于其价值的出售中产生的。不过对这个问题，李嘉图学派也只是回避，而没有解决。这些资产阶级经济学家实际上具有正确的本能，懂得过于深入地研究剩余价值的起源这个爆炸性问题是非常危险的。

马克思：《资本论》第 1 卷（发表于 1867 年 9 月），摘自《马克思恩格斯文集》第 5 卷，人民出版社 2009 年版，第 590 页。

李嘉图的方法是这样的：李嘉图从商品的价值量决定于劳动时间这个规定出发，然后**研究**其他经济关系（其他经济范畴）是否同这个价值规定**相矛盾**，或者说，它们在多大的程度上改变着这个价值规定。人们一眼就可以看出这种方法的历史合理性，它在政治经济学史上的科学必然性，同时也可以看出它在科学上的不完备性，这种不完备性不仅表现在叙述的方式上（形式方面），而且导致错误的结论，因为这种方法跳过必要的中介环节，企图**直接**证明各种经济范畴相互一致。

这种研究方法从历史上看是合理的和必然的。在亚·斯密那里，政治经济学已发展为某种整体，它所包括的范围在一定程度上已经形成，因此，萨伊能够肤浅而系统地把它概述在一本教科书里。在斯密和李嘉图之间的这段时期，仅仅对生产劳动和非生产劳动、货币、人口论、土地所有权以及税收等个别问题作了一些研究。斯密本人非常天真地活动于不断的矛盾之中。一方面，他探索各种经济范畴的内在联系，或者说，资产阶级经济制度的隐蔽结构。另一方面，他同时又按照联系在竞争现象中表面上所表现的那个样子，也就是按照它在非科学的观察者眼中，同样在那些被实际卷入资产阶级生产过程并同这一过程有实际利害关系的人们眼中所表现的那个样子，把联系提出来。这是两种理解方法，一种是深入研究资产阶级制度的内在联系，可以说是深入研究资产阶级制度的生理学，另一种则只是把生活过程中外部表现出来的东西，按照它表现出来的样子加以描写、分类、叙述并归入简单概括的概念规定之中。这两种理解方法在斯密的著作中不仅安然并存，而且相互交错，不断自相矛盾。在斯密那里，这样做是有理由的（个别的专门的研究，如关于货币的研究除外），因为他的任务实际上是双重的。一方面，他试图深入研究资产阶级社会的内部生理学，另一方面，他试图既要部分地第一次描写这个社会外部表现出来的生活形式，描述它外部表现出来的联系，又要部分地为这些现象寻找术语和相应的理性概念，也就是说，部分地第一次在语言和思维过程中把它们再现出来。前一任务，同后一任务一样使他感到兴趣，因为两个任务是各自独立进行的，所以这里就出现了完全矛盾的表述方法：一种方法或多或少正确地表达了内在联系，另一种方法同样合理地，并且缺乏任何内在关系地，——和前一种理解方法没有任何联系地——表达了**外部表现出来的**联系。

斯密的后继者们，只要他们的观点不是从比较陈旧的、已被推翻的理解方法出发对斯密的反动，都能够在自己的专门研究和考察中毫无阻挡地前进，而且始终把亚·斯密作为自己的基础，不管他们是和斯密著作中的内在部分还是外在部分连结在一起，或者几乎总是把这两部分混在一起。但是，李嘉图终于在这些人中间出现了，他向科学大喝一声："站住！"资产阶级制度的生理学——对这个制度的内在有机联系和生活过程的理解——的基础、出发点，是**价值**决定于**劳动时间**这一规定。李嘉图从这一点出发，迫使科学抛弃原来的陈规旧套，要科学讲清楚：它所阐明和提出的其余范畴——生产关系和交往关系——同这个基础、这个出发点适合或矛盾到什么程度；一般说来，只是反映、再现过程的表现形式的科学以及这些表现本身，同资产阶级社会的内在联系即现实生理学所依据的，或者说成为它的出发点的那个基础适合到什么程度；一般说来，这个制度的表面运动和它的实际运动之间的矛盾是怎么回事。李嘉图在科学上的巨大〔525〕历史意义也就在这里，因此，被李嘉图抽掉了立足点的庸俗的萨伊怒气冲冲地说：

"有人借口扩充它〈科学〉，把它推到真空里去了。"

同这个科学功绩紧密联系着的是，李嘉图揭示并说明了阶级之间的经济对立——正如内在联系所表明的那样，——这样一来，在政治经济学中，历史斗争和历史发展过程的根源被抓住了，并且被揭示出来了。所以，**凯里**——参看后面有关段落——给李嘉图加上了共产主义之父的罪名：

"李嘉图先生的体系是一个制造纷争的体系……整个体系具有挑动**阶级之间**和民族之间的**仇恨**的倾向……他的著作是那些企图用平分土地、战争和掠夺的手段来攫取政权的蛊惑者们的真正手册。"（**亨·凯里**《过去、现在和将来》1848 年费拉得尔菲亚版第74—75 页）

可见，李嘉图的研究方法，一方面具有科学的合理性和巨大的历史价值，另一方面，它在科学上的缺陷也是很明显的……

马克思：《剩余价值理论》（第二册）（1861 年 8 月—1863 年 7 月），摘自《马克思恩格斯全集》第 26 卷（二），人民出版社 1973 年版，第 181—183 页。

使李嘉图感到不安的是：利润率，资本主义生产的刺激，积累的条件和动力，会受到生产本身发展的威胁。而且在这里，数量关系就是一切。实际上，成为基础的还有某种更为深刻的东西，他只是模糊地意识到了这一点。在这里，资本主义生产的限制，它的相对性，以纯粹经济学的方式，就是说，从资产阶级立场出发，在资本主义理解力的界限以内，从资本主义生产本身的立场出发而表现出来，也就是说这里表明，资本主义生产不是绝对的生产方式，而只是一种历史的、和物质生产条件的某个有限的发展时期相适应的生产方式。

马克思：《资本论》第 3 卷（发表于 1894 年 11 月），摘自《马克思恩格斯文集》第 7 卷，人民出版社 2009 年版，第 288—289 页。

不管我们怎样挣扎，只要我们还是讲劳动的买卖和劳动的价值，我们就不能够摆脱这种矛盾。经济学家的情况就是这样。古典经济学的最后一个分支——李嘉图学派，多半是由于不能解决这个矛盾而遭到了破产。古典经济学走入了绝境。从这种绝境中找到出路的那个人就是卡尔·马克思。

恩格斯：《卡·马克思〈雇佣劳动与资本〉1891 年单行本导言》（1891 年 4 月 30 日），摘自《马克思恩格斯文集》第 1 卷，人民出版社 2009 年版，第 706 页。

论西斯蒙第[①]

在这种情况下，读到象我们所评论的这本书[②]是十分愉快的，在这部书中作者怀着愤怒的心情，把现在流行的鄙俗的政治经济学，或者象他极其恰当地称为的"**庸俗经济学**"，与它的古典的先驱者（到李嘉图和西斯

[①] 西斯蒙第，让·沙尔·列奥纳尔·西蒙·德（1773—1842 年），瑞士经济学家，经济浪漫主义的著名代表人物。——编者注

[②] 指马克思《资本论》。——编者注

蒙第止）对立起来，并且对古典派也采取批判的态度，同时始终力图不离开严格科学研究的道路。

> 恩格斯：《卡·马克思〈资本论〉第 1 卷书评——为〈未来报〉作》
> (1867 年 10 月 12 日)，摘自《马克思恩格斯全集》第 16 卷，人民出
> 版社 1964 年版，第 233 页。

西斯蒙第在同李嘉图的直接论战中不仅强调指出生产交换价值的劳动的特殊社会性质，而且指出：“我们经济进步的特征”在于把价值量归结于**必要**劳动时间，归结于

“全社会的需要和足以满足这种需要的劳动量之间的比例”。

布阿吉尔贝尔认为生产交换价值的劳动被货币弄得虚假了，西斯蒙第不再为这种观念所束缚，但是，正象布阿吉尔贝尔非难货币一样，他非难大工业资本。如果说在李嘉图那里，政治经济学无情地作出了自己的最后结论并以此结束，那末，西斯蒙第则表现了政治经济学对自身的怀疑，从而对这个结束作了补充。

> 马克思：《政治经济学批判》（1858 年 8 月—1859 年 1 月），摘自
> 《马克思恩格斯全集》第 13 卷，人民出版社 1962 年版，第 51 页。

西斯蒙第把他的主要学说建立在使用价值和交换价值的**对立**上，这个学说认为，收入的减少和生产的增长成正比例。

> 马克思：《哲学的贫困》（1847 年上半年），摘自《马克思恩格斯全
> 集》第 4 卷，人民出版社 1958 年版，第 81 页。

在农民阶级远远超过人口半数的国家，例如在法国，那些站在无产阶级方面反对资产阶级的著作家，自然是用小资产阶级和小农的尺度去批判资产阶级制度的，是从小资产阶级的立场出发替工人说话的。这样就形成了小资产阶级的社会主义。西斯蒙第不仅对法国而且对英国来说都是这类著作家的首领。

> 马克思、恩格斯：《共产党宣言》（1847 年 12 月—1848 年 1 月底），
> 摘自《马克思恩格斯文集》第 2 卷，人民出版社 2009 年版，第
> 56 页。

我们知道，西斯蒙第的功绩在于，他是最先**指出**资本主义矛盾的人之一。但是，他指出它们以后，不仅没有试图去分析它们，解释它们的起源、发展和趋势，甚至把它们看做反常的或错误的偏向。他幼稚地用关于消除它们的格言、揭露、规劝等等来反对这些“偏向”，似乎这些矛盾并不反

映整个现代社会经济制度中占一定地位的现实居民集团的**现实利益**。浪漫主义的最显著的特征就是，把利益的矛盾（在社会经济制度本身中深深地扎下了根的矛盾）当做学说、体系甚至措施等等的矛盾或错误。站在发展的矛盾以外并处于两个对立者之间的中间过渡地位的 Kleinbürger① 的狭小眼界，在这里是同幼稚的唯心主义结合在一起的，我们几乎可以说，是同用人们（特别是执政者）的意见来解释社会制度而不是用社会制度来解释人们的意见的官僚主义结合在一起的。

列宁：《评经济浪漫主义》（1897 年），摘自《列宁全集》第 2 卷，
人民出版社 1959 年版，第 194—195 页。

现在，我们已经知道了西斯蒙第在理论经济学方面的所有最主要的原理。总结起来，我们看到，西斯蒙第处处都忠于自己，他的观点始终是不变的。他在各方面不同于古典学派的，是他指出了资本主义的矛盾。这是一方面。另一方面，他不能（甚至也不想）在任何一点上把古典学派的分析推进一步，因此只限于从小资产者的观点出发，对资本主义进行伤感主义的批评。这种以伤感主义的申诉和抱怨来代替科学分析的做法，决定了他的了解是非常肤浅的。最新理论也揭发了资本主义的矛盾，但对这些矛盾作了科学的分析，从而在各方面得出了和西斯蒙第根本不同的结论，得出了和他截然相反的对资本主义的看法。

列宁：《评经济浪漫主义》（1897 年），摘自《列宁全集》第 2 卷，
人民出版社 1959 年版，第 163—164 页。

行会是西斯蒙第的理想，他说他不愿意恢复行会，其意思显然只是：应该采取行会的原则和思想（正如民粹派想采用的是村社的原则和思想，而不是称为村社的现代纳税团体），而抛弃其中世纪的畸形丑态。西斯蒙第的计划的荒谬性，不在于他完全维护行会，想完全恢复行会——他并未提出这个任务。荒谬性在于，他把联合地方手工业者这种狭隘的原始的需要所产生的**联合**当做规范，想把这种标准、这种规范应用于资本主义社会，而在资本主义社会中，联合的社会化的因素是大机器工业，它摧毁中世纪壁障，消除地区、地域、职业的区别。浪漫主义者意识到必须有某种形式的联盟和联合，于是把满足宗法式的停滞的社会中对联合的狭隘需要的联

---

① 小资产者的。——编者注

盟当做规范，并且希望把它应用于完全改造过的社会，这个社会有流动的人口，劳动不是在某个村社或某个公会的范围内社会化，而是在全国范围内社会化，甚至这种社会化已超出一国的范围。

正是这种错误使得浪漫主义者完全应该归入**反动者**之列，但说他是反动者，不是说他想简单地恢复中世纪制度，而是说他企图以旧的宗法式的尺度来衡量新社会，想在完全不适合于已经变化了的经济条件的旧的秩序和传统中去找寻规范。

> 列宁：《评经济浪漫主义》（1897 年），摘自《列宁全集》第 2 卷，
> 人民出版社 1959 年版，第 203—204 页。

论马尔萨斯①

而资产阶级对无产阶级的最公开的宣战是**马尔萨斯的人口论**和由此产生的**新济贫法**。关于马尔萨斯的理论我们已经谈过好几次。现在我们来简略地重述一下这一理论的主要结论：地球上永远有过剩人口，所以永远充满着匮乏、贫困、穷苦和不道德；世界上的人数过多，从而分为不同的阶级，这是人类的宿命，是人类的永恒的命运，这些阶级中有的比较富裕、受过教育、有道德，而另一些阶级则比较穷苦、贫困、愚昧和不道德。由此就得出下面这个实践上的结论（而且这个结论是马尔萨斯本人得出的）：慈善事业和济贫金实际上是毫无意义的，因为它们只会维持过剩人口的存在，并鼓励他们繁殖，而其余的人的工资由于他们的竞争而降低。济贫机构给穷人工作也同样是毫无意义的，因为既然只有一定数量的劳动产品能够得到消费，一个失业的工人找到了工作，就必然要使另一个现在有工作的工人失业，所以济贫机构经营的事业是在损害私人产业的基础上进行的。因此，问题不在于去养活过剩人口，而在于采用某种办法尽可能限制过剩人口。马尔萨斯干脆宣布，以往公认的每个生在世界上的人都有权获得生活资料的说法是完全荒谬的。他引用了一个诗人的话：穷人来赴大自然的宴会，但是找不到空着的餐具。马尔萨斯补充说，于是大自然就命令他滚

---

① 马尔萨斯，托马斯·罗伯特（1766—1834 年），英国教士，经济学家，思想家，以人口论闻名于世。——编者注

蛋（she bids him to be gone），"因为他在出生前没有先问一下社会是否愿意接纳他"①。这一理论现在已成为英国一切真正的资产者心爱的理论，这是完全自然的，因为这种理论对他们来说是最舒适的卧榻，而且对现存关系来说有许多方面是合适的。既然问题不在于利用"过剩人口"，不在于把"过剩人口"变为**有用的**人口，而只在于用尽可能简便的方法使这些人饿死，同时阻止他们生出过多的孩子，那么事情自然就很简单了。不过要有一个条件：必须使过剩人口承认自己是多余的，并且心甘情愿饿死。但是，尽管仁慈的资产阶级已经费尽心机，使工人们相信这一点，然而目前还没有成功的希望。相反，无产者坚决相信，他们有勤劳的双手，他们正是必不可少的人，而无所事事的有钱的资本家先生们，才真正是多余的。

> 恩格斯：《英国工人阶级状况》（1844 年 9 月—1845 年 3 月），摘自《马克思恩格斯文集》第 1 卷，人民出版社 2009 年版，第 484—485 页。

马尔萨斯的理论却是一个不停地推动我们前进的、绝对必要的转折点。由于他的理论，总的说来是由于政治经济学，我们才注意到土地和人类的生产力，而且只要我们战胜了这种绝望的经济制度，我们就能保证永远不再因人口过剩而恐惧不安。我们从马尔萨斯的理论中为社会改革取得了最有力的经济论据，因为即使马尔萨斯是完全正确的，也必须立刻进行这种改革，原因是只有这种改革，只有通过这种改革来教育群众，才能够从道德上限制生殖的本能，而马尔萨斯本人也认为这种限制是对付人口过剩的最容易和最有效的办法。

> 恩格斯：《政治经济学批判大纲》（1843 年底—1844 年 1 月），摘自《马克思恩格斯全集》第 1 卷，人民出版社 1956 年版，第 620—621 页。

马尔萨斯干了什么呢？

他利用安德森的理论，代替自己的（也是剽窃来的）几何级数和算术级数的怪诞幻想——他把这种怪诞幻想当作"漂亮辞句"保留着——来证明自己的人口论。在安德森理论的实际结论符合地主利益的限度内，他保留安德森理论的实际结论，——仅仅这一事实就证明，马尔萨斯同安德森

---

① 托·罗·马尔萨斯《人口原理》1826 年伦敦第 6 版。——编者注

本人一样，不了解这个理论同资产阶级社会的政治经济学体系的联系；——他不去考察这个理论的创始人的反证，就利用这个理论去反对无产阶级。从这个理论出发，在理论上和实践上向前迈进一步的使命就落到了李嘉图身上，这就是：在理论上，作出商品的**价值**规定等等，并阐明土地所有权的性质；在实践上，反对**资产阶级生产基础上**的土地私有权的必要性，并且更直接地反对国家促进这种土地所有权发展的一切措施，如谷物法。马尔萨斯得出的唯一的实际结论在于：为地主在 1815 年要求的保护关税辩护——这是巴结贵族，——并且对财富生产者的贫困进行新的**辩解**，为劳动剥削者进行新的辩护。从这一方面来说，是巴结工业资本家。

马尔萨斯的特点，是思想**极端卑鄙**，——只有牧师才可能这样卑鄙，他把人间的贫困看作对罪恶的惩罚，而且在他看来，非有一个"悲惨的尘世"不行，但是同时，他考虑到他所领取的牧师俸禄，借助于关于命运的教义，认为使统治阶级在这个悲惨的尘世上"愉快起来"，对他是极为有利的。这种思想的卑鄙还表现在马尔萨斯的科学工作上。**第一**，表现在他无耻的熟练的**剽窃手艺**上；**第二**，表现在他从科学的前提做出的那些**看人眼色**的而不是**毫无顾忌**的结论上。

马克思：《剩余价值理论》（第二册）（1861 年 8 月—1863 年 7 月），摘自《马克思恩格斯全集》第 26 卷（二），人民出版社 1973 年版，第 123—124 页。

这种**几何级数的繁殖**，［按照马尔萨斯看来］是人的自然繁殖过程。在历史上他会发现，人口是按照极不相同的比例增加的，过剩人口同样是一种由历史决定的关系，它并不是由数字或由生活资料的生产性的绝对界限决定的，而是由**一定生产条件**规定的界限决定的。［第一，］从数目来看，［以前各时代的过剩人口］是有限的。那些表示雅典人的过剩人口的数字，在我们看来是多么微不足道！第二，从性质来看，由变成移民的自由雅典人构成的过剩人口，同收容在贫民习艺所里的工人构成的过剩人口极不相同。同样，那些在修道院里消耗剩余产品的、过着乞讨生活的过剩人口，同工厂里造成的过剩人口也大不一样。但是，马尔萨斯撇开了人口运动的这些一定的历史规律。这些规律由于是人类本性的历史，所以是**自然的规律**，但仅仅是在一定生产力发展水平的一定历史发展阶段上的人的自然规律，而这种生产力的发展水平则是受人类本身历史过程制约的。

> 马克思：《经济学手稿》（1857—1858 年），摘自《马克思恩格斯全
> 集》第 46 卷（下册），人民出版社 1980 年版，第 106—107 页。

马尔萨斯本来就是一个职业**剽窃者**。只要把他论人口的著作**第一版**同我以前引用过的唐森牧师的著作①对比一下，就会相信，马尔萨斯不是作为具有自由创作思想的人来加工唐森的著作，而是作为盲从的剽窃者照抄和转述唐森的著作，同时**没有一个地方提到唐森，隐匿了唐森的存在**。

马尔萨斯利用安德森的观点的方式，是很有特色的。安德森维护鼓励谷物输出的出口奖励和限制谷物输入的进口税，决不是从地主的利益出发，而是认为这样的立法会"**降低谷物的平均价格**"，保证农业生产力的均衡发展。马尔萨斯采用安德森的这个实际结论，则因为马尔萨斯作为英国国教会的真诚教徒，是土地贵族的职业献媚者，他**从经济学上**替土地贵族的地租、领干薪、挥霍、残忍等等辩护。只是在工业资产阶级的利益同土地所有权的利益，同贵族的利益一致时，马尔萨斯才拥护工业资产阶级的利益，即拥护他们**反对**人民群众，**反对**无产阶级；但是，凡是土地贵族同工业资产阶级的利益发生分歧并且互相敌对时，马尔萨斯就站在贵族一边，反对资产阶级。因此，他为"**非生产**劳动者"、消费过度等等辩护。

> 马克思：《剩余价值理论》（第二册）（1861 年 8 月—1863 年 7 月），
> 摘自《马克思恩格斯全集》第 26 卷（二），人民出版社 1973 年版，
> 第 121—122 页。

而**马尔萨斯**呢！这个无赖，从已经由科学得出的（而且总是他**剽窃来的**）前提，只做出对于贵族反对资产阶级以及对于贵族和资产阶级两者**反对无产阶级**来说，是"**合乎心意的**"（有用的）结论。因此，他不希望**为生产而生产**，他所希望的只是在维持或加强现有制度并且为统治阶级利益服务的那种限度内的生产。

他的第一部著作②，就已经是靠牺牲原著而剽窃成功的最明显的写作例子之一。这部著作的**实际目的**，是为了英国**现政府**和**土地贵族**的利益，"从经济学上"证明法国革命及**其英国的支持者**追求改革的意图是空想。一句话，这是一本歌功颂德的小册子，它维护现有制度，反对历史的发展；而且它还为反对革命法国的战争辩护。

---

① 指唐森的《论济贫法》。——编者注
② 托·罗·马尔萨斯《人口原理》1798 年伦敦版。——编者注

他 1815 年关于保护关税和地租的著作，部分地是要证明他以前为生产者的贫困所作的辩解，但首先是为了维护反动的土地所有权，反对"开明的"、"自由的"和"进步的"资本，特别是要证明英国立法当时为了保护贵族利益反对工业资产阶级而采取的**倒退措施**是正确的。最后，[498] 他的《政治经济学原理》是**反对**李嘉图的，这本书的根本目的，就是要把"工业资本"及其生产率依以发展的那些规律的绝对要求，纳入从土地贵族、国教会（马尔萨斯所属的教会）、政府养老金领取者和食税者的现有利益看来是"有利的"和"适宜的""范围"。但是，一个人如果力求使科学去**适应**不是从科学本身（不管这种科学如何错误），而是从**外部**引出的、与科学**无关的**、由**外在**利益支配的观点，我就说这种人"**卑鄙**"。

> 马克思：《剩余价值理论》（第二册）（1861 年 8 月—1863 年 7 月），摘自《马克思恩格斯全集》第 26 卷（二），人民出版社 1973 年版，第 125—126 页。

当李嘉图等人不顾最惹人注目的事实，把工作日的不变量当做他们全部研究的基础时，马尔萨斯却强调工作日的延长，并且在自己的小册子的其他地方也直截了当地谈到这一点。这对马尔萨斯来说是一种光荣。但是马尔萨斯为之效劳的保守利益使他看不到，随着机器的异常的发展以及对妇女劳动和儿童劳动的剥削，无限度地延长工作日必定会使工人阶级的很大一部分"过剩"，特别是在战争造成的需求和英国对世界市场的垄断消失的时候。用永恒的自然规律去解释这种"人口过剩"，当然比用资本主义生产的纯粹历史的自然规律去解释更便利，更符合马尔萨斯真正牧师般地崇拜的统治阶级的利益。

> 马克思：《资本论》第 1 卷（发表于 1867 年 9 月），摘自《马克思恩格斯文集》第 5 卷，人民出版社 2009 年版，第 604 页注（15）。

论约·穆勒[①]

可见，在资本主义生产方式的对抗性质在法国和英国通过历史斗争而明显地暴露出来以后，资本主义生产方式才在德国成熟起来……

---

① 约翰·斯图亚特·穆勒（1806—1873 年），英国经济学家和实证论哲学家，政治经济学古典学派的摹仿者，詹姆斯·穆勒的儿子。——编者注

在这种情况下，资产阶级政治经济学的代表人物分成了两派。一派是精明的、贪利的实践家，他们聚集在庸俗经济学辩护论的最浅薄的因而也是最成功的代表巴师夏的旗帜下；另一派是以经济学教授资望自负的人，他们追随约·斯·穆勒，企图调和不能调和的东西①。

> 马克思：《〈资本论〉第一卷第二版跋》（1873 年 1 月 24 日），摘自《马克思恩格斯文集》第 5 卷，人民出版社 2009 年版，第 18 页。

1848 年大陆的革命也在英国产生了反应。那些还要求有科学地位、不愿单纯充当统治阶级的诡辩家和献媚者的人，力图使资本的政治经济学同这时已不容忽视的无产阶级的要求调和起来。于是，以约翰·斯图亚特·穆勒为最著名代表的平淡无味的混合主义产生了。这宣告了"资产阶级"经济学的破产，关于这一点，俄国的伟大学者和批评家尼·车尔尼雪夫斯基在他的《穆勒政治经济学概述》中已作了出色的说明。

> 马克思：《〈资本论〉第一卷第二版跋》（1873 年 1 月 24 日），摘自《马克思恩格斯文集》第 5 卷，人民出版社 2009 年版，第 17—18 页。

约·斯·穆勒在其《政治经济学原理》一书中说："现在劳动产品的分配是同劳动成反比的：产品的最大部分属于从来不劳动的人，次大部分属于几乎只是名义上劳动的人，而且劳动越艰苦和越不愉快，报酬就越少，最后，从事最劳累、最费力的体力劳动的人甚至连得到生活必需品都没有保证"。为了避免误解，我说明一下，像约·斯·穆勒这类人由于他们的陈旧的经济学教条和他们的现代倾向发生矛盾，固然应当受到谴责，但是，如果把他们和庸俗经济学的一帮辩护士混为一谈，也是很不公平的。

> 马克思：《资本论》第 1 卷（发表于 1867 年 9 月），摘自《马克思恩格斯文集》第 5 卷，人民出版社 2009 年版，第 705 页注（65）。

论罗雪尔②

至于罗雪尔，我要过几个星期才能研究这本书③，并对它简单地作些

---

① 关于穆勒的较详细的评述，见本卷第 590—592 页。——编者注
② 罗雪尔，威廉·格奥尔格·弗里德里希（1817—1894 年），德国经济学家，莱比锡大学教授，政治经济学中所谓历史学派的创始人。——编者注
③ 威·罗雪尔《国民经济体系》。——编者注

评语。我只得把这个好汉保留在**附注**里。这样的学究是不配放在**正文**里的。罗雪尔无疑掌握有大量的——往往是完全无用的——文献知识，虽然就在这一方面我也一下子就看出来，他是哥丁根的门徒，对文献宝藏并不了如指掌，而只知道所谓"正式"文献，是个可敬的人物……但是姑且撇开这一点不谈，一个博览数学群书但对数学一窍不通的人对我有什么用处呢？这是一个多么扬扬自得、妄自尊大、老奸巨猾的折衷主义骗子。这类按本性来说从来越不出教和学的老框框而自己也从来学不会什么东西的学究，这类瓦格纳，如果能有一丝天良和羞耻心的话，那末他对自己的学生还是有益的。但愿他不要使用任何虚伪的狡猾手段，而是率直地说：这里有矛盾；一些人是这样说的，另一些人是那样说的，而我对问题的实质没有任何看法；现在看看诸位自己能不能弄清楚！要是采取这种态度，学生们一方面就会得到一些资料，另一方面也会推动他们独立进行研究。当然，我在这里提出的要求是同这个学究的本性相矛盾的。他的根本性的特点是他对**问题**本身并不理解，所以他的折衷主义实质上只不过是从各处搬用现成的**答案**，但是在这方面他也是不正派的，他总是重视对他有好处的那些人的成见和利益！跟这样的精灵鬼比较，甚至最坏的流氓也是可敬的人。

马克思：《致斐·拉萨尔》（1862 年 6 月 16 日），摘自《马克思恩格斯全集》第 30 卷，人民出版社 1974 年版，第 624—625 页。

威廉·修昔的底斯·罗雪尔先生①以真正哥特舍德②的天才发现，在今天，剩余价值或剩余产品的形成，以及与此相联的积累，是由于资本家的"节俭"，为此，资本家"比如说，要求得到利息"，相反，"在极低的文化阶段……是强者迫使弱者节俭"。（《国民经济学原理》1858 年第 3 版第 82、78 页）是节约劳动呢？还是节约尚不存在的剩余产品呢？罗雪尔之流除了确实无知之外，又怀有辩护士的胆怯心情，不敢对价值和剩余价值作

---

①　修昔的底斯是著名古希腊历史学家，马克思把威廉·罗雪尔讽刺地叫做威廉·修昔的底斯·罗雪尔，因为这个庸俗经济学家在他的著作《国民经济学原理》（《Die Grundlagen der Nationalökonomie》）第一版序言中，如马克思所说，"谦虚地宣称自己是政治经济学的修昔的底斯"。罗雪尔在引用修昔的底斯的著作时表示："象古代历史学家一样，我也希望我的著作有益于……"等等。——编者注

②　指德国作家和文学批评家哥特舍德。哥特舍德在文学上曾起一定的积极作用，但同时他又对新的文学潮流表现出异常的偏执。因此，他的名字成了文学上傲慢与迟钝的同义语。——编者注

出诚实的分析，不敢得出可能是危险的违背警章的结论，正是这一点，迫使罗雪尔之流把资本家用来辩护自己占有已存在的剩余价值时表面上多少能说得过去的理由，歪曲成剩余价值产生的原因。

> 马克思：《资本论》第 1 卷（发表于 1867 年 9 月），摘自《马克思恩格斯文集》第 5 卷，人民出版社 2009 年版，第 251 页注（30）。

论阿庇安[①]

晚上为了休息，我读了阿庇安关于罗马内战的希腊文原本。一部很有价值的书。作者祖籍是埃及。施洛塞尔说他"没有灵魂"，大概是因为他极力要穷根究底地探索这些内战的物质基础。

> 马克思：《致恩格斯》（1861 年 2 月 27 日），摘自《马克思恩格斯全集》第 30 卷，人民出版社 1974 年版，第 159 页。

被压迫阶级反对统治阶级的斗争必然要变成政治的斗争，变成首先是反对这一阶级的政治统治的斗争；对这一政治斗争同它的经济基础的联系的认识，就日益模糊起来，并且会完全消失。即使在斗争参加者那里情况不完全是这样，但是在历史编纂学家那里差不多总是这样的。在关于罗马共和国内部斗争的古代史料中，只有阿庇安一人清楚而明确地告诉我们，这一斗争归根到底是为什么进行的，即为土地所有权进行的。

> 恩格斯：《路德维希·费尔巴哈和德国古典哲学的终结》（1886 年初），摘自《马克思恩格斯文集》第 4 卷，人民出版社 2009 年版，第 308 页。

论毛勒[②]

关于古德意志公社所有制的更精确的说明及其详细情况，可以在**毛勒**的许多著作中找到，这些著作都是论述这个问题的经典作品。

> 恩格斯：《流亡者文献》（1874 年 5 月中—1875 年 4 月），摘自《马

[①] 阿庇安（一世纪末至二世纪七十年代），杰出的古罗马历史学家。——编者注

[②] 毛勒，格奥尔格·路德维希（1790—1872 年），德国著名历史学家，古代和中世纪的日耳曼社会制度的研究者；在研究中世纪马尔克公社的历史方面做出了重大的贡献。——编者注

克思恩格斯文集》第 3 卷，人民出版社 2009 年版，第 397 页。

格·路·毛勒的著作如下：

（1）《德国马尔克制度、农户制度、乡村制度和城市制度的历史概论》。

（2）《德国马尔克制度史》。

（3）《德国农户制度史》，四卷。

（4）《德国城市制度史》，二卷。

（5）《德国乡村制度史》，二卷。

第（1）（2）最重要，但其余的也很重要，尤其是对德国的历史来说。论述重复，文笔拙劣，条理紊乱，给研究这些一般说来却是极好的书造成了困难。他真不愧是一个德国人！

> 恩格斯：《致斐·多·纽文胡斯》（1886 年 2 月 4 日），摘自《马克思恩格斯全集》第 36 卷，人民出版社 1974 年版，第 426 页。

顺便提一下，在博物馆里，我除钻研其他著作外，还钻研了老毛勒（前巴伐利亚枢密官，曾当过希腊摄政，并且是远在乌尔卡尔特之前最早揭露过俄国人的人之一）关于**德国的马尔克、乡村等等制度**的近著。他详尽地论证了土地私有制只是后来才产生的，等等……老毛勒的书（1854—1856 年的，等等）具有真正德意志的博学，同时也具有亲切而易读的文风，这是南德意志人有别于北德意志人之处（毛勒是海德堡人；在这一点上，巴伐利亚人和蒂罗尔人更是如此，例如，法耳梅赖耶尔、弗腊斯等人就是这样）。书中有些地方还猛烈地抨击了老格林（《古代法》），就是说，从实质上，而不是从形式上进行了抨击。

> 马克思：《马克思致恩格斯》（1868 年 3 月 14 日），摘自《马克思恩格斯文集》第 10 卷，人民出版社 2009 年版，第 281—282 页。

我依据摩尔根，比较详细地叙述了这种制度，因为我们在这里有机会研究一种尚不知**国家**为何物的社会的组织情况。国家是以一种与全体固定成员相脱离的特殊的公共权力为前提的，所以毛勒凭其正确的直觉，确认德意志的马尔克制度是一种纯粹社会的制度，虽然它以后大部分成了国家的基础，但在本质上它是和国家不同的。因此，毛勒在他的一切著作中所研究的，是公共权力逐渐从马尔克、乡村、农户、城市等最初的组织中产生和与之并行产生的情形。

　　恩格斯：《家庭、私有制和国家的起源》（1884 年 3 月底—5 月底），摘
自《马克思恩格斯文集》第 4 卷，人民出版社 2009 年版，第 110 页。

　　关于毛勒：他的书是非常有意义的。不仅是原始时代，就是后来的帝
国直辖市、享有豁免权的地主、公共权力以及自由农和农奴之间的斗争的
全部发展，都获得了崭新的说明。

　　马克思：《马克思致恩格斯》（1868 年 3 月 25 日），摘自《马克思恩
格斯文集》第 10 卷，人民出版社 2009 年版，第 283—284 页。

论巴霍芬①

　　对《奥列斯特》三部曲的这个新的但完全正确的解释，是巴霍芬全书
中最美妙精彩的地方之一，但它同时证明，巴霍芬至少是像当年的埃斯库
罗斯一样地信仰依理逆司神、阿波罗神及雅典娜神；也就是说，他相信这
些神在希腊的英雄时代创造了用父权制推翻母权制的奇迹。显然，这种认
为宗教是世界历史的决定性杠杆的观点，归根结底必然导致纯粹的神秘主
义。所以，仔细研究巴霍芬的这部四开本的大部头著作，乃是一件吃力而
绝非始终值得的事情。不过，所有这一切并不降低他开辟道路的功绩；他
头一个抛弃了关于性关系杂乱的尚未认知的原始状态的空谈，而证明古代
经典著作向我们提出了大量的证据，这些证据表明，在希腊人及亚洲人那
里，在个体婚制之前，确实存在过这样的状态，即不但一个男子与几个女
子发生性的关系，而且一个女子也与几个男子发生性的关系，都不违反习
俗；他证明，这种习俗在消失的时候留下了一种痕迹，即妇女必须在一定
限度内献身于外人，以赎买实行个体婚的权利；因此，世系最初只能依女
系即从母亲到母亲来计算；女系的这种唯一有效性，在父亲的身份已经确
定或至少已被承认的个体婚制时代，还保存了很久；最后，母亲作为自己
子女的唯一确实可靠的亲长的这种最初的地位，便为她们，从而也为所有
妇女保证了一种自此以后她们再也没有占据过的崇高的社会地位。诚然，
巴霍芬并没有这样明确地表述这些论点——他的神秘主义的观点妨碍他这
样做。但是他证明了这些论点，而这在 1861 年是一个完全的革命。

---

　　① 巴霍芬，约翰·雅科布（1815—1887 年），杰出的瑞士历史学家和法学家，《母权论》一
书的作者。——编者注

> 恩格斯:《〈家庭、私有制和国家的起源〉1891 年第四版序言》(1891
> 年 6 月 16 日),摘自《马克思恩格斯文集》第 4 卷,人民出版社
> 2009 年版,第 21—22 页。

摩尔根在这样考证过去的家庭的历史时,同他的多数同行一致,也认为曾经存在过一种原始的状态,那时部落内部盛行毫无限制的性关系,因此,每个女子属于每个男子,同样,每个男子也属于每个女子①。这种原始状态,早在上一个世纪就有人谈过,不过只是一般谈谈而已;只有巴霍芬才第一个认真对待这个问题,并且到历史的和宗教的传说中寻找这种原始状态的痕迹②,这是他的伟大功绩之一。现在我们知道,他所找出的这些痕迹,决没有追溯到杂乱的性关系的社会阶段,而只是追溯到晚得多的一个形式,即群婚制。那个原始社会阶段,如果确实存在过的话,也是属于非常遥远的时代,以致在社会的化石,即在落后的蒙昧人中间,我们未必可以找到它在过去存在的**直接**证据了。巴霍芬的功绩,就在于他把这个问题提了出来作为考察的中心。③

> 恩格斯:《家庭、私有制和国家的起源》(1884 年 3 月底—5 月底),
> 摘自《马克思恩格斯文集》第 4 卷,人民出版社 2009 年版,第
> 42 页。

在一切形式的群婚家庭中,谁是某一个孩子的父亲是不能确定的,但谁是孩子的母亲则是确定的。即使母亲把共同家庭的**一切**子女都叫做自己的子女,对于他们都担负母亲的义务,但她仍然能够把她自己亲生的子女同其余一切子女区别开来。由此可知,只要存在着群婚,那么世系就只能从**母亲**方面来确定,因此,也只承认**女系**。一切蒙昧民族和处在野蛮时代

---

① 以下直到"1. **血缘家庭**"(本卷第 47 页)以前是恩格斯在 1891 年版中增补的。1884 年版中是:"这种原始状态的发现,是巴霍芬的第一个伟大功绩。从这种原始状态中,大概很早就发展出以下几种家庭形式。"——编者注

② 约·雅·巴霍芬《母权论。根据古代世界的宗教的和法的本质对古代世界的妇女统治的研究》1861 年斯图加特版。——编者注

③ 约·雅·巴霍芬把这种原始状态叫做**淫游**,从而表明,他是多么不了解他所发现的,或者更确切地说,他所猜到的东西。希腊人使用淫游这个名词,是表示未婚男子或过个体婚生活的男子跟未婚的女子的性关系;这种淫游,总是以一定的婚姻形式的存在为前提,在这个婚姻形式之外发生这种性关系,并且包含着至少是一种可能性的卖淫。这个名词,从来没有在别的意义上使用过,我和摩尔根就是在这个意义上使用它的。巴霍芬的极端重要的发现,到处都被他的幻想——即认为历史上发生的男女之间的关系,总是起源于当时人们的宗教观念,而不是起源于人们的现实生活条件——弄得神秘化了,令人难以置信。

低级阶段的民族，实际上都是这样；所以巴霍芬的第二个大功绩，就在于他第一个发现了这一点。他把这种只从母亲方面确认世系的情况和由此逐渐发展起来的继承关系叫做母权制；为了简便起见，我保留了这一名称；不过它是不大恰当的，因为在社会发展的这一阶段上，还谈不到法律意义上的权利。

> 恩格斯：《家庭、私有制和国家的起源》（1884 年 3 月底—5 月底），摘自《马克思恩格斯文集》第 4 卷，人民出版社 2009 年版，第 52—53 页。

在共产制家户经济中，大多数或全体妇女都属于同一氏族，而男子则来自不同的氏族，这种共产制家户经济是原始时代普遍流行的妇女占统治地位的客观基础，发现妇女占统治地位，乃是巴霍芬的第三个功绩。

> 恩格斯：《家庭、私有制和国家的起源》（1884 年 3 月底—5 月底），摘自《马克思恩格斯文集》第 4 卷，人民出版社 2009 年版，第 60 页。

在这里，我们便接触到了巴霍芬的第四个伟大的发现：广泛流行的从群婚到对偶婚的过渡形式……

其次，巴霍芬坚决地断定，从他所说的"淫游"或"污泥生殖"向个体婚制的过渡，主要是由妇女所完成，这是绝对正确的。

> 恩格斯：《家庭、私有制和国家的起源》（1884 年 3 月底—5 月底），摘自《马克思恩格斯文集》第 4 卷，人民出版社 2009 年版，第 62—64 页。

我认为，巴霍芬的新发现可以归结为：（1）他所称的杂婚，（2）母权制是杂婚的必然后果，（3）因此，妇女在古代受到高度的尊敬，（4）向一个女子专属一个男子的个体婚制的过渡，包含着对其余男子所享有的对同一女子的那种传统权利之侵犯，这样，就必须由女子在一定时期内献身于他人来补偿这种侵犯，或换取对这种侵犯的容忍。

> 恩格斯：《致劳拉·拉法格》（1891 年 6 月 13 日），摘自《马克思恩格斯全集》第 38 卷，人民出版社 1972 年版，第 110 页。

论麦克伦南①

巴霍芬的这部四开本的大部头著作②，是用德文写的，即用那时对现代家庭的史前史最不感兴趣的民族的语言写的。因此，他的这本书一直湮没无闻。1865 年在同一领域里出现的巴霍芬的直接后继人，甚至没有听说过他。

这个后继人，就是约·弗·麦克伦南，他和他的先驱者正好相反。在这里我们所看到的，不是一个天才的神秘主义者，而是一个枯燥无味的法学家；不是诗人的才气横溢的想象，而是出庭的辩护士的振振有词的推论。麦克伦南在古代及近代的许多蒙昧民族、野蛮民族、以至文明民族中间，发现了这样一种结婚形式，即新郎必须一个人或者与他的朋友们一起假装用暴力把新娘从她的亲属手里抢过来。这个习俗，应当是较早的一种习俗的遗迹，那时一个部落的男子确实是用暴力到外边从别的部落为自己抢劫妻子。那么这种"抢劫婚姻"是怎样发生的呢？当男子在本部落内可以找到足够的妻子时，是没有任何理由这样做的。不过，我们也常常发现，在不发达的民族中间，有一些集团（在 1865 年时，还常常把这种集团与部落本身等同起来）禁止内部通婚，因此，男子不得不在本集团以外去娶妻，女子也不得不在本集团以外去找丈夫；而另外有些民族，却又有这样一种习俗，即某一集团的男子只能在自己本集团以内娶妻。麦克伦南把第一种集团叫做外婚制集团，把第二种集团叫做内婚制集团，并且直截了当地虚构出外婚制"部落"与内婚制"部落"的僵硬的对立。虽然他自己对外婚制的研究使他迎面就碰到这样一件事实，即这种对立即使不是在大多数场合，乃至一切场合，它在许多场合都只是存在于他的想象中，可是他仍然把这种对立作为他的整个理论的基础。

> 恩格斯：《〈家庭、私有制和国家的起源〉1891 年第四版序言》（1891
> 年 6 月 16 日），摘自《马克思恩格斯文集》第 4 卷，人民出版社

---

① 麦克伦南，约翰·弗格森（1827—1881 年），苏格兰法学家和历史学家，写有婚姻和家庭史方面的著作。——编者注

② 约·雅·巴霍芬《母权论。根据古代世界的宗教和法的本质对古代世界的妇女统治的研究》。——编者注

2009 年版，第 22—23 页。

麦克伦南的功绩就在于他指出了他所谓的外婚制的到处流行及其重大意义。他根本没有**发现**外婚制集团存在的事实，也完全没有理解这个事实。且不说许多观察者的更早的个别记载——这些正是麦克伦南的材料来源，莱瑟姆就精确而可靠地叙述过印度马加尔人的外婚制度（《记述民族学》1859 年版），并且说，这种制度曾普遍流行，在各大洲都可见到——这个地方麦克伦南自己就引用过。而且，我们的摩尔根早在 1847 年他的关于易洛魁人的通信（发表于《美国评论》杂志上）中，以及 1851 年在《易洛魁联盟》一书中，也证明了在这个民族集团里存在着这种制度，并正确地记述了它，可是麦克伦南的辩护士般的头脑，如我们将要看到的，在这个问题上，造成了比巴霍芬的神秘主义想象在母权制方面所造成的更大得多的混乱。麦克伦南的又一个功绩，就在于他认定母权制的世系制度是最初的制度，虽然在这一点上，像他本人后来所承认的那样，巴霍芬已比他先说过了。但即使是在这里，他也没有把问题弄清楚；他经常说到"只依照女系计算的亲属关系"（kinship through females only），并且一直把这个对较早发展阶段说来是正确的用语也应用于较后的一些发展阶段，而在这些发展阶段上，世系和继承权虽然还是只依照女系计算，但亲属关系也依照男子方面来承认和表示了。这是法学家的局限性，法学家创造了一个固定的法律用语，然后就一成不变地把它应用于早已不再适用的情况。

恩格斯：《〈家庭、私有制和国家的起源〉1891 年第四版序言》（1891 年 6 月 16 日），摘自《马克思恩格斯文集》第 4 卷，人民出版社 2009 年版，第 24 页。

可是，他的理论在英国仍然得到了很多的支持和响应：在英国，麦克伦南被普遍认为是家庭史的创始者和这个领域的第一个权威。他那外婚制"部落"与内婚制"部落"的对立，虽然人们也认为有个别的例外并加以修改，但依然是占统治地位的观点的公认基础，而且变成了眼罩，使得任何不抱成见地通观这一研究领域，从而取得任何决定性的进步都成为不可能。鉴于在英国，而且别国也仿效英国普遍对麦克伦南的功绩估价过高，我们应当着重指出一个事实，即他那纯粹理解错了的外婚制"部落"与内婚制"部落"的对立所造成的害处，要多于他的研究所带来的益处。

恩格斯：《〈家庭、私有制和国家的起源〉1891 年第四版序言》（1891

年 6 月 16 日），摘自《马克思恩格斯文集》第 4 卷，人民出版社 2009 年版，第 25 页。

论摩尔根①

此外，我还想作修改的，主要有两点。第一，关于人类原始史，直到 1877 年，摩尔根才给我们提供了理解这一历史的钥匙。② 而在这之后，由于我有机会在自己的《家庭、私有制和国家的起源》（1884 年苏黎世版）一书中对这期间我所能获得的材料作了加工，所以这里只要指出这部较晚的著作就够了。

恩格斯：《〈反杜林论〉三个版本的序言》（1885 年 9 月 23 日），摘自《马克思恩格斯文集》第 9 卷，人民出版社 2009 年版，第 12—13 页。

在 1847 年，社会的史前史、成文史以前的社会组织，几乎还没有人知道。后来，哈克斯特豪森发现了俄国的土地公有制，毛勒证明了这种公有制是一切条顿族的历史起源的社会基础，而且人们逐渐发现，农村公社是或者曾经是从印度到爱尔兰的各地社会的原始形态。最后，摩尔根发现了**氏族**的真正本质及其对**部落**的关系，这一卓绝发现把这种原始共产主义社会的内部组织的典型形式揭示出来了。随着这种原始公社的解体，社会开始分裂为各个独特的、终于彼此对立的阶级。关于这个解体过程，我曾经试图在《家庭、私有制和国家的起源》（1886 年斯图加特第 2 版）中加以探讨。

马克思、恩格斯：《共产党宣言》（1847 年 12 月—1848 年 1 月底），摘自《马克思恩格斯文集》第 2 卷，人民出版社 2009 年版，第 31 页注。

在论述社会的原始状况方面，现在有一本像达尔文的著作对于生物学那样具有**决定意义**的书，这本书当然也是马克思发现的，这就是摩尔根的《古代社会》（1877 年版）。马克思谈到过这本书，但是，当时我脑子里正

---

① 摩尔根，路易斯·亨利（1818—1881 年），杰出的美国学者，民族志学家，考古学家和原始社会史学家，自发的唯物主义者。——编者注

② 见路·亨·摩尔根《古代社会，或人类从蒙昧时代经过野蛮时代到文明时代的发展过程的研究》1877 年伦敦版。——编者注

在装着别的事情，而以后他也没有再回头研究；看来，他是很想回头再研究的，因为从他所作的十分详细的摘录①中可以看出，他**自己**曾打算把该书介绍给德国读者。摩尔根在他自己的研究领域内独立地重新发现了马克思的唯物主义历史观，并且最后还对现代社会提出了直接的共产主义的要求。他根据野蛮人的、尤其是美洲印第安人的氏族组织，第一次充分地阐明了罗马人和希腊人的氏族，从而为原始史奠定了牢固的基础。

> 恩格斯：《恩格斯致卡尔·考茨基》（1884 年 2 月 16 日），摘自《马克思恩格斯文集》第 10 卷，人民出版社 2009 年版，第 512—513 页。

摩尔根在美国，以他自己的方式，重新发现了 40 年前马克思所发现的唯物主义历史观，并且以此为指导，在把野蛮时代和文明时代加以对比的时候，在主要点上得出了与马克思相同的结果。

> 恩格斯：《〈家庭、私有制和国家的起源〉1884 年第一版序言》（1884 年 3 月底—5 月底），摘自《马克思恩格斯文集》第 4 卷，人民出版社 2009 年版，第 15 页。

摩尔根的伟大功绩，就在于他在主要特点上发现和恢复了我们成文历史的这种史前的基础，并且在北美印第安人的血族团体中找到了一把解开希腊、罗马和德意志上古史上那些极为重要而至今尚未解决的哑谜的钥匙。而他的著作也并非一日之功。他研究自己所得的材料，到完全掌握为止，前后大约有 40 年。然而也正因为如此，他这本书才成为今日划时代的少数著作之一。

> 恩格斯：《〈家庭、私有制和国家的起源〉1884 年第一版序言》（1884 年 3 月底—5 月 26 日），摘自《马克思恩格斯文集》第 4 卷，人民出版社 2009 年版，第 16 页。

摩尔根的主要著作《古代社会》（1877 年版）……就是针对这一点的。摩尔根在 1871 年仅仅模糊地推测到的，在这里已经十分明确地发挥出来了。内婚制和外婚制根本不构成对立；外婚制"部落"的存在，直到现在也没有在任何地方找到证明。不过，在群婚还盛行的时代——群婚完全可能一度到处盛行——，一个部落分为好几个母系血缘亲属集团，即氏族，在氏族内部，严格禁止通婚，因此，某一氏族的男子，虽能在部落以内娶

---

① 马克思《路易斯·亨·摩尔根〈古代社会〉一书摘要》，见《马克思恩格斯全集》中文第 1 版第 45 卷。——编者注

妻，并且照例都是如此，却必须是在氏族以外娶妻。这样，要是氏族是严格外婚制的，那么包括了所有这些氏族的部落，便成了同样严格内婚制的了。这就彻底推翻了麦克伦南人为地编造的理论的最后残余。

但是摩尔根并不满足于此。美洲印第安人的氏族还帮助他在他所研究的领域内迈出了有决定意义的第二步。他发现，这种按母权制建立的氏族，就是后来按父权制建立的氏族——即我们在古希腊罗马时代文明民族中可以看到的氏族——所由以发展起来的原始形式。希腊的和罗马的氏族，对于迄今所有的历史编纂学家来说都是一个谜，如今可以用印第安人的氏族来说明了，因而也就为全部原始历史找到了一个新的基础。

确定原始的母权制氏族是文明民族的父权制氏族以前的阶段的这个重新发现，对于原始历史所具有的意义，正如达尔文的进化理论对于生物学和马克思的剩余价值理论对于政治经济学的意义一样。它使摩尔根得以首次绘出家庭史的略图；这一略图，在目前已知的资料所容许的限度内，至少把典型的发展阶段大体上初步确定下来了。非常清楚，这样就在原始历史的研究方面开始了一个新时代。母权制氏族成了整个这门科学所围着旋转的轴心；自从它被发现以后，人们才知道，应该朝着什么方向研究和研究什么，以及应该如何去整理所得的结果。因此，目前在这一领域内正取得比摩尔根的著作出版以前更加迅速得多的进步。

恩格斯：《〈家庭、私有制和国家的起源〉1891年第四版序言》（1891
年6月16日），摘自《马克思恩格斯文集》第4卷，人民出版社
2009年版，第27—28页。

我们现在来谈一谈摩尔根的另一发现，这一发现至少与他根据亲属制度恢复原始家庭形式有着同等重要的意义。摩尔根证明：美洲印第安人部落内部用动物名称命名的血族团体，实质上是与希腊人的氏族〔genea〕、罗马人的氏族〔gentes〕相同的；美洲的形式是原始的形式，而希腊—罗马的形式是晚出的、派生的形式；原始时代希腊人和罗马人的氏族、胞族和部落的全部社会组织，跟美洲印第安人的组织极其相似；氏族，直到野蛮人进入文明时代为止，甚至再往后一点，是一切野蛮人所共有的制度（就现有资料而言）。摩尔根证明了这一切以后，便一下子说明了希腊、罗马上古史中最困难的地方，同时，出乎意料地给我们阐明了原始时代——**国家**产生以前社会制度的基本特征。

> 恩格斯：《家庭、私有制和国家的起源》（1884 年 3 月底—5 月底），
> 摘自《马克思恩格斯文集》第 4 卷，人民出版社 2009 年版，第
> 98 页。

摩尔根在原始历史学上的其他成就，在这里没有考察的必要；在这一方面需要提到的，在本书有关的地方都可以找到。自从摩尔根的主要著作出版以来已经 14 年了，这 14 年间，关于人类原始社会史的材料，已经大大丰富起来；除了人类学家、旅行家及职业的史前史学家以外，比较法学家也参加进来了，他们有的提供了新的材料，有的提出了新的观点。结果，摩尔根有一些假说便被动摇，甚至站不住脚了。不过，新搜集的资料，不论在什么地方，都没有导致必须用其他的观点来代替他的卓越的基本观点。他给原始历史建立的系统，在基本的要点上，今天仍然有效。甚至可以说，越是有人力图隐瞒摩尔根是这一伟大进步的奠基者，他所建立的这个系统就越将获得大家的公认。①

> 恩格斯：《〈家庭、私有制和国家的起源〉1891 年第四版序言》（1891
> 年 6 月 16 日），摘自《马克思恩格斯文集》第 4 卷，人民出版社
> 2009 年版，第 30 页。

论基佐②、米涅③、梯叶里④

把重大政治历史事件看做历史上起决定作用的东西的这种观念，像历史编纂学本身一样已经很古老了，而且主要是由于这种观念的存在，保留

---

① 我于 1888 年 9 月从纽约返欧途中，遇到一位罗切斯特选区的前国会议员，他认识摩尔根，可惜，关于摩尔根的事他能给我述说的并不多。摩尔根以个人的身份住在罗切斯特，仅仅从事自己的学术研究工作。他的兄弟是个上校，曾在华盛顿国防部供职；靠这位兄弟的介绍，摩尔根得以使政府对他的研究加以关注，用公款出版了他的几种著作；据我的交谈者自己说，他在担任国会议员期间，也曾多次帮过摩尔根的忙。

② 基佐，弗朗索瓦·比埃尔·吉约姆（1787—1874 年），法国历史学家和国家活动家，1840 年至 1848 年"二月革命"期间实际上操纵了法国的内政和外交，代表大金融资产阶级的利益。——编者注

③ 米涅，弗朗索瓦·奥古斯特·玛丽（1796—1884 年），复辟时期法国历史学家，曾着手解释阶级斗争在资产阶级社会创建史中的作用。——编者注

④ 梯叶里，雅克·尼古拉·奥古斯丹（1795—1856 年），复辟时期法国历史学家，他在自己的著作中接近于了解物质因素和阶级斗争在封建社会的发展和资本主义社会的建立的历史中的作用。——编者注

下来的关于各国人民的发展的材料竟如此之少，而这种发展正是在这个喧器的舞台背后悄悄地进行的，并且起着真正的推动作用。这种观念曾支配已往的整个历史观，只是法国复辟时代的资产阶级历史编纂学家①才使之发生动摇……

> 恩格斯：《反杜林论》（1876 年 9 月—1878 年 6 月），摘自《马克思恩格斯文集》第 9 卷，人民出版社 2009 年版，第 166 页。

但是，在以前的各个时期，对历史的这些动因的探究几乎是不可能的，因为它们和自己的结果的联系是混乱而隐蔽的，在我们今天这个时期，这种联系已经简单化了，以致人们有可能揭开这个谜了。从采用大工业以来，就是说，至少从 1815 年签订欧洲和约以来，在英国，谁都知道，土地贵族（landed aristocracy）和资产阶级（middle class）这两个阶级争夺统治的要求，是英国全部政治斗争的中心。在法国，随着波旁王室的返国，同样的事实也被人们意识到了；复辟时期的历史编纂学家，从梯叶里到基佐、米涅和梯也尔，总是指出这一事实是理解中世纪以来法国历史的钥匙。

> 恩格斯：《路德维希·费尔巴哈和德国古典哲学的终结》（1886 年初），摘自《马克思恩格斯文集》第 4 卷，人民出版社 2009 年版，第 304 页。

如果说马克思发现了唯物史观，那么梯叶里、米涅、基佐以及 1850 年以前英国所有的历史编纂学家则表明，人们已经在这方面作过努力，而摩尔根对于同一观点的发现表明，发现这一观点的时机已经成熟了，这一观点**必定**被发现。

> 恩格斯：《恩格斯致瓦尔特·博尔吉乌斯》（1894 年 1 月 25 日），摘自《马克思恩格斯文集》第 10 卷，人民出版社 2009 年版，第 669 页。

从这本小册子②里可以看出，即使 ancien régime〔旧制度〕下最聪明的人物，即使无论如何也不能不认为是天才历史学家的人，也被致命的二月事变弄得昏头昏脑，以致完全不能理解历史，甚至完全不能理解自己过去的行动。基佐先生不是根据二月革命的经验来理解 1830 年的法国王朝和 1688 年的英国王朝的历史情况及社会阶级状况的根本不同之处，而是用一

---

① 指奥·梯叶里、弗·基佐、弗·米涅和阿·梯也尔。——编者注
② 基佐：《英国革命为什么会成功？英国革命史讨论》1850 年巴黎版。——编者注

些说教式的词句来抹杀它们之间的一切区别，并且在结语里保证说，2 月24 日破了产的政策"保存了国家，只有这个政策才能消灭革命"。

马克思、恩格斯：《〈新莱茵报。政治经济评论〉第 2 期上发表的书评》（1850 年 2 月），摘自《马克思恩格斯全集》第 7 卷，人民出版社 1972 年版，第 247 页。

依照基佐先生的意见，英国革命之所以比法国革命进行得更为顺利，可以由两个主要的原因来解释：第一，英国革命浸透着宗教的性质，因而它丝毫没有抛弃过去的一切传统；第二，英国革命一开头就不是作为破坏力量而是作为保守力量出现的，而议会捍卫了现行的旧法律，使它不致受到王权的侵害。

在谈第一点时，基佐先生忘记了：在法国革命时使他心惊胆怕的自由思想正是从英国输入法国的。洛克是这种自由思想的始祖，而在舍夫茨别利和博林布罗克那里自由思想就已经具有一种巧妙的形式，这种形式后来在法国得到了十分顺利的发展。因此我们可以得出一个有意思的结论：基佐先生认为毁灭了法国革命的那种自由思想正是具有宗教性质的英国革命的重要产物之一。

在谈到第二点时，基佐先生完全忘记了：法国革命最初也象英国革命那样保守，甚至比英国革命保守得多。专制制度，特别是象最后在法国出现的那种专制制度，在那里也还是一种新东西，而议会曾经为了保护旧的法律，保护旧等级君主制的 us et coutumes〔风俗和习惯〕起来反对过这种新东西。法国革命的第一步就是恢复自亨利四世和路易十三以来就垮台了的三级议会，而在英国革命中却没有这样典型的保守主义的实例。

根据基佐先生的看法，英国革命的主要结果是国王再也不可能违反议会和下议院的意志实行统治。整个革命似乎可以归结如下：最初国王和议会双方都超越应有的权限，都作得有些过分，直到最后在威廉三世时期，双方才建立了适当的均势，彼此才互不侵犯。至于王室权力从属于议会就是意味着王权从属于某一阶级的统治，基佐先生认为这是毋庸赘述的。因此他认为没有必要去详细研究这一阶级如何获得十分大的权力，以至最后使国王成为它的奴仆。在基佐先生看来，查理一世和议会之间的全部斗争完全是围绕着纯粹政治特权而进行的。究竟为什么议会和它所代表的阶级需要这种特权，却只字未提。关于查理一世直接危害自由竞争因而使英国工商业的处境日益不能忍受，关于经常的财政困难使得查理一世愈想反抗议会却愈不得不依靠议会，这些基佐也极少提及。因此，在基佐先生看来，一切革命都是由于少数不满足于一般自由的捣乱者的恶意和宗教狂热而引起的。基佐先生同时也没有能力来阐明宗教运动和资产阶级社会的发展之间的联系。共和国在他看来当然也不过是一些野心勃勃、狂热冲动和心怀恶意的人所搞出来的名堂。至于在这个时期，在里斯本、那不勒斯和墨西拿也企图建立共和国，而且也和英国一样建立荷兰式的共和国，这样的事实他也丝毫不提。虽然基佐先生丝毫也没有忽略法国革命，但他从来也没有得出这样一个显而易见的结论：任何国家只有经过残酷的斗争和通过共和国的政府形式才能从君主专制过渡到君主立宪，甚至当时旧王朝由于失掉人心而不得不让位给想篡夺政权的旁系亲属。因此，关于英国复辟王朝垮台的问题，他只能告诉我们一些最无聊的一般的东西。他甚至没有指出下面这个垮台的直接原因：宗教改革使新兴大地主害怕天主教的恢复，因为天主教一旦恢复，他们当然得归还所有过去他们掠夺来的教会土地，这样一来，英国全部土地的7/10都得易手；工商业资产阶级对天主教有所恐惧，因为天主教完全不利于他们的活动；斯图亚特王朝为了自己和宫廷贵族的利益，毫不在乎地把所有英国工商业利益出卖给法国政府，即卖给当时唯一能在竞争中威胁英国并且在许多方面取得胜利的国家的政府，以及其他等等。既然基佐先生到处漏掉最重要的关键，所以他就只有极端不能令人满意地平凡地叙述事件的政治方面了。

马克思、恩格斯：《〈新莱茵报。政治经济评论〉第2期上发表的书评》（1850年2月），摘自《马克思恩格斯全集》第7卷，人民出版社1959年版，第249—251页。

　　在基佐先生看来，随着立宪制在英国的确立，英国的历史就终止了。他认为，此后的一切都不过是托利党和辉格党之间的愉快的打秋千的游戏，也就是说有些象基佐先生和梯也尔先生间发生的激烈舌战。其实，正是随着君主立宪制的确立，在英国才开始了资产阶级社会的巨大发展和改造。凡是基佐先生认为充满平静安宁、田园诗意的地方，实际上正在展开极为尖锐的冲突和极为深刻的变革。在君主立宪制下，手工工场才第一次发展到前所未有的规模，以致后来让位给大工业、蒸汽机和大工厂。居民中的许多阶级消亡了，代之而起的是具有新的生存条件和新的要求的新阶级。

一个新的更强大的资产阶级诞生了；当旧的资产阶级在和法国革命进行斗争的时候，新的资产阶级已在夺取世界市场。这个阶级变得如此神通广大，以至在改革法案还没有把政权直接转交到它手中就能强迫敌手颁布几乎仅仅对它有利并满足它的要求的法律。它在议会中获得直接代表权，并且利用这种权力来消灭土地所有制保存下来的最后一点点的残余实力。最后，资产阶级这时便忙于彻底摧毁基佐先生所赞叹不已的那座英国宪法的华美建筑。

> 马克思、恩格斯：《〈新莱茵报。政治经济评论〉第 2 期上发表的书评》（1850 年 2 月），摘自《马克思恩格斯全集》第 7 卷，人民出版社 1959 年版，第 251—252 页。

1875 年左右去世的若尔日·阿韦奈耳的著作《革命星期一》、《法兰西共和国报》上发表过的小品文集以及《阿那卡雪斯·克罗茨》，无疑是关于法国大革命的优秀著作。后面这本书结合克罗茨的生平，对到 1794 年热月政变为止的整个革命进程作了概述。这部著作是用传奇的笔调写的，所以要得出明晰的观念，还得时常向米涅①或梯也尔②去找确切的材料。但是阿韦奈耳勤奋地研究了一些档案，因而提供的新的和可靠的材料非常之多。这对从 1792 年 9 月到 1794 年 7 月这段时期来说，无疑是最好的资料……

在资产阶级历史学家中，我仍然比较喜欢米涅。

> 恩格斯：《致菲·多·纽文胡斯》（1886 年 2 月 4 日），摘自《马克思恩格斯全集》第 36 卷，人民出版社 1974 年版，第 426—427 页。

1853 年出版的梯叶里的《第三等级的形成和发展史概论》一书，使我感到很大的兴趣。令人奇怪的是，这位作为法国历史编纂学中的"阶级斗争"之父的先生，在序言中竟对一些"新人物"感到愤怒，原因是他们现在也看到资产阶级和无产阶级之间的对立，并且竭力从 1789 年以前的第三等级的历史中寻找这种对立的线索。他花了许多精力来证明，第三等级包括除了贵族和僧侣以外的一切等级，而资产阶级起着所有这些其他成分的代表者的作用。例如，他引证威尼斯公使馆的报告说：

> "那些称为王国各等级的，是这样三等人：僧侣、贵族和其余
> 可以通称之为人民的那些人"。

---

① 弗·米涅《一七八九至一八一四年法国革命史》。——编者注
② 阿·梯也尔《法国革命史》。——编者注

如果梯叶里先生读过我们的著作，他就会知道，资产阶级当然只是在不再作为第三等级同僧侣和贵族相对立的时候，才开始和人民坚决对立。至于说到"**昨天刚产生的**对立"的"历史根源"，那末他的这本书提供了最好的证明：第三等级一形成，这种"根源"就产生了。这个本来很机智的批评家应当从"元老院和罗马人民"这种说法中按照他自己的观点得出结论说，在罗马，除元老院和人民之间的对立，从来没有其他对立。使我很感兴趣的是，从他所引证的文件来看，《catalla，capitalia》即资本这个词是随着城市公会的发展而产生的。此外，他违反愿望地证明了，法国资产阶级的胜利之所以推迟，只是因为他们在 1789 年才决定和农民采取共同行动。虽然缺少适当的概括，但是叙述得很好：

（1）法国资产阶级从最初起，至少是从城市出现以后，就由于自己组成议会和官僚机构等等而获得了极大的影响，而不象在英国那样仅仅是由于商业和工业。这毫无疑问地还是现在的法国的特点。

（2）他的描述很好地说明了，这个阶级是如何发展起来的，而这个阶级在各个不同的时期成为重点的各种不同的形式，以及通过这些形式而获得影响的各种不同的部分都消失了。我认为，任何著作也没有把这个阶级在它成为统治阶级以前的这一系列演变作过这样好的描述，至少就材料的丰富而言是如此。遗憾的是，关于行会师傅，行会负责人等等问题，总之，即关于工业资产阶级发展的形式问题，虽然只有他一个人知道这方面的材料，可是他几乎只作了一般的和众所周知的阐述。他很好地阐明并强调了的东西，就是十二世纪城市运动所具有的密谋的和革命的性质。德国皇帝，例如，弗里德里希一世和二世曾经颁布取缔这些"公会"、"秘密组织"、"盟会"的敕令，同德意志联邦议会的精神完全一致。

马克思：《致恩格斯》（1854 年 7 月 27 日），摘自《马克思恩格斯全集》第 28 卷，人民出版社 1973 年版，第 381—383 页。

论克劳塞维茨[①]

大家知道，一位非常有名的战争哲学和战争史的著作家克劳塞维茨说

[①]　卡尔·克劳塞维茨（1780—1831 年），普鲁士将军，著名的军事理论家；1812—1814 年在俄军中供职。——编者注

过一句名言："战争是政治通过另一种手段的继续。"① 这句名言是著作家在拿破仑战争时代之后不久，对战争史作了考察，从中得出了哲学教训后说的。现在这位著作家的基本思想已经成为一切肯思考的人的思想。大约在八十年前，他就反对了这样一种庸俗鄙陋的偏见：似乎战争同有关政府和有关阶级的政治没有关系，似乎在某种情况下可以把战争看做只不过是举行进攻，破坏和平，后来又把这种被破坏的和平恢复起来。相互厮杀而又言归于好！这就是还在几十年前就被驳倒的粗鄙的观点，实际上，只要对任何战争史稍微作过仔细研究，都可以驳倒这种观点。

> 列宁：《战争与革命》（1917 年 5 月 14 日 [27 日]），摘自《列宁选集》第 3 卷，人民出版社 1972 年版，第 71 页。

"战争是政治通过另一种手段"（即暴力）"的继续"②

这是熟谙军事问题的作家克劳塞维茨说过的一句至理名言。马克思主义者始终把这一原理公正地看作考察每一战争的意义的理论基础。马克思和恩格斯一向就是从这个观点出发来考察各种战争的。

> 列宁：《社会主义与战争》（1915 年 8 月 23 日），摘自《列宁选集》第 2 卷，人民出版社 1972 年版，第 673 页。

辩证法（普列汉诺夫为了取悦于资产阶级而无耻地将它歪曲了）的基本原理运用在战争上就是："**战争不过是政治通过另一种〈即暴力的〉手段的继续**"。这是军事史问题的伟大著作家之一、思想上曾从黑格尔受到教益的克劳塞维茨所下的定义③。而这正是马克思和恩格斯始终坚持的观点，他们把**每次**战争都看做是有关列强（及其内部**各阶级**）在当时的政治的**继续**。

> 列宁：《第二国际的破产》（1915 年 5—6 月），摘自《列宁专题文集·论辩证唯物主义和历史唯物主义》，人民出版社 2009 年版，第 245—246 页。

列宁赞扬克劳塞维茨，首先是因为当时已享有军事问题权威声誉的非

---

① 见克劳塞维茨《论战争》第 1 卷第 1 篇第 1 章第 24 节。——编者注
② 见克劳塞维茨《论战争》第 1 卷第 1 篇第 1 章第 24 节。——编者注
③ 卡尔·冯·克劳塞维茨《论战争》，《克劳塞维茨全集》第 1 卷第 28 页。参看第 3 卷第 139—140 页："大家都知道，战争只是由政府之间和民族之间的政治关系引起的；但是人们往往都以为，战争一开始，这种关系就告中断，随之产生一种完全不同的、只受自己规律支配的状态。我们的看法相反：战争无非是政治关系在另一种手段介入的情况下的继续。"

马克思主义者克劳塞维茨，在自己的著作里证实了马克思主义的著名原理：战争同政治有直接的联系，政治产生战争，战争是政治用暴力手段的继续。列宁在这里所以要引证克劳塞维茨，是为了再一次揭穿普列汉诺夫、考茨基和其他人的社会沙文主义、社会帝国主义。

其次，列宁赞扬克劳塞维茨，是因为克劳塞维茨在自己的著作里证实了一个从马克思主义观点看来是正确的原理：在某些不利的条件下，退却是和进攻同样合理的斗争形式。列宁在这里所以要引证克劳塞维茨，是为了再一次揭穿那些不承认退却是合理的斗争形式的"左派"共产主义者。

斯大林：《给拉辛同志的复信》（1946 年 2 月 23 日），摘自《斯大林文选》，人民出版社 1962 年版，第 456 页。

为了写布吕歇尔，我多少翻阅了一下克劳塞维茨的书。这个人具有近乎机智的健全推断能力。

马克思：《致恩格斯》（1858 年 1 月 11 日），摘自《马克思恩格斯全集》第 29 卷，人民出版社 1972 年版，第 248 页。

目前我正在读克劳塞维茨的《论战争》。哲理推究的方法很奇特，但书本身是很好的。对于是否应当使用军事学术或军事科学这一名称的问题，答案是：战争最象贸易。战争中的会战就等于贸易中的现金支付：尽管它实际上很少发生，但一切仍以它为目的，而且它最后必将发生，并起决定性作用。

恩格斯：《致马克思》（1858 年 1 月 7 日），摘自《马克思恩格斯全集》第 29 卷，人民出版社 1972 年版，第 244 页。

论勒南①

从历史学和语言学的角度来批判圣经，研究构成新旧约的各种著作的年代、起源和历史意义等问题，是一门科学，在英国，除了少数力图尽可能把这门科学保持秘密的自由主义化的神学家而外，几乎没有任何人知道它。

这门科学几乎完全是德国的。而且其中渗透到德国国界以外的少量东

---

① 勒南·厄内斯特·约瑟夫（1823—1892 年），法国宗教史学家，唯心主义哲学家，以早期基督教史方面的著作闻名。——编者注

西，也决不是它最好的部分；这就是那以既摆脱了偏见和妥协又不失为基督教的东西而自豪的自由思想的批判：这些篇据说不是圣灵的直接启示，而是神通过圣灵对人道的启示，等等。这样，杜宾根学派（鲍尔、格夫勒雷尔等人）在荷兰和瑞士就象在英国一样，获得了较大的成功，但是，假如愿意稍微往前走一点，那就是追随施特劳斯。人所熟知的厄内斯特·勒南（他仅仅是德国批判家的可怜的剽窃者），便富有这种温和而完全是非历史的精神。在他的一切著作中，只有浸透着他的思想的美学的感伤情调和反映他的思想的枯燥文字，是属于他的。

不过，厄内斯特·勒南说得好：

"如果你想清楚地知道最早的基督教会是什么样子，那就不要把它们和现在的教区相比；它们更象国际工人协会的地方支部。"

这是对的。

> 恩格斯：《启示录》（1883 年 8 月），摘自《马克思恩格斯全集》第
> 21 卷，人民出版社 1965 年版，第 10 页。

我正在这里研究早期的基督教，在读勒南的书①和圣经。勒南是一个异常肤浅的人，但是，作为一个非宗教人士，他比德国大学神学家的视野要广阔一些。可是，他的书简直是一部小说。他自己对菲洛斯特拉特的评语，也适用于他这本书：它可以作为历史资料来用，就象亚历山大·大仲马的小说可以用来研究弗伦特运动时期一样。在某些细节地方，我发现他有骇人听闻的错误，同时他还非常无耻地抄袭德国人的东西。

> 恩格斯：《致维·阿德勒》（1892 年 8 月 19 日），摘自《马克思恩格
> 斯全集》第 38 卷，人民出版社 1972 年版，第 427 页。

谈到拉撒路，不禁使我想起勒南的《耶稣传》。在某些方面，这简直是一部充满了泛神论的神秘主义幻想的长篇小说。这本书与它的德国前辈相比，还是具有某些长处，而且书并不太厚，所以你应该读一读。这自然是德国人研究的结果。非常值得注意。在荷兰这里，德国的神学批判的思潮非常流行，以致牧师在传教台上公开宣扬这种思潮。

> 马克思：《致恩格斯》（1864 年 1 月 20 日），摘自《马克思恩格斯全
> 集》第 30 卷，人民出版社 1974 年版，第 381 页。

---

① 厄·勒南《基督教起源史》。——编者注

论哥白尼①

自然研究通过一个革命行动宣布了自己的独立，仿佛重演了路德焚毁教谕的行动，这个革命行动就是哥白尼那本不朽著作的出版，他用这本著作来向自然事物方面的教会权威提出了挑战，虽然他当时还有些胆怯，而且可以说直到临终之际才采取了这一行动。从此自然研究便开始从神学中解放出来，尽管彼此间一些不同主张的争论一直延续到现在，而且在许多人的头脑中还远没有得到解决。但是科学的发展从此便大踏步地前进，而且很有力量，可以说同从其出发点起的（时间）距离的平方成正比。

恩格斯：《自然辩证法》（1873—1882 年），摘自《马克思恩格斯文集》第 9 卷，人民出版社 2009 年版，第 410 页。

18 世纪上半叶的自然科学在知识上，甚至在材料的整理上大大超过了希腊古代，但是在以观念形式把握这些材料上，在一般的自然观上却大大低于希腊古代。在希腊哲学家看来，世界在本质上是某种从混沌中产生出来的东西，是某种发展起来的东西、某种生成的东西。在我们所探讨的这个时期的自然科学家看来，它却是某种僵化的东西、某种不变的东西，而在他们中的大多数人看来，是某种一下子就造成的东西。科学还深深地禁锢在神学之中。它到处寻找，并且找到了一种不能从自然界本身来解释的外来的推动作为最后的原因。如果牛顿所夸张地命名为万有引力的吸引被当作物质的本质特性，那么开初造成行星轨道的未经说明的切线力又是从哪里来的呢？植物和动物的无数的种是如何产生的呢？而早已确证并非亘古就存在的人类最初是如何产生的呢？对于这些问题，自然科学往往只能以万物的创造者对此负责来回答。哥白尼在这一时期之初向神学下了挑战书；牛顿却以神的第一推动这一假设结束了这个时期。

恩格斯：《自然辩证法》（1873—1882 年），摘自《马克思恩格斯文集》第 9 卷，人民出版社 2009 年版，第 412—413 页。

哥白尼的太阳系学说有 300 年之久一直是一种假说，这个假说尽管有99%、99.9%、99.99%的可靠性，但毕竟是一种假说；而当勒维烈从这个

---

① 哥白尼（1473—1543 年），波兰人，天文学家，太阳中心说的创立者。——编者注

太阳系学说所提供的数据中,不仅推算出必定存在一个尚未知道的行星,而且还推算出这个行星在太空中的位置的时候,当后来加勒确实发现了这个行星①的时候,哥白尼的学说就被证实了。

> 恩格斯:《路德维希·费尔巴哈和德国古典哲学的终结》(1886 年初),摘自《马克思恩格斯文集》第 4 卷,人民出版社 2009 年版,第 279—280 页。

论伽利略②、刻卜勒③

在十七世纪末和十八世纪初,大部分国家的炮兵都编入了军队,失去了中世纪的行会性质,被认为是一个特殊的兵种,因此也就有了正常的和迅速的发展的可能。结果,几乎立即有了非常显著的改进……在 1730—1740 年这一时期,贝利多尔在法国拉费尔,罗宾斯在英国以及帕帕契诺·丹东尼在都灵都领导了这种试验。结果,火炮的口径大为统一,火炮各部分的金属重量的比例更加适当,装药量普遍减少,装药的重量是炮弹重量的三分之一到二分之一。在发展炮兵学原理方面,也取得了象上述改进那样大的进步。伽利略奠定了抛物线理论的基础,他的学生托里拆利以及安德森、牛顿、布朗德尔、别尔努利、沃尔弗和欧勒等人则进一步研究了炮弹的飞行、空气的阻力和炮弹偏差的原因。上述这些炮兵实验家对炮兵学中数学方面的发展也作出了重大的贡献。

> 恩格斯:《炮兵》(1857 年 10—11 月),摘自《马克思恩格斯全集》第 14 卷,人民出版社 1964 年版,第 202 页。

伽利略一方面发现了落体定律,依据这个定律,落体所经过的距离和落下所经过的时间的平方成正比。另一方面,如我们将看到的,他又提出一个不完全符合这个定律的命题:一个物体的动量(它的冲量或动量)是由质量和速度决定的,所以它在质量是常数时就和速度成正比了。笛卡儿采取了后一命题,认为运动物体的质量和速度的乘积就是该物体的运动的

---

① 德国天文学家约·加勒于 1846 年 9 月 23 日发现了海王星。——编者注

② 伽利略·伽利莱(1564—1642 年),杰出的意大利物理学家和天文学家,力学原理的创始人。——编者注

③ 刻卜勒·约翰奈斯(1571—1630 年),杰出的德国天文学家,在哥白尼学说的基础上,发现行星运动的规律。——编者注

量度。

> 恩格斯：《自然辩证法》（1873—1883 年），摘自《马克思恩格斯全集》第 20 卷，人民出版社 1971 年版，第 426 页。

在太阳系的天文学中，开普勒发现了行星运动的规律，而牛顿则从物质的普遍运动规律的角度对这些规律进行了概括。

> 恩格斯：《自然辩证法》（1873—1882 年），摘自《马克思恩格斯文集》第 9 卷，人民出版社 2009 年版，第 411 页。

同 18 世纪法国人传下来的把牛顿神化（英国使他满载荣誉与财富）这种做法相反，黑格尔指出：开普勒（德国让他饿死）是现代天体力学的真正奠基者；牛顿的万有引力定律已经包含在开普勒的所有三个定律中，在第三定律中甚至明确地表达出来了。

> 恩格斯：《反杜林论》（1876 年 9 月—1878 年 6 月），摘自《马克思恩格斯文集》第 9 卷，人民出版社 2009 年版，第 14 页注。

论牛顿[①]

新兴自然科学的第一个时期——在无机界的领域内——是以牛顿告结束的。这是一个掌握已有材料的时期，它在数学、力学和天文学、静力学和动力学的领域中获得了伟大的成就，这特别是归功于刻卜勒和伽利略，牛顿就是从他们二人那里得出自己的结论的。

> 恩格斯：《自然辩证法》（1873—1883 年），摘自《马克思恩格斯全集》第 20 卷，人民出版社 1971 年版，第 534 页。

18 世纪以前根本没有科学；对自然的认识具有自己的科学形式，只是在 18 世纪才有，某些部门或者早几年。牛顿由于发明了万有引力定律而创立了科学的天文学，由于进行了光的分解而创立了科学的光学，由于创立了二项式定理和无限理论而创立了科学的数学，由于认识了力的本性而创立了科学的力学。

> 恩格斯：《英国状况。十八世纪》（1844 年 1 月初—2 月初），摘自《马克思恩格斯文集》第 1 卷，人民出版社 2009 年版，第 88 页。

[①]　牛顿·伊萨克（1642—1727 年），杰出的英国物理学家、天文学家和数学家，经典力学的创始人。——编者注

牛顿的万有引力。能够给予它的最好的评价就是：它没有说明而是**描画出**行星运动的现状。运动是给定的。太阳的引力也是给定的。应当怎样从这些数据中说明运动呢？用力的平行四边形，用现在已成为一种必要假定而且我们**不得不**加以采用的切线力来说明。这就是说，如果我们以现有状态的**永恒性**为前提，我们就需要有一个**第一次推动**，上帝。但是，现有的行星状态并不是永恒的，而运动本来也不是复合的，而是**简单的旋转**，力的平行四边形用在这里是错误的，因为它不只限于说明尚待发现的未知数 x，就是说，因为牛顿所要求的，不仅要提出问题，而且还要解决问题。

> 恩格斯：《自然辩证法》（1873—1883 年），摘自《马克思恩格斯全集》第 20 卷，人民出版社 1971 年版，第 617—618 页。

牛顿的力的平行四边形在太阳系中至多在**环体分离的一刹那间**是正确的，因为这时的旋转运动自己发生了矛盾，它一方面表现为引力，另一方面又表现为切线力。但是，只要分离一完成，运动又重新成为统一的。这种分离必然会发生，这是辩证过程的证据。

> 恩格斯：《自然辩证法》（1873—1883 年），摘自《马克思恩格斯全集》第 20 卷，人民出版社 1971 年版，第 618 页。

在科学的猛攻之下，一个又一个部队放下了武器，一个又一个城堡投降了，直到最后，自然界无限的领域都被科学所征服，而且没有给造物主留下一点立足之地。牛顿还让上帝来作"第一次推动"，但是禁止他进一步干涉自己的太阳系。

> 恩格斯：《自然辩证法》（1873—1883 年），摘自《马克思恩格斯选集》第 3 卷，人民出版社 1972 年版，第 529 页。

论拉普拉斯[①]

拉普拉斯以一种至今尚未被超越的方法详细地证明了一个太阳系是如何从一个单独的气团中发展起来的；以后的科学越来越证实了他的说法。

> 恩格斯：《自然辩证法》（1873—1882 年），摘自《马克思恩格斯文集》第 9 卷，人民出版社 2009 年版，第 419 页。

---

① 拉普拉斯，比埃尔·西蒙（1749—1827 年），杰出的法国天文学家、数学家和物理学家，不依靠康德而独立地发展了并且从数学上论证了太阳系起源于星云的假说。——编者注

拉普拉斯的理论只是以运动着的物质为前提——飘荡在宇宙空间中的一切物体都必然旋转。

> 恩格斯：《自然辩证法》（1873—1883 年），摘自《马克思恩格斯全集》第 20 卷，人民出版社 1971 年版，第 618 页。

那时拿破仑曾问拉普拉斯这位伟大的天文学家，为何他的《论天体力学》① 只字不提造物主，对此，拉普拉斯曾骄傲地回答："我不需要这个假说。"

> 恩格斯：《〈社会主义从空想到科学的发展〉1892 年英文版导言》（1892 年 4 月 20 日），摘自《马克思恩格斯文集》第 3 卷，人民出版社 2009 年版，第 506 页。

论迈尔②、焦耳③

这期间物理学取得了长足的进步，其成果由三个不同的人在自然研究的这一部门的划时代的一年即 1842 年中几乎同时作出概括。迈尔在海尔布隆，焦耳在曼彻斯特，都证明了从热到机械力和从机械力到热的转化。热的机械当量的确定，使这个结果成为无可置疑的。同时，格罗夫——不是职业的自然科学家，而是英国的一名律师——通过单纯地整理物理学上已经取得的各种成果就证明了这样一个事实：一切所谓物理力，即机械力、热、光、电、磁，甚至所谓化学力，在一定的条件下都可以互相转化，而不会损失任何力。这样，他就用物理学的方法补充证明了笛卡儿的原理：世界上存在着的运动的量是不变的。因此，各种特殊的物理力，也可以说是物理学上的各个不变的"种"，就变成形形色色的并且按照一定的规律互相转化的物质运动形式。种种物理力的存在的偶然性，从科学中被排除出去了，因为它们之间的联系和转化已经得到证明。物理学和以前的天文学一样，获得了一种结果，这种结果必然表明：运动着的物质的永恒循环

---

① 指皮·拉普拉斯《论天体力学》1799—1825 年巴黎版第 1—5 卷。——编者注

② 迈尔，尤利乌斯·罗伯特（1814—1878 年），杰出的德国自然科学家，最先发现能量守恒和转化规律的科学家之一。——编者注

③ 焦耳，詹姆斯·普雷斯科特（1818—1889 年），著名的英国物理学家，1843—1850 年他曾通过实验证明机械功能够产生热，他测定了热的功当量，因而为能量守恒定律提供了一个根据。——编者注

是最终的结论。

恩格斯：《自然辩证法》（1873—1882 年），摘自《马克思恩格斯文
集》第 9 卷，人民出版社 2009 年版，第 416 页。

第一是由于热的机械当量的发现（罗伯特·迈尔、焦耳和柯尔丁）而使能的转化得到证实。自然界中无数的起作用的原因，过去一直被看作某种神秘的不可解释的存在物，即所谓力——机械力、热、放射（光和辐射热）、电、磁、化学化合力和分解力，现在全都被证明是同一种能（即运动）的各种特殊形式，即存在方式；我们不仅可以证明，这种在自然界中不断从一种形式转化为另一种形式，而且甚至可以在实验室中和在工业中实现这种转化，使某一形式的一定量的能总是相当于这一或另一形式的一定量的能。例如，我们可以用千克米表示热量单位，又用热量单位来表示若干单位的或任何量的电能或化学能，反过来也可以；我们同样可以把一个活的机体所消耗的和所获得的能量测量出来，并且用任何单位，例如用热量单位表示出来。自然界中一切运动的统一，现在已经不再是一个哲学的论断，而是一个自然科学的事实了。

恩格斯：《自然辩证法》（1873—1882 年），摘自《马克思恩格斯文
集》第 9 卷，人民出版社 2009 年版，第 456—457 页。

亥姆霍兹在他的《通俗科学讲演集》第 2 卷第 113 页上表示，在自然科学证明笛卡儿关于运动在量上不变的原理方面，除迈尔、焦耳和柯尔丁外，似乎他自己也有一份功劳。"我自己对迈尔和柯尔丁毫无所知，而且只是在我自己的研究完成时才知道焦耳的实验，但我和他们走的是同一条道路；我竭力探究从上述考察方法中可以得出的自然界中各种过程间的一切联系，而且在 1847 年在题为《论力的守恒》的小册子中公布了我自己的研究。"——但是在这部著作中，从 1847 年的水平来看，并没有提供什么新东西，只有下面这两点是例外：一点是上面已经提到的那个很有些价值的数学上的推导，即断定"力的守恒"和在某一体系中各个不同物体之间发生作用的各个力的中心作用，只是同一事物的两种不同说法；另一点是他较为准确地表述了下面这个定律：某一既定的**力学**体系中的活力和张力的总和是不变的。在其他各个方面，自 1845 年迈尔的第二篇论文发表后，亥姆霍兹的这部著作就已经过时了。迈尔在 1842 年就已经肯定了"力的不灭"，并且在 1845 年又根据自己的新观点，围绕"各种自然过程间的联系"说出了比 1847 年亥姆霍兹所说的要高明得多的东西①。

> 恩格斯：《自然辩证法》（1873—1882 年），摘自《马克思恩格斯文集》第 9 卷，人民出版社 2009 年版，第 522 页注。

论波义耳②

这时——撇开早已存在的数学、天文学和力学不谈——物理学和化学明确地分开了（托里拆利、伽利略——前者依靠工业上的水利工程第一个研究了液体的运动，见克拉克·麦克斯韦）。波义耳把化学确立为科学。

> 恩格斯：《自然辩证法》（1873—1883 年），摘自《马克思恩格斯选集》第 3 卷，人民出版社 1972 年版，第 524 页。

我们举著名的波义耳定律为例，根据这一定律，在温度不变的情况下，气体的体积和它所受的压力成反比。雷尼奥发现，这一定律不适合于某些情况。如果雷尼奥是一个现实哲学家，那么他就有义务宣布：波义耳定律是可变的，所以不是真正的真理，所以根本不是真理，所以是谬误。但是，如果他这样做，他就会造成一个比波义耳定律所包含的谬误更大得多的谬误；他的一小粒真理就会消失在谬误的沙丘中；这样他就会把他的本来正确的结论变为谬误，而与这一谬误相比，波义耳定律就连同附在它上面的少许谬误也可以说是真理了。但是雷尼奥是科学家，没有玩弄这样的儿戏，而是继续研究，并发现波义耳定律只是近似地正确，特别是对于可以因压力而液化的气体，当压力接近液化开始的那一点时，波义耳定律就失去了效力。所以波义耳定律只在一定的范围内才是正确的。但是在这个范围内，它是不是绝对地最终地正确的呢？没有一个物理学家会断定说是。他会说，这一定律在一定的压力和温度的范围内对一定的气体是有效的；而且即使在这种更加狭窄的范围内，他也不会排除这样的可能性，即通过未来的研

---

① 恩格斯指的是迈尔的文章《关于非生物界的各种力的意见》（1842 年发表）和《与新陈代谢联系着的有机运动》（1845 年发表）。两篇文章收入尤·罗·迈尔《热力学论文集》1874 年斯图加特第 2 版。——编者注

② 罗伯特·波义耳（1627—1691 年），杰出的英国化学家和物理学家；科学化学的奠基人之一，最先提出化学元素的科学定义，试图把机械原子论的观念运用于化学，研究过定性化学分析；发现了气体的体积和压力成反比的定律。——编者注

究对它作更加严格的限制，或者改变它的表达方式①。

> 恩格斯：《反杜林论》（1876 年 9 月—1878 年 6 月），摘自《马克思
> 恩格斯文集》第 9 卷，人民出版社 2009 年版，第 96—97 页。

接着恩格斯举了波义耳定律（气体的体积同它所受的压力成反比）作为例子。这个定律所包含的"一粒真理"只有在一定界限内才是绝对真理。这个定律"只是近似的"真理。

> 列宁：《唯物主义和经验批判主义》（1908 年 2—10 月），摘自《列宁
> 专题文集·论辩证唯物主义和历史唯物主义》，人民出版社 2009 年
> 版，第 41 页。

论拉瓦锡②、道尔顿③

在化学中，燃素说经过上百年的实验工作才提供了一些材料，而拉瓦锡利用这种材料才在普利斯特列提取出来的氧中发现了想象中的燃素的实在对立物，从而推翻了全部燃素说。

> 恩格斯：《自然辩证法》（1873—1882 年），摘自《马克思恩格斯文
> 集》第 9 卷，人民出版社 2009 年版，第 441 页。

物理学也正是在 18 世纪获得了科学性质；化学刚刚由布莱克、拉瓦锡和普利斯特列创立起来……

> 恩格斯：《英国状况。十八世纪》（1844 年 1 月初—2 月初），摘自
> 《马克思恩格斯文集》第 1 卷，人民出版社 2009 年版，第 88 页。

化学中的新时代是随着原子论开始的（所以，近代化学之父不是拉瓦锡，而是道尔顿），相应地，物理学中的新时代是随着分子论开始的（是

---

① 自从我写了上面这几行以来，这些话看来已经得到证实。根据门捷列夫和博古斯基运用比较精密的仪器所进行的最新的研究，一切真正的气体都表现出压力和体积之间的可变关系；氢的膨胀系数在直到现在为止所应用的各种压力强度下都是正的（体积的缩小比压力的增大要慢）；对大气和其他研究过的气体来说，每一种气体都有一个压力零点，压力小于零点，此系数是正的，压力大于零点，此系数是负的。因此，到现在为止实际上还一直是可用的波义耳定律，需要一整系列特殊定律来作补充。（现在——1885 年——我们也知道根本不存在任何"真正的"气体。所有的气体都可以变成液体状态。）

② 拉瓦锡，安都昂·罗朗（1743—1794 年），杰出的法国化学家，推翻了关于燃素存在的假说，同时也从事政治经济学和统计学的研究。——编者注

③ 道尔顿，约翰（1766—1844 年），杰出的英国化学家和物理学家，发展了化学中的原子论思想。——编者注

从运动形式互相转化的发现开始的，这在形式上虽然不同，但在本质上不过是这一过程的另一个方面）。新的原子论和所有已往的原子论的区别，在于它不主张（撇开蠢才不说）物质**只**是非连续的，而主张各个不同阶段的各个非连续的部分（以太原子、化学原子、物体、天体）是各种不同的**关节点**，这些关节点决定一般物质的各种不同的**质的**存在形式——直到失重和排斥的形式。

> 恩格斯：《自然辩证法》（1873—1883 年），摘自《马克思恩格斯全集》第 20 卷，人民出版社 1971 年版，第 637 页。

从拉瓦锡以后，特别是从道尔顿以后，化学的惊人迅速的发展从另一方面向旧的自然观进行了攻击。由于用无机的方法制造出过去只能在活的有机体中产生的化合物，就证明了适用于无机物的化学定律对有机物是同样适用的，而且把康德还认为是无机界和有机界之间的永远不可逾越的鸿沟大部分填平了。

> 恩格斯：《自然辩证法》（1873—1882 年），摘自《马克思恩格斯文集》第 9 卷，人民出版社 2009 年版，第 416 页。

论门捷列夫[①]

我们现在知道，

"元素的化学性质是原子量的一个周期函数"（罗斯科和肖莱马《化学教程大全》第 2 卷第 823 页），

因此，元素的质是由元素的原子量的数量所决定的。这已经得到了出色的验证。门捷列夫证明了：在依据原子量排列的各同族元素的系列中，发现有各种空白，这些空白表明这里有新的元素尚待发现。这些未知元素之一他称之为亚铝，因为该元素在以铝为首的系列中紧跟在铝的后面。他预先描绘了这一元素的一般化学性质，并大致地预言了它的比重、原子量以及原子体积。几年以后，勒科克·德·布瓦博德朗确实发现了这个元素，门捷列夫的预言被证实了，只有微不足道的误差。亚铝实际上就是镓（同上，第 828 页）。门捷列夫通过——不自觉地——应用黑格尔的量转化为质

[①] 门捷列夫，德米特利·伊万诺维奇（1834—1907 年），杰出的俄国科学家，1869 年发现化学元素周期律。——编者注

的规律，完成了科学上的一个勋业，这一勋业，足以同勒维烈计算出尚未
见过的行星海王星的轨道的勋业媲美。

恩格斯：《自然辩证法》（1873—1882 年），摘自《马克思恩格斯文
集》第 9 卷，人民出版社 2009 年版，第 468—469 页。

论卡尔·肖莱马[①]

卡尔·肖莱马于 1834 年 9 月 30 日生于达姆斯塔德；他在故乡念中学，
然后在吉森和海德堡学化学。大学毕业之后，他于 1858 年移居英国，当时
在那里，对出于李比希门下的有才能的化学家广开着飞黄腾达之门。但是，
尽管他的年轻同行大部分都热衷于搞工业，他却仍然忠实于科学；起初他
给私人化学家安格斯·斯密斯当助手，后来给罗斯科当助手，罗斯科在这
之前不久被聘为新成立的欧文斯学院的化学教授。1861 年，充当罗斯科私
人助手的肖莱马，得到了欧文斯学院实验室的正式助手职位。

在六十年代，他完成了在化学领域内的一些划时代的发现。有机化学
大大发展，终于从一堆零星的、或多或少不完备的关于有机物成分的资料
变成了一门真正的科学。肖莱马挑选了这些有机物中最单纯的作为研究对
象，坚信正是应该在这里奠定这门新科学的基础；这些最单纯的有机物原
来仅由碳和氢构成，但是若用其他单纯的或复杂的物质置换其中一部分氢，
它们就会变成具有各种不同性能的完全另外的一种物质；这就是脂肪烃，
其中人们较为熟知的几种含在石油里，从脂肪烃可以制取醇、脂肪酸、酯
等等。我们现在关于脂肪烃所知道的一切，主要应该归功于肖莱马。他研
究了已知的属于脂肪烃类的物质，把它们一一加以分离，其中的许多种是
由他第一次提纯的；另一些从理论上说应当存在而实际上还未为人所知的
脂肪烃，也是他发现和制得的。这样一来，他就成了现代的科学的有机化
学的奠基人之一。

除了这些专门的研究以外，他还花很多时间研究了所谓的理论化学，
即这门科学的基本规律，研究这门科学同邻接的各门科学如物理学、生理

---

① 肖莱马·卡尔（1834—1892 年），著名的德国有机化学家，辩证唯物主义者，曼彻斯特的
教授；德国社会民主党党员；马克思和恩格斯的朋友。——编者注

学之间的联系。在这方面他也表现出特殊的天赋。也许，他是当时唯一的一位不轻视向黑格尔学习的著名的自然科学家，那时候许多人鄙视黑格尔，但他对黑格尔评价很高。这是完全正确的。凡是想在理论的、一般的自然科学领域中有所成就的人，都不应该象大多数研究者那样把自然现象看成不变的量，而应该看成变化的、流动的量。一直到现在，还是从黑格尔那里最容易学会这一点。

我是在六十年代初和肖莱马认识的（马克思和我很快就跟他成了亲密的朋友），那时候，他常常脸上带着血斑和伤痕来看我。跟脂肪烃打交道可不是闹着玩儿的；这些大部分还没有被认识的物质，总是在他手上爆炸，这样他就得到了不少光荣的伤痕。只是因为戴着眼镜，他才没有为此丧失视力。

那时候他已是一个完全成熟的共产主义者，他需要从我们方面接受的只是对他早已理解的信念的经济学上的论证。后来，由于通过我们了解了各国工人运动的成就，他就经常怀着很大的兴趣注视着这一运动，特别是克服了起初的纯粹拉萨尔主义的阶段以后的德国工人运动。我在1870年年底移居伦敦之后，我们之间频繁的通信照旧大部分谈的是自然科学和党的事务。

在这以前，尽管肖莱马已经有了公认的世界声誉，他仍留在曼彻斯特，地位很低微。但是后来情况就不同了。1871年他被提名为皇家学会（即英国科学院）会员的候选人；而他——很难得地——马上就当选了；1874年欧文斯学院终于专门为他设立了有机化学的新教授职位，接着格拉斯哥大学选他为名誉博士。但是这些身外之荣丝毫也没有改变他的为人。这是一个世界上最谦虚的人，因为他的谦虚是建立在他对自己的意义的正确认识上的。正因为这个缘故，他把这些承认他的表现当作某种自然而然的东西接受下来，因此也就心地坦然。

恩格斯：《卡尔·肖莱马》（1892年7月1日），摘自《马克思恩格斯全集》第22卷，人民出版社1965年版，第363—365页。

要知道，肖莱马无疑是整个欧洲社会主义政党中仅居马克思之下的最著名人物。我二十年前同他相识时，他已是共产主义者了。当时他是英国教授们手下的一个贫寒的私人助手。现在他是皇家学会（这里的科学院）会员，他在他的专业——单烃（石蜡及其派生品）化学方面是世界上最大的权威。他的巨著化学教程，虽然是他和罗斯科合著的，但几乎完全是他一个人写的（这是所有的化学家都知道的），此书被认为是英国和德国目前最好的一部著作。他的这种地位是在国外，在同那些最大限度地剥削他的人们进行斗争中取得的，——是完全靠真正科学的劳动取得的。他没有做过任何一件昧良心的事。同时他在任何地方也毫无顾虑地以社会主义者的身分出现，经常在大学讲师的餐桌上朗读《社会民主党人报》上的俏皮话等等……

> 恩格斯：《致爱·伯恩施坦》（1883 年 12 月 27 日），摘自《马克思恩格斯全集》第 35 卷，人民出版社 1971 年版，第 442 页。

您就安许茨①的事给我写了信，我想了解一些关于他的情况，把写这封信的时间推迟了几天。但直到今天，什么也没有了解到。问题在于：首先我必须知道，这个传记应该详细到什么程度，是不是给一家杂志写的，究竟是什么杂志，等等，等等。如果安许茨打算把我们的卡尔②仅仅作为一个化学家来写，那么他只需要一些可以为他提供一个轮廓的材料就行了。但如果他要写卡尔这样的人，那末试问，他是否胜任这个工作，而且能否就这样随便地把卡尔的书信给他使用。况且，一个居住在德国的化学家必然是不会了解一个在英国度过三十多年的人的生活环境的，在这种情况下，另一大堆工作就要落到我的肩上。这对我倒没有什么；只要我把现在重新着手进行的整理《资本论》第三卷的工作一结束，我乐于把我的全部空余时间用在这件事上。但谁能担保这些材料一定能按照我说的精神来使用呢？卡尔在我们中间首先是一个社会民主党人，——除了有几次夏天去德国以外，他在伦敦这里度过了所有的假期，——而社会民主党人在化学界至今还不常见。要知道，总不能让传记的作者似乎为他所描写的人物不幸是个社会民主党人而对读者怀有歉意吧！

> 恩格斯：《致路·肖莱马》（1892 年 10 月 18 日），摘自《马克思恩格斯全集》第 38 卷，人民出版社 1972 年版，第 496—497 页。

---

① 安许茨，理查（生于 1852 年），德国有机化学家，波恩大学教授（1884 年起）。——编者注

② 卡尔·肖莱马。——编者注

论达尔文①

如果一切多细胞的机体——植物和动物，包括人在内——都是按照细胞分裂规律各从一个细胞中生长起来，那么这些机体的无限差异性是从何而来呢？解答这个问题的，是第三个大发现，即达尔文首先系统地加以论述和建立起来的进化论。不管这个理论在细节上还会有多少变化，但是总的说来，它现在对问题的解答已经十分令人满意了。机体从少数简单形态到今天我们所看到的日益多样化和复杂化的形态，一直到人类为止的发展序列，在大的基本点上被证实了；这样一来，不仅有可能来说明有机自然产物中的现存者，而且也为认识人的精神的前史，为追溯人的精神从简单的、无结构的、但有感受刺激能力的最低级有机体的原生质起直到能够思维的人脑为止的各个发展阶段奠定了基础。不了解这个前史，能够思维的人脑的存在就仍然是一个奇迹。

> 恩格斯：《自然辩证法》（1873—1882 年），摘自《马克思恩格斯文集》第 9 卷，人民出版社 2009 年版，第 457 页。

在达尔文的学说中我接受他的**进化论**，但是我认为达尔文的证明方法（生存斗争、自然选择）只是对一种新发现的事实所作的初步的、暂时的、不完善的说明。

> 恩格斯：《恩格斯致彼得·拉甫罗维奇·拉甫罗夫》（1875 年 11 月 12—17 日），摘自《马克思恩格斯文集》第 10 卷，人民出版社 2009 年版，第 410 页。

达尔文的全部生存斗争学说，不过是把霍布斯关于一切人反对一切人的战争的学说和资产阶级经济学的竞争学说以及马尔萨斯的人口论从社会搬到生物界而已。变完这个戏法以后……再把同一理论从有机界搬回历史，然后就断言，已经证明了这些理论具有人类社会的永恒规律的效力。这种做法的幼稚可笑是一望而知的，根本用不着对此多费唇舌。但是，如果我想比较详细地谈这个问题，那么我就要首先说明他们是蹩脚的**经济学家**，其次才说明他们是蹩脚的自然科学家和哲学家。

---

① 达尔文（1809—1882 年），英国著名生物学家。他的最大成就是提出了以自然选择为基础的生物进化学说。——编者注

> 恩格斯：《恩格斯致彼得·拉甫罗维奇·拉甫罗夫》（1875 年 11 月
> 12—17 日），摘自《马克思恩格斯文集》第 10 卷，人民出版社 2009
> 年版，第 411—412 页。

达尔文的著作①非常有意义，这本书我可以用来当做历史上的阶级斗争的自然科学根据。当然必须容忍粗率的英国式的阐述方式。虽然存在许多缺点，但是在这里不仅第一次给了自然科学中的"目的论"以致命的打击，而且也根据经验阐明了它的合理的意义……

> 马克思：《致斐迪南·拉萨尔》（1861 年 1 月 16 日），摘自《马克思
> 恩格斯文集》第 10 卷，人民出版社 2009 年版，第 179 页。

我现在正在读达尔文的著作②，写得简直好极了。目的论过去有一个方面还没有被驳倒，而现在被驳倒了。此外，至今还从来没有过这样大规模的证明自然界的历史发展的尝试，而且还做得这样成功。

> 恩格斯：《致马克思》（1859 年 12 月 11 日或 12 日），摘自《马克思
> 恩格斯全集》第 29 卷，人民出版社 1972 年版，第 503 页。

我读了各种各样的书。其中有达尔文的《自然选择》一书。虽然这本书用英文写得很粗略，但是它为我们的观点提供了自然史的基础。

> 马克思：《致恩格斯》（1860 年 12 月 19 日），摘自《马克思恩格斯全
> 集》第 30 卷，人民出版社 1974 年版，第 130—131 页。

达尔文推翻了那种把动植物物种看做彼此毫无联系的、偶然的、"神造的"、不变的东西的观点，探明了物种的变异性和承续性，第一次把生物学放在完全科学的基础之上……

> 列宁：《什么是"人民之友"以及他们如何攻击社会民主党人?》
> （1894 年春夏），摘自《列宁专题文集·论辩证唯物主义和历史唯物
> 主义》，人民出版社 2009 年版，第 162 页。

自然界是检验辩证法的试金石，而且我们必须说，现代自然科学为这种检验提供了极其丰富的、与日俱增的材料，并从而证明了，自然界的一切归根到底是辩证地而不是形而上学地发生的；自然界不是循着一个永远一样的不断重复的圆圈运动，而是经历着实在的历史。这里首先就应当提

---

① 查·达尔文《根据自然选择即在生存斗争中适者保存的物种起源》1859 年伦敦版。——编者注

② 指达尔文的《物种起源》一书。该书在恩格斯写这封信前几天，即 1859 年 11 月 24 日在伦敦出版。——编者注

到达尔文，他极其有力地打击了形而上学的自然观，因为他证明了今天的整个有机界，植物和动物，因而也包括人类在内，都是延续了几百万年的发展过程的产物。可是，由于学会辩证地思维的自然科学家到现在还屈指可数，所以，现在理论自然科学中普遍存在的并使教师和学生、作者和读者同样感到绝望的那种无限混乱的状态，完全可以从已经发现的成果和传统的思维方式之间的这个冲突中得到说明。

> 恩格斯：《社会主义从空想到科学的发展》（1880 年 1—3 月上半月），摘自《马克思恩格斯文集》第 3 卷，人民出版社 2009 年版，第 541 页。

同自己的一事无成而对任何人的成就都不满意的……自吹自擂的杜林相比，极为谦逊的达尔文显得多么伟大，他不仅把整个生物学中的成千上万个事实搜集在一起，进行分类和加工，而且还不惜贬损他自己的荣誉，愉快地引证每一位前辈，即使这样的前辈是微不足道的。

> 恩格斯：《〈反杜林论〉的准备材料》（1876—1877 年），摘自《马克思恩格斯文集》第 9 卷，人民出版社 2009 年版，第 348 页。

当然，达尔文在说到自然选择时，并没有考虑到引起单个个体变异的**原因**，他首先说明这种个体的偏离怎样逐渐成为一个品种、变种或种的特征。在达尔文看来，问题首先与其说是在于找出这些原因——这些原因直到现在有一部分还完全不知道，有一部分也只能作最一般的陈述——，而宁可说是在于找出一种使它们的作用固定下来并获得久远意义的合理形式。达尔文在这方面夸大自己的发现的作用范围，把这一发现看做物种变异的唯一杠杆，注重个体变异普遍化的形式而忽视重复出现的个体变异的原因，这是一个缺点，是达尔文和大多数真正有所建树的人共有的缺点。此外，如果说达尔文从虚无中得出他的个体的变化，并且在这方面仅仅应用"培育者的智慧"，那么培育者也必定同样是**从虚无中**得出动植物形态的不仅是想象的而且是现实的变化的。但是，对这些变化和差异究竟从何而来这一问题的研究给予推动的，又不是别人，正是达尔文。

> 恩格斯：《反杜林论》（1876 年 9 月—1878 年 6 月），摘自《马克思恩格斯文集》第 9 卷，人民出版社 2009 年版，第 75 页。

达尔文的缺点正在于他在《自然选择，**或最适者生存**》[①] 中把两件不

[①] 这是查·达尔文《物种起源》第 4 章的标题。——编者注

相干的事情混淆起来了：

（1）由于过度繁殖的压力而发生的选择，在这里也许是最强者首先生存下来，但是最弱者在某些方面也能这样。

（2）由于对变化了的环境有较大适应能力而发生的选择，在这里生存下来的是更能适应这些**环境者**，但是，在这里这种适应总的说来可以是进步，也可以是退步（例如，对寄生生活的适应**总是退步**）。

重要的是：有机物发展中的每一进步同时又是退步，因为它巩固**一个方面的**发展，排除其他许多方向上的发展的可能性。

然而这是一个**基本规律**。

> 恩格斯：《自然辩证法》（1873—1882 年），摘自《马克思恩格斯文集》第 9 卷，人民出版社 2009 年版，第 547 页。

达尔文主义不仅摈斥居维叶的激变，而且摈斥包括革命在内的、按辩证法来了解的发展，但从辩证方法观点看来，进化和革命、量变和质变乃是同一运动的两个必要形式。

看来也决不能断言"马克思主义……对达尔文主义采取不批判的态度"。

> 斯大林：《无政府主义还是社会主义》（1906 年），摘自《斯大林全集》第 1 卷，人民出版社 1953 年版，第 285 页。

论特雷莫①

有一本很好的书，一旦我做好必要的摘记就寄给你（但是以寄还我作为条件，因为这本书不是我自己的），这就是 1865 年**巴黎出版的比·特雷莫的著作《人类和其他生物的起源和变异》**。尽管我发现了一些缺点，但这本书比起达尔文来还是一个**非常重大的**进步。它的两个基本论点是：异种交配并不象人们通常所说的产生差别，而是产生种的典型的统一。反之，地质的构成（不光是它本身，而是作为主要的基础）**造成差别**。在达尔文那里，进步是纯粹偶然的，而在这里却是必然的，是以地球发展的各个时期为基础的。达尔文不能解释的退化，在这里解释得很简单；同样，纯过

---

① 比埃尔·特雷莫，法国自然科学家。——编者注

渡类型迅速消失而种的发展缓慢的问题,也解释得很简单,因此,那些对达尔文有妨碍的古生物学上的空白,在这里是必然的。同样,一经形成的种的稳定性(且不说个体偏离和其他的偏离)是必然的规律。使达尔文感到很困难的杂交,在这里反而是分类的依据,因为它证明,实际上只有在异种交配停止产生后代,或者异种交配成为不可能等等之后,种才会确定下来。

> 马克思:《致恩格斯》(1886 年 8 月 7 日),摘自《马克思恩格斯全集》第 31 卷,人民出版社 1972 年版,第 250—251 页。

关于穆瓦兰和特雷莫,我将在这几天较详细地写一写;后者的书①我还没有读完,但是可以断定,光是下面这一点就说明他这一套学说是空洞的:他不懂地质学,也不会作最起码的历史文献批判。关于黑人圣玛丽亚以及关于白人变为黑人的事,简直要笑死人。塞内加尔黑人的传说似乎值得无条件相信,**这正是因为他们不会写作!**更妙的是,把一个巴斯克人、一个法兰西人、一个布列塔尼人和一个亚尔萨斯人之间的差别归结到土壤类型的不同上,而土壤类型不同的罪过自然还在于这些人说的是四种不同的语言。

为什么我们这些居住在我们的泥盆纪的过渡层(这些岩山早在石炭纪以前就已经上升到海面以上)上面的莱茵省居民很久以来没有变为白痴和黑人;也许他在第二卷中会加以解释,或者会宣布我们实际上就是黑人。

这本书没有任何价值,是与一切事实相矛盾的纯粹的虚构;作者所举出的每个证据,都需要再用新的证据来加以证实。

> 恩格斯:《致马克思》(1866 年 10 月 2 日),摘自《马克思恩格斯全集》第 31 卷,人民出版社 1972 年版,第 258—259 页。

关于特雷莫。你的评语是:"光是下面这一点就说明他这一套**学说**是空洞的:**他**不懂地质学,也不会作最起码的历史文献批判",你的这种评语,在居维叶的反对**物种变异说**的《论地球表面的灾变》一书中可以**几乎一字不差**地找到。他在那里就嘲笑德国的科学幻想家,说这些人把达尔文的基本思想**表述**得十分清楚,不过不能**证明**它。但是这并不妨碍居维叶是错误的,而正确的是表述新思想的人,尽管居维叶是大地质学家,自然科学家

---

① 比·特雷莫《人类和其他生物的起源和变异》。——编者注

中少有的历史文献批评家。在我看来,特雷莫关于**土壤影响**的基本思想(自然他没有考虑到这种影响的历史性变化,而我认为由于耕作等所引起的土壤表层的化学变化,以及象煤层等这些东西在不同生产方式下所起的不同影响,也都属于这种历史性变化),就是这种只需要**表述出来**以便在科学中永远获得公认的思想,而这完全不依赖于特雷莫叙述得如何。

马克思:《致恩格斯》(1866 年 10 月 3 日),摘自《马克思恩格斯全集》第 31 卷,人民出版社 1972 年版,第 260 页。

关于特雷莫。上次给你写信的时候,我才读了全书的三分之一,而且是最糟的三分之一(开头)。第二个三分之一是对各学派的批评,好得多;最后的三分之一是结论,又很糟。作者的功绩是:他比前人在更大程度上强调了"土壤"对于人种以及种的形成的影响,其次是对杂交的影响,他比他的前辈发挥了更正确的意见(虽然在我看来仍很片面)。达尔文对杂交的**变异**影响的看法也有正确的一面,其实特雷莫也默认这点,他在对自己方便的地方也把杂交看做是变异的手段,尽管最终还是起拉平作用的手段。达尔文等人并没有否认土壤的影响,如果说他们还没有特别强调这种影响,那只是因为他们不知道土壤是**怎样**发生影响的——除了知道肥沃的土壤发生良好的影响,贫瘠的土壤发生不好的影响。其实特雷莫所知道的也不见得比这多多少。关于晚形成的土壤一般说来对于高等种的发展更为有利的假说,含有某种颇为合理的成分,它可能是正确的,也可能是不正确的;但是当我看到特雷莫想用多么可笑的证据(这些证据十分之九是根据不可信的或被歪曲的事实,而十分之一是什么也没有证明)来证明它的时候,我就不由得把对假说创造者的怀疑转向假说本身。当他进一步宣布由杂交校正过的较新的或较老的土壤的影响是造成有机的种以及人种变异的**唯一**原因的时候,无论如何,我就没有理由跟着这位作者跑这样远了,相反,我还有了许多反驳这种说法的理由。

你说居维叶也指责过肯定种的变异性的德国自然哲学家不懂地质学,可是这些哲学家是正确的。不过那时这个问题与地质学没有任何关系;至于作者**完全依靠地质学**来创造种的变异性的理论,同时又犯了这样一些地质学上的错误,**歪曲**一系列国家(例如意大利,甚至法国)的地质,而自己其他的证据又是从一些我们几乎完全不知道它们的地质情况的那些国家(非洲,中亚细亚等)弄来的,那就完全是另外一回事了。特别是关于人种学方面的例子，凡是和人所共知的国家与民族有关的，无论就地质条件，或者由地质条件而得出的结论来说，几乎毫无例外全是错误的；作者把大量的和他的理论相反的例子完全放过去了，例如，西伯利亚内部的冲积平原，亚马孙河的广大冲积盆地，拉普拉塔河以南几乎直到美洲的最南端（科迪勒拉山脉以东）的整个冲积地区。

土壤的地质结构与一般能生长东西的"土壤"有密切关系，这是尽人皆知的真理，就象这种能生长植物的土壤对生活在它上面的动植物的种产生影响一样。而到现在为止这种影响几乎还没有被探讨过，这也是事实。但是从这里到特雷莫的理论有一段很长的距离。他强调了至今还没有被注意的方面，这的确是他的功绩；并且如我已经指出的，关于土壤因其地质年代大小的不同而对**加速**发展产生不同的影响的假说，**在一定范围内**或许是正确的（也可能不正确）；但是他所做的所有进一步的结论，我认为如果不是完全错误，就是非常片面的夸大。

> 恩格斯：《致马克思》（1866 年 10 月 5 日），摘自《马克思恩格斯全集》第 31 卷，人民出版社 1972 年版，第 261—263 页。

论海克尔[①]

最近，特别是通过海克尔，自然选择的观念扩大了，物种变异被看做适应和遗传相互作用的结果，在这里适应被认为是过程中引起变异的方面，遗传被认为是过程中起保存作用的方面。

> 恩格斯：《反杜林论》（1876 年 9 月—1878 年 6 月），摘自《马克思恩格斯文集》第 9 卷，人民出版社 2009 年版，第 75 页。

海克尔认为，就物种的发展来说，适应是否定的或引起变异的，遗传是肯定的或起保存作用的。相反，杜林在第 122 页上却说，遗传也造成否定的结果，引起**变异**（同时还有关于预成的妙论）。最容易不过的做法是，碰到所有这类对立，都把它们颠倒过来，并且证明：适应正是通过改变**形式**来保存本质的东西即**器官本身**，而遗传则通过两个始终不同的个体的结

[①] 海克尔，恩斯特·亨利希（1834—1919 年），杰出的德国生物学家，达尔文主义者，自然科学中的唯物主义的代表，无神论者；提出了确定系统发育和个体发育之间的相互关系的生物发生律；也是"社会达尔文主义"学说的创始人和思想家之一。——编者注

合不断引起变异，变异的积累并不排斥物种的变换。遗传甚至也把适应的结果传下去！可是在这里我们没有前进一步。我们必须把握**事实真相**，并加以研究，于是当然可以发现，海克尔是完全正确的，在他看来，遗传在本质上是过程中保守的、肯定的方面，适应是过程中革命的、否定的方面。驯化和培植以及无意识的适应，在这里比杜林的一切"精辟的见解"更令人信服。

> 恩格斯：《〈反杜林论〉的准备材料》（1876—1877 年），摘自《马克思恩格斯文集》第 9 卷，人民出版社 2009 年版，第 350 页。

海克尔的《宇宙之谜》这本书在一切文明国家中掀起了一场大风波，这点一方面异常突出地说明了现代社会中的哲学是有**党性**的，另一方面也说明了唯物主义同唯心主义及不可知论的斗争是有真正的社会意义的。这本书立即被译成了各种文字，发行了**几十万册**，并出版了定价特别低廉的版本。这就很清楚地说明：这本书已经"深入民间"，海克尔一下子赢得了**广大的**读者。这本通俗的小册子成了阶级斗争的武器。世界各国的哲学教授和神学教授们千方百计地诽谤和诋毁海克尔。著名的英国物理学家洛治为了保卫上帝，立刻起来反对海克尔。俄国物理学家赫沃尔桑先生特地赶到德国去，以便在那里出版一本卑鄙的黑帮的小册子来反对海克尔，并使那些最尊贵的市侩先生们确信，决不是所有的自然科学家现在都拥护"素朴实在论"的观点。攻击海克尔的神学家真是不可胜数。御用的哲学教授们用尽一切恶毒的字眼来辱骂海克尔。看一看这些干枯在僵死的经院哲学上的木乃伊怎样被海克尔的几记耳光打得两眼冒火，双颊发红（也许是生平第一次），这倒是一件大快人心的事情。那些供奉纯粹科学和所谓最抽象的理论的祭司们，简直咆哮如雷。从这些哲学上的死硬派（唯心主义者保尔逊、内在论者雷姆克、康德主义者阿迪克斯以及其他只有天晓得他们的名字的人）的一切咆哮中，可以清楚地听到一个主调：反对自然科学的"**形而上学**"，反对"独断主义"，反对"夸大自然科学的价值和意义"，反对"自然科学的**唯物主义**"。他是一个唯物主义者，抓住他，抓住这个唯物主义者；他欺骗公众，不坦白承认自己是唯物主义者，——这一点特别使得最尊贵的教授先生们狂怒不休。

在这整个悲喜剧中①，最突出的一个情况就是海克尔本人也**否弃唯物主义**，拒绝这一称呼。不仅如此，他非但不反对任何宗教，反而发明了自己的宗教（也是象布尔加柯夫的"无神论的信仰"或卢那察尔斯基的"宗教的无神论"一类的东西），**在原则上**主张宗教和科学结成联盟！那末问题究竟在哪里呢？究竟是由于什么"致命的误解"而争吵起来的呢？

问题在于：尽管海克尔的哲学具有素朴性，他缺乏确定的党派目的，愿意重视那些流行的反唯物主义的庸俗偏见，同宗教有妥协倾向而且还提出有关宗教的建议，然而这一切都更加突出地显示了他这本小册子的**总的精神**，显示了自然科学的唯物主义是**根深蒂固的**，它同**一切**御用的教授哲学和神学是**不可调和的**。尽管海克尔本人不愿意和市侩们决裂，但是他用这样坚定而素朴的信念所阐明的见解，跟形形色色流行的哲学唯心主义是**绝对**不可调和的。所有这些形形色色的唯心主义，从某位哈特曼的最粗陋的反动理论一直到自以为是最新颖、最进步和最先进的彼得楚尔特的实证论或马赫的经验批判主义，**都**一致认为：自然科学的唯物主义就是"形而上学"，承认自然科学的理论和结论反映客观实在，就是最"素朴的实在论"，如此等等。海克尔这本书的每一页对于**整个**教授哲学和神学的"神圣"教义说来，都是一记**耳光**。这位自然科学家无疑地表达了十九世纪末和二十世纪初绝大多数自然科学家的虽没有定型然而是最坚定的意见、心情和倾向。他轻而易举地一下子就揭示了教授哲学所力图向群众和自己隐瞒的东西，即那块日益宽广和坚固的磐石，这块磐石把哲学唯心主义、实证论、实在论、经验批判主义以及其他丢人学说的无数支派末流的一片苦心碰得粉碎。这块磐石就是**自然科学的唯物主义**。

列宁：《唯物主义和经验批判主义》（1908 年下半年），摘自《列宁选集》第 2 卷，人民出版社 1972 年版，第 356—358 页。

---

①　悲剧的因素是由于今年（1908 年）春天有人企图谋杀海克尔而产生的。当海克尔收到许多封用"狗"、"渎神者"、"猴子"等称呼来骂他的匿名信以后，有一个道地的德国人曾把一块很大的石头扔进海克尔在耶拿的工作室。

论哈维①

哈维由于发现了血液循环而把生理学（人体生理学和动物生理学）确立为科学。

> 恩格斯：《自然辩证法》（1873—1883 年），摘自《马克思恩格斯选集》第 3 卷，人民出版社 1972 年版，第 524 页。

论施旺②、施莱登③

第二个发现——在时间上更早一些——是施旺和施莱登发现有机细胞，发现它是这样一种单位：一切机体，除最低级的以外，都是从这种细胞的繁殖和分化中产生和成长起来的。有了这个发现，有机的、有生命的自然产物的研究——不仅是比较解剖学和比较生理学，还有胚胎学——才获得了巩固的基础。机体的产生、成长和构造的秘密被揭开了；从前不可理解的奇迹，现在已被归结为某种遵循一切多细胞的机体本质上所共有的同一规律所发生的过程。

> 恩格斯：《自然辩证法》（1873—1882 年），摘自《马克思恩格斯文集》第 9 卷，人民出版社 2009 年版，第 457 页。

可是，人们对最近 30 年来自然科学所取得的成就却一无所知。对生理学有决定性意义的，一是有机化学的巨大发展，二是最近 20 年来才学会正确使用的显微镜。使用显微镜所造成的结果比化学更重大。使整个生理学发生革命并且首先使比较生理学成为可能的主要事实，是细胞的发现：在植物方面是由施莱登发现的，在动物方面是由施旺发现的（约在 1836 年）。一切东西都是细胞。

> 恩格斯：《恩格斯致马克思》（1858 年 7 月 14 日），摘自《马克思恩

---

① 哈维·威廉（1578—1657 年），英国著名医生，科学生理学的创始人之一，他发现了血液循环系统。——编者注

② 施旺·泰奥多尔（1810—1882 年），杰出的德国生物学家，1839 年提出了构成有机体的细胞理论。——编者注

③ 施莱登·马提阿斯·雅柯布（1804—1881 年），德国大植物学家，1838 年曾提出从旧细胞中产生新细胞的理论。——编者注

格斯文集》第 10 卷，人民出版社 2009 年版，第 163 页。

我偶然翻阅了格罗夫的《物理力的相互关系》一书。他在英国（而且也在德国！）自然科学家中无疑是最有哲学思想的。我们的朋友施莱登虽然由于某种误会而发现了细胞，但是他却具有追求庸俗口味的天赋秉性。

> 马克思：《致恩格斯》（1864 年 8 月 31 日），摘自《马克思恩格斯全集》第 30 卷，人民出版社 1974 年版，第 415 页。

论但丁①

《宣言》十分公正地评价了资本主义在先前所起过的革命作用。意大利是第一个资本主义民族。封建的中世纪的终结和现代资本主义纪元的开端，是以一位大人物为标志的。这位人物就是意大利人但丁，他是中世纪的最后一位诗人，同时又是新时代的最初一位诗人。现在也如 1300 年那样，新的历史纪元正在到来。意大利是否会给我们一个新的但丁来宣告这个无产阶级新纪元的诞生呢？

> 恩格斯：《〈共产党宣言〉1893 年意大利文版序言》（1893 年 2 月 1 日），摘自《马克思恩格斯文集》第 2 卷，人民出版社 2009 年版，第 26—29 页。

意大利是典型之邦。自从现代世界的曙光在那里升起的那个伟大时代以来，它产生过许多伟大人物，从但丁到加里波第，他们是无与伦比的完美的典型。

> 恩格斯：《〈资本论〉第三卷序言》（1894 年 10 月 4 日），摘自《马克思恩格斯文集》第 7 卷，人民出版社 2009 年版，第 24 页。

论莎士比亚②

与此相关的是出场人物的个性描绘。您反对现在流行的**恶劣**的个性化，是完全正确的。这种个性化不过是玩弄小聪明而已，并且是垂死的模仿文学的一个本质的标记。此外，我觉得刻画一个人物不仅应表现他做**什么**，

---

① 但丁（1265—1321 年），意大利著名诗人。——编者注
② 威廉·莎士比亚（1564—1616 年），杰出的英国作家。——编者注

而且应表现他**怎样做**；从这方面看来，我相信，如果把各个人物用更加对立的方式彼此区别得更加鲜明些，剧本的思想内容是不会受到损害的。**古代人**的性格描绘在今天已经不够用了，而在这里，我认为您原可以毫无害处地多注意一下莎士比亚在戏剧发展史上的意义。

> 恩格斯：《恩格斯致斐迪南·拉萨尔》（1859 年 5 月 18 日），摘自《马克思恩格斯文集》第 10 卷，人民出版社 2009 年版，第 174—175 页。

我认为，我们不应该为了观念的东西而忘掉现实主义的东西，为了席勒而忘掉莎士比亚……

> 恩格斯：《恩格斯致斐迪南·拉萨尔》（1859 年 5 月 18 日），摘自《马克思恩格斯文集》第 10 卷，人民出版社 2009 年版，第 176 页。

罗德里希·贝奈狄克斯这个无赖出版了一部关于"莎士比亚狂热病"的臭气熏天的厚书，书中极为详尽地证明，莎士比亚不能和我国的伟大诗人，甚至不能和现代的伟大诗人相提并论。看来简直应该把莎士比亚从他的台座上拉下来，而让大屁股罗·贝奈狄克斯坐上去。单是《风流娘儿们》① 的第一幕就比全部德国文学包含着更多的生活气息和现实性。单是那个兰斯②和他的狗克莱勃就比全部德国喜剧加在一起更具有价值。莎士比亚往往采取大刀阔斧的手法来急速收场，从而减少实际上相当无聊但又不可避免的废话，但是笨拙的大屁股罗·贝奈狄克斯对此竟一本正经而又毫无价值地议论不休。

> 恩格斯：《致马克思》（1873 年 12 月 10 日），摘自《马克思恩格斯全集》第 33 卷，人民出版社 1973 年版，第 108 页。

英国悲剧的特点之一就是崇高和卑贱、恐怖和滑稽、豪迈和诙谐离奇古怪地混合在一起，它使法国人的感情受到莫大的伤害，以致伏尔泰竟把莎士比亚称为喝醉了的野人③。但是莎士比亚在任何地方都没有让丑角在英雄剧中担当念开场白的任务。

---

① 指莎士比亚的喜剧《温莎的风流娘儿们》。——编者注
② 兰斯是莎士比亚喜剧《维洛那二绅士》中的人物。——编者注
③ 伏尔泰在为悲剧《塞米拉米达》（1748）所写的题为"论古代悲剧和现代悲剧"一篇序言中谈到莎士比亚的悲剧《哈姆雷特》时说："可以认为，这部作品是喝醉的野人的幻想产物。但是在这些对现在仍然使英国戏剧变得如此荒谬和野蛮的形式的粗暴破坏中间，你会发现在《哈姆雷特》中除了稀奇古怪的东西以外，还有一种无愧为最伟大的天才的崇高思想。"——编者注

马克思：《议会的战争辩论》（1854 年 4 月 4 日），摘自《马克思恩格斯全集》第 10 卷，人民出版社 1962 年版，第 188 页。

莎士比亚在写喜剧《爱的徒劳》时，看来对庞培的真正面目已经有一些概念了。

马克思：《致恩格斯》（1861 年 2 月 27 日），摘自《马克思恩格斯全集》第 30 卷，人民出版社 1974 年版，第 160 页。

论歌德①、席勒②

关于歌德本人我们当然无法在这里详谈。我们要注意的只有一点。歌德在自己的作品中，对当时的德国社会的态度是带有两重性的。有时他对它是敌视的；如在《伊菲姬尼亚》里和在意大利旅行的整个期间，他讨厌它，企图逃避它；他象葛兹，普罗米修斯和浮士德一样地反对它，向它投以靡非斯特非勒司的辛辣的嘲笑。有时又相反，如在《温和的讽刺诗》诗集里的大部分诗篇中和在许多散文作品中，他亲近它，"迁就"它，在《化装游行》里他称赞它，特别是在所有谈到法国革命的著作里，他甚至保护它，帮助它抵抗那向它冲来的历史浪潮。问题不仅仅在于，歌德承认德国生活中的某些方面而反对他所敌视的另一些方面。这常常不过是他的各种情绪的表现而已；在他心中经常进行着天才诗人和法兰克福市议员的谨慎的儿子、可敬的魏玛的枢密顾问之间的斗争；前者厌恶周围环境的鄙俗气，而后者却不得不对这种鄙俗气妥协，迁就。因此，歌德有时非常伟大，有时极为渺小；有时是叛逆的、爱嘲笑的、鄙视世界的天才，有时则是谨小慎微、事事知足、胸襟狭隘的庸人。连歌德也无力战胜德国的鄙俗气；相反，倒是鄙俗气战胜了他；鄙俗气对最伟大的德国人所取得的这个胜利，充分地证明了"从内部"战胜鄙俗气是根本不可能的。歌德过于博学，天性过于活跃，过于富有血肉，因此不能象席勒那样逃向康德的理想来摆脱鄙俗气；他过于敏锐，因此不能不看到这种逃跑归根到底不过是以夸张的庸俗气来代替平凡的鄙俗气。他的气质、他的精力、他的全部精神意向都把他推向实际生活，而他所接触的实际生活却是很可怜的。他的生

---

① 歌德（1749—1832 年），杰出的德国作家和思想家。——编者注

② 弗里德里希·席勒（1759—1805 年），杰出的德国作家。——编者注

活环境是他应该鄙视的，但是他又始终被困在这个他所能活动的唯一的生活环境里。歌德总是面临着这种进退维谷的境地，而且愈到晚年，这个伟大的诗人就愈是 de guerre lasse〔疲于斗争〕，愈是向平庸的魏玛大臣让步。我们并不象白尔尼和门采尔那样责备歌德不是自由主义者，我们是嫌他有时居然是个庸人；我们并不是责备他没有热心争取德国的自由，而是嫌他由于对当代一切伟大的历史浪潮所产生的庸人的恐惧心理而牺牲了自己有时从心底出现的较正确的美感；我们并不是责备他做过宫臣，而是嫌他在拿破仑清扫德国这个庞大的奥吉亚斯的牛圈的时候，竟能郑重其事地替德意志的一个微不足道的小宫廷做些毫无意义的事情和寻找 menus plaisirs①。我们决不是从道德的、党派的观点来责备歌德，而只是从美学和历史的观点来责备他；我们并不是用道德的、政治的、或"人的"尺度来衡量他。

> 恩格斯：《诗歌和散文中的德国社会主义》（1846 年底—1847 年初），摘自《马克思恩格斯全集》第 4 卷，人民出版社 1958 年版，第 256—257 页。

黑格尔是一个德国人，而且和他的同时代人歌德一样，拖着一根庸人的辫子。歌德和黑格尔在各自的领域中都是奥林波斯山上的宙斯，但是两人都没有完全摆脱德国庸人的习气。

> 恩格斯：《路德维希·费尔巴哈和德国古典哲学的终结》（1886 年初），摘自《马克思恩格斯文集》第 4 卷，人民出版社 2009 年版，第 272 页。

歌德很不喜欢跟"神"打交道；他很不愿意听"神"这个字眼，他只喜欢人的事物，而这种人性，使艺术摆脱宗教桎梏的这种解放，正是他的伟大之处。在这方面，无论是古人，还是莎士比亚，都不能和他相比。但只有熟悉德国民族发展的另一方面——哲学的人，才能理解这种完满的人性、这种克服宗教二元论的全部历史意义。歌德只是直接地——在某种意义上当然是"预言式地"——陈述的事物，在德国现代哲学中都得到了发展和论证。

> 恩格斯：《英国状况。评托马斯·卡莱尔的〈过去和现在〉》（1844 年 1 月），摘自《马克思恩格斯全集》第 1 卷，人民出版社 1956 年版，第 652 页。

---

① 原意是："小小的乐趣"；转意是：花在各种怪癖上的额外费用。——编者注

随着德国反动势力的猖獗和哲学的英雄时代的结束，具有德国市民天性的"**小资产者**"又重新抬头——在**哲学**上是一片不亚于莫泽斯·门德尔森的空谈，是一片自作聪明、抑郁不满和自命不凡的抱怨之声。而现在，连**政治经济学**也蜕化为关于**法权概念**的无稽之谈！这甚至比"刺激对数"还要高明。正如这方面的权威裁判席勒早就指出的，小市民在解决一切问题时，总是把它归之于"良心方面"。

> 马克思：《致恩格斯》（1870年7月20日），摘自《马克思恩格斯全集》第33卷，人民出版社1973年版，第6页。

我决不反对倾向诗本身。悲剧之父埃斯库罗斯和喜剧之父阿里斯托芬都是有强烈倾向的诗人，但丁和塞万提斯也不逊色；而席勒的《阴谋与爱情》的主要价值就在于它是德国第一部有政治倾向的戏剧。

> 恩格斯：《恩格斯致明娜·考茨基》（1885年11月26日），摘自《马克思恩格斯文集》第10卷，人民出版社2009年版，第545页。

有一种迷信，认为哲学唯心主义的中心就是对道德理想即对社会理想的信仰，这种迷信是在哲学之外产生的，是在那些把席勒诗歌中符合他们需要的少数哲学上的只言片语背得烂熟的德国庸人中产生的。没有一个人比恰恰是十足唯心主义者的黑格尔更尖锐地批评了康德的软弱无力的"绝对命令"（它之所以软弱无力，是因为它要求不可能的东西，因而永远达不到任何现实的东西），没有一个人比他更辛辣地嘲笑了席勒所传播的那种沉湎于不能实现的理想的庸人习气（见《现象学》[1]）。

> 恩格斯：《路德维希·费尔巴哈和德国古典哲学的终结》（1886年初），摘自《马克思恩格斯文集》第4卷，人民出版社2009年版，第285页。

论拜伦[2]、雪莱[3]

读拜伦和雪莱的作品的几乎全是下层等级的人；没有一个"体面的"

---

① 即黑格尔《精神现象学》。——编者注
② 拜伦·乔治（1788—1824年），杰出的英国诗人，浪漫主义的代表人物。——编者注
③ 雪莱，派尔希·毕希（1792—1822年），杰出的英国诗人，浪漫主义的代表人物，无神论者。—编者注

人敢把雪莱的著作摆在自己的桌子上，如果他不想声誉扫地的话。

　　　　恩格斯：《伦敦来信》（1843 年 5—6 月），摘自《马克思恩格斯全
　　　　集》第 1 卷，人民出版社 1956 年版，第 561—562 页。

　　雪莱，天才的预言家**雪莱**和满腔热情的、辛辣地讽刺现存社会的**拜伦**，
他们的读者大多数也是工人……

　　　　恩格斯：《英国工人阶级状况》（1844 年 9 月—1845 年 3 月），摘自
　　　　《马克思恩格斯文集》第 1 卷，人民出版社 2009 年版，第 474 页。

论巴尔扎克①

　　我决不是责备您没有写出一部直截了当的社会主义的小说，一部像我们德国人所说的"倾向性小说"，来鼓吹作者的社会观点和政治观点。我决不是这个意思。作者的见解越隐蔽，对艺术作品来说就越好。我所指的现实主义甚至可以不顾作者的见解而表露出来。让我举一个例子。巴尔扎克，我认为他是比过去、现在和未来的一切左拉都要伟大得多的现实主义大师，他在《人间喜剧》里给我们提供了一部法国"社会"，特别是巴黎上流社会的无比精彩的现实主义历史，他用编年史的方式几乎逐年地把上升的资产阶级在 1816—1848 年这一时期对贵族社会日甚一日的冲击描写出来，这一贵族社会在 1815 年以后又重整旗鼓，并尽力重新恢复旧日法国生活方式的标准。他描写了这个在他看来是模范社会的最后残余怎样在庸俗的、满身铜臭的暴发户的逼攻之下逐渐屈服，或者被这种暴发户所腐蚀；他描写了贵妇人（她们在婚姻上的不忠只不过是维护自己的一种方式，这和她们在婚姻上听人摆布的情况是完全相适应的）怎样让位给为了金钱或衣着而给自己丈夫戴绿帽子的资产阶级妇女。围绕着这幅中心图画，他汇编了一部完整的法国社会的历史，我从这里，甚至在经济细节方面（诸如革命以后动产和不动产的重新分配）所学到的东西，也要比从当时所有职业的史学家、经济学家和统计学家那里学到的全部东西还要多。不错，巴尔扎克在政治上是一个正统派；他的伟大的作品是对上流社会无可阻挡的衰落的一曲无尽的挽歌；他对注定要灭亡的那个阶级给予了全部的同情。

---

　　① 奥诺莱·巴尔扎克（1799—1850 年），法国著名现实主义作家。——编者注

但是，尽管如此，当他让他所深切同情的那些贵族男女行动起来的时候，他的嘲笑空前尖刻，他的讽刺空前辛辣。而他经常毫不掩饰地赞赏的唯一的一批人，却正是他政治上的死对头，圣玛丽修道院的共和党英雄们，这些人在那时（1830—1836 年）的确是人民群众的代表。这样，巴尔扎克就不得不违背自己的阶级同情和政治偏见；他**看到了**他心爱的贵族们灭亡的必然性，把他们描写成不配有更好命运的人；他在当时唯一能找到未来的真正的人的地方**看到了**这样的人，——这一切我认为是现实主义的最伟大的胜利之一，是老巴尔扎克最大的特点之一。

> 恩格斯：《恩格斯致玛格丽特·哈克奈斯》（1888 年 4 月初），摘自《马克思恩格斯文集》第 10 卷，人民出版社 2009 年版，第 570—571 页。

顺便说一下，在我卧床这段时间里，除了巴尔扎克的作品外，别的我几乎什么也没有读，我从这个卓越的老头子那里得到了极大的满足。**这里有 1815 年到 1848 年的法国历史**，比所有沃拉贝耳、卡普菲格、路易·勃朗之流的作品中所包含的多得多。多么了不起的勇气！在他的富有诗意的裁判中有多么了不起的革命辩证法！

> 恩格斯：《致劳拉·拉法格》（1883 年 12 月 13 日），摘自《马克思恩格斯全集》第 36 卷，人民出版社 1974 年版，第 77 页。

例如巴尔扎克曾对各色各样的贪婪作过透彻的研究。那个开始以积累商品的方式来进行货币贮藏的老高利贷者高布赛克，在他笔下已经是一个老糊涂虫了。

> 马克思：《资本论》第 1 卷（发表于 1867 年 9 月），摘自《马克思恩格斯文集》第 5 卷，人民出版社 2009 年版，第 680 页注（28a）。

论赫尔岑[①]

工人的政党应当纪念赫尔岑，当然不是为了讲些庸俗的颂词，而是为了阐明自己的任务，为了阐明这位在为俄国革命作准备方面起了伟大作用的作家的真正历史地位。

[①] 赫尔岑（1812—1870 年），俄国革命民主主义者，唯物主义哲学家、政论家和作家。——编者注

列宁:《纪念赫尔岑》(1912 年 4 月 25 日〔5 月 8 日〕),摘自《列宁专题文集·论辩证唯物主义和历史唯物主义》,人民出版社 2009 年版,第 231 页。

赫尔岑不能在 40 年代的俄国内部看见革命的人民,这并不是他的过错,而是他的不幸。当他**在 60 年代**看见了革命的人民时,他就无畏地站到革命民主派方面来反对自由派了。他进行斗争是为了使人民战胜沙皇制度,而不是为了使自由派资产阶级去勾结地主沙皇。他举起了革命的旗帜。

列宁:《纪念赫尔岑》(1912 年 4 月 25 日〔5 月 8 日〕),摘自《列宁专题文集·论辩证唯物主义和历史唯物主义》,人民出版社 2009 年版,第 237 页。

赫尔岑是属于 19 世纪上半叶贵族地主革命家那一代的人物。俄国贵族中间产生了比龙和阿拉克切耶夫之流,产生了无数"酗酒的军官、闹事的无赖、嗜赌成性的败类、集市上的好汉、养猎犬的阔少、寻衅打架的暴徒、掌笞刑的打手、淫棍"以及温情的马尼洛夫之流。赫尔岑写道:"但是在他们中间,也出现了 12 月 14 日的人物,出现了像罗慕洛和瑞穆斯那样由兽乳养大的一大群英雄……这是一些从头到脚用纯钢铸成的勇士,是一些顶天立地的战士,他们自觉地赴汤蹈火,以求唤醒年青的一代走向新的生活,并洗净在专横暴虐和奴颜婢膝的环境中出生的子弟身上的污垢。"

赫尔岑就是这些子弟中的一个。十二月党人①的起义唤醒了他,并且把他"洗净"了。他在 19 世纪 40 年代农奴制的俄国,竟能达到当时最伟大的思想家的水平。他领会了黑格尔的辩证法。他懂得辩证法是"革命的代数学"。他超过黑格尔,跟着费尔巴哈走向了唯物主义。1844 年写的《自然研究书简》(第一封信。——《经验和唯心主义》),向我们表明,这位思想家甚至在今天也比无数现代经验论的自然科学家和一大群现时的哲学家即唯心主义者和半唯心主义者高出一头。赫尔岑已经走到辩证唯物主义跟前,可是在历史唯物主义前面停住了。

正因为赫尔岑这样"停住"了,所以他在 1848 年革命失败之后精神上崩溃了。赫尔岑当时已经离开俄国,亲眼目睹了这场革命。当时他是一个民主主义者、革命家、社会主义者。但是,他的"社会主义"是盛行于

---

① 十二月党人是俄国贵族革命者,因 1825 年 12 月 14 日发动反对沙皇政府和农奴制度的起义而得名。——编者注

1848 年时代而被六月事件彻底粉碎了的无数资产阶级和小资产阶级社会主义形式和变种的一种。其实，这根本不是社会主义，而是一种温情的词句，是资产阶级民主派以及尚未脱离其影响的无产阶级用来表示他们**当时的**革命性的一种善良的愿望。

> 列宁：《纪念赫尔岑》（1912 年 4 月 25 日〔5 月 8 日〕），摘自《列宁专题文集·论辩证唯物主义和历史唯物主义》，人民出版社 2009 年版，第 231—232 页。

赫尔岑，这位被吹捧为革命家的泛斯拉夫主义文学家，从哈克斯特豪森的《对俄国的概论》① 中得知，他的庄园里的农奴不知道土地私有，而且时常在相互之间重新分配耕地和草地。作为一个文学家，他没有必要去熟悉那很快就为大家知道的事情，即土地公有是一种在原始时代曾经盛行于德意志人、凯尔特人、印度人，总而言之曾经盛行于一切印度日耳曼语系各民族中的占有形式，这种占有形式，在印度至今还存在，在爱尔兰和苏格兰，只是不久前才遭到暴力压制，在德国，甚至现在在一些地方还能见到；这是一种衰亡中的占有形式，它实际上是所有民族在一定的发展阶段上的共同现象。然而作为一个泛斯拉夫主义者，这位充其量不过是个口头社会主义者的赫尔岑，却从中发现一个新的口实，使他能够在这个腐朽的西方面前用更鲜明的色彩来描述自己"神圣的"俄罗斯和它的使命——使这个腐朽的、衰老的西方返老还童和得到新生，必要时甚至不惜使用武力。老朽的法国人和英国人无论怎样努力都不能实现的东西，俄国人在自己家里却有现成的。

> 恩格斯：《〈论俄国的社会问题〉跋》（1894 年 1 月上半月），摘自《马克思恩格斯文集》第 4 卷，人民出版社 2009 年版，第 451—452 页。

论车尔尼雪夫斯基②

在《资本论》德文第二版的跋里——而这篇跋是关于茹柯夫斯基先生

---

① 奥·哈克斯特豪森《俄国的国内状况、国民生活、特别是农村设施概论》1847—1852 年汉诺威—柏林版第 1—3 册。——编者注

② 车尔尼雪夫斯基（1828—1889 年），俄国革命民主主义者，作家，文学批评家。——编者注

的那篇文章的作者所知道的，因为他曾经引证过——，我曾经以应有的高度的尊重谈到"俄国的伟大学者和批评家"①。这个人在几篇出色的文章中研究了这样一个问题：俄国是应当像它的自由派经济学家们所希望的那样，首先摧毁农村公社以过渡到资本主义制度呢，还是与此相反，俄国可以在发展它所特有的历史条件的同时取得资本主义制度的全部成果，而又可以不经受资本主义制度的苦难。他表示赞成后一种解决办法。我的可敬的批评家既然可以根据我同那位俄国"文学家"和泛斯拉夫主义者的争论得出我不同意他关于这个问题的观点的结论，那么，他至少也同样有理由根据我对这位"俄国的伟大学者和批评家"的尊重断定我同意他关于这个问题的观点。

马克思：《给〈祖国纪事〉杂志编辑部的信》（1877 年 10—11 月），摘自《马克思恩格斯文集》第 3 卷，人民出版社 2009 年版，第 464 页。

在农奴制崩溃的时候，出现了一批平民知识分子，他们是一般解放运动的、特别是民主主义的没有经过审查的报刊的主要群众活动家。民粹主义成了符合平民知识分子观点的占主导地位的思潮。民粹主义这一社会流派永远不能同右的自由主义和左的无政府主义划清界限。但是继赫尔岑之后发展了民粹主义观点的车尔尼雪夫斯基，比赫尔岑更前进了一大步。车尔尼雪夫斯基是彻底得多的、更有战斗性的民主主义者。他的著作散发着阶级斗争的气息。他毅然决然地实行了揭发自由派叛卖行为的路线，这条路线是立宪民主党人和取消派直到现在还痛恨的。尽管他具有空想社会主义的思想，但是他还是一个资本主义的异常深刻的批评家。

列宁：《俄国工人报刊的历史》（1914 年 4 月 22 日），摘自《列宁全集》第 20 卷，人民出版社 1958 年版，第 241 页。

虽然若干世纪的奴隶制把农民群众压得这样厉害，使他们这样愚昧无知，以致他们在改革的时候，什么都不能做，只能进行分散的、零星的起义，甚至可以说是缺乏任何政治意识的"骚乱"，但是那时俄国已经出现了站在农民方面的革命家，他们看出了臭名昭彰的"农民改革"的全部狭隘性，看出了它的贫乏的内容，看出了它的农奴制的性质。当时这些为数

---

① 指尼·加·车尔尼雪夫斯基。——编者注

极少的革命家是以车尔尼雪夫斯基为首的。

列宁:《"农民改革"和无产阶级农民革命》(1911 年 3 月 19 日),摘
自《列宁全集》第 17 卷,人民出版社 1959 年版,第 104 页。

正是要有车尔尼雪夫斯基的天才,才能在当时,在农民改革刚进行的时候(那时它甚至在西方还没有得到充分的说明)这样清楚地懂得这个改革的基本的资产阶级的性质,才能懂得在当时俄国的"社会"和"国家"中已经是那些永远敌视劳动者、绝对使农民破产和遭受剥夺的社会阶级占统治和支配地位了。同时车尔尼雪夫斯基也懂得一个掩盖我国对抗性社会关系的政府的存在是使劳动者的状况特别恶化的大祸害。

列宁:《什么是"人民之友"以及他们如何攻击社会民主主义者?》
(1894 年),摘自《列宁全集》第 1 卷,人民出版社 1955 年版,第
259 页。

车尔尼雪夫斯基是空想社会主义者,他幻想通过旧的、半封建的农民公社过渡到社会主义,他没有看见而且也不能在上一世纪的六十年代看见:只有资本主义和无产阶级的发展,才能为社会主义的实现创造物质条件和社会力量。但是,车尔尼雪夫斯基不仅是空想社会主义者,他同时还是一个革命的民主主义者,他善于用革命的精神去影响他那个时代的全部政治事件,通过书报检查机关的重重障碍宣传农民革命的思想,宣传推翻一切旧权力的群众斗争的思想。他把自由派起初加以粉饰、后来甚至加以歌颂的 61 年的"农民改革",称为**丑事**,因为他清楚地看到农民改革的农奴制的性质,清楚地看到,那些自由派的解放老爷们把农民抢得精光。车尔尼雪夫斯基把六十年代的自由派叫作"**空谈家,吹牛家和傻瓜**",因为他清楚地看到,他们在革命面前战战兢兢、他们在统治者面前毫无气节和奴颜婢膝。

列宁:《"农民改革"和无产阶级农民革命》(1911 年 3 月 19 日),摘
自《列宁全集》第 17 卷,人民出版社 1959 年版,第 105 页。

车尔尼雪夫斯基是唯一真正伟大的俄国著作家,他从五十年代起直到 1888 年,始终保持着完整的哲学唯物主义的水平,能够摈弃新康德主义者、实证论者、马赫主义者以及其他糊涂虫的无聊的胡言乱语。但是车尔尼雪夫斯基没有上升到,更确切些说,由于俄国生活的落后,不能够上升到马克思和恩格斯的辩证唯物主义。

列宁:《唯物主义和经验批判主义》(1908 年下半年),摘自《列宁

选集》第 2 卷，人民出版社 1972 年版，第 308 页。

车尔尼雪夫斯基是一个唯物主义者，并且一直到他一生的最后一天（即到十九世纪八十年代）都在嘲笑时髦的"实证论者"（康德主义者、马赫主义者等等）对唯心主义和神秘主义所作的种种让步。

> 列宁：《民粹派论尼·康·米海洛夫斯基》（1914 年 2 月 22 日），摘自《列宁全集》第 20 卷，人民出版社 1958 年版，第 109 页。

但是俄国的公社还引起了一些远比赫尔岑们和特卡乔夫们高明的人的注意，并且博得他们的承认。其中包括尼古拉·车尔尼雪夫斯基这位伟大的思想家，他对俄国有难以估量的贡献，把他长年流放在西伯利亚的雅库特人中间而对他施行慢性谋杀，这将给"解放者"亚历山大二世留下一个永久的污点。

> 恩格斯：《〈论俄国的社会问题〉跋》（1894 年 1 月上半月），摘自《马克思恩格斯文集》第 4 卷，人民出版社 2009 年版，第 452 页。

论托尔斯泰[①]

早在农奴制度时代，列·尼·托尔斯泰就作为一位伟大的艺术家出现了。他在自己半世纪以上的文学活动中创造了许多天才的作品，在这些作品中，他主要是描写革命以前的旧俄国，即 1861 年以后仍然停滞在半农奴制度下的俄国，乡村的俄国，地主和农民的俄国。在描写这一阶段的俄国历史生活时，列·托尔斯泰在自己的作品里能以提出这么多重大的问题，能以达到这样大的艺术力量，使他的作品在世界文学中占了一个第一流的位子。由于托尔斯泰的天才描述，一个被农奴主压迫的国家的革命准备时期，竟成为全人类艺术发展中向前跨进的一步了。

> 列宁：《列·尼·托尔斯泰》（1910 年 11 月 26 日），摘自《列宁全集》第 16 卷，人民出版社 1959 年版，第 321 页。

托尔斯泰以巨大的力量和真诚鞭打了统治阶级，十分明显地揭露了现代社会所借以维持的一切制度——教堂、法庭、军国主义、"合法"婚姻、资产阶级科学——的内在的虚伪。但是，他的学说与现代制度的掘墓人无产阶级的生活、工作和斗争是完全矛盾的。列甫·托尔斯泰的说教究竟反

---

① 托尔斯泰（1828—1910 年），十九世纪俄国文学家。——编者注

映了什么人的观点呢？通过他的嘴说话的，是整个俄罗斯千百万人民群众，人民群众**已经**憎恨现代生活的主人，但是**还**没有去同他们进行自觉的、一贯的、坚持到底和不调和的斗争。

> 列宁：《托尔斯泰和无产阶级斗争》（1910 年 12 月 18 日），摘自《列宁全集》第 16 卷，人民出版社 1959 年版，第 352 页。

托尔斯泰的作品、观点、学说、学派中的矛盾的确是显著的。一方面，是一个天才的艺术家，不仅创作了无与伦比的俄国生活的图画，而且创作了世界文学中第一流的作品；另一方面，是一个发狂地笃信基督的地主。一方面，他对社会上的撒谎和虚伪作了非常有力的、直率的、真诚的抗议；另一方面，是一个"托尔斯泰主义者"，即是一个颓唐的、歇斯底里的可怜虫，所谓俄国的知识分子，这种人当众捶着自己的胸膛说："我卑鄙，我下流，可是我在进行道德上的自我修养；我再也不吃肉了，我现在只吃米粉团子。"一方面，无情地批判了资本主义的剥削，揭露了政府的暴虐以及法庭和国家管理机关的滑稽剧，暴露了财富的增加和文明的成就同工人群众的穷困、野蛮和痛苦的加剧之间极其深刻的矛盾；另一方面，狂信地鼓吹"不用暴力抵抗邪恶"。一方面，是最清醒的现实主义，撕下了一切假面具；另一方面，鼓吹世界上最卑鄙龌龊的东西之一，即宗教，力求让有道德信念的僧侣代替有官职的僧侣，这就是说，培养一种最精巧的因而是特别恶劣的僧侣主义。真可以说：

> 俄罗斯母亲呵，
>
> 你又贫穷又富饶，
>
> 你又强大又软弱！[①]

托尔斯泰处在这样的矛盾中，绝对不能了解工人运动和工人运动在争取社会主义的斗争中所起的作用，而且也绝对不能了解俄国的革命，这是不言而喻的。但是托尔斯泰的观点和学说中的矛盾并不是偶然的，而是十九世纪最后三十几年俄国实际生活所处的矛盾条件的表现。昨天刚从农奴制度下解放出来的宗法式的农村，简直在遭受资本和国库的洗劫。农民经济和农民生活的旧基础，那些确实保持了许多世纪的旧基础，在异常迅速地毁坏着。托尔斯泰观点中的矛盾，不应该从现代工人运动和现代社会主

---

① 这是列宁从涅克拉索夫的长诗《在俄罗斯谁能快乐而自由》中引用的诗句。——编者注

义的角度去评价（这样评价当然是必要的，然而是不够的），而应该从那种对正在兴起的资本主义的抗议，对群众破产和丧失土地的抗议（俄国有宗法式的农村，就一定会有这种抗议）的角度去评价。作为一个发明救世新术的先知，托尔斯泰是可笑的，所以国内外的那些偏偏想把他学说中最弱的一面变成一种教义的"托尔斯泰主义者"是十分可怜的。作为俄国千百万农民在俄国资产阶级革命快到来的时候的思想和情绪的表现者，托尔斯泰是伟大的。托尔斯泰富于独创性，因为他的全部观点，总的说来，恰恰表现了我国革命是**农民**资产阶级革命的特点。从这个角度来看，托尔斯泰观点中的矛盾，的确是一面反映农民在我国革命中的历史活动所处的各种矛盾状况的镜子。

> 列宁：《列甫·托尔斯泰是俄国革命的镜子》（发表于 1908 年 9 月 11 日［24 日］），摘自《列宁选集》第 2 卷，人民出版社 1972 年版，第 370—371 页。

托尔斯泰反映了强烈的仇恨、已经成熟的对美好生活的向往和摆脱过去的愿望；同时也反映了幻想的不成熟、政治素养的缺乏和革命的软弱性。历史经济条件既说明发生群众革命斗争的必然性，也说明他们缺乏进行斗争的准备，象托尔斯泰那样不抵抗邪恶；而这种不抵抗是第一次革命运动失败的极重要的原因。

> 列宁：《列甫·托尔斯泰是俄国革命的镜子》（发表于 1908 年 9 月 11 日［24 日］），摘自《列宁选集》第 2 卷，人民出版社 1972 年版，第 373 页。

托尔斯泰的学说无疑是空想的，就其内容来说是反动的（这里反动的一词，是就这个词的最正确最深刻的含义用的）。但是决不应该因此得出结论说，这个学说不是社会主义的，这个学说里没有可以为启发先进阶级提供宝贵材料的批判成分。

有各种各样的社会主义。在一切采用资本主义生产方式的国家里，有一种社会主义，它代表着将代替资产阶级的那个阶级的思想体系，也有另外一种社会主义，它是与那些被资产阶级所代替的阶级的思想体系相适应的。例如，封建社会主义就是后一种社会主义，**这种**社会主义的性质，早在六十多年以前，马克思在评价其他各种社会主义的时候就评价过了。

其次，托尔斯泰的空想学说正象许多空想学派一样，是具有批判成分的。但是不要忘记马克思的深刻的指示：空想社会主义的批判成分的意义"恰与历史发展进程成反比例"。正在"安排"新俄国和消除现代社会灾难的那些社会力量的活动愈发展，活动的性质愈明确，批判的空想社会主义就会愈迅速地"失去任何实践的意义和任何理论的根据"。

在二十五年以前，**尽管**托尔斯泰主义具有反动的和空想的特点，但是托尔斯泰学说的批判成分有时实际上还能给某些居民阶层带来好处。然而在最近十年中，就不可能有这种事情了，因为从上世纪八十年代到世纪末，历史的发展已经前进了不少。而在我们今天，当上述许多事变**已经**结束了"东方的"静止不动的状态**以后**，当"路标派"的自觉的反动思想，在狭隘的阶级意义和自私自利的阶级意义上的反动思想在自由资产阶级中间得到这样广泛传播的时候，当这些思想甚至传染了一部分所谓马克思主义者并造成了"取消派"的时候，在我们今天这样的时候，任何想把托尔斯泰的学说理想化，想袒护或冲淡他的"不抵抗主义"、他的向"精神"的呼吁、他的向"道德的自我修养"的号召、他的关于"良心"和"博爱"的教义、他的禁欲主义和寂静主义的说教等等的企图，都会造成最直接和最严重的危害。

列宁：《列·尼·托尔斯泰和他的时代》（1911 年 1 月 22 日），摘自《列宁全集》第 17 卷，人民出版社 1959 年版，第 35—36 页。

论海涅①

正像在 18 世纪的法国一样，在 19 世纪的德国，哲学革命也作了政治变革的前导。但是这两个哲学革命看起来是多么不同啊！法国人同整个官方科学，同教会，常常也同国家进行公开的斗争；他们的著作在国外，在荷兰或英国印刷，而他们本人则随时都可能进巴士底狱。相反，德国人是一些教授，一些由国家任命的青年的导师，他们的著作是公认的教科书，而全部发展的最终体系，即黑格尔的体系，甚至在某种程度上已经被推崇为普鲁士王国的国家哲学！在这些教授后面，在他们的迂腐晦涩的言词后面，在他们的笨拙枯燥的语句里面竟能隐藏着革命吗？那时被认为是革命

---

① 亨利希·海涅（1797—1856 年），德国诗人，革命民主主义者。——编者注

代表人物的自由派，不正是最激烈地反对这种使人头脑混乱的哲学吗？但是，不论政府或自由派都没有看到的东西，至少有一个人在 1833 年已经看到了，这个人就是亨利希·海涅。①

> 恩格斯：《路德维希·费尔巴哈和德国古典哲学的终结》（1886 年初），摘自《马克思恩格斯文集》第 4 卷，人民出版社 2009 年版，第 267—268 页。

德国社会主义者当中最积极的作家有：巴黎的卡尔·马克思博士，现在在科伦的莫·赫斯博士，巴黎的卡·格律恩博士，巴门（在莱茵普鲁士）的弗里德里希·恩格斯，里达（在威斯特伐里亚）的奥·吕宁博士，科伦的海·皮特曼博士等等。此外，德国当代最杰出的诗人亨利希·海涅也参加了我们的队伍，他出版了一本政治诗集，其中也收集了几篇宣传社会主义的诗作。他是著名的《西里西亚织工之歌》的作者；我把这首歌译成散文寄给你，但是我担心它在英国会被认为是侮辱宗教的。不管怎样我还是要引证它，我只指出一点，那就是这首歌暗中针对着 1813 年普鲁士人的战斗叫嚣："国王和祖国与上帝同在！"这种叫嚣从那时起就是保皇党人心爱的口号。

……

这首歌的德文原文是我所知道的最有力的诗歌之一……

> 恩格斯：《共产主义在德国的迅速进展》（1844 年 11 月 9 日左右），摘自《马克思恩格斯全集》第 2 卷，人民出版社 1957 年版，第 591—592 页。

为了让我们怀着高高兴兴的心情同"真正的社会主义"分手，它通过《诗册》（海·皮特曼编，1847 年赖希附近的波尔拿出版）给我们准备了一个庆祝会作为收场。在大熊的庇护之下，放出了旋转焰火，就是在罗马复活节也看不到比这更明亮的焰火。所有社会主义诗人都自愿地或者被迫地供应了几把必不可少的焰火。这些焰火状如麦束，唑唑作响，闪闪发光，升到天上，噼啪地散在空中，化作亿万颗星星，把我们黑夜般的四周照耀

---

① 恩格斯指海涅关于德国哲学革命的言论，这些言论包含在海涅的著作《论德国宗教和哲学的历史》中。这部著作发表于 1834 年，它是对德国精神生活中所发生的事件进行评论（一部分发表于 1833 年）的继续。海涅的这些言论贯彻了这样的思想：当时由黑格尔哲学总其成的德国哲学革命，是德国即将到来的民主革命的序幕。——编者注

得如同白昼。但是，可惜好景不长，不消片刻焰火就熄灭了，剩下只是浓烟一片，使夜色比实际上更加漆黑。只有**海涅**的七首诗，象一颗颗永远闪烁的明星，透过这片浓烟射出光芒，这七首诗出现在这伙人中间，使我们非常惊讶，也使大熊狼狈不堪。

> 恩格斯：《真正的社会主义者》（1847 年 1—4 月），摘自《马克思恩格斯全集》第 3 卷，人民出版社 1960 年版，第 683 页。

精致的文学始于海涅；它的使命是在于磨炼那十分需要磨炼的语言。在诗歌中这已经做到了，至于散文则比已往任何时候还坏。

> 马克思、恩格斯：《德法历史材料。关于德国的笔记》（1789—1873 年），摘自《马克思恩格斯文献资料》俄文版第 10 卷，第 351 页。

海涅的诗篇同我们的泼辣而欢乐的散文相比，不过是儿戏而已。

> 恩格斯：《致爱·伯恩施坦》（1883 年 6 月 12—13 日），摘自《马克思恩格斯全集》第 36 卷，人民出版社 1974 年版，第 36 页。

论维尔特①

我称他②为德国无产阶级第一个和**最重要的**诗人。的确，他的社会主义的和政治的诗作，在独创性、俏皮方面，尤其在火一般的热情方面，都大大超过弗莱里格拉特③的诗作。他常常利用海涅的形式，但仅仅是为了以完全独创的、别具只眼的内容来充实这个形式。同时，他不同于大多数诗人的地方，就是他把诗写好之后，就对之完全漠不关心了。

> 恩格斯：《格奥尔格·维尔特》（1883 年 5 月底），摘自《马克思恩格斯全集》第 21 卷，人民出版社 1965 年版，第 7—8 页。

维尔特所擅长的地方，他超过海涅（因为他更健康和真诚），并且在德国文学中仅仅被歌德超过的地方，就在于表现自然的、健康的肉感和肉欲。假如我把《新莱茵报》的某些小品文转载在《社会民主党人报》上面，那末读者中间有很多人会大惊失色。但是我不打算这样做。然而我不

---

① 维尔特，格奥尔格（1822—1856 年），德国诗人和政论家，共产主义者同盟盟员，1848—1849 年为《新莱茵报》的编辑之一；马克思和恩格斯的朋友。——编者注

② 指维尔特。——编者注

③ 弗莱里格拉特，斐迪南（1810—1876 年），德国诗人，初期为浪漫主义者，后成为革命诗人，五十年代脱离革命斗争。——编者注

能不指出，德国社会主义者也应当有一天公开地扔掉德国市侩的这种偏见，小市民的虚伪的羞怯心，其实这种羞怯心不过是用来掩盖秘密的猥亵言谈而已。例如，一读弗莱里格拉特的诗，的确就会想到，人们是完全没有生殖器官的。但是，再也没有谁象这位在诗中道貌岸然的弗莱里格拉特那样喜欢偷听猥亵的小故事了。最后终有一天，至少德国工人们会习惯于从容地谈论他们自己白天或夜间所做的事情，谈论那些自然的、必需的和非常惬意的事情，就象罗曼语民族那样，就象荷马和柏拉图，贺雷西和尤维纳利斯那样，就象旧约全书和《新莱茵报》那样。

不过，维尔特也写了一些不那么粗野的东西，我有时把其中一些寄给《社会民主党人报》的小品栏。

> 恩格斯：《格奥尔格·维尔特》（1883 年 5 月底），摘自《马克思恩格斯全集》第 21 卷，人民出版社 1965 年版，第 9 页。

维尔特的所有作品和道貌岸然的弗莱里格拉特相反，都是讽刺性的和幽默的。丝毫没有"一本正经"的痕迹。

> 恩格斯：《致爱·伯恩施坦》（1883 年 6 月 12—13 日），摘自《马克思恩格斯全集》第 36 卷，人民出版社 1974 年版，第 36 页。

论鲍狄埃[①]

去年，1912 年 11 月，是法国的工人诗人欧仁·鲍狄埃，即著名的无产阶级的《国际歌》（"起来，饥寒交迫的奴隶"……）的作者逝世的二十五周年。

这首歌已经译成欧洲各种文字，而且不仅仅是欧洲文字。一个有觉悟的工人，不管他来到哪个国家，不管命运把他抛到哪里，不管他怎样感到自己是异邦人，言语不通，举目无亲，远离祖国，——他都可以凭《国际歌》的熟悉的曲调，给自己找到同志和朋友。

世界各国的工人相继歌唱自己的先进战士、无产者诗人的这首歌，并且使这首歌成了全世界无产阶级的歌。

世界各国的工人现在都在纪念欧仁·鲍狄埃。他的妻子和女儿还活着，

---

① 欧仁·鲍狄埃（1816—1887 年），法国工人诗人，在巴黎公社（1871 年）时期，鲍狄埃被选为公社的委员，著名的《国际歌》的作者。——编者注

并且都过着贫困的生活，就象《国际歌》的作者一生所过的一样。他在1816 年 10 月 4 日生于巴黎。他创作他的第一首歌的时候才十四岁，这首歌的名字叫作《自由万岁！》。1848 年，他作为一个街垒斗士参加了工人反对资产阶级的伟大战斗。

鲍狄埃出身于贫穷的家庭，在整个一生中他一直是一个穷人、一个无产者，他起先靠包装箱子，后来靠绘制印花布图样维持生活。

从 1840 年起，他就用自己的战斗歌曲对法国生活中所发生的一切巨大事件作出反应，唤醒落后的人们的觉悟，号召工人团结一致，鞭笞法国的资产阶级和资产阶级政府。

在伟大的巴黎公社（1871 年）时期，鲍狄埃被选为公社的委员。在三千六百张选票中，有三千三百五十二票是选他的。他参与了第一个无产阶级政府——公社的一切措施。

公社失败后，鲍狄埃被迫逃到了英国和美国。著名的《国际歌》就是他在 **1871 年 6 月**，也可以说，是在 5 月的流血失败之后的第二天写成的……

公社被镇压了……但是鲍狄埃的《国际歌》却把它的思想传遍了全世界，在今天公社比任何时候都更有活力。

1876 年，在流亡中，鲍狄埃写了一首长诗《美国工人致法国工人》。在这首长诗中，他描绘了在资本主义压迫下的工人生活，描绘了他们的贫困，他们的苦役劳动，他们遭受的剥削，以及他们对于自己的事业的未来的胜利所抱的坚强信念。

公社失败以后过了九年鲍狄埃才回到法国，回来后立即参加了"工人党"。1884 年他的第一卷诗集出版了。1887 年第二卷出版了，题名为《革命歌集》。

这位工人诗人的其他一些歌，是在他死后才出版的。

1887 年 11 月 8 日，巴黎的工人把欧仁·鲍狄埃的骨灰送到拉雪兹神甫墓地（Pére Lachaise），在那里埋葬着被枪杀了的公社社员。警察夺取红旗，组织殴打。无数的人群参加了这次没有宗教仪式的葬礼。四面八方都在高呼："鲍狄埃万岁！"

鲍狄埃是在贫困中死去的。但是，他在自己的身后留下了一个非人工所能建造的真正的纪念碑。他是一位最伟大的**用歌作为工具的宣传家**。当他创作他的第一首歌的时候，工人中社会主义者的人数最多不过是以十来计算的。而现在知道欧仁·鲍狄埃这首具有历史意义的歌的，却是千百万无产者……

> 列宁：《欧仁·鲍狄埃（为纪念他逝世二十五周年而作）》（发表于1913年1月3日），摘自《列宁选集》第2卷，人民出版社1972年版，第434—436页。

论高尔基①

高尔基毫无疑问是**无产阶级艺术的最杰出的代表**，他对无产阶级艺术作出了许多贡献，并且还会作出更多的贡献。

> 列宁：《政论家的短评》（发表于1910年3月6日〔19日〕和5月25日〔6月7日〕），摘自《列宁全集》第16卷，人民出版社1959年版，第202页。

高尔基是无产阶级艺术的权威，这是无可争辩的。企图"利用"（当然是指在思想方面）**这个权威来巩固马赫主义和召回主义，这正好说明不应当怎样对待权威**。

> 列宁：《政论家的短评》（发表于1910年3月6日〔19日〕和5月25日〔6月7日〕），摘自《列宁全集》第16卷，人民出版社1959年版，第202页。

亲爱的阿列克塞·马克西莫维奇！您怎么竟做出这种事情？这简直太糟糕了，真的！

昨天我从《言论报》上读了您对拥护陀思妥也夫斯基的"叫嚣"的回答，本来感到很高兴，今天取消派的报纸来了，**上面刊登了您的一段文章**，这段文章在《言论报》上是没有的。

这一段文章这样说：

"至于'寻神说'，应当把它**暂时**〈仅仅是暂时吗？〉搁下，这是一种无益的事情：在没有放东西的地方，没有什么可寻找。没有播种，就没有收获。你们那里并没有神，你们还〈还！〉没有把它创造出来。不要寻找

---

① 高尔基（1868—1936年），俄国著名作家，1934年曾任苏维埃作家协会主席，主要著作有《小市民》、《母亲》、《童年》等。——编者注

神，要**创造神**；不要虚构生活，而要创造生活。"

原来，您反对"寻神说"仅仅是"暂时"的!! 原来，您反对"寻神说"**仅仅**是为了要用造神说代替它!!

您竟能**做出**这种事情，这岂不是太糟糕了吗?

寻神说同造神说、建神说或者创神说等的差别，丝毫不比黄鬼同蓝鬼的差别大。谈寻神说不是为了反对**一切的**鬼神，不是为了反对任何思想上的奸尸勾当（信仰任何神都是奸尸勾当，即使信仰的是最纯洁的、最理想的、不是寻来而是创造的神，也是这样），而是要表明蓝鬼比黄鬼好，这比根本不谈还要坏一百倍。

......

不从个人角度而从社会角度来看，**一切**造神说都正是愚蠢的小市民和脆弱的庸人的**心爱的自我直观**，是在幻想中"自我侮辱"的、"悲观疲惫的"庸人和小资产者的**心爱的自我直观**（您关于**灵魂**的说法很正确，只是不应当说"俄国的"，而应当说**小市民**的，因为无论犹太的、意大利的、英国的，都是**一个鬼**，卑鄙的小市民在任何地方都同样丑恶，而在思想上干奸尸勾当的"民主小市民"则加倍丑恶）。

我一边读您的文章，一边在**探索**，怎么能够在您那儿发生这种**笔误**，但我莫名其妙。这是怎么回事? 是**您自己**也不赞成的那篇《忏悔》的残余吗?? 是它的余波吗??

或者是由于另外的原因，例如您想离开**无产阶级**的观点而去**迁就一般民主**的观点这种不成功的尝试吗? 也许是为了同"一般民主派"谈话而打算象同孩子说话那样奶声奶气吗（请原谅我的这种说法）? 也许是"为了"向**庸人**们作"通俗的说明"，您想暂时容许**他的**或者**他们的**（庸人的）偏见吗??

但要知道，无论从哪种意义和哪个方面来说，这种做法都是**不正确的!**

列宁:《给阿·马·高尔基》（1913 年 11 月中旬），摘自《列宁选集》第 2 卷，人民出版社 1972 年版，第 481—483 页。

要想在彼得格勒或者从彼得格勒来确信这一点，只有非常了解**政治**情况，具有特别丰富的政治经验才行。您没有这一切。而且，您既不搞政治，也不观察政治建设的**工作**，而是从事一种特殊职业。这种职业使您受到那些满怀怨恨的资产阶级知识分子的包围；他们什么也不了解，什么也没有忘记，什么也没有学会，在**最好**最难得的情况下，他们也不过是彷徨迷惘，悲观绝望，呻吟叹息，重复旧成见，担惊受怕，皇皇不安。

要**观察**，就应该在下面观察，在下面可以**看看**重新建设生活的工作，在外地的工人居住区或农村观察，——在那里用不着在政治上掌握许多极复杂的材料，在那里只观察就行了。可是您不这样做，反而把自己摆在翻译作品之类的职业编辑的地位上。在这个地位上观察不到新生活的新建设，会把全部精力都浪费在听病态的知识分子的牢骚上，浪费在观察处于极端严重的战争危险和极度贫困的条件下的"故"都上。

您使自己所处的地位，使您**不能**直接观察工人和农民，即俄国十分之九的居民生活中的新事物；您只能观察故都生活的片断，那里工人的精华都到前线和农村去了，剩下的是多得不合比例的没有地位、没有工作、**专门"包围"**您的知识分子。劝您离开，您又执拗地拒绝。

显然，您把自己已经弄到了病态的地步：您来信说，您对生活非但感到很沉闷，而且"非常厌恶"！！！那是当然的！在这种时候把自己困在一个最头痛的地方，作一个翻译文学的编辑（这可真是对于观察人，对于一个艺术家最适当的工作！）。在这里，无论是部队里的新事物，或是农村里的新事物，或是工厂里的新事物，您作为一个艺术家，都**不可能**进行观察和研究。您剥夺了自己做那种能够使艺术家得到满足的事情的可能性——在彼得格勒可以搞政治，但是您不是政治家。今天是无端打碎玻璃，明天是枪声和狱中的叫喊，接着是留在彼得格勒的不工作的人中最疲惫的人的一些闲话，然后又是知识分子的、没有首都的首都知识分子的千千万万的印象，接着又是受委屈的人们的千百种诉苦，在编辑工作之余**不可能**看到任何的生活建设（这种建设在彼得格勒是按独特方式进行的，而且又最少），——这怎么不把自己弄到感觉生活非常厌恶的地步呢。

全国正紧张地进行着反对全世界资产阶级的斗争，因为全世界资产阶级正在为他们的被推翻而疯狂地实行报复。这是自然的。为了报复第一个苏维埃共和国，第一批打击**从四面八方**袭来。这也是自然的。在这里生活，应当做一个积极的政治家，如果无意于政治，那就应当作为一个艺术家，到那些不是对首都举行疯狂进攻、对各种阴谋作激烈斗争、表现出首都知识分子的深仇大恨的中心所在的地方，到农村或外地的工厂（或前线），去观察人们怎样以新的方式建设生活。在那里，单靠普通的观察就很容易分辨出旧事物的腐朽和新事物的萌芽。

生活令人厌倦，和共产主义的"分歧日益加深"。分歧在哪里呢，无法理解。分歧在政治上还是在思想上呢，连一点影子都没有指出。其实这是两种人的**情绪**的分歧：一种是从事政治或者全心全意投入最激烈的斗争的人的情绪，另一种是人为地置身于无法观察新生活而受资产阶级大首都腐败印象折磨的境地的人的情绪。

对您的信我率直地说出了我的看法。从（和您的）谈话中，我早就有了这样的看法，但是您的信把从您谈话中得到的那许多印象综合和固定下来了，总括起来了。我不想强迫别人接受劝告，但是我不能不说：您要彻底改换环境，无论是接触的人或居住的地方，或工作都得改换一下，否则生活就会完全令人厌倦了。

列宁：《给阿·马·高尔基》（1919 年 7 月 31 日），摘自《列宁选集》
第 4 卷，人民出版社 1972 年版，第 59—61 页。

毫无疑问，高尔基是一个伟大的艺术天才，他给全世界无产阶级运动作出了而且还将作出很多贡献。

但是，高尔基为什么要搞政治呢？

在我看来，高尔基这封信①不仅反映了小资产阶级的极其流行的偏见，而且还反映了一部分受小资产阶级影响的工人的偏见。

列宁：《远方来信》（1917 年 3 月 12 日［25 日］），摘自《列宁全集》
第 23 卷，人民出版社 1958 年版，第 342 页。

---

① 指高尔基给当时俄国政府和执行委员会的一封贺信。——编者注